"十三五"江苏省高等学校重点教材

编号：2019-2-174

吴文化的精神传承

王卫平 黄鸿山 等编

苏州大学出版社
Soochow University Press

图书在版编目(CIP)数据

吴文化的精神传承/王卫平等编.—苏州:苏州大学出版社,2020.10（2023.8重印）
"十三五"江苏省高等学校重点教材
ISBN 978-7-5672-3337-9

Ⅰ.①吴… Ⅱ.①王… Ⅲ.①吴文化-高等学校-教材 Ⅳ.①G127.5

中国版本图书馆CIP数据核字(2020)第199626号

编　　者	王卫平　黄鸿山　等
责任编辑	欧阳雪芹
装帧设计	吴　钰
出版发行	苏州大学出版社
地　　址	苏州市十梓街1号
邮　　编	215006
电　　话	0512-67481020　65222617(传真)
网　　址	http://www.sudapress.com
邮　　箱	sdcbs@suda.edu.cn
印　　刷	苏州市越洋印刷有限公司
开　　本	700 mm×1 000 mm　1/16　印张16.75　字数323千
版　　次	2020年10月第1版
印　　次	2023年8月第2次印刷
书　　号	ISBN 978-7-5672-3337-9
定　　价	49.00元

版权所有　　侵权必究

引言：吴文化的核心价值 / 001

第一章　吴地经济发展历程 / 001

第一节　吴地史前文明的辉煌 / 004
第二节　吴国的崛起与经济成就 / 009
第三节　吴地经济发展与经济重心地位的确立 / 016
第四节　吴地经济结构的转型升级 / 025
第五节　大运河与苏州经济发展 / 029
第六节　《姑苏繁华图》视野中的清代苏州 / 032
第七节　近代工商业的兴起 / 037
第八节　乡镇企业异军突起与"苏南模式"的形成 / 044
第九节　从"张家港精神"、"昆山之路"到"园区经验" / 056

第二章　吴地的文学艺术 / 072

第一节　陆机《文赋》与中国文学的自觉 / 072
第二节　白居易的苏州诗歌及其"儒家情怀" / 075
第三节　范成大诗歌的苏州风情 / 078
第四节　明代苏州书画家的文学创作——以唐寅为中心 / 081
第五节　姑苏竹枝词中的吴风吴韵 / 085
第六节　诗文兴情以造园——苏州园林的文学意境 / 088
第七节　沧浪亭楹联的故事和苏州文脉传承 / 091
第八节　计成的园林人生和《园冶》 / 094
第九节　魏良辅声腔改革的包容性及其历史意义 / 098
第十节　昆山腔传奇的代表作《浣纱记》 / 100

第三章　吴地的工艺成就 / 103

第一节　"苏式"日常中的工艺 / 103
第二节　精益于工的品质 / 106
第三节　对于创新的追求 / 113
第四节　致力于"物亦有品"的匠艺 / 117
第五节　讲究造物的材料之美 / 121
第六节　用时间锻造作品 / 123
第七节　匠作工艺的代际层积 / 126
第八节　"向上"引领：勇于攀登技艺巅峰 / 130
第九节　向外拓展：在海内外市场中的磨砺 / 133
第十节　匠技的学理化记载 / 135

第四章　吴地的教育事业 / 139

第一节　范仲淹与苏州州学 / 139
第二节　吴地书院的繁荣 / 143
第三节　吴地社学义学的普及 / 148
第四节　吴地文化世家的传承 / 151
第五节　吴地家族教育的发达 / 157
第六节　吴地状元甲天下 / 161
第七节　吴地教育的近代转型 / 166
第八节　近代苏州景海女校 / 174
第九节　东吴大学的创办与发展 / 179
第十节　院士之乡 / 182

第五章　吴地科技文明 / 185

第一节　农业科技发展与农具 / 185
第二节　水利工程与技术 / 190
第三节　吴门医派与温病学说 / 196
第四节　"香山帮"——建筑技术与艺术的完美融合 / 200
第五节　吴地冶铸技术：从吴越之剑说起 / 204
第六节　明末清初苏州光学技术——孙云球与眼镜 / 207

第七节　吴地其他科技成就 / 210

第六章　吴地的社会生活 / 216

第一节　苏州水乡妇女妆饰 / 216
第二节　莼鲈之思，义归人生 / 219
第三节　吴人茶馆生涯 / 223
第四节　江南枕河人家 / 227
第五节　吴地水网乡里船 / 232
第六节　吴人借佛游春 / 237
第七节　吴歌：水乡生活的吟咏 / 241
第八节　吴地的戏文生活 / 245
第九节　太湖蚕农的小康愿景 / 250
第十节　苏州家训：齐家与范世 / 255

后记 / 260

引言：吴文化的核心价值

《吴文化的精神传承》是我们正在建设的"吴文化课程群"中的核心课程，内容大致分为经济、文学、工艺、教育、科技、社会六个方面，重在挖掘文化底蕴，纵论当代发展，分析提炼吴文化的特点、价值与精神内核，是对在线精品课程"吴文化史"的深化与拓展。

那么，吴文化具有什么样的特点与核心价值，需要我们去继承与弘扬呢？

第一，关心国事，勇于担当。吴文化在形成发展过程中，有一点非常值得肯定，表现较为突出，就是吴人对国家大事非常关心、非常热心，甚至不惜以身殉国。春秋时期吴国的大臣伍子胥，在吴越相争的关键时刻，屡次劝谏吴王乘胜灭掉越国，至死不悔；北宋时期的范仲淹提出"先天下之忧而忧，后天下之乐而乐"，一切以国事为先；无锡东林书院的门口写有一副对联："风声雨声读书声，声声入耳；家事国事天下事，事事关心"，表现出晚明东林党人的担当精神；明末清初的顾炎武高呼"天下兴亡，匹夫有责"，成为后人报效国家的典范。

第二，开放意识强，敢为天下先。吴文化的开放性早在其产生时期就表现出来了。从渊源而言，吴文化是多元文化的结晶，既吸收了南京、镇江地区新石器时代文化的因素，又受到了太湖地区新石器时代文化的影响，而她的最终形成，是在太伯、仲雍南来建立句吴国家以后，融进了中原文化的因子。在吴文化的发展过程中，不断受到其他区域文化的滋润与影响，最突出的是在魏晋南北朝时期，晋室南渡、北方士民大量南下，不仅带来了北方先进的生产技术和管理经验，增加了吴地的劳动人手，而且使中原地区的制度文化和精神文明植入吴地，为吴文化补充了新鲜血液，从而使吴文化不断更新和蜕变，日益步入辉煌。进入近代以后，面对资本主义列强的坚船利炮，吴地人最先睁开眼睛看世界，凭借沿江靠海的优势，吴地成为西学东渐的桥头堡。一批力倡改革、主张学习西方先进文化科学技术的思想家和改革派人物率先在这里应运而生，如苏州人王韬、冯桂芬，无锡人薛福成等。在他们的影响下，吴文化主动汲取外国先进的科学技术和思想文化，在吴地诞生了一批最早的近代企业和文化机构，吴地成为近代工业的发祥地之一和近代文明的中心点之一。

第三，崇尚文教。崇尚文教是吴文化的一个优秀传统。虽然吴文化早期表现出来的主要是赳赳武夫、勇猛善战的形象，但与此同时也产生了言子这样的大知识分子和公子季札这样的知书识礼、具有高深文化素养的人物。在魏晋南北朝以后，有关吴人好学、博学多闻等的记载越来越多。唐朝韦应物、刘禹锡、白居易三位大诗人担任苏州刺史，促进了苏州文风的发展。尤其北宋范仲淹知苏州时，创建府学，进一步推动了苏州崇尚文教的社会风气。自此以后，吴地文风鼎盛，文教事业蒸蒸日上，出现了科举人才辈出、文人名士迭现的景象。

第四，诚信慈善。诚信也是吴文化的一个优秀品格，关于这一点可以举出很多事例，但我们只举一个历史上最为有名的例子。

季札是吴国文化知识水平高，又了解中原先进礼仪制度的贤士，而在历史上备受人们称道的，是季札的为人诚信。

《史记·吴太伯世家》等书记载了这样一个故事："季札之初使，北过徐君。徐君好季札剑，口弗敢言。季札心知之，为使上国，未献。还至徐，徐君已死，于是乃解其宝剑，系之徐君冢树而去。从者曰：'徐君已死，尚谁予乎？'季子曰：'不然。始吾心已许之，岂以死倍吾心哉！'"说的是季札访问晋国时路过徐国，徐国国君十分喜欢季札身上的佩剑。季札知道徐国国君的心思，可是因为有出访任务在身，不便马上把剑送给他，但心里却已产生送剑给他的念头。等到季札访问晋国回来，再路过徐国，却听说徐国国君已经去世，于是就要将佩剑送给新国君。新国君因为没有得到老国君的交代，不便接受这样的重礼，便婉言谢绝。在这种情况下，季札来到徐国老国君墓前，把宝剑挂在墓前的树上后悄然离去。这便是历史上有名的"季札挂剑"的故事。这个故事说明什么问题呢？说明季札与人交往，讲究诚信。诚信是社会伦理的基石，不讲诚信，社会就会混乱无序。"诚信"也是社会主义核心价值观的重要内容。所以，这个时候我们来看季札，更觉得季札的伟大和季札品格的可贵。

苏州有很多的名片，"园林之城""文物之邦""状元之乡"等等，但可能大家并不知道，历史上的苏州还是一个"慈善之都"。吴地慈善事业有着悠久的历史，在清朝时候趋于兴盛，是中国传统慈善事业最为发达的地方之一，不仅出现了普济堂、育婴堂、洗心局、借钱局等众多的慈善团体机构，还涌现出袁黄、彭绍升、潘曾沂、冯桂芬、余治等一大批著名慈善家。慈善是人类普世价值观，任何时代、任何国家都要大力提倡，它是社会主义核心价值观中"友善"的重要体现，是和谐社会的重要支撑。

第五，践行"工匠精神"。现代所提倡的"工匠精神"既表现为一种认真负责的态度，又是一种推陈出新的方法，还表现为一种精细雅致的产品质量。明清时期流行"破归破，苏州货""广东匠，苏州样"的谚语，前者表明苏州货是产品质量的代名词，后者表明苏州人善于创新，这是对现代"工匠精神"的很好的诠释。正因为吴文化积极践行"工匠精神"，才造就了苏绣的瑰丽精细、玉雕的巧夺天工、园林的宛自天成等等，使得苏州人在追求高质量生活的道路上不断创新。

以上只是吴文化核心价值的几个突出方面，这些方面与社会主义核心价值观相契合，值得我们去传承和弘扬。

第一章 吴地经济发展历程

经济是人们从事文化创造的基础。吴文化从无到有、从弱到强,是与经济发展紧密联系在一起的。在漫长的历史发展过程中,吴地的经济有起有落,既有早期文明的辉煌,又经历地广人稀、普遍贫困的低谷,而从魏晋南北朝以后,由于北方人口的大量南下增加了吴地的劳动人手,他们还带来了先进的农业耕作技术和生产管理经验,从而推动了吴地经济的快速发展。从此以后,吴地经济一路高扬,高歌猛进,从唐宋以后逐渐成为国家的经济重心所在。这样的格局历经千年,至今未变。

第一节 吴地史前文明的辉煌

中华民族的文化是由若干单元的地域文化在历史演进之中互相影响、互相促进而构成的一个系统。随着现代考古工作的开展,人们发现,新石器时代文化如满天繁星,散布在广阔的中华大地上,如黄河流域,有仰韶文化、大汶口文化、龙山文化等遗址,在长江流域发现了河姆渡文化、屈家岭文化、马家浜文化、良渚文化等遗址。1985年四川广汉市三星堆文化遗址的发现,说明在距今5000—3000年前,巴蜀地区存在着一个与中原商王朝并存发展的文明古国;1986年辽宁省西部山区发现了距今5000年左右的大型祭坛、女神庙和积石冢群址,考古学家们初步推断,这里存在着一个具有国家雏形的原始文明政权;1992年湖南澧县发现了迄今所知中国最早的古城遗址——城头山遗址,建造年代距今6000余年,远远早于中原的夏王朝……所有这一切的发现,推翻了中华文明产生于黄河流域的"一元发生论",表明中华文明起源的模式是"多元一体",各地史前文化或多或少都对中国古代文明的形成和发展做出过自己的贡献。

在以太湖为中心的浙北、苏南地区,也存在着灿烂辉煌的史前文明。2019年7月6日,联合国教科文组织世界遗产委员会在第43届会议上正式将"良渚古城遗址"列入《世界遗产名录》。世界遗产委员会认为,距今5000多年的中国新石器时代晚期,在长江下游环太湖地区曾经存在一个以稻作农业为经济支撑、出现了明显社会分化并且具有统一信仰的区域性早期国家,展现了长江流域对中华文明起源阶段"多元一体"模式所做出的杰出贡献。这也意味着联合国教科文组织正式承认中国具有5000年的文明史。

一、旧石器时代文化

考古资料表明,早在10 000年以前,就有先民在吴地繁衍生息。三山岛旧石器时代遗址的发现,揭开了吴地历史文化发生、发展的帷幕。三山岛位于苏州市西南约50公里处,是太湖中的一个小岛,隶属江苏省吴县东山乡(今苏州市吴中区东山镇)三山村。这一文化遗址出土石制品计5200余件,石器工具可分为刮削器、尖状器、锥、钻、雕刻器、砍砸器等。在工具组合中,刮削器数量多、品种全,其中复刃刮削器占多数,属可割、可切、可刮、可削的多用途工具;凹刃刮削器很有特色,适于加工木质和骨角质器物,是加工鱼叉和鱼钩的理想工具;端刃刮削器、盘状刮削器和似拇指盖状刮削器被认为是加工兽皮的工具。锥、钻的存在表明,当时可能普遍用兽皮制作衣服和制作穿孔的装饰品。由此判断,这一文化遗址反映了一种以渔猎为主、采集为辅的经济形式。在渔猎经济中,似乎又以捕捞为主,狩猎为辅。[1] 三山文化是迄今所知吴文化的最早源头,印证了吴地是中华文明的重要起源地之一。

二、新石器时代文化

从20世纪50年代开始,考古工作者在太湖流域发现了众多的新石器时代遗址。太湖地区的新石器时代文化发展序列依次为:马家浜文化(约7000—6000年前)、崧泽文化(约6000—5300年前)、良渚文化(约5300—4000年前)。草鞋山遗址、东山村遗址、福泉山遗址、张陵山遗址、龙南遗址、赵陵山遗址、寺墩遗址等,都是太湖流域典型的新石器时代文化遗存。

(一)马家浜文化

大约六七千年以前,太湖逐渐形成。太湖东部的平原上,湖泊沼泽密布,河流水道纵横;气候温和湿润,适合动植物的生长;森林草地茂密,出没着象、梅花鹿、麋鹿(四不像)、野猪、水牛等动物,水中则有鳄鱼和

---

[1] 陈淳、张祖方等:《三山文化——江苏吴县三山岛旧石器时代晚期遗址发掘报告》,《南京博物院集刊》1987年总第9期;陈淳:《太湖地区远古文化探源》,《上海大学学报》1987年第3期。

各种鱼类游弋。在生产力水平极为低下的条件下,远古人类面对野兽侵袭和海浸威胁,顽强地生息繁衍,创造出灿烂的原始文明。

草鞋山遗址位于阳澄湖南岸、今苏州工业园区唯亭街道东北约2公里处,因遗址中心土墩草鞋山而得名。1972年9月和1973年4月,考古工作者进行了两次发掘,发现了原始人类的居住遗迹、墓葬和大量遗物。遗址总面积为44 000平方米,文化层堆积厚约11米,可以分为10层,从新石器时代较早阶段的马家浜文化开始到太湖地区早期国家的繁荣阶段,几乎跨越了太湖地区、长江下游先秦历史的全部编年。可以毫不夸张地说,草鞋山遗址是一幅埋藏于地下的完整的历史画卷,为长江下游地区古文化的研究提供了一把标尺。

在马家浜文化时期,草鞋山的居民已经过着定居的生活。草鞋山遗址第10层发现了一处由10个柱洞围成的圆形居住遗迹,房内面积约6平方米。居住遗迹有柱洞、木桩和木板。木桩树立在地面上,应是房屋的柱子。有些木板上留有明显的砍劈、锯截的加工痕迹。在木桩周围发现印有芦苇痕迹的烧土块、草绳和用草绳捆扎的草束、芦席、篾席等实物,这些遗迹说明当时已直接在地面上建造房屋。房屋盛行木架结构,在柱洞的木桩下衬垫一两块木板,以芦苇为筋涂泥成墙,再用芦苇、草束盖顶。

草鞋山的早期居民已经从事原始农业生产了。1992年至1995年中日联合考古队在草鞋山遗址发掘了马家浜文化时期的稻田遗址,发现了众多1—10余平方米不等、多数为3—5平方米的呈椭圆或长方圆角形的小块水田,以及多组由水口、水沟与水井、水塘等相连接构成的水田灌溉系统。这片水稻田是迄今为止我国发现的最古老的人工开垦的农田遗迹。而且在马家浜文化层中还发现了含炭化稻谷粒的土块,经鉴定,稻谷粒中除籼稻外还有人工栽培的粳稻。这是我国迄今发现的最早的人工栽培水稻之一。

草鞋山遗址发掘的稻田遗迹(《唯亭镇志》编纂委员会:《唯亭镇志》,方志出版社,2001年,第366页)

原始的手工业也已经出现。遗址中发现的3块已经炭化的纺织物残片,是迄今我国出土的最早的纺织品实物。经鉴定,纺织品的纤维原料可能是野生葛麻,织物为纬线起花的罗纹编织品,花纹为山形和菱形的斜纹。它不同于普通的平纹粗麻布,具有较高的织造工艺水平。

采集和渔猎仍是当地居民获取生活资料的重要手段。草鞋山遗址中发现了水生植物菱的茎部和果实。这一文化层遗址中出土的动物遗骨，最多的是梅花鹿、麋鹿（四不像）、野猪、牙獐和水牛。根据出土的狗、水牛骨，结合同时期吴江梅堰遗址的发现，可以知道当时居民已经开始饲养家畜。

从草鞋山下层遗址中发现的墓葬分析，当时的社会处于母系氏族公社时期，男女分区埋葬的现象表明盛行对偶婚制。氏族成员没有或只有极少量的随葬品，说明当时还不存在贫富差别和财产私有观念。

（二）崧泽文化

距今大约 6000 年前后，太湖地区的氏族部落相继进入了父系氏族公社时期。反映这一时期文化面貌的，除草鞋山遗址第 5—7 层文化层外，还有东山村遗址、张陵山遗址、梅堰遗址等。

东山村遗址位于张家港市金港镇东山村。这处遗址的年代距今 5900—5200 年左右，横跨马家浜文化和崧泽文化两个时期，而以崧泽时期的文化遗存最为典型。据考古发掘报告，该遗址是太湖流域一处中心聚落，其中发现的面积在 85 平方米以上的房址是目前所知崧泽文化时期最大规模的房址。

张陵山遗址位于苏州市吴中区甪直镇南的淞南张陵村砖瓦厂南隅，有东、西二陵，人称东山和西山，其实是两个相距约 100 米、高出稻田约 6 米的土墩。20 世纪七八十年代，考古工作者进行了多次发掘，出土文物较为丰富，其中一件良渚文化早期的玉琮，具有重要研究价值。

综合各文化遗址情况可知，随着生产经验的逐步积累、生产工具的改进和技术水平的不断提高，崧泽文化时期的农业生产有了明显的发展；生产工具虽仍以石器为主，但种类增加，且大多磨制精致，大型厚重的磨光穿孔石斧增强了人们垦辟土地的能力。吴江梅堰遗址中出土的石耘田器表明人们已注意加强水稻的田间管理和中耕除草活动。张陵山遗址的一座墓葬中随葬有储藏粮食用的 5 口大陶缸和 1 口大陶瓮，反映了农业产量的提高。

手工业的发展以制陶业表现得较为明显。当时陶器的制作普遍采用慢轮修整，有些已采用轮制技术。陶器器形丰富，种类繁多，器物的纹饰趋于复杂。玉器打磨较为精致，除小件饰外，已出现玉制礼器。

从这一时期草鞋山遗址的墓葬分析，社会出现了贫富分化，并已有了私有财产和私有观念；婚姻形式已是一夫一妻制，女子开始成为男子的附庸，父权制已经确立。而东山村遗址进一步表明，当时的社会结构趋于复杂。大型墓葬的出现，平民墓地与贵族墓地的分区现象，随葬品数量的增多、玉器尤其是石钺的出土，说明社会已有明显的贫富分化，初级的礼制已经存在,甚至开始出现对王权的崇拜。[1]

（三）良渚文化

良渚文化时期,太湖地区开始跨进文明时代的门槛。龙南遗址是吴地良渚文化的代表性遗址之一。龙南遗址位于今苏州市吴江区梅堰镇龙南村,距今约5200—4200年。龙南遗址发掘的最大收获是发现了新石器时代的河道、房址、水井及浅穴土坑墓和陶片铺成的道路等,由其布局可以确定这是一处迄今所知最早的具有江南水乡特色的原始村落。

这一时期的农业生产得到了飞速的发展。石器制造有了明显改进,不但制作精致、棱脊分明,而且穿孔技术发达,特别是三角形石犁形器的大量出土,说明当时已经出现了较为普遍的犁耕农业,大大提高了生产效率。苏州澄湖、昆山太史淀等遗址中发现了数量众多的水井,表明原始居民已经掌握了人工灌溉技术。除了传统的稻谷种植外,在苏州周边地区的遗址中,还发现了花生、毛桃核、酸枣、葫芦、芝麻、甜瓜、菱角等植物的种子,说明菜蔬的种植、栽培已成为农业生产的一个重要方面。

手工业从农业中分离出来,成为独立的生产部门。良渚文化遗址中出土了不少竹、草编织物和丝、麻织品。陶器以泥质黑衣陶最具特色,普遍采用轮制,器形浑圆、规整,胎壁很薄,具有相当高的工艺水平。良渚文化时期,制玉业特别发达,不但数量大、品种多,而且出现了许多大型的琮、璧、钺等礼器,成为良渚文化的显著特色。玉器制作技术已掌握了切割、磨制、抛光、雕镂等工艺。

张陵山出土的玉璧（《苏州文物菁华》编委会：《苏州文物菁华》,古吴轩出版社,2004年,第10页）

琮、璧、钺等大型玉器,最早发现于草鞋山遗址的良渚文化墓葬,其后在江南各地又有更多的出土。常州武进寺墩遗址一座墓葬中,出土了100多件琮、璧和钺等玉器。琮、璧等玉器并非一般装饰品,而是一种用于祭祀天地的礼器。那些随葬有琮、璧的墓主,在生前当具有祭祀天地的权力,掌握着原始宗教的祭祀权。而钺则为兵器,在墓中被置于死者的手侧,是墓主人生前拥有军事统帅权的象征。因此,包括草鞋山、寺墩遗址在内的良渚文化大墓中发现的琮、璧、钺等大型玉器,表明墓主是集神权、军权、政权、财权于一身的统治者。

---

[1] 林留根：《从东山村遗址看长江下游社会复杂化进程》,《东南文化》2010年第6期。

文字是文明出现的主要标志之一。苏州澄湖遗址出土的黑衣陶罐表面有4个刻画符号，尽管学界见仁见智，但大都认为其为古文字，李学勤释为"巫钺五偶"四字。

此外，在张陵山、草鞋山和昆山赵陵山遗址中都曾发现了人殉现象。如张陵山遗址一座墓葬中，除随葬了琮、璧等玉器外，在墓主脚下还发现了3个人头骨，这当是杀殉的奴隶。而草鞋山遗址的一座大墓中，1名男性居墓坑中央，2名附葬的女性分别埋于他的头部和足端，说明一夫多妻制已经存在。而一夫多妻制显然是奴隶制的产物。

苏州澄湖遗址出土的黑衣陶罐（吴琴、陶启匀：《苏州文物》，苏州大学出版社，2000年，第23页）

由此可见，良渚文化时期已经出现了剥夺他人劳动成果、占有大量财富，拥有妻妾、杀殉奴隶的特权阶层，他们实际上是最早的奴隶主。

综上所述，早在10 000年以前，吴地就有了人类的活动。7000—4000年前的新石器时代，吴地先民创造出了辉煌的原始文化：这里是我国水稻种植的发祥地之一，最早开始了纺织，制造出了包括权力象征的琮、璧、钺等在内的数量众多、精美绝伦的玉器，可能已经发明了文字。因此，距今5000年前后，吴地已经进入文明时代。所有这些充分说明长江下游地区也是中华民族的摇篮。同时，这也为吴文化的形成奠定了良好的基础。

第二节　吴国的崛起与经济成就

从公元前11世纪至公元前473年，以今苏南地区为核心范围的吴国大约存在了600年。虽然吴国僻处东南一隅，长期为中原诸侯轻视，但是在春秋中期以后，吴国快速崛起，力挫群雄，一度争霸中原。由于末代吴王夫差穷兵黩武、四处征战，耗尽国力，吴国迅速走向灭亡。其兴亡的历史经验与教训，值得后世细细品味。

一、吴国兴衰

（一）从太伯奔吴至寿梦始强

据《史记·吴太伯世家》记载："吴太伯、太伯弟仲雍，皆周太王之子，而王季历之兄也。季历贤，而有圣子昌，太王欲立季历以及昌，于是太伯、仲雍二人乃奔荆蛮，文身断发，示不可用，以避季历。季历果立，是为王季，而昌为文王。太伯之奔荆蛮，自号句吴，荆蛮义之，从而归之千余家，立为吴太伯。"从中可知，西北周族首领古公亶父（周太王）的儿子太伯、仲雍为避位于幼弟季历，南奔荆蛮。他们的义行感动了荆蛮之民，得到了千余家居民的拥戴，由此建立了称为"句吴"的国家。这是文献记载中吴地最早出现的国家政权。周族是一个擅长农业的部族，太伯兄弟不仅带来了先进的农业生产技术和管理经验，使得吴地一改荒凉落后的面貌，出现了"数年之间，民人殷富"的局面，[1] 更将周族的文化传播到了吴地。荆蛮之地，天气炎热，人们基本不穿衣服、不戴冠帽，但这种情况在太伯到来以后发生了变化。史书记载："太伯君吴，端垂衣裳，以治周礼"，"太伯教吴冠带……故吴之知礼义也，太伯改其俗也"。说明太伯当了吴君以后，在吴地大力推行周族的礼义，教导吴人穿衣戴帽，吴人的观念以及吴地的风俗开始发生变化。尤其是太伯主动让君位与弟弟季历的行为，被后人视为道德的最高境界，经孔子的宣扬而广为传颂，《论语·泰伯》称："子曰：'泰（太）伯，其可谓至德也已矣！三以天下让，民无得而称焉。'"这种"温良恭俭让"的精神，成为吴文化的一个内在基因。

太伯死后，仲雍继位。仲雍三传至周章，《史记·吴太伯世家》记载："是时周武王克殷，求太伯、仲雍之后，得周章。周章已君吴，因而封之。"周章君吴的事实正式得到周王朝的承认，吴国成为周王室的东南藩邦。

周章以后至寿梦即位期间，吴国的历史不够清晰。寿梦即位后改变了这种情况，并且开始了开疆拓土、称王争霸的历史征程。

公元前585年，寿梦即位，"吴始益大，称王"。这是吴国历史有明确纪年的开始。寿梦是一个颇有作为的君主。他不愿蜗居江南一地，永远被人视为"蛮夷"之邦，因而采取积极措施，改变本国在诸侯心目中的形象，进而要求在中原政治舞台登场亮相。

寿梦即位后所做的第一件事是朝见周天子。自西周中期以后，吴国与周王室联系渐少。《吴越春秋》记载，为了加深周天子和中原诸侯对吴地和自己的印象，确立自己的地位，寿梦专程前往中原朝见共主周天子。一路上，他还"适楚，观诸侯礼乐"。其后又与鲁成公会于钟离，"深问周公礼乐，成公悉为陈前王之礼乐，因为咏歌三代之风"。通过观听，寿梦深为中原文化折服，说："孤在蛮夷，徒以椎髻为俗，岂有斯之服哉！"临走还感

---

[1]〔东汉〕赵晔：《吴越春秋》，〔元〕徐天祐音注，苗麓校点，辛正审订，江苏古籍出版社，1999年，第4页。

叹道:"于乎哉,礼也!"虽然限于史料,我们无法洞悉他归国后采取了哪些具体的方法措施来吸收先进文化、改革落后风习,但从他儿子季札身上可以推知一二。季札精通中原礼乐,恰当地评论中原歌舞,见微知著,具有高深的文化素养,中原的诸侯、大臣对他都十分钦佩,即使儒家始祖孔子也极口赞誉:"延陵季子,吴之习于礼者也。"季札能精通中原礼义和先进文化,必然受过系统的教育。这与其父寿梦的倡导、传播和推广应是分不开的。

寿梦二年,吴国接受晋国的帮助,培植军事实力。楚国大臣申公巫臣因遭迫害而逃奔晋国,为了报复楚国诛族之仇,请求出使吴国。当时晋国为了与楚国争夺霸权,正考虑联吴制楚,故而晋君接受巫臣请求,派他带领一支军队奔赴吴国,教给吴军车战、骑射之术。吴王寿梦欲扩张势力,也需要外援,见晋国主动提供帮助,自是欣然接受。由于取得了晋国的帮助,吴国的军事实力大为增强,于是毁弃与楚国的盟约,挑起战端,《左传》称:"吴始伐楚、伐巢、伐徐,子重(楚大夫)奔命。马陵之会,吴入州来,子重自郑奔命……蛮夷属于楚者,吴尽取之,是以始大,通吴于上国。"在长达七八十年的吴楚战争中,双方互有胜负,直到公元前506年,寿梦之孙、吴王阖闾"五战五胜",攻破郢都,吴楚战争才以吴胜楚败的结局而告终。

寿梦在位期间,还曾多次与中原诸侯会盟。这些会盟,扩大了吴国的影响,促进了吴国与中原地区的经济文化交流,加速了长江下游地区的开发,使吴国日益壮大。从而为以后吴国争夺霸权、取得盟主地位奠定了基础。

(二)阖闾改革

春秋战国是社会剧烈变动的时期。为了求生存、图发展,适应社会的变化,很多诸侯国都曾经进行了变革,比较有名的如战国时期李悝在魏国的变法、吴起在楚国的变法、商鞅在秦国的变法等。而在吴国,早在春秋时期就出现过伍子胥改革,当然这种改革只是对旧制度的一种修补,与战国时期的变法有所区别。

公元前515年,寿梦之孙公子光发动宫廷政变,刺杀吴王僚,夺取王位,是为阖闾。阖闾是一位很有作为的君主。他即位以后,采纳伍子胥的建议,实施"立城郭,设守备,实仓廪,治兵库"的"安君理民"治国方略,从政治、经济、军事等多方面进行改革。如任贤使能,不仅重用伍子胥,"与谋国事",又听从伍子胥的推荐,委任孙武为将军,付以统军的重任。正是由于取得了伍子胥、孙武等贤才的帮助,阖闾才"西破强楚,北威齐晋,南服越人",做出了一番轰轰烈烈的伟业。又如修建都城,为了顺应吴国经济发展和破楚伐越的需要,达到安君治民、兴王成霸的目的,阖闾委任伍子胥负责修筑都城。伍子胥在"象天法地"的基础上,造筑阖闾大城。吴国都城的修建,不仅对吴国的强大以及争霸事业起了重大作用,而且对后世江南经济文化的发展也有不可忽视的影响。再如振军经武,吴王阖闾又让伍子胥负责"习术战骑射御之巧","选练士,习战斗",整顿军纪,操练武艺,水军、陆军并重,使得吴军成为一支天下劲旅。

经过一番整顿、改革,吴国面貌一新,国力强大,军容整齐,开始了逐鹿中原的争霸事业。尤其在公元前506年,吴军联合唐、蔡两国军队,在吴王阖闾与伍子胥、孙武的指挥下,以5万兵力,千里奔袭,攻破数倍于己、围追堵截的楚军,"五战五胜",直入郢都,取得了对楚战争的决定性胜利。经此一役,楚国元气大伤,而吴国则声威远播,"北迫齐晋,令行中国"。

(三)夫差称霸与吴国灭亡

公元前496年,吴王阖闾在与越国的战争中负伤而亡,其子夫差继承王位后,矢志复仇。在伍子胥的辅佐下,吴国君臣同心,积极从事战备活动。根据《越绝书》的记述,经过大约3年的准备,吴国出现了"其民殷众,禾稼登熟,兵革坚利,其民习于斗战"的强盛局面。

公元前494年,吴国发动了报复越国的战争。由于吴国准备充分,而越王勾践疏于国政、傲慢轻敌,双方在进行了惨烈的交战后,越军一败再败,溃不成军,勾践被迫放弃国都,仅率5000将士退守都城边上的会稽山城堡,最后在走投无路的情况下,被迫投降。吴军取得了决定性胜利。

吴王夫差逼越臣服以后,不禁踌躇满志。一方面,在国内大兴土木工程,修造姑苏台,费时3年,"崇饰土木,殚耗人力",极尽豪华,肆意享受;另一方面,对外重燃战火,耀兵中原,虽然取得多次胜利,但是吴国的国力也受到严重消耗。其间,伍子胥因屡次劝说吴王乘胜灭越、谏阻北上用兵而遭厌弃,被赐剑自刎。

公元前482年,吴王留下少数老弱兵力在太子的率领下留守都城,自己则带领精兵主力北上中原,与晋国在黄池争夺诸侯盟主。与此同时,经过10年休养生息的越王勾践率军乘虚进攻吴国,大败吴军,焚毁标志性建筑姑苏台。进退维谷的吴王夫差,权衡利弊,决定先夺盟主,凭借强大的军力,以先声夺人的气势,逼迫晋国让步,终于登上盟主之位。

黄池会盟,吴国称霸,表面上看是吴国鼎盛的标志,实际上已是吴国走向衰亡的转折。会盟归来后,鉴于长年用兵,国力大耗,吴王自知无力向越国讨还血债,便请求罢战议和。越王勾践顾忌吴王挟诸侯盟主和周天子赏赐之威,且吴军尚有较强战斗力,因而同意了吴国的求和。

在吴王醉心于北上争霸的几年中，越王勾践忍辱负重，卧薪尝胆，重用贤才，采取了一系列发展经济、增加人口的举措，使得濒临亡国绝境的越国快速崛起。公元前475年冬天，越王调集全国精兵，大举伐吴。公元前473年，吴都被攻破。吴王夫差在逃亡途中，求和不成，自杀身亡。吴国至此灭亡。

二、吴国的经济成就

（一）农业的发展

中国是一个农业国家，农业在国民经济中占据最重要的地位。国力强不强，主要是看农业生产的发达程度，而农业的发展取决于两个关键的因素，一个是生产工具，一个是水利兴修。

春秋时期，吴国的农业生产工具得到了明显的改进。从大量的考古资料可以看出，吴国的农业生产工具主要是青铜器，而且形成了犁、镰、锄、刀等一套系列，其中最有创意的农业生产工具是镰刀和铜犁。刀锋利是靠磨出来的，这是众所周知的道理，而吴人首创的专门用来割稻的锯齿镰刀，不需要磨砺，在使用过程中会越用越光亮、越用越锋利。这种用来割稻的镰刀，一直沿用了2500多年，直至现在江南地区的有些农民还在使用。铜犁的出现，意味着吴地是我国犁耕农业的起源地之一，把耕牛用于农业生产，以畜力代替人力，不仅可以扩大耕作面积，而且提高了劳动效率，对于生产力的提高和农业的发展意义十分重大。

吴国在水利兴修方面也取得了重大成就。吴国曾经多次兴修河道，开挖运河，最有代表性的是开凿了两条人工运河。第一条人工运河是胥溪。出于讨伐楚国的需要，伍子胥奉吴王阖闾之命开凿了一条由太湖直通长江、长达200多公里的胥溪运河。这条中国现有记载的历史上最早的运河，至今仍在水上交通和农田灌溉方面发挥着重要作用。第二条人工运河叫邗沟。吴王夫差时期，吴国为了北上争霸，运送兵力物资，又开凿了一条沟通长江和淮河的人工河道。虽然当时的用意主要是为了运送兵力物资，但对后世的农业生产意义重大。这条邗沟后来成为隋朝时候开凿的京杭大运河的一段。

由于抓住了改良农业生产工具和兴修水利两个关键因素，吴国农业得到快速发展，粮食产量大为增加。我们可以举两个例子来说明。第一个例子，在江苏省金坛市和镇江市的两个吴国墓葬中，都曾发现过春秋时期的大陶瓮，里面放满了粮食，一个死者随葬的粮食多达五六百斤[1]乃至千斤

---

[1] 本书所用部分计量单位，如"斤""石""亩""里"等，是一定历史时期各种文献资料中常用的统计单位名称，为尊重历史记录起见，予以保留，特此说明。

以上；第二个例子，吴王夫差时，越国发生饥荒，向吴国借贷粮食，吴国当即借出10 000石。这两个例子可以说明，吴国的农业生产比较发达，粮食储备比较充足。所以史书中说吴国由于伍子胥主政，"天下从之，未有死亡之失"，也就是说吴国的老百姓听从伍子胥的教导，没有饿死、冻死的情况。

（二）手工业的发展

在农业生产显著提高的同时，吴国的手工业也得到了快速的发展。吴国的手工业门类很多，比较有特色的主要有以下几种：

第一，吴国的造船业历史悠久，比较发达。吴地是水乡泽国，出门见水，水与人们的生产、生活关系密切。既然是水乡，船只就成为人们主要的代步工具。春秋时期，吴国的造船业已经比较发达，在太湖边上建造了专门造船的工场——舟室，还有专门停放船只的场所——船宫，能够制造不同形式、不同性能的船只，有的船只长度达到几十米，能够乘载90多人。正是因为造船业发达，吴国组建了一支战斗力很强的水军，在对楚国、越国的战争中发挥了重要作用。

造船是一项生产流程相当复杂、工艺要求很高的技术工种。过去的船都是用木头造的，木船长年在水中要不漏水、不腐烂是很难做到的。而吴国的船只又是在生产工具极其原始简陋的情况下建造的，确实是了不起的成就。

吴国的船只不仅能在内陆江河游动，而且已能在海上航行。《史记·吴太伯世家》载：公元前485年，"齐鲍氏杀齐悼公，吴王闻之，哭于军门外三日，乃从海上攻齐"。许多学者通过详细的考察与深入的研究，认为早在距今6000—4000年之间，吴越先人不仅开辟了东南沿海的航线，而且还到达了日本、美洲等地。可见，凭借发达的造船业，吴越民族成为我国古代航海事业的先驱者。

第二，吴国的丝织业已经发展起来。苏州是盛产丝绸的地方，有"丝绸之都"的称誉。苏州丝织业的繁盛，主要在明清时期，而其产生，则可以追溯到新石器时代。苏州所在的吴地是我国养蚕缫丝和纺织业的发源地之一。在吴兴钱山漾、苏州草鞋山和吴江梅堰等新石器遗址中，出土有绸片、丝带、麻布片等物，尤其是钱山漾出土的绸片，是我国目前出土最早的丝织品。到了春秋时期，吴国百姓种桑养蚕的情况越来越多。《史记·吴太伯世家》中有这样一段记载："初，楚边邑卑梁氏之处女与吴边邑之女争桑，二女家怒相灭，两国边邑长闻之，怒而相攻，灭吴之边邑。吴王怒，故遂伐楚，取两都而去。"在吴王僚统治时期，吴国与楚国边境上的两个女孩子为了采摘桑叶发生了冲突，引起家族械斗。两个国家边境的地方长官听说此事以后，甚为激愤，不惜采取战争的手段，结果吴国方面失败，边境地区被楚国占领。吴王闻知此事，极为愤怒，遂采取报复行动，出兵攻打楚国，夺取了楚国的两个城市。这场因为争桑而导致的边境冲突，反映出吴国栽桑养蚕的普遍。又据《左传》的记载，公元前544年，吴国公子季札到中原各国考察观礼，随身携带有白经赤纬的缟带，说明这种缟带是当时比较贵重的物品。在丝织业有所发展的基础上，刺绣亦已出现，公元前557年晋国使者叔向访问吴国时，"吴人饰舟以送之，左百人，有绣衣而豹裘者，有锦衣而狐裘者"。

第三，吴国最有名的手工业门类是青铜制造业。江南地产铜、锡，为青铜冶铸、制造提供了原料。在相当于商代和西周时期的先吴文化——湖熟文化遗址中，已经发现了不少小件青铜器，而用来炼铜的陶钵、坩埚、青铜块以及挹灌铜液的陶勺的出土，表明这些铜器的制造匠师均为吴地的土著居民。著名学者郭沫若在《古代研究的自我批判》中曾经推论青铜冶铸技术从南方的江淮流域输入黄河流域"是比较有更大的可能，因为古来相传江南是金锡的名产地"。此说得到许多学者的支持。因此可以说，吴地居民是中国冶金术的最早发明者之一。春秋时期，吴国的青铜冶铸业已相当发达，出现了历史上著名的冶铸家干将、莫邪夫妇。据《吴越春秋·阖闾内传》的记载："干将作剑，采五山之铁精、六合之金英……使童女、童男三百人鼓橐装炭，金铁乃濡，遂以成剑。"可见，冶铸工场规模很大，并使用了须由300人合力操作的鼓风工具——橐。拥有高超技术的吴国工匠制造出质量精美的宝剑，史称干将剑、莫邪剑，"皆古之良剑也"；《战国策·越策》云，"夫吴干之剑，肉试则断牛马，金试则截盘匜"；《庄子·刻意篇》亦说，"夫干（吴）越之剑者，押而藏之，不敢用也，宝之至也"。传世或地下出土的吴王光剑、吴王夫差剑、夫差戈等也证明了这一点。尽管它们深埋在地下已有二千四五百年之久，但保存完好，基本上没有被腐蚀，仍然保持耀目的光辉，锋利异常。经现代科技鉴定，在这些武器中已大量使用铜、铅、锡三元合金，并经过硫化处理，这使武器既锋利、美观，又不易被折断，还具有较强的防腐性能。按照《吴越春秋》的记载，干将剑、莫邪剑上分别出现了"龟文""漫理"的花纹。这里有两点值得重视：第一，吴国的工匠已经掌握了提高炉温的技术，以炭为燃料，烟少而温度高，鼓风能加速燃烧，提高炉温，这对于矿石冶炼非常重要；第二，两把宝剑上有"龟文""漫理"的花纹，按照著名中国科技史专家李约瑟的说法，这实际上是在进行热处理时，因为材质的硬度不同而留下的痕迹。有人据此猜测，当时吴国可能已经制造出了硬度远远超过青铜的钢铁兵器。这样的说法还得到了考古资料的证明。1964年和1972年江苏六合、程桥两处春秋墓葬中曾出土过铁条和铁丸，这是我国考古发掘关于生铁冶铸的最早的实物见证。此外，在常州、武进淹城、苏州等地也均发现了春秋末期的铁器遗物。生铁的冶炼是冶金史上一个划时代的进步。北京钢铁学院编写的《中国冶金简史》一书中指出，由于六合、程桥铁器的发现，从目前考古发掘的结果来看，我国最早人工冶炼的铁器约出现于公元前 6 世纪，即春秋末期，这比欧洲出现的最早生铁要早 1900 年。

吴国青铜器除宝剑、戈外，还有大量的矛、镞以及各种生活用具和农业工具。我们知道，商代的青铜制造业非常发达，所铸青铜器以礼器为多。而春秋时期吴国的青铜器，主要是农具和兵器。这说明什么问题呢？第一，吴国与中原地区存在文化差距。尽管吴王寿梦、阖闾都有向中原先进文化学习的表示，也取得了成果，但文化是一种软实力，文化上的差距不是短时间内能够改变的。表现在青铜文化上，中原地区讲究礼仪，所以重视制造礼器，而吴国求其实用，主要制造农具和兵器。第二，吴国的生存环境，迫使它必须走"以武立国"的道路，发展经济、制造兵器，都是为从事争霸战争服务的。只有明白这一点，我们才会理解吴国兴得快、败得也快的道理。

第四，吴国的玉器制作也非常有名。如前所述，太湖流域是我国古老精美的玉器产地，四五千年前的良渚文化时期，太湖地区玉器数量之众多、品种之丰富、雕琢之精美，可以说世所罕见、无与伦比。以至有学者提出，在中国的石器时代和青铜时代中间，还有一个玉器时代。吴国人民继承了先人的传统，并且发扬光大，文献记载说，吴国国王或贵族往往以"玉凫之流""玉杯"之宝等陪葬。1986 年考古工作者在吴县通安严山（今苏州高新区通安镇境内）发现了一批玉器（203 件），据研究，应是吴国王室的"窖藏"。经专家鉴定，这批玉器经过了复杂的工艺流程，使用了先进的工具，运用了多种雕琢技法，唯其如此，才能在经过精选琢磨的坯料上勾勒雕镂蟠螭纹、蟠虺纹、夔龙纹、卷云纹等瑰丽精正、富有层次的图案花纹，才能在如此细微或如此冗长的玉器上钻孔，而孔又是这样的细，这样的直……2000 余年前的琢玉工匠，已经具有如此纯熟高深的造艺，确是一件了不起的事，这些玉制品看了令人叹为观止。

总而言之，按照伍子胥提出的"实仓廪"即充实仓库的要求，吴国的经济在吴王阖闾、夫差统治时期取得了突飞猛进的发展，从而为从事争霸战争奠定了坚实的物质基础。

第三节　吴地经济发展与经济重心地位的确立

在长期的发展、演变过程中，吴地的社会经济面貌发生了显著的变化，表现在物质方面，从相对落后变而为国之仓庾、财富之区，并逐渐成为全国的经济重心所在。

一、从"地广人希"到财富之区

公元前473年,吴国被越国所灭,后来越国又被楚国所灭,直到公元前221年秦始皇统一全国,吴地纳入大一统的版图。秦始皇推行郡县制,在吴地置会稽郡。东汉时将会稽郡一分为二,在苏州设吴郡,移会稽郡于浙江绍兴。

吴地的经济开发,在经历了春秋吴国的一个高潮以后,秦汉时期处于低谷。司马迁《史记·货殖列传》的记载大致反映出这一时期的情况:"楚越之地,地广人希,饭稻羹鱼,或火耕而水耨,果隋蠃蛤,不待贾而足,地势饶食,无饥馑之患,以故呰窳偷生,无积聚而多贫。是故江、淮以南,无冻饿之人,亦无千金之家。"[1] 这里所反映的是一个生产方式落后、社会处于普遍贫困状态、阶级分化不明显的社会状况。

经过越灭吴、楚灭越的战火之后,吴地的经济状况远不及昔日。以人口为例,秦汉时期吴地人口稀少,即以会稽郡吴县而论,其范围相当于现今苏州地区的一半以上,但在秦初人口才10 000多户。经秦末战乱,到西汉初期又有减少,已不满10 000户。说吴地"地广人希",并非虚言。再看"火耕水耨",以火烧稻秆作为肥料,用水淹的办法来除草,这是一种相当原始的粗放型耕作方式。在这样的耕作方式下,农田产量很低,农民基本是靠天吃饭。但是由于吴地处于水乡,各种各样的生活资源比较丰富,因为生活资源丰富而饿不死,所谓"无饥馑之患",但也因为收入水平低下而缺少财富积累,所以才会出现"无积聚而多贫""无冻饿之人,亦无千金之家"的情况。

在西汉前期,吴地经济发展曾出现了一个小小的高潮。

西汉王朝建立后,汉高祖刘邦大封同姓诸侯王,在吴地置吴国,封其侄刘濞为吴王。刘濞充分利用自然资源,大力发展社会经济,同时认真执行朝廷的与民休息政策,使得吴地劳动力大为增加,社会经济得到较快的恢复和发展,出现"国用富饶"的局面,《汉书》中也有吴国"即山铸钱,富埒天子"之说。所有这些,充分说明吴地经济有了一定程度的增长。但是,这种良好局面终因"吴楚七国之乱"而遭到破坏。

从东汉末年开始,北方长期处于战乱状态,社会经济受到严重摧残,所谓"百姓流亡,中原萧条,千里无烟"。而南方地区,社会环境相对安定,尤其是六朝时期(六朝是指孙吴、东晋、宋、齐、梁、陈)江南的几

---

[1] 〔汉〕司马迁:《史记》,易行、孙嘉镇校订,线装书局,2006年,第541页。

个政权采取了一系列的措施,增加人口、开垦土地、兴修水利、发展工商业等,再加上北方士民的大量南下,从而使得吴地的经济开发呈现加速之势。如为了增加人口,三国孙吴政权一方面征伐山越,迫使分布在山区的土民离开深山,迁往平原从事农业生产,成为国家的编户齐民;另一方面派兵前往江北,抢夺曹魏政权统治下的平民百姓,从而增加了大量的劳动力,加速了江南的开发。孙吴政权时造船业发达,曾经派人乘船前往台湾。凭借这一优势,还积极发展与日本的商业贸易,因此,日本把中国的许多物品都冠以"吴"字,如吴床、吴织等,称中国人为"吴人"。

这一系列措施带来了积极的结果与影响,吴地农业、手工业与城市商业出现了兴旺景象。

《宋书》卷五十四中记载:江南"地广野丰,民勤本业,一岁或稔,则数郡忘饥","丝绵布帛之饶,覆衣天下"。吴地土地面积大,老百姓又辛勤耕耘,使得农业丰收,而且盛产丝绸布帛,衣食丰足,农业、手工业得到快速的发展。如此一来,人民安居乐业,"谷帛殷阜,几乎家给人足矣"。吴地社会面貌大为改观,经济地位逐步提高,所谓"三吴奥区,地惟河辅,百度所资,罕不自出"。商业活动频繁,"贡使商旅,方舟万计"。河道中舟楫往来,物流畅达,商业贸易兴旺。城市面貌焕然一新,"市廛列肆,埒于二京",市店众多,街道繁华,堪比长安、洛阳两个都城。

所以,从这个时候起,南北此消彼长,吴地农业生产已经赶上甚至超过了北方,中国的经济重心开始了从北方向南方转移的历程。

随着国家的再度统一,尤其南北大运河的开通,吴地经济进入了快速发展时期。特别是唐代中期以后,北方因为"安史之乱",社会经济再次遭到摧残,山河破碎,出现"荒草千里""万室空虚""乱骨相枕"的局面。而以吴地为中心的江南地区却是另一番景象,所谓"境内丰阜","转输粟帛,府无虚月,朝廷赖焉"。江南地区连年丰收,不断将粮食、布匹输送至北方,朝廷对江南地区的经济依赖越来越大,江南地区在全国的地位越来越重要。唐代文人韩愈称:"当今赋出天下,江南居十九",国家的赋税,十分之九来自江南地区;著名诗人杜牧指出:"三吴,国用半在焉",仅三吴地区就占到了国家财政收入的一半左右;唐代最为有名的大诗人之一、曾经担任过苏州刺史的白居易在《苏州刺史附上表》中说:"当今国用多出江南,江南诸州,苏为最大,兵数不少,税额至多。"国家财赋主要来自江南,而江南地区诸州中,以苏州为最大,无论当兵的人数还是向国家上缴的赋税数量都是最多的。正因为如此,苏州成为江南地区唯一的、等级最高的雄州。

吴地的经济发展情况,还突出地表现在以下几个方面:

第一，人口的大量增加。在古代社会，生产力发展水平往往最初表现为劳动力的增加，即人口的增长，某种意义上可以说经济发展速度与人口增长速度、经济开发重心与人口分布重心往往具有一致性。唐代以吴地为核心的太湖地区的人口增长与经济开发进程呈现出同步态势，应该是社会经济地位上升的标志。有学者统计，贞观十三年（639），太湖地区（包括润州，即今镇江）民户约为12.9万户，至唐玄宗开元二十九年（741）达52.2万户，100年间增长了3倍以上。为适应人口增长和经济发展的需要，吴地在唐代增加了长洲、金坛、武进、海盐、嘉兴、华亭等多个县级行政建制。

第二，精耕细作生产方式的出现与农具的改进。如前所述，江南的开发始于六朝，那时的江南还是一个地广人稀的地方，虽然因北方战乱连年、饥馑荐臻，大量难民南逃，但难以改变江南人口稀少的基本情况。劳动人手的缺乏，限制了江南经济的深度开发，正如著名经济史家傅筑夫先生指出的："六朝时期的江南开发，是粗线条式的写意画，是向广度发展的一种粗放经营，只是将无主之田占为私有，进行一点力所能及的开发，仍有大片土地未能发挥其生产潜力。所以六朝的农业虽比过去有所发展，但未能彻底改变农业的粗耕性质。"[1] 到了唐代，随着江南尤其是吴地人口的不断增长，开拓田土的运动暂告段落，经济开发由广度向深度发展，农业的粗放经营变为精耕细作，其突出表现是农具的改进。

唐代农具的改进，最重要的是耕犁。据吴人陆龟蒙《耒耜经》的记载，江东犁（即曲辕犁）由犁镵、犁壁、犁底、压镵、策额、犁箭、犁辕、犁梢、犁评、犁建、犁槃11个部件组成，犁镵即犁铧，镵和壁都是以铁制成，提高了耕地效率。陆龟蒙还比较详细地叙述了江东犁的构造和使用方法，指出这种犁能翻覆土地，以断绝草根；能够利用犁评和犁箭的进退上下，进行深耕和浅耕，操纵自如。以前的耕犁都是直辕犁，笨重费力，效率不高。由直辕改为曲辕，不仅省力，在操作使用、掉转方向方面更加方便和灵活，而且大大提高了功效。

农具的改进和创造，精耕细作生产方式的出现，大大提高了吴地的农业产量。虽然没有直接的材料说明，但唐中期以后，"吴门转粟帛""粳米来东吴"等记载，却从侧面反映了吴地粮食产量提高的实情。

第三，广泛开展多种经营。随着人口的增加和劳动力的富余，加上利润的刺激，吴地百姓积极开展多种经营，扩大经济作物的种植。唐代后期，吴地的蚕桑、茶叶、果树，以及竹、木、漆、藕等经济作物的种类与产量

---

[1] 傅筑夫：《中国封建社会经济史》第四卷，人民出版社，1986年，第12页。

都有了很大发展。茶叶的普遍种植导致了社会上饮茶风气的流行，吴地各州几乎都生产茶叶，常州以及太湖西部湖州的茶叶都是朝廷贡品；苏州等地的柑橘是唐代著名果品，每年进贡朝廷；蚕桑生产在吴地有着悠久的历史，其快速发展却是在中唐以后，晚唐苏州诗人陆龟蒙描写农村景物诗中，有"桑柘含疏烟，处处倚蚕箔"之句，反映出蚕桑事业发展的情况。在此基础上，吴地丝织业迅速兴起，逐渐赶上北方。广泛开展多种经营，为吴地的经济发展增添了活力。

由此可见，随着人口的增加、精耕细作生产方式的出现与农具的改进、经济作物的广泛种植以及由此而来的手工业发展，吴地的社会经济面貌大为改观。如此一来，国家的财税重心在江南，江南的财税重心在太湖流域，太湖流域的财税重心是苏州。到了唐代后期，江南地区逐渐取代北方的关中和关东经济区，成为国家财政的支柱。全国经济重心逐渐转移到以吴地为中心的江南地区。

二、"苏湖熟，天下足"与"天上天堂，地下苏杭"

在传统史学中，宋朝一直不被看好，人们的普遍印象，这是一个"积贫积弱"的时代。但在现代史学家眼里，宋朝的历史呈现出另外一种景象，人们越来越认同宋朝是当时的世界强国，不仅在文化、科技、教育诸方面取得了超迈前代的成就，而且在经济方面也处于世界的领先地位，对人类文明产生了深远影响。

经过夺权政变建立起来的北宋王朝，很快结束了干戈扰攘和分裂割据局面，把广大的国土置于中央政权的有效管理之下。宋朝统治者清楚地认识到农业是富国裕民、安邦定国的物质基础，因而积极推行奖励农桑的政策，地方官府认真贯彻朝廷旨意，注意发展生产。在这样的背景下，吴地经济潜力得到进一步的挖掘，粮食生产上升到前所未有的水平。

宋代吴地经济发展是全方位的，不仅表现在农业方面，还表现在城市工商业方面。

（一）农业的发展

注重农田水利。吴地农业的发展是与注重农田水利分不开的。吴地自然条件优越，雨水丰富，西南的天目山苕溪水系和茅山荆溪水系汇集到这个地势低洼的地区，形成了包括著名的太湖在内的大大小小湖泊，星罗棋布，水力资源丰富。然而，水源畅旺未必是好事，如果不能加以改造、利用，往往会变水利为水害。历史上太湖地区水灾频繁，即由此之故。处于太湖东北部的苏州，是这一地区最为低洼之地，同时又是太湖水系东向入海的枢纽，排除积涝成为苏州也是太湖地区水利建设的当务之急。

注重农田水利,不自宋代始。可以说六朝以来太湖地区经济地位的上升,是农田水利开发的结果。唐贞元八年(792),苏州刺史于頔自吴江平望西至湖州之南浔修筑运河长堤,曰荻塘,又名頔塘;元和二年(807)观察使韩皋、刺史李素开挖常熟塘,自苏州齐门北抵常熟长90里,又名元和塘,"旁引湖水,下通江湖……实出灌溉之利,故名常熟塘"。五代吴越农田水利建设的成绩更为显著,创设专治太湖水的"撩浅军""开江营"保护农业生产,故而吴越治国80余年间,太湖地区仅发生了4次水患,成为历代太湖地区发生水灾最少的时期,当时有"人无旱忧,恃以丰足""岁多丰稔"之誉。明代大学士徐光启在《农政全书》中评论说:"钱氏有国……七里为一纵浦,十里为一横塘,田连阡陌,位位相承,悉为膏腴之产",道出了吴越农业经济的高涨与水利发达关系密切的事实。

北宋初年,太湖地区农田水利松懈,以致"其患方剧"。其后有识之士都十分注意三吴水利,范仲淹、郏亶郏乔父子、单鄂、苏轼等人,都对太湖水利提出各自认识与主张。历届地方官对太湖主要水道吴淞江也屡次进行整治。景祐年间范仲淹治苏时,"询访高年","深究利病",认为吴淞江不能尽汇震泽众湖之水,主张向北开辟通江河道,引湖水"东北入于扬子江与海"。他力排众议,"亲至海浦,开浚五河",即在昆山、常熟之间开茜泾、下张、七丫、白茆、许浦,引湖水向东北流于江,从而"为数州之利"。事隔50年,元丰年间朱长文作《吴郡图经续记》时仍说此举使"民利于今受其赐"。北宋末年,平江府司户曹事赵霖募灾民兴修水利,"开一江一港四浦五十八渎",也以排除积涝为主。开港浦和疏浚吴淞江,排积涝于江海,这是宋代太湖地区水利的主要工程,是太湖地区人民改造低洼地的主要手段。这种做法收到良好的效果,同时在施行中,泾、汊、港、渎纵横交叉,相互贯通,逐步建立起水网化系统,为本地区粮食的稳产、高产创造了条件。

治湖造田。在兴修水利的过程中,太湖地区人民与水争田,取得了显著成果。与水争田的主要方法是"治湖造田",分为两种情况。一种是废湖为田,即将湖水排干,以湖底为田。前代已有"决湖以为田"的记载,宋代此风大炽,北宋末年,有臣僚言:"东南地濒江海,旧有陂湖蓄水,以备旱岁。近年以来,尽废为田。"南宋绍兴年间,"所至尽废为田"。另一种是围田,或称圩田,即在水中筑堤,与岸相接,将湖泊的一部分围圈起来,排出堤内之水,露出湖底,以之为田,堤立水中,水挡在堤外,水高于田,干旱时可随时灌溉,故围内都是旱涝保收的农田。王祯《农书》有很好的解释:"围田,筑土作围以绕田也。盖江淮之间,地多薮泽,或濒水不时淹没,妨于耕种,其有力之家,度视地形,筑土作堤,环而不断,内容顷亩千百,皆为稼地。"有些圩田,规模很大,其堤又高又厚,堤长少则数十里,多则百余里。庆历年间范仲淹等奏称:"江南旧有圩田,每一圩方数十里,如大城中有河渠,外有门闸,旱则开闸引江水之利,潦则闭闸拒江水之害,旱潦不及,为农美利。"但不能不看到,废湖为田或围湖为田,破坏了自然平衡。南宋时,苏州、湖州之间被围湖田达1489处之多,"陂塘溇渎,悉为田畴,旧日潴水之地,百不一存"。湖泊本是调节水流的天然水库,废湖或围湖为田的结果,缩小了湖面或消灭了整个湖泊,导致其调节水流的功能消失,大多数良田旱则无灌溉之利,涝则洪水横流,泛滥成灾。而且,由于缺乏统一规划,"往往只求近功,不计长远后果;围裹目的,又往往多在得田而不在治水;治水的其他措施,如开掘塘浦,修浚河道之类,也都未能贯彻施行",[1] 从而造成太湖地区水道系统的紊乱,导致水害增加。因此,后人论及吴中"所以有水旱之患者,其弊在于围田"。可见,太湖地区对低洼地的改造,是付出了沉重代价的。

改进生产工具和农业技术。无论是生产工具的改造,抑或生产过程的经营管理,以及粮食品种的选择,宋代都达到了一个空前未有的水平,反映出精耕细作程度的提高。

先进的生产工具是太湖地区农业采用精耕细作经营方式的主要因素。前文曾经述及,从唐代后期开始,太湖地区的耕犁得到改良,由直辕改为曲辕,既灵活方便,又提高了耕田效率。宋代沿用了曲辕犁,并做了重大改进,在犁上配置了䥫刀。䥫刀也称为"开荒䥫刀",将䥫刀安置在犁上,便于垦辟荒田、割断芦根草根。两宋时期,曾对两浙大片低洼地进行改造,除筑堤御水,很大的工程是在排水后芟夷丛生的蒲芦杂草,而安置在耕犁前部的䥫刀,是改造这种低洼地的一种极其得力的工具。所以著名农史专家刘先洲在其编著的《中国古代农业机械发明史》一书中,对这次创造倍加称赞,认为是一件值得大书特书的事情。

宋代创制改进的工具中,还有秧马、耘荡、筒车等,在节省人力和提高劳动生产率方面起了很大的作用。其中值得一提的是作为灌溉工具的筒车。筒车又称为"水轮",建立在靠河岸的水中,利用水流的力量,将轮辐转动,轮辐上的竹筒灌满了水,而后流到岸上,通过渠道灌于田中。李处权《松庵集》称赞说:"吴农踏车茧盈足,用力多而见功少。江南水轮不假人,智者创物真大巧。一轮十筒把且注,循环上下无时了。"

在长期实践的基础上,太湖地区逐渐形成了一套比较完整的田间管理技术和积累了大量精耕细作经验,包括深耕、烤田、还水等一环套一环的

---

[1] 宁可:《宋代的圩田》,《史学月刊》1958年第12期。

田间管理技术直到现代还在延续。

按照《禹贡》的说法,吴地"厥田唯下"。但唐宋以后,吴地一改卑湿下田而为肥沃之壤,以粪肥田是其中的一个重要原因。此外,河泥的肥田功用也被人们发现。南宋诗人毛珝《吴门田家十咏》中有一诗说:"竹罾两两夹河泥,近郭沟渠此最肥。载得满船归播种,胜似贾贩岭南归。"他把河泥肥田看得比到岭南经商好处更大,显见时人对施肥的重视。

宋人郏亶说过:"天下之利,莫大于水田。水田之美,无过于苏州。"吴地以种植水稻为主,从文献记载看,昆山稻有33个品种,常熟则有40多个品种。水稻品种丰富,充分说明水稻种植的兴盛,同时也是吴地农业发展的重要标志。在认识各品种性能的基础上,人们选择了优良品种培育。或者因地制宜,发展稻稻两作或稻麦两作制,因此,吴地"秔稻再熟""稻一岁再熟"等记载不绝于书。

农业产量提高。基于上述各方面,吴地农业产量大为提高,水稻亩产达到450—750斤。由此,吴地逐渐成为国家的粮仓。范仲淹说过:"苏、常、湖、秀,膏腴数千里,国之仓庾也。"太湖流域的苏州、常州、湖州、嘉兴四个州是国家的粮仓。因此,在南宋年间就出现了"苏湖熟,天下足"的谚语。著名宋史专家朱瑞熙先生曾经指出:如果以湖州每年的粮食产量仅达苏州的一半计算,两州的年产粮食则达到1000万石以上,而南宋全国人口约在1100多万户到1200万户,因此苏州和湖州两地每年的粮食产量几乎可以分给全国每户一石米。[1] 所以"苏湖熟,天下足"的谚语是大体反映了实际情况的。

(二)工商业的发展

在农业发展的基础上,吴地工商业日趋发达,城市也出现了繁荣的景象。尤其是苏州,成为东南大都会。早在唐代,苏州已是太湖地区最繁华的城市,白居易说苏州"人稠过扬府,坊闹半长安",城市人口数量超过当时号称繁盛的扬州,热闹程度也可追赶京城长安。他在江南多地做过地方官,写过多首反映江南经济社会发展的诗篇,其中一首诗把杭州、苏州做了对比:"忆我苏杭时,春游亦多处……杭土丽且康,苏民富而庶",赞扬杭州湖山美丽,而苏州经济富庶;在另一首诗中又对湖州、杭州、苏州三个地方做了对比:"霅溪(湖州)殊冷僻,茂苑(苏州)大繁雄,唯此钱塘郡(杭州),闲忙恰得中。"湖州比较冷僻,苏州过于繁华,只有杭州比较适中,可见当时杭州城市经济不及苏州,湖州更不用说了。到了宋代,苏州工商业日趋兴盛,根据王謇《宋平江城坊考》的考证,苏州城中部位的

---

[1] 朱瑞熙:《宋代"苏湖熟,天下足"谚语的形成》,《农业考古》1987年第2期。

乐桥、利市桥一带成为商业闹市区。刻成于南宋绍定二年（1229）的《平江图》碑也清楚地表明了这一点，如茶肆、酒楼、谷市、鱼行、丝行等都集中在这一带。伴随着北宋时期坊市制度的解体，适应居民生活的需要，各种行业的作坊店铺在城内各处广泛涌现，锦绣坊、药市、水团巷、剪金桥、碎金巷、新罗巷等地名即是其例证。在此基础上，城市更加繁华，苏州人朱长文《吴郡图经续记》称："当此百年之间，井邑之富，过于唐世，郛郭填溢，楼阁相望，飞杠如虹，栉比棋布。"北宋建立以后的百年之间，苏州的富庶繁华超过了唐朝时期，城市中街道纵横，房屋有序，楼阁相望。它与南宋都城杭州并列，成为人们向往的人间乐土，"天上天堂，地下苏杭""上界有天堂，下界有苏杭"的谣谚渐渐蜚声海内外。

（三）元代海外贸易的繁荣

元朝建立后，重视商业，积极发展海外贸易。美籍史学家斯塔夫里阿诺斯在《全球通史——1500年以前的世界》中曾经指出：由于蒙古帝国的兴起，陆上贸易发生了一场大变革。历史上第一次，也是唯一一次，一个政权横跨欧亚大陆，即从波罗的海到太平洋，从西伯利亚到波斯湾。他还引用14世纪中叶意大利一本小册子中描写起自顿河河口的塔那横穿中亚的商路：往来于这条大道的商人们说，无论白天还是黑夜，在塔那到中国的路上行走，是绝对安全的。以此为背景，元代吴地商业兴旺，城镇经济繁荣。元代江浙行省的人口密度高居全国之首，每平方公里为91.23人，超过排名第二的江西行省42.95人1倍之多。[1] 苏州的人口密度更高，北宋太平兴国五年（980）每平方公里仅4.4户，到元丰元年（1078）升至21.6户，南宋淳熙十一年（1184）达到41户，元至元二十七年（1290）再增至58户，[2] 居江南各府之首。原本隶属于苏州的昆山、常熟、吴江、嘉定四县，人口不断增殖，元贞二年（1296）皆升格为州。

吴地的海外贸易尤为发达。元代海外贸易的兴起本为解决南粮北运问题。元朝都城大都，聚居着大量官僚、贵族和军队，其粮食供应来自全国各行省，其中江浙行省几占全国的一半。漕粮原本通过运河运往大都，由于运河淤积且运输时间较长，元朝统一全国后不久，丞相伯颜提议用海运方式转运南方粮食。至元十九年（1282），从崇明州取海道运送粮食400余石抵直沽（今天津），再转河道运抵大都。此后，漕粮海运规模不断扩大。其路线一般是从太仓刘家港入海，至崇明岛的三沙进入深海北上，抵达直沽海口，顺风时十几天即可到达。

---

[1] 梁方仲：《中国历代户口、田地、田赋统计》，上海人民出版社，1980年，第185页。

[2] 吴松弟：《中国人口史（第三卷）·辽宋金元时期》，复旦大学出版社，2000年，第474页。

巨额的粮食运输刺激了沿海城镇的发展，加上元朝政府的鼓励，使得海外贸易飞速发展。刘家港时属昆山州，成为官粮起运点后，发展尤其迅猛。元至正二年（1342），朝廷在太仓境内设立市舶分司，负责海舶、外贸等管理工作，江南地区丰富的手工业品、粮食、果品等都可以通过海路北上或南下，刘家港也因此成为当时的著名港口，号称"六国码头"。元代泰州诗人马玉麟有一首《海舶行送赵克和任市舶提举》诗，生动描摹了当时海船林立、商贾云集的热闹场景："玉峰山前沧海滨，南风海舶来如云。大艘龙骧驾万斛，小船星列罗秋旻。舵楼挝鼓近沙浦，黄帽唱歌鸣健艣。海口人家把酒迎，争接前年富商贾。蕃人泊舟各邀请，白氎缠头雪垂颈。珊瑚光映文犀寒，荔子香生蔗浆冷。"蕃商辐辏江南的沿海港口，说明元代开辟了不少新的海上航路，海外贸易的总量也因此不断攀升。伴随着海外贸易的发达，吴地涌现出一批巨富之家，如昆山顾瑛、苏州徐达左、松江曹知白、太仓陈宝生等富豪，大都和海外贸易相关。最著名的元末富户沈万三，其致富缘由之一就是"通番"。[1]

第四节　吴地经济结构的转型升级

如前所述，南宋时期流行"苏湖熟，天下足"的谣谚，但到了明清时期，一改而为"湖广熟，天下足"，也就是说长江中游的湖北、湖南、江西等地成了全国主要的产粮区。那么，这是否意味着太湖地区经济衰退、不再是全国的经济重心地区了呢？答案当然是否定的。这是因为吴地的经济结构出现了转型升级，由以农业为主转变为以工商业为主，棉花、蚕桑的种植面积远远超过水稻的种植面积，棉花棉布加工、丝绸生产等工商业的收入成为老百姓的主要生计来源和国家税收的主要来源，吴地成为城市化的先进区域。

在明清时期有"苏松重赋"的说法，也就是天下赋税，以苏州府和松江府为最重，尤其是苏州府。有学者以洪武二十六年（1393）为例，苏、松二府田地不到15万顷，仅占全国850多万顷的1.76%，而税粮为403万石，占全国2900万石的13.89%。[2] 换言之，苏州、松江二府以不到全国百分之二的田地承担了全国百分之十以上的税粮。所以，明代中期昆山籍礼部尚书顾鼎臣曾说，苏州、松江、常州、镇江、杭州、嘉兴、湖州七府，

[1]　王卫平：《江苏地方文化史·苏州卷》，江苏人民出版社，2019年，第93-95页。
[2]　范金民：《明清江南重赋问题述论》，《中国经济史研究》1996年第3期。

"财富甲天下",是东南财赋重地。这就说明,在明朝的时候,江南地区仍是国家的财政重地,是国家的经济重心所在。

一、商品经济的发展

种植经济作物在吴地有着悠久的传统。明清时期,经济作物的种植更为普遍。在沿海、沿江的高冈地带,普遍种植棉花,如太仓、昆山等县,棉花种植面积占耕地的十分之六七;而沿太湖周边地区则以植桑为主,如吴县"环太湖诸山乡人,比户蚕桑为务",吴江居民"俱以蚕桑为业"。在此基础上,丝织业和棉纺织业得到极大发展。从棉花、桑叶等原料,到棉纱棉布、蚕丝丝绸,绝大部分投入市场,农家经营越来越明显地卷入商品经济的旋涡之中。农产品商品化和商业性农业的发展,使传统的农业与手工业相结合的自然经济发生了深刻的变化。农民种植的经济作物及由此发展起来的加工工业产品,主要是作为商品投入市场,带有商品生产的性质。自然经济逐步向商品经济转化。纺纱织布、缫丝织绸不仅是农家的普遍行为,还成为城镇居民的谋生手段,所谓"纺织不止乡落,虽城中亦然"。因此,明清时期的苏州,成了全国棉纺织加工业和丝织业的中心,有"苏布名重四方"之誉,最盛时从事棉布加工业的布庄多达76家;苏州城东部的居民,家家从事丝绸织作,号称"郡城之东,皆习机业",乾隆年间"比户习织,专其业者不啻万家"。在此基础上,城镇人口集聚,商业日趋繁荣,所谓"苏州为东南一大都会,商贾辐辏,百货骈阗。上自帝京,远连交广,以及海外诸洋,梯航毕至"。[1] 苏州由此成为全国最为繁荣的工商业城市和经济中心。

二、资本主义萌芽的产生

随着商品经济的发展,在吴地城镇的某些行业中产生了资本主义的萌芽。苏州是"丝绸之乡",资本主义萌芽首先在丝织业中表现出来。明代中后期,随着商品经济的发展而来的激烈竞争,众多的机户发生两极分化,一部分人上升为手工作坊主,雇佣工人劳动,如长洲人郑灏,"其家有织帛工、挽丝佣,各数十人",而大部分人则沦为自由劳动者,靠出卖劳动力为生。明代著名的通俗文学家冯梦龙所编《醒世恒言》中有"施润泽滩阙遇友"一篇,讲的是吴江盛泽镇施复夫妇勤俭创业,从一张织机发展到几十张织机,以至要雇佣工人为他们劳动,这成为资本主义萌芽的典型事例。封建社会母胎中孕育着的资本主义萌芽,在清初曾一度遭到摧残,但自康

---

[1] 苏州博物馆等:《明清苏州工商业碑刻集》,江苏人民出版社,1981年,第331页。

熙中叶以后，它又随着生产力的恢复发展而重新活跃起来，至乾隆、嘉庆时期，得到进一步发展，不仅行业增多，包括了丝织、棉布加工（踹、染布）、造纸、印刷等，而且地区分布更为广泛。据雍正年间的《奉各宪永禁机匠叫歇碑》记载："苏城机户，类多雇人工织，机户出资经营，机匠计工受值"，说明机户与机匠之间存在着"计工受值"的雇佣劳动关系。当时苏州城内的劳动力市场很多，雇佣劳动者数量颇为庞大，仅棉布加工业中的踹、染布业即有雇佣工人20 000人。清代的商人资本更加活跃，商人支配生产的情况愈来愈多。据苏州丝织业碑刻资料，道光二年（1822）发生了一起机匠"会聚多人，向轮车机户李升茂庄上滋闹"的事件，于是有26家机户联名向元和县政府控告，县衙即行弹压。这里所谓的"机户"，实际上是一种放料收货的绸缎铺号，即后来被称为"账房"的商人，是一种高级形式的包买商。总之，在明清时期吴地城镇的某些手工行业中已经产生了资本主义生产关系的萌芽。尽管它很弱小，处处受到封建势力的压制，步履维艰，发展缓慢，但毕竟已经出现，它敲响了中世纪社会的丧钟，绽放出近代社会的曙光。

三、城市的繁华

商品经济带来了城市的繁华。明清时期的苏州是全国经济中心城市，工商业繁荣，商品交易量巨大，财富大量聚集。明代中期唐伯虎写过一首《阊门即事》诗，描述了来自各地的富商大贾，操着不同的方言通宵达旦地进行巨额交易的情景，诗中所说的"黄金百万水西东""五更市贾何曾绝，四远方言总不同"等情况，绝不是诗人的文学夸张。苏州工商业的繁盛，吸引了大量的外地工商业者。众所周知，历史上的徽州商人以善于经商著称，他们在苏州以及周边的市镇从事棉布、典当、木材和粮食等行业；苏州的蜡烛业从作坊到店铺，全部由绍兴商人经营；猪业和面馆、饭店等服务业基本上由常州、无锡等地方的商人把持。这些外地商人在苏州建立了众多的会馆，作为同乡联谊和商谈业务的场所。现在苏州戏曲博物馆的所在地原为全晋会馆，就是当时山西商人所造。

当时苏州的市场上，汇聚了来自全国各地乃至国外的商品，种类丰富，应有尽有。据明末到过苏州的意大利传教士利玛窦在《利玛窦中国札记》中记载说：许多来自葡萄牙和其他国家的商品，经由澳门运到这个口埠。一年到头，苏州的商人同来自国内其他贸易中心的商人进行大宗的交易，这样交换的结果，人们在这里几乎没有买不到的东西。

入清以后，苏州城市的繁华犹有过之，当时有人说过这样的话："天下财货莫不聚于苏州，苏州财货莫不聚于阊门。"清人孙嘉淦《南游记》卷一中描述:"阊门内外,居货山积,行人水流,列肆招牌,灿若云锦,语其繁华,都门不逮。"乾隆时期是苏州历史上最为辉煌的时期,据估算,人口应该超过 100 万。为了反映乾隆盛世,苏州画家徐扬画了一幅长达 1225 厘米的《盛世滋生图》,又称《姑苏繁华图》。画面上人物众多,摩肩接踵;河上各种船只穿梭往来,拥挤不堪;街道上店坊林立,市招繁多,可以辨认的有 260 余家,包括了丝绸业、棉花棉布业、珠宝首饰业、洋货业等 50 多个行业;经营的商品很多来自外地甚至国外。

所以,日本著名历史学家宫崎市定认为:"苏州与北京的关系,正如德川时代以后日本的大阪与江户的关系。苏州实际上是中国的大阪。这种形势一直延续到清代上海开埠以后、太平天国战争以前。"[1] 这样的评价是一点也不过分的。

四、市镇勃兴与乡村城市化趋势的出现

商品经济的发展,促使市镇的兴起。吴地市镇的发展,在明代中期、清代中叶和清末出现过三个高潮,据苏州的地方志记载,宋代有市镇 11 个,明中叶为 64 个,清中期为 121 个。众多的市镇拱卫在中心城市苏州周围。市镇与周围农村、市镇与中心城市、市镇相互之间,存在着密切的经济联系,组成一个密如蛛网的市场网络体系。市镇的兴起与发展,表明吴地乃至江南地区城市化的加快。如果说城市化的概念,包括了城市数量增多、城市人口增长和城市职能加强的话,那么,这在吴地尤其苏州表现得最为明显。吴地市镇数量众多,市镇不断发展,规模越来越大,史籍中往往有"名虽镇而实具郡邑城郭之势""即其所聚,当亦不下中州郡县之饶者"的记载,有些市镇称为城市并不为过。市镇适应商品经济发展的需要而兴起、繁荣,并成为地方的经济中心。如吴县的唯亭镇兴起于明末,至清初已成为"人烟稠密,比屋万家"的工商业大镇,有纺织、织布、毛毯、染作、切纸等手工行业。吴江盛泽镇,在明代弘治年间只是一个居民仅 50 多家的村落,嘉靖年间渐成市集,居民百余家,至清代乾隆年间,发展为万户大镇,乾隆《吴江县志》卷四记载:"迄今居民百倍于昔,绫绸之聚亦且十倍,四方大贾辇金至者无虚日。每日中为市,舟楫塞港,街道肩摩。盖其繁阜喧盛,实为邑中诸镇之第一。"盛泽由此成为当地的丝织业中心。工商业的繁荣,吸引人口不断向城镇集聚,据学者刘石吉研究:"就城市人口占总人口的百分比来看,1774 年吴江县全县户数 64 007 户,口数 247 211 人,市镇户数估计共约 22 500 户,人口占全县人口的 35%;又如常熟、昭文两

---

[1] 〔日〕宫崎市定:《明清时代的苏州与轻工业的发达》,(日本)《东方学》1951 年第 2 辑。

县在 1903 年时,其所属市镇人口约占全部人口的 19.5%。类似的例子在太湖沿岸与上海附近还可找到。"[1] 因此,与全国其他地方相比,苏州地区的城市化程度在当时可以说是相当高的。正是凭借雄厚的物质基础,以苏州为中心的江南地区率先走上了近代化之路,并且在现代成为全国城镇化的示范区。

第五节 大运河与苏州经济发展

长期以来,苏州保持着较为封闭的传统城市形态。随着商品经济的发展,苏州城市由封闭趋向开放,清朝的苏州城已经冲破了城墙的限制,开始向郊外拓展商业空间。这个变化在当时非常重要,而在变化过程中,大运河发挥着重要作用。隋大业六年(610)开凿大运河,苏州开始成为江南运河的重要枢纽。与之相应,运河也成为影响苏州城市社会形态的重要因素,给苏州留下了深刻的烙印。

苏州城市水系与运河的联系,有两条主要路线,一条是偏西北经白公堤汇入运河:"运河南自杭州来,入吴江县界,由石塘北流经府城,又北绕白公堤出望亭入无锡界,达京口";另一条在正西至枫桥入运河:"运河自嘉兴石塘由平望而北绕府城为胥江,为南濠,至阊门。无锡北来水自望亭而南经浒墅、枫桥,东出渡僧桥交会于阊门"。两条与运河连接的水路交会于阊门附近,为南来北往的人所必经之地。

凭借着临近运河的优越交通条件,从南宋开始,苏州城市西北部的阊门外已开始形成新的商业市场。至元代,阊门外已成"商旅辐集""规利者之所必争"之地。明清时期,阊门附近更为繁荣,发展成为苏州最大的商业中心,以至有"天下财货莫不聚于苏州,苏州财货莫不聚于阊门"的说法。清人李果《让道记》记载:"阊门为苏孔道,上津桥去城一里许,闽粤徽商杂处,户口繁庶,市廛栉比,尺寸之地值几十金。"明人王心一曾说"尝出阊市,见错绣连云,肩摩毂击,枫江之舳舻衔尾,南濠之货物如山"。故时人称数天下商品大码头约有 10 处,而苏州一地竟有南濠、枫桥 2 处,都集中在城西部。

同时,由于运河流经枫桥,枫桥镇逐渐发展为全国重要的米粮市场。康熙年间,经济活动的需要终于突破了城墙的限制,阊门商业区扩展至城

---

[1] 刘石吉:《明清市镇发展与资本主义萌芽:综合讨论与相关著作之评介》,《社会科学家》1988 年第 4 期。

墙以外，与枫桥镇连成一片，所谓"吴闾至枫桥，列市二十里"。当时闾门内外，居货山积，行人水流，列肆招牌，灿若云锦，一派繁荣景象。闾门外的南濠，从明初的"货物寥寥"，至清初发展成为"人居稠密，五方杂处"的商业闹市；山塘街上、下塘，也成为布庄字号林立的棉布加工业中心地区。在苏州，突破城垣限制、向城外拓展商业空间的例子绝不限于闾门一角，葑门、娄门一带也是如此。[1] 可见，在大运河带动下，苏州经济快速发展，城市格局发生了变化，依托大运河不断拓展，逐渐转变为开放型城市。

大运河对于苏州城市发展的影响还体现在以下方面：

推动了苏州空间结构的优化和美观。在大运河流经、护城河环抱的苏州城里，距离大运河最近的城市西北部为商业中心，西南部为高级园林、驿馆区和各级管理机构，中间的内城为核心，北部则为城市居民区。受到大运河的影响，城市的重心偏向西部和北部，城北居民聚集区最为密集。城市经济职能的增强，不仅表现为向城外寻求发展空间，同时在城市内部，也因为人口构成的不同而出现了职业性的区域分工，从而使苏州的城市布局出现了新的变化。明清时期的苏州已形成几个各具特色的功能区块，其具体布局可以概括为：城市东北部是丝织专业区，西北部是工商业中心区，西南部是政治中心区，东南部则自清中叶以后逐渐成为新兴商业区。此外，借助运河水系和护城河，苏州城中兴起了叠山造园的热潮，明清时期园林最多时达270余处。苏州由此获得了"园林之城"的美誉。再如，在运河的连接下，吴门桥、盘门城楼和瑞光塔组成了苏州城南名胜"盘门三景"。

完善了苏州的水上交通体系。大运河的开凿使得苏州城内逐渐形成比较完整的水系。相关记载，多见于隋代开挖江南运河之后，如唐代诗人白居易所写诗句"绿浪东西南北水，红栏三百九十桥"；南宋绍定二年（1229）刻成的平江图碑、明代张国维撰写的《吴中水利书》所载《苏州水道总图》、清代嘉庆二年（1797）的《苏郡城河三横四直图》都系统描绘了苏州城内水系。明代《吴中水利书》苏州府城水道总图谓："苏城四绕外濠深广，增雄天堑，具区宣泄之水，所共繇也。至葑关忽隘，而以一桥为束，使南来运道统归胥江，形势负险，古人建设之意良可深思。城内河流三横四直之外，如经如纬者，尚以百计，皆自西趋东，自南趋北，历唐、宋、元不湮。"这则记载说明了唐代以前苏州城内尚未形成完整的水系，隋代开挖江南运河对于苏州城内形成完整水系有着重要作用。城内完整的水系进

---

[1] 王卫平：《明清时期江南城市史研究：以苏州为中心》，人民出版社，1999年，第55-56页。

而对苏州城址的稳定起了积极的作用,因为苏州城内的河道构成了苏州城市形态结构的骨架。可见,运河是苏州城市位置稳定和苏州城市发展的重要因素之一。[1] 由于运河畅通和城市外围水利工程的大规模修建,苏州的水陆交通十分便利,八个陆门和八个水门全部作为进出通道而开启。同时还有十六座埭堰分布在城的四周,苏州城内形成了以水系为脉络,以河道为骨架的水陆双棋盘格局,大运河、护城河、城内河流合为一体,共同构成了苏州古城的水上交通体系。

加快了苏州农业水利的开发。唐宋时期苏州的水利系统得到进一步发展,为了确保漕运的畅通,各级官府相继在运河沿岸兴修塘路。北宋庆历七年(1047),吴江知县李问在运河与太湖的连接口修筑了垂虹桥,用来控制水的排泄与存蓄。元朝时期,平江河渠设置了78处闸堰。这一时期还修筑了一些辅助性的人工河流,如范仲淹疏导白茆湖入吴淞江,知州吕居简等人主持修筑至和塘。这些人工开挖的运河连同大运河,加之圩田内的沟渠、河湖共同组成了苏州的水系网络,促进苏州农业乃至整个经济的发展。

促进了苏州城市工商业的发展。苏州处于运河与娄江(今浏河)的交汇点上,内河航运与海上交通均很便利,这对于经济的发展具有重要作用。经运河"北接齐豫",直达北京;经运河南至杭州,"远连交广"。由于大运河带动了苏州经济的快速发展,苏州的城市性质发生了较大变化,在保留地区政治中心职能的基础上,经济地位得以迅速提高,进而成长为全国首屈一指的工商业中心城市,尤以运河沿岸的阊门著称。

同时,依靠运河河道,水路四通八达,苏州云集了各路商帮。苏州商业的繁荣,突出地表现为长途贩运贸易的发达。在此过程中发挥主要作用的是数量众多的外地客商,在苏州工商业的各个部门都能看见他们的活跃身影。如苏州本地最有名的洞庭商人,沿运河北上,在长江以北与徽商、晋商成鼎足之势。洞庭商帮经营范围甚广,有粮食业、丝绸业、棉花棉布业、木材业等。康熙年间,洞庭米商还在枫桥建立了"洞庭会馆",这也是苏州唯一以镇为属地的商人会馆。洞庭商帮中的席氏家族,在明朝曾沿运河北上至山东临清经营布匹生意,其他如徐氏、沈氏、秦氏等亦为商人世家。东山席氏还从事书籍相关行业,在运河旁阊门外开办了著名的"扫叶山房"。外地商帮主要有徽商、晋商等。徽商主要通过运河从事棉布和米粮贸易,晋商主要从事与金融有关的行业。当时苏州城大运河沿线,尤其是阊门附近聚集了大量商业会馆公所,如全晋会馆、岭南会馆等。这些联系商人之间以及商人与官府之间关系的会馆,其作用逐渐由原来的同乡联谊

---

[1] 傅崇兰:《中国运河城市发展史》,四川人民出版社,1985年,第98页。

转向了行业协会。同时更多的工商业者则跨越了地域界线,直接组成了同业公所。

此外,运河便利的交通优势,还带动了苏州一批运河沿线市镇的发展。如吴县的浒关镇、枫桥镇,吴江的平望镇等,都是沿运河分布的著名商业市镇,有"八省通衢""十四省货物辐辏之所"的称誉。盛泽、乌青、南浔、濮院、菱湖等巨镇,无不因河成市。据《乾隆吴江县志》记载,盛泽"每日中为市,舟楫塞港,街道肩摩"。

综上所述,苏州的发展兴衰与大运河密切相关。苏州在大运河体系中也有着重要地位,堪称江南运河的中转枢纽。独特的区位和自然地理状况,使得苏州长期以来都是江南运河上的重要节点城市,南来北往的商船和官船带动了苏州商贸的繁荣。尤其明清时期,苏州成为全国各地商帮的汇集之地,也是江南财赋转运重地。大运河不仅深刻影响了苏州城的布局和功能结构,还促进了周边市镇的产生和商业发展,浒墅关、枫桥等市镇的兴起,都与运河带来的商业贸易有直接关系,是水陆交通与市场、人群相互作用下的产物。

近年来,国家大力推动大运河文化带的建设,大运河文化带是以运河文化保护、传承、利用为指导,以运河物质遗产和非物质遗产为主要对象,以运河文化产业和文化事业为主要载体的带状功能区域。按照"河为线,城为珠,线串珠,珠带面"的思路,构建一条主轴带动整体发展、五大片区重塑大运河实体、六大高地凸显文化引领、多点联动形成发展合力的空间格局框架,并根据大运河文化影响力,以大运河现有和历史上最近使用的主河道为基础,统筹考虑遗产资源分布,合理划分大运河文化带的核心区、拓展区和辐射区,清晰构建大运河文化保护传承利用的空间布局和规划分区。[1] 苏州是运河沿线的重要城市,传承苏州的运河工程、建筑、水利、园林、城镇等物质及非物质文化遗产,对于大运河文化带建设具有重要现实意义。

第六节 《姑苏繁华图》视野中的清代苏州

生活在明代中期,有"江南第一才子"之称的唐伯虎曾写过一首诗《阊门即事》,诗中描述了明代中后期阊门一带工商业的盛况:"世间乐土是

---

[1] 中共中央办公厅、国务院办公厅印发《大运河文化保护传承利用规划纲要》,http://www.gov.cn/zhengce/2019-05/09/content_5390046.htm

吴中,中有阊门更擅雄。翠袖三千楼上下,黄金百万水西东。五更市卖何曾绝,四远方言总不同。若使画师描作画,画师应道画难工。"唐伯虎家住阊门附近的桃花坞,身历其境,对苏州阊门商业繁荣的描写是不过分的。在他笔下,苏州是人们向往的乐土,其中阊门一带楼阁林立,店铺众多,市场繁荣,交易频繁,他觉得这是一幅无论多么高明的画师都难以描摹的立体市井繁华图卷。有趣的是,如果说生活在明代的文人尚在感叹当时无人能用画笔描摹这番盛况,到了清代,苏州的繁华却被另外一位同样生活在苏州阊门的画师徐扬所描绘下来,这就是我们熟知的《盛世滋生图》,也称《姑苏繁华图》。

《姑苏繁华图》现藏于辽宁省博物馆。作者徐扬,字云亭,苏州府吴县人,家住阊门,是乾隆年间有名的画家。乾隆十六年(1751),监生徐扬进献画册,钦命充画院供奉,两年后钦赐举人,后任内阁中书,长期供奉清廷画院。乾隆第二次南巡后,乾隆二十四年(1759),徐扬有感于清朝"治化昌明",因而"摹写帝治",绘成《盛世滋生图》一卷。[1] 徐扬采用长

《姑苏繁华图》局部(徐扬:《中国风俗画稀世珍品:姑苏繁华图》,中国青年出版社,2013年,第99、100页)

---

[1] 范金民:《清代苏州城市工商繁荣的写照——〈姑苏繁华图〉》,《史林》2003年第5期。

卷形式，描绘范围"自灵岩山起，由木渎镇东行，过横山，渡石湖，历上方山，从太湖北岸，介狮、和（何）两山间，入姑苏郡城。自葑、盘、胥三门出阊门外，转山塘桥，至虎丘山止"。换言之，该图起自城西灵岩山，绕葑门、盘门、胥门出阊门，转山塘街到虎丘。画面上人群熙攘，河上运粮船、客货船穿梭往来，街道上店铺林立，以写实的手法绘录了苏州城西灵岩山至苏州城区的湖光山色、田园村舍、阊胥城墙、市镇人家、民俗风情和官衙商肆，形象地反映出当时苏州风景秀丽、物产富饶、百业兴旺、人文荟萃的繁盛景象。据统计，图中人物摩肩接踵、熙来攘往者多达12 000余人；河中船帆如云，官船、货船、客船、杂货船、画舫、木牌竹筏等近400条；街道上商店林立，市招高扬，可以辨认的各类市招约有260余个；各式桥梁50余座；文化戏曲场景10余处，是18世纪早中期中国经济文化中心苏州城市风貌的直观写照。[1]

《姑苏繁华图》是当时苏州城市繁华的一个缩影。苏州城内货物丛集，《古今图书集成》就有记载："枫桥之米豆，南濠之鱼盐、药材，东西汇之木排，云委山积"。《姑苏繁华图》中所描绘的苏州260余家店铺的招牌，包括丝绸业、棉花棉布业、蜡烛业、酒业、凉席业、油漆漆器业、铜铁锡器业、金银首饰珠宝器业、衣服鞋帽手巾业、图书字画文化用品、灯笼业、窑器瓷器业、酒店饭馆小吃等饮食副食业、医药业、烟草业、南货业、洋货业、油盐糖杂活业、酱菜业、柴炭业、皮货行、麻行、猪行、果品业、乐器店、扇子铺、船行、茶室、澡堂、花木业、客栈等50多个行业。入清以后，城市经济的恢复和发展相当迅速，市区扩张，人口稠密，市肆繁荣，乾隆年间更达到了鼎盛阶段。清代人这样描述："繁而不华汉川口，华而不繁广陵阜。人间都会最繁华，除是京师吴下有。"[2] 可见，在时人眼中，苏州才是人间最为繁华的都会所在。徐扬以写实的手法全方位、直观式地展示了出来，为后人留下了文献以外的图像史料。图中市招所反映的内容，都有相应的文献记载，可进行图文互证。所以结合这幅画，我们可以具体看到苏州繁荣的城市风貌和工商业情况。

苏州形成了西盛东简的商业格局。苏州自明代中期起即以工商业发达著称于世，大体上分为东、西两部分。东半城以丝织等手工业生产发达著称，西半城以商业贸易著称。在西半城中，尤以胥门至阊门之间最为繁盛热闹，是苏州最大的商业中心。入清之后，阊胥之间，南濠山塘一路，市

---

[1] 范金民：《清代苏州城市工商繁荣的写照——〈姑苏繁华图〉》，《史林》2003年第5期；李华：《从徐扬"盛世滋生图"看清代前期苏州工商业的繁荣》，《文物》1960年第1期。

[2] 佚名：《韵鹤轩杂著》，谢国祯：《明清笔记谈丛》，上海书店出版社，2004年，第123页。

肆更加繁盛。苏州既是商品生产中心，又是全国商品集中地。《姑苏繁华图》绘制在乾隆第二次南巡之后，描绘的胥门到山塘街一带，正是文献中记载最多、最为繁华的商业文化地段。今天苏州流传的"金阊门，银胥门"的俗语，依然可与之相互印证。

丝绸织造和贸易在工商业中占有突出地位。苏州是各地丝绸的销售中心，山东、江苏、浙江等地生产的丝绸在苏州均有出售。居民大多以丝织为生，丝织品种类多、质量好、销路广，是苏州市场上最重要、最受欢迎的商品。如陕西一带，"绸帛资于江浙"；河间府"贩缯者至自南京、苏州、临清"；西南诸省"虽僻远万里，然苏杭新织种种文绮，吴中贵介未披，而彼处先得"。[1] 所以明代张瀚《松窗梦语》中记载：江浙地区"桑麻遍野，茧、丝、绵、苎之所出，四方咸取给焉。虽秦、晋、燕、周大贾，不远数千里而求罗绮缯币（帛）者，必走浙之东也"。苏州的丝绸不仅流布国内，还销往海外，成为对外贸易的最重要的商品之一，如江南丝织品在日本、朝鲜有广泛的市场。《江南省苏州府街道开店总目》这一文献，记录了乾隆南巡时苏州25家丝绸店铺，便有图中所描绘的14家。[2] 此外，苏州还出现了账房，账房不同于专事出售的丝绸店铺，还兼营生产，苏州本地称为"纱缎庄"，在丝绸各业中居于主导地位。图中市招中出现了"自造""本店自制"等字样，实际指的便是账房。这些市招，将当时苏州丝绸业复杂的生产形式反映出来。

棉布加工业尤为发达。清代苏州是棉布加工业的中心和棉布贸易的集散地，棉布成为市场上的大宗商品，故有"苏布名称四方"的说法。清代江南棉布字号基本上集中在阊门上塘街、下塘街，所谓"苏布名称四方，习是业者在阊门外上下塘，谓之字号，漂布、染布、看布、行布各有其人，一字号常数十家赖以举火"。[3] 图中共有23家棉花棉布业店铺，约占总数的十分之一，说明棉布制品与丝织品一样，是苏州最为重要的商品之一。此外，还出现了本庄自置布匹的市招，指的是经过布店字号加工的布匹。"本庄"是指收购棉布的布庄。在明代，客商往往委托布牙收购布匹，入清后，随着棉布经营竞争的激烈，字号改用出庄的形式分赴各产布市镇直接收购，著名产布市镇朱家角的本色布，就由"南翔、苏州两处庄客收买"。这种棉布字号，乾隆四年（1739）有45家，其中以明后期即已存在的汪益

---

[1]〔明〕王士性：《广志绎》，中华书局1981年，第107页。

[2]《江南省苏州府街道开店总目》收于宫崎成身编集《视听草》续三集第七，转引自范金民：《清代苏州城市工商繁荣的写照——〈姑苏繁华图〉》，《史林》2003年第5期。

[3]《乾隆长洲县志》，《中国地方志集成·江苏府县志辑⑬》，江苏古籍出版社，1991年，第95页。

美字号营业额最巨，一年销布百万匹，益美布遍行天下，滇南漠北，无地不以益美为美。"永盛""大通"则是行号。同丝绸业一样，苏州是棉布生产、加工和销售中心的特色在图中得到了一定程度的反映。[1]

米粮市场和金融业发达。苏州城西的枫桥是运河经过的地方，明代以来发展为江南最大的米粮转输中心。来自长江中上游地区的粮食经长江、运河云集苏州枫桥，而后散放到江南各地乃至福建等省。《清实录》记载了乾隆十六年（1751）十一月江苏巡抚庄有恭的上疏称："浙商贩米数十万石及数百万石者，在苏州采买。"蔡世远《与浙江黄抚军请开米禁书》称："数十年来，大都湖广之米辏集于苏郡之枫桥，而枫桥之米，间由上海、乍浦以往福建。"[2] 乾隆年间，胥门外设立米业公所，娄门、齐门、葑门、阊门等地均设茶会，议价交易，米粮市场也逐渐规范。图中所见粮食业共16家，便集中分布在枫桥和齐门。此外，苏州金融业也很发达，乾隆年间，整个苏州府共有近300家典铺，当时山西商人在苏州开设的钱庄便有100多家。图中所示钱庄典铺共14家，徐扬反复描摹了胥门到山塘之间的钱庄市招，可见金融业在苏州城非常繁盛。

在苏州市场上流通的商品，以丝绸、棉布和米粮为大宗。丝绸、棉布是本地所产，转运外地，而米粮则从长江中上游诸省输入，从而形成如清人李鼎元所说的"川米易苏布"，即丝绸、棉布与米粮之间的商品对流局面，成为苏州商业贸易的重要特色。

综上所述，清代苏州成为全国各地商人汇聚之地，所谓"苏州为东南一大都会，商贾辐辏，百货骈阗。上自帝京，远连交广，以及海外诸洋，梯航毕至"。[3] 在这样的背景下，苏州成为全国最为繁荣的工商业城市和经济中心，也是全国著名的丝绸和棉布生产、加工销售中心，江南地区最大的粮食消费和转输中心，还是全国少见的金融流通中心以及交通便利的运输中心。嘉庆末年，东印度公司为了扩大对华贸易，曾设想在广州以外另辟一个通商口岸，当公司内部因为地点问题而争论不休时，东印度公司的著名中国问题专家塞缪尔·鲍尔曾专门撰文做了分析，指出苏州是英国货物最大的市场，而上海是苏州的门户，因而主张把通商口岸定在上海。他认为上海作为一个贸易口岸，其重要性取决于苏州府，对进口贸易来说，苏州府或许是全中国最适宜的地点。这也从一个侧面反映出苏州在全国所占据的经济中心地位。

---

[1] 范金民：《清代苏州城市工商繁荣的写照——〈姑苏繁华图〉》，《史林》2003年第5期。
[2]〔清〕贺长龄、魏源：《清经世文编·中》，中华书局，1992年，第1065页。
[3] 苏州博物馆等：《明清苏州工商业碑刻集》，江苏人民出版社，1981年，第331-332页。

第七节　近代工商业的兴起

中国向工业化过渡发轫于19世纪60年代洋务运动,其主要历史背景则是19世纪40年代的鸦片战争与50—60年代的太平天国运动。就苏州地区近代工商业的崛起而言,主要可从以下三个方面进行考察和认识。

一、太平天国对苏州的占领与洋务运动的兴起

太平天国运动对苏州地区经济发展与社会变动的影响,主要集中在以下两个方面:

第一,军事战火的浩劫,使曾经十分繁华的苏州地区遭到巨大破坏,苏州作为江南地区经济、文化中心的重要地位不复存在。咸丰十年(1860)闰三月,太平军攻破包围天京的清军江南大营,乘胜东征苏州等地。出于军事活动的需要和信仰的差异,太平军将士大肆焚掠庙宇、道观、宗祠等建筑,不仅在很大程度上破坏了苏州城区的原有格局,而且使城内的手工业遭到摧残。在抵御和镇压太平天国运动过程中,清军官兵更是大肆烧杀抢掠。咸丰十年(1860)四月初四,为阻止太平军进攻苏州,负责城防的清军总兵马德昭焚毁沿城民房,顷刻"火光烛天"。与此同时,"溃勇亦大至,纵横劫掠,号哭之声震天。自山塘至南濠,半成灰烬"。[1]

太平军与清军的反复攻伐,不仅使素以繁华著称于世的苏州遭到空前的破坏,终结了历经千百年积淀的"姑苏繁华",而且使吴文化的中心从苏州转移到了上海。与上海的快速崛起相比,苏州的地位逐渐下降。苏州在江南的中心地位逐渐丧失,标志着一个旧时代的终结和一个新时代的到来。

第二,太平天国运动在苏州发展期间,无论是太平军还是清军将领都开始在军队中使用和制造新式军事武器,从而开启了苏州地区的洋务运动。太平军攻破江南大营后,干王洪仁玕与忠王李秀成提出东征苏常和上海,"一俟下路既得,即取百万买置火轮二十个,沿长江上取"。[2] 太平军的直接军事目标之一,就是使其水师近代化,由于未能攻克上海,其目标没有实现。但太平军占领苏南后,由于接近上海,方便了与洋人的贸易,提升了部队的近代化水平。同治元年(1862)天京会战期间,李秀成部已拥有

---

[1] 罗尔纲、王庆成:《太平天国》(七),广西师范大学出版社,2004年,第58页;蓼村遁客:《虎窟纪略》,《太平天国史料专辑》,上海古籍出版社,1979年,第13页。

[2] 太平天国历史博物馆:《太平天国文书汇编》,中华书局,1979年,第554页。

较多的洋枪、洋炮,湘军将领曾国荃的面颊曾受枪伤,太平军还用"西瓜炸炮"轰击曾国荃部营垒。同治二年(1863)六月,美国人白齐文率领约50名各种国籍的洋人,带了"高桥"轮船和大量军火,投归苏州太平军慕王谭绍光的麾下,并训练太平军使用洋枪、洋炮,使太平军受到西方近代化军事训练。据白齐文部下马惇所说,他所见到的太平军部队,有四分之一的兵士佩带洋枪。[1]

因为太平军中使用洋枪、洋炮的数量与日俱增,当时驻扎苏州的护王陈坤书部的兵册记事簿中,就有"本阁送双响洋炮一条交洋炮官修整"的记载。[2] 既然太平军的部队编制中有专门修理洋枪、洋炮的洋炮官,便应有规模或大或小的修械所。据记载,当时昆山"城内有制造大炮、炮弹和开花弹的军火厂,由两个英国人经营"。正因为如此,英国史学家认为,"昆山对太平军斗争事业的重要性,是决不会估计过高的"。[3] 同治二年(1863)四月,英国军官统带的"常胜军"与清军攻陷昆山,使太平军遭受巨大损失。董蔡时先生这样评论:"从十九世纪六十年代开始,太平天国内部也已经开始了'洋务运动'"。[4] 但是,太平天国的失败,使其早期近代化事业戛然而止。

无论就规模还是就成效和影响来说,清军将领为镇压太平天国运动而创办的洋务企业在苏州的近代历史发展中都是空前的。洋务派在苏州创办的近代军事工业最著名的当属苏州洋炮局。苏州洋炮局的前身为上海洋炮局(即淞江洋炮局),原为李鸿章所建的一个随军小厂,是在当时军需供应紧急的情况下,聘请英国人马格里仓促创立的,规模不大,设备简陋,生产方式完全是手工操作,产品也只限于开花炮弹和引信。同治三年(1864)初,江苏巡抚李鸿章将上海洋炮局移驻苏州,占用太平天国纳王府(今桃花坞大街89号原苏州电扇厂厂址),建立苏州洋炮局。在李鸿章的授意下,由马格里出面买下英国"阿思本舰队""水上兵工厂"的部分机械设备,[5] 其中有蒸汽锅炉、化铁炉、铁水包、车床、铣床、磨床等,全部用来装备苏州洋炮局,初步摆脱了手工操作而进入机器制作阶段,使生产方式发生了根本的变化。

苏州洋炮局的生产规模起初不是很大,但它是第一个引进英国技术的

---

[1] 王崇武、黎世清:《太平天国史料译丛》第1辑,神州国光社,1954年,第73页。
[2] 金毓黻、田余庆等:《太平天国史料》,中华书局,1955年,第197页。
[3] 北京太平天国历史研究会:《太平天国史译丛》第三辑,中华书局,1981年,第247页。
[4] 董蔡时:《曾国藩评传》,苏州大学出版社,1996年,第331页。
[5] 阿思本舰队共有7艘兵舰、1艘趸船,有专门为兵舰制造及修理武器的机械设备,这些设备被称为"水上兵工厂"。

兵工厂，配有以蒸汽锅炉为动力的机械设备，在当时还是比较先进的。李鸿章是这样描述机器运转情况的："敝处顷购有西人汽炉，镟木、打眼、铰螺旋、铸弹诸机器，皆绾于汽炉，中盛水而下炽炭，水沸气满，开窍由铜喉达入气筒。筒中络一铁柱，随气升降俯仰，拨动铁轮，轮绾皮带，系绕轴心，彼此连缀，轮旋则带旋，带旋则机动，仅资人力之发纵，不靠人力之运动。"[1] 仅就技术层面而言，苏州洋炮局已实现了机器生产。苏州洋炮局的生产规模逐步有所扩大。李鸿章曾上奏说："缘臣军先后购觅西洋炸炮，每月操练攻剿，需用炸弹甚多，不能不添设制造局分济应用，现计开炸弹三局，一为西洋机器局，派英国人马格里雇洋匠数名，照料铁炉机器，又派直隶知州刘佐禹选募中国各色工匠，帮同工作；一为副将韩殿甲之局；一为苏松太道丁日昌之局，皆不雇佣洋人，但选中国工匠，仿照外洋做法。"[2] 从规模上讲，苏州洋炮局无疑比刚建立时扩大了许多。苏州洋炮局以英国人马格里负责全局事务，同时雇佣了四五名外国匠人，其生产的枪弹和炮弹的质量与数量也达到了一定水平。同治三年（1864）四月二十二日，《北华捷报》曾发表有关苏州洋炮局的评论说："现在李抚台所统率的军队，绝大部分的军火是由苏州兵工厂供给的。在阿思本舰队拂然回航的时候，马格里获得了从英国带来为供应中国舰队军火的一部分机器。他把这部分机器很好地安装了起来。现在每星期可以出产1500发到2000发的枪弹和炮弹。除了炮弹、药引及自来火之外，还造了几种迫击炮弹，不久的将来就要有毛瑟枪和钢帽加在产品的单子上了。这种工厂对于本省的贡献是难以估计的。"

苏州洋炮局除了制造军火炮弹外，还根据清政府的指示，培训火器营官兵，学习制造洋枪洋炮技术，培养了一些技术人才。主持总理衙门的恭亲王奕䜣在同治三年（1864）四月上奏，建议在曾经学习研究制造军火的兵弁中，"拣派心灵手敏之武弁八名、兵丁四十名，发往江苏，交抚臣李鸿章差委，专令学习外洋炸炮炸弹及各种军火器与制器之器"，同治帝当时也"谕令火器营照该衙门所请派"。李鸿章在以后的多次奏本里，明确提到有48名官兵分派到苏州洋炮局各局学习制造军火技术，而且已学会制造开花炮弹，并请朝廷给以褒奖。[3]

同治四年（1865）夏，李鸿章升任两江总督，到南京就任时，将苏州

---

[1] 夏东元：《洋务运动史》，华东师范大学出版社，1992年，第75页。
[2] 《李文忠公全书·奏稿》卷九。按：夏东元先生认为"三局"实为苏州洋炮局的三个车间，见其著《洋务运动史》，华东师范大学出版社，1992年，第75页。
[3] 黄冰如：《苏州洋炮局》，江苏省政协文史资料委员会、江苏省国防科学技术工业办公室：《江苏文史资料第28辑·江苏近代兵工史略》，《江苏文史资料》编辑部，1989，第23-24页。

洋炮局整体迁到南京，并以此为基础建立了金陵机器制造局。苏州洋炮局完成了它的历史使命。

苏州洋炮局仍沿用过去手工作坊的管理方式，生产的产品不核算成本，直接分配给军队使用，没有内部积累转化的扩大再生产，生产物资实报实销，资金全由国库开支，只是一家官办兵工厂。但不管最初成立的目的和宗旨是什么，它却在不经意中成了机器生产的开拓者，成为旧生产方式的突破口。正如张海林所言：从机器生产这一角度来讲，它对苏州乃至全国都具有经济发展的历史指向意义，它标志着苏州近代工业的诞生，为苏州传统经济的涅槃更新指明了突破的方向。[1]

二、苏州开埠与外资工商企业的创办

光绪二十一年（1895）中日《马关条约》规定，开放苏州等口岸，允许日本在中国通商口岸城市任便从事商业购销、租栈存货、工艺制造、客货运输，而应得优例及利益"均照向开通商海口或向开内地镇市章程一体办理"。根据"利益均沾"的片面最惠国待遇条款，其他列强都享有这项权利。外国资本主义工商业资本从此开始向苏州渗入。根据《苏州对外经济志》的统计资料，光绪二十二年至宣统二年（1896—1910）苏州外商企业情况见表1-1。

表1-1　1896—1910年苏州外商企业简况表

类别	国别	名称	经营范围	设在地	成立时间
交通	日	大东汽轮公司	客货运输	盘门外租界	光绪廿二年（1896）
商业	日	商店	洋货销售	盘门外租界	同上
交通	日	戴生昌汽轮公司	客货运输	盘门外租界	光绪廿三年（1897）
商业	日	商店	洋货销售	盘门外租界	同上
工业	意	中欧缫丝有限公司	缫丝	盘门外租界	同上
商业	德	商店	洋货销售	盘门外二马路	同上
工业	英	麦兹逊茧灶公司	烘茧	盘门外租界	光绪廿五年（1899）
旅社	日	繁乃家旅馆	日侨旅居	盘门外租界	光绪廿六年（1900）
商业	日	经营菜籽公司	土货购销		同上
交通	英	老公茂汽轮公司	客货运输	盘门外租界	同上

[1] 张海林：《苏州早期城市现代化研究》，南京大学出版社，1999年，第49页。

续表

类别	国别	名称	经营范围	设在地	成立时间
交通	法	立兴汽轮公司	客货运输	盘门外租界	光绪廿七年（1901）
商业	日	蓬莱轩饼干		盘门外大马路	光绪廿八年（1902）
保险	英	永年人寿保险公司	人寿保险	阊门外南阳里	同上
旅社	日	吉原繁子旅馆	日侨旅居	盘门外租界	光绪卅一年（1905）
工业	日	酒作	酿酒	盘门外租界	光绪卅二年（1906）
商业	日	三盛堂大药房	药品销售	养育巷教堂对面	光绪卅三年（1907）
商店	日	东洋堂	洋货销售	盘门外大马路	同上
商业	英	亚细亚石油公司油栈	洋油销售	盘门外大马路	同上
交通	日	日清汽轮公司	客货运输	盘门外租界	同上
商业	英	胜家公司缝纫机器	洋货销售		宣统元年（1909）
商业	日	丸三药店	药品销售	盘门外大马路	同上
商业	英	亚细亚石油公司油栈	煤油销售	阊门外丁家巷	同上
商业	英	亚细亚洋油堆栈	煤油销售	万人码头	同上
商业	英	苏州驻华英美烟公司	纸烟加工销售	阊门外四摆渡	宣统二年（1910）
商业	美	美孚洋油堆栈	煤油销售	灯草桥	同上
商业	美	美孚洋油堆栈	煤油销售	三板桥	同上

上述在苏州设立的外商企业（不含代理机构）计26家，其中日商企业13家，英商8家，美商2家，法、意、德各1家。经营主要以交通运输业和商业为主，其中商业15家，交通运输业5家，从事工业生产的3家，另外还有2家旅社，1家保险业。典型代表是英商亚细亚石油公司、美商美孚行、英美烟公司三家国际垄断性企业，它们先后在苏州设立分支机构，通过本地经销商，推销洋油、洋烟。其中，亚细亚石油公司苏州分公司的营业范围，最盛时包括苏州、常熟、无锡、江阴、常州、宜兴、溧阳、平望、南浔、湖州、泗安等地，每地设经理处1家，每家经理处在所在县境内的大小市镇设经销处，形成渗透城乡的火油销售网络。据《中国海关册》统计资料，两家石油公司在苏州设立油栈以前的光绪三十二年（1906），苏州进口煤油量为613 150加仑，设栈以后的宣统三年（1911），进口煤油量达5 476 099加仑，增长7.9倍。英美烟公司在苏州设立以前的宣统元年（1909），苏州进口纸烟为163 218箱，设立公司以后的宣统三年（1911），

进口纸烟量为 274 460 箱,增长了 68%。洋油、洋烟从此垄断苏州以至邻近地区城乡市场。

三、民族工商业的诞生和发展

甲午战争后,外国通过控制中国海关、设立工商企业等,加强对苏州进行商品和资本输出,为抵御外国的经济侵略,有识之士提出了"实业救国"的口号。晚清洋务大员张之洞时任两江总督兼南洋通商大臣,也多次奏请朝廷在苏州创办丝厂和纱厂,以维护利权,认为:"丝厂利三分,纱厂利二分,若有巨款大举,即尽收利权,假如设丝厂五所……则江苏一省之茧,可全收尽矣"。[1] 光绪二十一年(1895),经清政府批准,张之洞筹划成立苏州商务局,下设商务公司,额定资本白银100万两,开办纺丝、纺纱两局,以丁忧在籍的原国子监祭酒陆润庠为公司总董,筹建两厂。后因商股一时难以筹集,由官方奏准借用中日战争商款移作股本,向苏州、松江、常州、镇江、太仓五地以典当业为主的商人,按年息七厘借得白银54.8万两,借户即作股东,由官督商办,开办苏经丝厂和苏纶纱厂,厂址定在盘门外青阳地附近,动工兴建。后因经费不敷,在继任两江总督刘坤一支持下,从地方备荒项下,息借积谷、水利等公款,计白银23.5万两,逐年抽本还利。这都有力地支持了两厂的筹建工作。

光绪二十二年(1896)夏,苏经丝厂建成投产,这是苏州最早的近代化民用企业,也是江苏省最早使用机械缫丝的工厂之一。初建时有意大利进口的缫丝车共208台,以蒸汽机为动力,职工有500余人。一年后,缫丝车全部装齐,增至336台,职工有857人,使用蒸汽锅炉2台、引擎1台为动力,日产厂丝170—200斤,年产厂丝500—620担。产品由上海洋行转销英、法、美等国。其原料蚕茧免纳一切捐税,体现了官督商办的性质,并在投产时自设元记、亨记、利记、怡和等茧行,在苏州、无锡、常州一带收茧,烘干后运回工厂,每年用干茧三四千担。苏经丝厂在宣统二年(1910)参加南京举行的南洋劝业会,其所产生丝因品质优良获超等奖。

光绪二十三年(1897)苏纶纱厂建成投产,使用当时最先进的英国"道勃生"纺织机器,共有1.8万锭全套纺纱机器,配以蒸汽机、磨电机,是我国最早的10多家机器纺纱企业之一。光绪三十一年(1905),以银5.7万余两,进口纱锭4368枚,纱锭增至2.26万枚。投产时有工人2200名,日夜两班生产,年产粗纱约1.4万件。苏纶纱厂还是苏州最早使用电能的企业,在1897年即装置3台直流发电机供应厂内电灯照明。苏纶纱厂、南通

---

[1] 小田:《苏州史纪(近现代)》,苏州大学出版社,1999年,第66页。

大生纱厂、无锡勤业纱厂等,"皆为中国纱业之先进,亦新工业之前导",在中国近代工业史上占有重要地位。

但是两厂的发展却因种种原因而步履蹒跚,困难重重。光绪二十四年(1898)春,陆润庠服阙进京,其他地位相当之在籍富绅无人敢应此重任。不得已由纸商捐户部郎中衔祝承桂承租,租期3年。原股东按股收息,不负盈亏,股息改为年息五厘。至光绪二十七年(1901)3年期满,核查账目时,丝厂略有盈余,而纱厂亏损严重,两厂亏盈相抵,仍亏欠公私本息各款达31万余两。商务局总办朱竹石严令追偿,商定由两厂商董在旧股中设法分期筹款垫付。

光绪二十九年(1903),由官方出面,以商务局名义收回两厂转租给商人费承荫接办,租期5年,股东年息减为三厘,降低了成本,经营状况有所好转。其间,苏经丝厂被费氏转租给福康公司、和丰公司各经营了2年。光绪三十三年(1907),由森记公司承租,经理汪存志在上海招股扩充,从栽桑、养蚕制种等一抓到底,各地增设茧行,扩大收茧,业务颇有改观。产品商标用人首马身的"森泰",年产生丝620余担。[1] 而苏纶纱厂由于日俄战争,日本减少了对中国的棉纱出口,厂纱销路转好,开销之外盈余渐多。费氏于光绪三十一年(1905)增加白银5.7万两添购机器设备,扩大再生产。至光绪三十四年(1908),费氏5年期满不愿继续承租,两厂由原股东张履谦、周廷弼等收回自办,并陆续招募新股,自此有所谓老股、新股之分,"新股立于租户地位,老股立于产主地位,名为股东自办,实为租办性质"。[2] 从此,原来的官督商办便改为完全商办性质。

苏经、苏纶两厂的开办与发展带动了苏州丝织和纺织业的发展,也促进了其他近代企业的创办。光绪二十二年(1896),黄宗宪、王驾六等集资银5.9万两,于葑门外觅渡桥筹建恒利丝厂(即吴兴丝厂),翌年投产,有意大利产缫丝车104台,光绪三十二年(1906)由汪存志增资银4万两,缫车增为200台。光绪二十六年(1900),由华商杨奎侯与意大利商人康度西合作,华商集资银10万两,在葑门外灯草桥开办延昌永丝厂,康度西任经理,用意商名义经营,有缫车200台,后增至300台。光绪三十一年(1905),太仓富绅蒋伯言在沙溪镇创建济泰纱厂(后改称利泰纱厂),是当时江苏三大新式棉纺企业之一,有纱锭1.3万枚,所产"太狮""醒狮"牌棉纱,誉满华南。光绪三十三年(1907),怡和洋行买办贲梅贤投资7万

---

[1] 黄启之:《苏经丝厂史略》,苏州市地方志编纂委员会办公室、苏州市档案局:《苏州史志资料选辑》第5辑,1985年(内部发行),第53页。

[2] 章开沅等:《苏州商会档案丛编 第1辑 一九〇五年——一九一一年》(上册),华中师范大学出版社,2012年,第284页。

元,于苏州南濠街创设生生电灯公司,宣统元年(1909),无锡民族资本家祝大椿及苏州银钱业庄主洪少圃等加入合资经营,改名为振兴电灯公司。光绪三十三年(1907),苏商董楷生招股1万元创办苏州颐和罐食有限公司,生产开发听装食品。同年,洞庭西山商人罗焕章在东村地方设立机器织布厂一所,等等。[1]

总体来看,苏州近代工业呈现出创办较早、规模较大、企业较多等特点,其发展也困难重重,在经营方面也不能算是非常成功,但是让我们看到了工业生产所带来的冲击与变化。首先,企业的性质逐步由官督商办到商办的转化,产权关系逐步明晰,有利于苏州民族资本主义的发展。其次,生产方式上,手工生产向机器生产的转变。机器生产是一种全新的生产方式,生产效率高,为苏州经济的发展提供了方向。第三,管理方式上的变化,近代企业多数为招股经营,具有了股份制企业的某些特征,体现了一定程度上的民主管理。此外,也产生了一批民族资本家和产业工人,成为新生的社会阶级力量。

第八节 乡镇企业异军突起与"苏南模式"的形成

改革开放以后,苏州经济的迅速崛起,乡镇企业功不可没,并构成了"苏南模式"的核心内容。

一、乡镇企业的异军突起

(一)乡镇企业的发展历程

苏州的乡镇工业,早期称社队工业,初创于人民公社化时期,当时被称为"伟大的光明灿烂的希望"所在。20世纪60年代初国民经济调整时期全面停顿,70年代初开始逐步恢复。1970年国务院制定10年实现农业机械化的规划,号召农村"大力发展'五小'工业",为农业机械化提供物质装备。1972年中央号召全国掀起农田基本建设高潮,为解决农业自身资金不足的困难,要求各地发展社队工业。这些政策为社队工业的重新兴起提供了机遇。苏州人多地少,长期实行"以粮为纲"、精耕细作,仍难以摆脱"高产穷队"的状况,广大干部群众发展社队工业的愿望十分强烈。苏州地(市)、县党委因势利导,要求各地充分利用城乡工业产品短缺、城市工业

---

[1] 张海林曾做过统计,1896—1911年苏州近代企业大约有17家,见张海林:《苏州早期城市现代化研究》,南京大学出版社,1999年,第55页。

恢复发展中急需寻找加工配套单位和大批城镇技术工人回乡、知识青年下乡插队，具有发展农村工业人才资源的有利条件和机遇，积极发展社队工业。短短几年，全地区农村贯彻"围绕农业办工业，办好工业促农业"的方针，依靠公社、大队的集体积累，因地制宜、因陋就简地兴办了一大批社队企业，公社普遍办起了农机修配、砖瓦水泥及水泥制品、造船修船、粮油加工等直接为农业生产和农民生活服务的社办企业，一些有条件的社、队还办起了五金、机械、日化、化工、塑料、服装、纺织、印染等为城市工业配套的加工型企业。1973年，全地区社队工业企业超千家，产值超亿元。到1976年，全地区社队工厂达10 513家。社队工业对苏州农村经济的促进作用开始全面显现，实现工业总产值（按苏州1983年后所辖六县市范围统计，下同）5.1亿元，工业产值占地区工业总产值的比重由1965年的6.8%上升到35.7%，社队工资占农民人均纯收入的比重近15%，全地区财政收入增长部分的三分之二来源于社队工业。"文化大革命"结束后，苏州社队工业形成了一波发展高潮。1978年，全地区社队工业总产值11.14亿元，比1976年增长1倍多，职工人数突破40万，占农村总劳动力的比重上升到17%。[1] 中共中央在1978年7月召开的全国农田基本建设会议上，对苏州大力发展社队工业、促进农村经济发展的做法给予充分肯定。

中共十一届三中全会后，国家开始逐步调整农村经济体制与政策，苏州干部群众思想大解放，发展社队工业的积极性全面高涨。1979年年初，中共苏州地委、苏州地区行署召开社队工业工作会议，强调"社队工业是人民公社集体经济不可分割的重要组成部分，是全面发展农业、全面建设农村的必由之路"，制定了《关于社队工业若干问题的规定》，首次明确提出了社队工业"四服务"的发展方向，即为农业服务、为人民生活服务、为城市工业服务、为外贸出口服务，从而为社队工业的发展开拓了更为广阔的天地；并制订落实发展社队工业的各项促进、扶持措施和鼓励、优惠政策。到1983年，全市乡镇工业总产值达37.4亿元，比1978年增长了2.27倍，占全市工业总产值的近三分之一，占农村社会总产值的近一半，并首次超过农业总产值。[2] 同年2月，邓小平在苏州考察期间，详细听取了社队工业的情况汇报，对苏州农村依托集体经济发展社队工业，社队企业凭借灵活的经营机制开展生产经营、搞市场经济，通过发展社队工业带动农村经济社会飞速发展的成功实践，表示充分肯定和高度的赞赏，给苏

---

[1] 苏州市经济贸易委员会、苏州市乡镇企业管理局、中共苏州市委党史工作办公室：《苏州乡镇工业》，中共党史出版社，2008年，第2-3页。

[2] 中共苏州市委党史工作办公室：《中国共产党苏州党史大事记（1949—1999）》，中国文史出版社，2000年，第401页。

州干部群众以极大的鼓舞与鞭策，同时也引起中央对发展社队工业的高度重视。

1984年3月，中共中央、国务院批转农牧渔业部的报告（即中央4号文件），首次全面肯定乡镇企业（这个文件确定将"社队企业"名称改为"乡镇企业"）是农业生产的重要支柱，是广大农民群众走向共同富裕的重要途径，是国家财政收入新的重要来源，已经成为国民经济的一支重要力量，并作出"开创乡镇企业发展新局面"的重大决策，要求各级党委和政府对乡镇企业积极引导，给予必要的扶持，促其健康发展。[1] 这为乡镇工业在全国异军突起创造了有利的条件，我国乡镇工业迎来了大发展的春天。苏州市委、市政府迅速做出抓抢机遇、乘势而上的决策部署，进一步加强对乡镇工业发展的组织领导和工作指导；全市农村各级党委和政府充分发挥乡镇工业已经全面恢复、崭露头角的先发优势，以更大的力度、更实的措施，全面推动乡镇工业加速发展。由此苏州乡镇工业很快形成了改革开放以来第二个发展高潮，实现异军突起，并大力推动80年代全市城乡工业化浪潮滚滚向前。这一时期的发展大致可分为三个不同着力点的阶段。

1983—1984年的两年间为多措并举、继续大力兴办阶段。这两年，以实现量的扩张为主，利用地市合并的有利条件，发动和组织乡乡村村寻找项目、兴办企业、扩大生产、壮大规模，同时开始探索改革创新乡镇企业的经营管理机制。

一是全面组织以城带乡式发展。地市合并当年动员和组织市属工业与乡镇工业举办联合项目213个、联合协作生产产品92个。第二年又发动在苏州的11个省部属单位与78家乡、村办企业进行联合，达成协作项目57个；组织市直单位和市属企业为乡镇企业筹资借款1.2亿元，帮助创办和扩建社队企业2200家，吸纳职工10万人。通过以城带乡、城乡协作，苏州的丝绸、服装、家用电器等优势产品逐步形成了龙头在城、龙尾在乡的一条龙生产，出现了一批以城市工业为骨干、乡镇企业为主体的企业群体。

二是重点扶持薄弱乡发展。苏州市排出1983年工业产值不过1000万元或利润不满100万元的乡43个，其中29个一般困难乡明确由各县工业主管部门负责组织帮扶，14个重点薄弱乡由市经委组织30余家市级局、公司、研究所、直属企业和大专院校分工包干、对口扶持。仅过一年就有27个薄弱乡"摘帽"，5个乡的工业产值实现了翻一番，由此促进全市各地乡镇工业的平衡发展。

---

[1] 中共中央书记处研究室、中共中央文献研究室：《坚持改革、开放、搞活——十一届三中全会以来有关重要文献摘编》，人民出版社，1987年，第194-195页。

三是培育乡镇企业新生长点。1982年1月《人民日报》通讯《沙洲县生产队办起了小加工业》发表后,被基层干部和农民称赞为"小鸡吃米,粒粒下肚"的队(村)办企业开始受到全市上下普遍重视,各级把它作为这一波发展中的一个重要新生长点加以大力推进,并很快形成星火燎原之势。沙洲县1983年底有2157个生产队办起了加工工业,占全县生产队总数的38.5%。[1] 1984年中央4号文件明确界定乡镇企业包括乡办企业、村办企业、社员联户办合作企业、个体企业,即"四个轮子"后,苏州农村的联户合作企业和家庭工业开始快速兴起,当年底已有家庭工厂和联户工业企业5000多个,成为苏州乡镇工业的一支新生力量,并使苏州乡镇工业开始形成多层次发展的新格局。

四是大力做好招贤纳士工作。为了解决办厂人才不足的"先天不足",各乡镇企业想方设法从城市企事业单位引进一批在职的、聘用一批退休的专业技术人员和经营人才,更多的则是借用"礼拜天工程师",实现"不求所有,但求所用",从而涌现出许多"引进(聘用)一个人才,办好一个企业"的成功典型。沙洲县115个乡镇企业1983年共从外地聘用521名技术人员,其中有46名工程师。常熟市540多家乡镇企业至1984年4月底共聘用了900多名技术人员。由此为乡镇工业的加快发展提供了人才支撑。

五是改革创新企业经营机制。1983年起苏州乡镇企业开始探索所有权与经营权适当分开,推行多种形式的经营承包责任制,以创新已延续10多年的企业经营管理制度,消除"集体所有,集体经营"体制的一些弊病,防止走上"二国营"的老路,保持乡镇企业的活力和生机。是年底,全市97%的社队办企业实行了经营承包责任制。1984年组织推行无锡县堰桥乡"一包三改"经验(即实行厂长为主的承包责任制,改干部任命制为选聘制,改工人录用制为合同制,改固定工资制为浮动工资制),由此增强了企业机制活力,提升了经营管理水平。

1983—1984年苏州乡镇工业开始驶上发展的快车道。1983年全市乡镇工业产值占全省乡镇工业产值的22.19%,居全国地级以上城市首位。1984年全市乡、村两级集体共兴办大小项目3077个,总投资5.2亿元,当年投产见效的项目超过2000个;年末实有企业达10 499家,职工90.68万人,完成工业总产值56.09亿元,比1982年分别增长32.8%、40.9%和88.7%。[2]

---

[1] 苏州市政协文史委员会:《异军突起:苏州乡镇企业史料》,古吴轩出版社,2012年,第112、127-128页。

[2] 苏州市经济贸易委员会等:《苏州乡镇工业》,中共党史出版社,2008年,第5-6、30-34、272-274页。

1985—1988年是发展转向、提升竞争能力阶段。1985年后,国营和城镇集体企业全面贯彻党的十二届三中全会《关于经济体制改革的决定》,活力逐步增强,发展全面加速,我国经济逐步由卖方市场转变为买方市场,这对已经形成较大生产能力的苏州乡镇工业而言是一个严峻的挑战。为此苏州乡镇企业在发展战略上围绕"五个转向"开始了重大转变,即从注重产值增长转向注重提高经济效益,从外延扩大为主转向内涵挖潜为主,从粗放经营为主转向集约经营为主,从负债经营为主转向以自我积累为主,从内向型为主转向内外结合型发展,把工作重点转到提高企业整体素质和市场竞争能力上来。

　　首先,提高企业整体素质。1985年,苏州市委、江苏省委先后肯定和推广沙洲县委提出的"三上一高"(上质量、上技术、上管理,提高经济效益)的战略思想,引导乡镇企业推进技术进步,强化质量管理,实施名牌战略,实现结构优化升级。当年全市乡镇企业获部优产品6个、省优产品15个,成为全省乡镇企业中获部、省优质产品最多的市,另有62个产品获"苏州市优良产品"称号。1987年国家有关部门首次考评命名11家大中型乡镇企业,苏州的沙洲客车厂、特种汽车改造厂、锦丰玻璃厂3家企业率先跨入,第二年全市又有17家企业跻身全国大中型乡镇企业行列。1988年,市委、市政府决定每两年评选表彰一次先进乡镇企业和优秀企业家,激励争先创优,同时在全市范围内开展乡镇企业管理、技术人员大规模培训工作,当年轮训企业厂长经理近万人次,参加初级技术岗位培训人数达4.4万人次,通过委托代培等形式培训大专生8600多人、中专中技生6.2万人,全面提高人员素质。[1]到1988年年底,全市乡镇企业共引进国外先进设备和技术143项,有95个产品按国际标准生产,有9家企业进入省级先进企业行列,有600多个产品分别获得国家、部省、市级优质产品称号,其中2个获国家银质奖;全市已有年产值在5000万元以上的上规模、上水平乡镇企业968家,有2家企业年产值突破了亿元。[2]

　　其次,外向开拓提升发展。1985年苏州被列为沿海经济开放区后,市委、市政府制定了重点发展出口导向型经济的目标和战略,并要求乡镇企业发挥机制灵活的优势,充当发展外向型经济的先行军和生力军。为此,1986年市委在"三上一高"的基础上又增加了创优、创汇,即"三上两创一提高";1987年市委、市政府印发专门文件,引导全市乡镇企业实行利用

---

[1] 苏州市经济贸易委员会等:《苏州乡镇工业》,中共党史出版社,2008年,第5-6、37-40页。

[2] 苏州市政协文史委员会:《异军突起:苏州乡镇企业史料》,古吴轩出版社,2012年,第13页。

外资、外贸出口、外经合作的"三外"齐上,在发展外向型经济中开拓新的、更大的经济增长点,并在参与国际市场竞争中全面提升苏州乡镇工业的素质与水平。全市大批乡镇企业积极响应,主动调整,大胆开拓,开始走上从"五湖四海"到"五洲四洋"的外向型发展新路。许多原来跑惯"田岸"的乡村干部,开始跑起了"口岸",经常与外商洽谈,破除了发展外向型经济中的神秘观念,学会了与"洋人"打交道。1985年全市乡镇企业中仅有215家出口生产企业,出口品种171个,出口供货额1.4亿元,占全市外贸出口总额的比重仅为16.15%。1988年出口企业增至923家,出口额猛升至21.6亿元,占全市外贸出口总额的63.74%,一跃成为出口创汇的主力军。是年外经贸部、农业部、国家经委命名了第一批206个贸工农联合出口商品生产基地,苏州吴江绣服厂等15家企业榜上有名;第一次评选表彰乡镇企业出口创汇先进企业,碧溪毛纺厂等10家企业获创汇大户"飞龙奖",吴县工艺草制品厂等3家企业获出口优质产品"金龙奖",张家港市医用乳胶厂等2家企业获出口新产品开发"青龙奖",苏州市获奖数占全国9.5%。这一阶段乡村利用外资工作也摸索起步。1985年8月,昆山玉山镇成功吸引外商合资兴办了昆山赛露达有限公司,成为全市第一家由乡镇和外商合资兴办的企业。1987年10月,常熟赵市镇瞿巷村创办常熟三联皮件有限公司,成为全市乃至全省第一家由村与外商合资兴办的企业。到1987年年底,全市批准开办的28家中外合资企业中由乡镇、村开办的即有10家,1988年全市开办的96家外商投资企业中有77家是乡镇企业开办的。通过引进外资,苏州乡镇企业引进了国外先进设备、技术和管理,有效加快了自身的发展壮大。[1]

再次,深化企业经营机制改革。1986年,苏州市委、市政府总结推广吴江县铜罗乡首创的"生产要素承包,资产滚动增值"承包责任制,以生产要素即资产、资金、劳力三要素为发包的主要依据,以经济效益为承包的中心目标,使得乡镇企业的承包责任制趋于规范和科学合理。这种经营承包制度在得到江苏省委的肯定后在全省乡镇企业中推广。1987年开始在企业经营承包者队伍中引入竞争机制,面向企业和社会招标选聘承包者,实行择优录用、能人治厂。

由于采取了上述一系列正确的决策部署和改革发展的新举措,全市乡镇工业出现了一波4年翻两番的发展高潮,整体素质也明显提高。1988年全市乡镇企业职工人数增加至129万多人,达历史最高点,占农村总劳力的

---

[1] 陆允昌、高志斌:《苏州对外经济50年(1949—1999)》,人民出版社,2001年,第67—68、96—97、141—144页。

近 50%；乡镇工业总产值达 238.6 亿元，为 1984 年的 4.25 倍，占农村经济总量的 80% 以上，占全市工业总产值的 55.4%，成为苏州农村经济的重要支撑，全市工业经济的"半壁江山"；自 1984 年全市涌现首批 3 个工业"亿元乡"（沙洲县乐余、塘桥、妙桥乡）后，至 1988 年工业产值超亿元的乡镇已达 111 个之多；全市乡镇工业产值占全省的 24.3%。由此，苏州乡镇工业开始牢固确立在全省、全国的领先发展优势，并成为苏州经济社会发展中最令人瞩目的一大特色和亮点。

1989—1991 年间是主动调整、稳中有进阶段。1989 年起全国实行"治理整顿"，宏观经济紧缩。苏州乡镇工业在前一阶段飞跃发展过程中积累起来的基建投资过量、负债经营过度、能源和原材料价格上涨因素难以消化、市场销售疲软等问题也逐步显露。1989 年全市乡镇企业增幅成为 1983 年以来最小的一年，比上年骤降 10 多个百分点，实现利润出现了负增长，降幅达 38.63%；有近 20% 的企业面临生存困难；全市 166 个乡镇中经济运行比较好的不足 30%，非常困难的有 10 个乡镇。

面对严峻的形势，苏州乡镇工业在治理整顿中主动开展全面调整，努力实现"稳中有进"。市委 1990 年提出：乡镇工业发展总的指导思想是"三面向两提高"，即面向现实、面向市场、面向未来，提高组织程度、提高整体素质；着重抓好四项战略措施：一是加快调整步伐，二是扩大对外开放，三是走正提高路子，四是增强流通能力。随后，市委、市政府出台实施了一系列重大举措。主要有：在乡镇一级成立农工商总公司，全面管理乡镇经济工作，对乡镇办企业行使财产所有权，总公司下建立工业公司、外经贸公司，作为行使管理乡镇企业职能的办事机构和主管乡镇外向型经济发展的职能部门；针对乡镇企业分配上"两头实，中间空"（上缴乡村实，职工报酬实，企业留利空）和"包盈不包亏"、"以包代管"等现象，推行全员风险基金抵押承包、普遍推行职工入股、在有条件的企业中推行增量股份制、组织企业存量股份制试点等一系列完善承包经营责任制和搞活企业经营机制的举措。

在治理整顿的 3 年中，苏州乡镇工业的企业数虽减少了近 1500 家，发展增幅有所减慢，但经济的结构却得到了较大优化，突出的是外向型经济主要指标的增幅高于乡镇企业经济总量指标的增幅。1990 年实现全市每个乡镇有产品出口，有 100 个乡镇外贸出口超 1000 万元；出口创汇企业增至 1121 家，占全省出口企业数的 24.8%。1991 年全市乡镇工业完成工业总产值 441.4 亿元，只比 1988 年增长 85%，而外贸交货额（60.9 亿元）增长了近 2 倍，占全市出口交货额的一半，占全省乡镇企业出口交货值的 36.5%。利用外资加大步伐，乡村两级 3 年累计批准外商投资企业 517 家，占全市累计兴办外商投资企业总数的三分之二左右;1991年底累计实有"三资"企业579家、累计合同外资额2.55亿美元,分别占全省总数的51.9%、45.4%。同时,企业经济效益也有所好转,实现利润比1989年增长56%。上规模上水平企业加快成长。1990年,农业部评审公布31项部级科技进步成果,苏州乡镇企业有3项获奖;评选公布全国乡镇企业首批76家国家二级企业,张家港市电子计算机厂、常熟江南仪表厂榜上有名;张家港市杨舍镇荣获首届"中国乡镇之星"称号。1991年,全市乡镇工业产值超亿元乡镇增加至158个,其中超5亿元的有12个,吴江盛泽镇实现年工业总产值15.7亿元,荣获"华夏第一镇"称号;有12个村工业产值超亿元,村办工业发达的张家港城西村、太仓群星村、常熟福圩村、张家港城南村、吴县渭西村等5个村跨入全国农村社会总产值前50强村行列;共有968家乡镇企业工业产值超1000万元,其中亿元厂21家;6家跻身农业部首次公布的全国乡镇企业系统先进企业。[1] 根据农业部统计发布,1991年全国乡镇工业产值超50亿元的县(市)有15个,其中苏州除太仓外的5个县(市)都入列;乡镇企业总产值超过10亿元的乡镇有8个,苏州的盛泽镇、杨舍镇入列;产值前10位的企业中,苏州有吴江印染总厂(前称盛泽印染厂)、吴江工艺织造厂2家入列。

(二)乡镇工业异军突起的历史作用

1. 乡镇工业对苏州农村变革发挥了巨大作用

乡镇工业植根于农村,对农村的影响与作用可谓最直接、最广泛、最突出、最深远。概括地说,乡镇工业对苏州农村变革的重大作用主要体现在以下六个方面:

一是突破农村传统经济格局。苏州乡镇工业的发展,使世代居住于农村、耕作于农田的大量劳动力开始实行"离土不离乡,进厂不进城"式的就地转移,占农村总劳动力的比重达一半左右;过去以农业为主的农村经济,只用了短短一二十年时间,至20世纪80年代末工业在农村社会总产值中已占据到60%以上、农业降到不足10%,从而突破了千百年来"农村—农业,城市—工业"的传统分工格局,走出了一条依靠发展乡镇工业实现农村工业化、城镇化的新路子。1992年国家统计局依据1991年统计指标首次评定、公布全国农村综合实力百强县(市),苏州的常熟市、吴县、张家港市跻身前10名,成为全国进入前10强最多的地级市;居前10名的县

---

[1] 苏州市经济贸易委员会等:《苏州乡镇工业》,中共党史出版社,2008年,第7-8页,第40-45页;江苏省地方志编纂委员会:《江苏省志·乡镇工业志》,方志出版社,2000年,第36、92、168-169、174页;苏州市经济委员会:《走向辉煌——阔步前进的苏州工业经济》,古吴轩出版社,1994年,第366-367页。

(市)国民生产总值大致接近中等城市的水平。

二是促进农业现代化建设。乡镇企业孕育于农村,利用农业的原始积累逐步发展壮大,反过来又自觉地承担起了反哺农业的义务,以工补农,以工建农,使农业稳定发展和提高。1978—1985年苏州乡镇企业共提供5亿余元建农资金,相当于国家同期对农业投入的5倍多;1985年起苏州建立农业合作发展基金制度,乡镇企业按职工每人每月10元标准提取"建农基金",每年1亿多元用于农业基础设施建设,从而使得苏州在农村快速工业化的进程中,农业非但没有萎缩,还大大加快了农业现代化建设的步伐,传统农业朝着机械化、集约化、现代化方向发展。

三是推动农村社会事业发展。乡、村集体组织凭借发展乡镇工业积累的资金,大力发展农村教育、文化、卫生、体育等各项社会事业,实现了农村经济社会协调发展,农村的社会文明程度明显提高。如在发展农村教育事业方面,苏州自1985年起按乡镇企业销售额的5‰—10‰征收农村教育事业费附加,全市农村在义务教育达标期间共征收到教育费附加5亿多元,相当于同期达标建设投入资金总数的90%,全市农村2000余所中小学于1992年年底前全部达到江苏省实施义务教育办学条件标准,走在全省、全国的前列。

四是实现农民脱贫致富。苏州的农业长期靠精耕细作保持较高生产水平,然而400万左右的农民固守在人均不足一亩的耕地上,无论如何也实现不了小康。乡镇工业的发展使苏州农民找到一条迅速脱贫致富、持续增收的有效道路,几乎每家每户都从中直接受益。80年代后期起乡镇企业推行股份制,使广大乡镇企业职工都有了股份分红收入。随着乡镇工业快速发展、小城镇建设迈出大步伐,苏州农村还有50万人左右从事农村第三产业,工资性和经营性收入也非常可观,由此促进苏州农民收入水平不断提高,收入构成日趋优化,与城市居民的收入差距不断缩小。1991年全市农民人均纯收入1731元,是1978年的7.66倍,为全省农民人均纯收入的1.88倍;与城市居民人均可支配收入之比为1.4:1(以农民收入为1),就全省、全国来看,属于城乡居民收入差距较小的地区。[1]

五是促使传统农民向现代农民的转变。乡镇工业的发展在创造物质文明的同时,还深刻地改造着广大农民的生活方式和思想观念。占农村总劳力一半左右并几乎占青壮劳动力全部的这些务工农民,彻底改变了"面朝

---

[1] 黄正栋:《数字见证苏州改革开放30年巨变》,苏出准印(2008)字JSE—1002233号,第114-115页;贾轸、唐文起:《江苏通史·中华人民共和国卷(1978—2000)》,凤凰出版社,2012年,第231页。

黄土背朝天""日出而作、日落而息"和自给自足的生产、生活方式，迅速转变为掌握一定专业技能、操控先进技术设备、具有较高组织纪律性、适应现代工业文明的一代新型产业工人。他们既保持了农民吃苦耐劳、勤俭朴实的传统美德，又逐渐形成了许多新的思想观念和文明素养，如市场意识、竞争意识、创新意识、团队精神、科学精神等。更值得指出的是，苏州乡镇工业还培养造就了一大批优秀农民企业家，他们已从昔日的"泥腿子"变成国内一流的企业经营管理者。这些都促成苏州地区广大农民最先完成从农民到居民、从农民到工人的历史性的蜕变，并对苏州农村的方方面面产生了广泛、深刻且不可逆转的影响。

六是促进苏南地区的城镇化建设。具体表现在以下几个方面：

其一，为小城镇的建设和改造创造了必要的物质条件。搞小城镇建设，钱从哪里来？依靠国家拨款是不现实的，单靠农业积累更是极其困难，只有乡镇工业发展起来之后才提供了这个条件。1978年后全市每年要从乡镇工业利润中拿出1000多万元用于小城镇建设。不断兴办的乡镇办企事业单位，每年都有一大批厂房、经营设施、办公用房及其配套建筑等在镇上落成投入使用，使镇区面积大量扩充，而且同过去那种"房屋破连连，人来肩擦肩，踮起脚来手碰檐"的农村集镇旧貌已不可同日而语，由此促进了新型小城镇的加快成型和不断扩展。

其二，扩大了小城镇在城乡交流中的活动范围和商品交换的内容。乡镇工业的发展，使得从城市运到小城镇和通过小城镇输送到农村的，不仅有为数比过去多得多的日用工业品，还有大量的供应乡镇工业的原材料和燃料；从小城镇运往城市的也不再限于农副产品了，而更多的是各类工业品；小城镇同城市的联系，大大冲破了原来的行政区划和经济区划，从近处向远处辐射，从向少数几个城市转而向更多的城市甚至是国外辐射。

其三，改变了人口流向，发挥了"节制闸"和"蓄水池"作用。长期以来我国的人口布局很不合理，大中城市不断膨胀，农村劳动力严重过剩，而小城镇的人口却发展缓慢，形成了两头大、中间小的"哑铃型"态势。乡镇工业的兴起改变了这种人口结构和流向。至1984年全市在小城镇上的乡镇企业就吸收了41.15万农村剩余劳动力，还安排了3万多名市镇居民在其中就业。这样，一方面起到了控制小城镇人口继续向大中城市流走的"节制闸"作用，另一方面也起到了吸收农村剩余劳动力的"蓄水池"作用，加速了农业人口向非农业人口转化、农村人口向城镇人口转化的历史进程，探索出了一条符合我国国情的、逐步缩小三大差别的具体途径。

2. 乡镇工业对苏州经济社会发展作出重要贡献

乡镇工业是苏州经济发展中的一个亮点、一大特色、一项奇迹。乡镇工业的发展，也对苏州经济社会的发展进程产生了巨大的影响，做出了不可磨灭的巨大贡献，突出体现在以下四个方面：

一是苏州经济快速崛起的重要支柱。统计显示，快速发展的苏州乡镇工业在全市经济总量中的贡献份额逐渐加大，并推动苏州经济隔几年上一个大的台阶，于20世纪80年代实现了"第一次腾飞"。1983年全市乡镇工业产值占全市工业总产值的40.1%，可谓"三分天下有其一"。1984年乡镇工业总产值56.09亿元，占全市工业总产值的45.1%，使苏州跨入全国工业总产值超过100亿元的10个城市之列。1986年全市乡镇工业总产值123.37亿元，占全市工业总产值的53.1%，可谓占据"半壁江山"，并把苏州工业总产值推上200亿元新台阶，名列全国大中城市第4位。1990年国家统计局公布苏州进入全国25个国民生产总值超百亿元城市行列（列第7位），并进入全国36个人均国内生产总值超800美元的城市之列，达到小康水平。1991年乡镇工业产值占全市工业总产值的66.9%，可谓"三分天下有其二"，苏州稳步进入全国大中城市的发展前列。

二是苏州经济实现"由农转工"的主要推动者。由于乡镇工业的异军突起，苏州只用了短短10多年时间，就基本完成了一个国家或地区通常需要几十年、上百年时间才能完成的工业化进程，并从80年代中后期开始确立起全国重要的新兴工业城市和全国第四大工业城市（列前三位的是上海、北京、天津3个直辖市）的地位。

三是苏州市场经济的勇敢开拓者。乡镇工业曾被费孝通先生誉为"草根工业"，完全不同于国有企业和城镇集体企业，产、供、销都是受市场调节，实行完全的市场经济模式，这在当时计划经济体制下无疑是一种创举。正是这种"夹缝经济"环境，迫使苏州乡镇企业练就了一种顽强生存的能力和积极适应的本领，培育形成了"四千四万"（即动员千军万马、踏遍千山万水、说尽千言万语、吃尽千辛万苦）精神。1984年中央为乡镇企业正名、我国实行发展社会主义商品经济重大改革后，苏州广大乡镇企业家如鱼得水，更加大胆地开拓创新，成为市场经济浪潮中勇敢搏击的弄潮儿，在市场竞争中不断赢得先机。乡镇工业的不断发展壮大，使长期习惯于计划经济体制的国有、城镇集体企业，面临着来自乡镇企业的激烈竞争和严峻挑战，激发苏州的国营、集体企业学习、弘扬乡镇企业"不管东南西北风，咬定发展不放松"、不等不靠不要、勇于开拓创新的精神，较早地探索改革创新，走市场化发展之路。

四是培育输送了一大批领导干部。苏州众多的乡镇企业家和管理者，较早地受到社会主义市场经济的洗礼，他们勇于开拓、善于探索，从理论和实践的结合上掌握了一系列发展社会主义商品经济和建设社会主义新农村的经验和办法，其中一些优秀者被选拔到各级领导岗位。首先是充实加强了乡镇一级党政领导，替代了1949年前后参加工作的一批老乡镇干部。然后这一层面中的佼佼者又被选拔至县（市）、区的党政领导岗位上，由此才出现了"苏州跃起六只虎"（这是《人民日报》在1995年12月18日头版头条刊登的长篇通讯标题，反映了当时苏州6个县的发展就像6只勇猛的老虎那样虎虎有生气、互相争先称雄）的喜人局面。进而，这一层面的佼佼者则被选拔到苏州市级、省内兄弟市和省级机关部门的领导岗位，将苏州乡镇企业和经济发展的经验带到了更大的领域中去发挥更多的作用。

二、"苏南模式"的概括提炼

苏州乡镇工业以其鲜明的特征、骄人的业绩、与时俱进的品格、可持续发展的魅力，创造了一条农村经济发展的成功之路，从20世纪80年代起就享誉全国，被视为社会主义集体经济和农村改革发展的成功范例。苏州农村各级干部和理论工作者把自己的发展经验逐步总结概括为：以乡镇工业为主、以集体经济为主、以市场调节为主，坚持农副工协调发展、农村经济社会协调发展，实现共同富裕。后经费孝通先生提出、众多专家学者形成共识，把这种以苏州为主要发源地和典型例证[1]、以苏（苏州）锡（无锡）常（常州）为核心区域的苏南地区普遍运用、以"三为主、两协调、一共同"为主要特征和内涵的发展成功之路提炼表述为"苏南模式"。[2]

"苏南模式"为苏南农村地区共同选择和共同探索成功，既有其深厚的历史渊源，也有其现实合理性，更有其独特的优势。苏南地区历来有较为深厚的工业和手工业生产基础，紧邻上海这个全国的经济中心城市和最大工业基地，又处于东部沿海地区和长三角经济腹地，具有发展乡镇工业得天独厚的优势。苏南地区农副业生产历来比较发达，公社和大队两级集体的积累能为创办社区集体所有制性质的社办企业提供原始创业资本，这也是其他地区无法具备的条件。苏南乡镇企业充分依靠和发挥社区政府的行政资源和优势，获取了土地、劳动力、计划外原材料、贷款资金等生产要素和各种市场信息、商业机遇、政府信用，从而有效克服了计划经济对乡镇企业的制约和企业自身的经营风险，蕴涵着顽强的生命活力。正是有了乡镇企业的成功，才有了"苏南模式"的形成，才赋予"苏南模式"鲜活的灵魂和持久的生命力。对"苏南模式"做进一步分析，不难发现：其核心是发展，而发展的主体是乡镇工业；其精髓是创新，而不断创新的主体

---

[1] 同为乡镇集体企业创办较早、发展先进的无锡县、江阴县在1983年前属苏州地区管辖。
[2] 王荣、韩俊、徐建明：《苏州农村改革30年》，上海远东出版社，2007年，第256、275页。

和原动力也是乡镇工业；其活力是走市场经济之路，而率先冲破计划经济框架的是乡镇工业；其根本的精华是走共同富裕之路，而能使全市几百万农民共同脱贫致富的主要物质基础、经济基础，还在于乡、村集体创办的乡镇工业，使农村富余劳动力有组织地转移到非农产业，在于依托乡镇工业发展后积累的雄厚集体经济实力，使农业增产、农民增收、农村稳定且繁荣。实践已经证明，"苏南模式"最大限度地发挥了社会主义制度的优越性，走出了一条农民共同富裕的成功之路，走出了一条农村工业化、城镇化的成功之路，也走出了一条城乡一体化发展的成功之路。

正因为如此，"苏南模式"与主要依托发展农村家庭工副业、发展个体私营经济而迅速走上致富道路的"温州模式"和主要依托侨资侨力、发展股份合作制而带动一方经济发展的"泉州模式"等有着异曲同工、殊途同归的理想效果，都是对探索建设中国特色社会主义道路的重大贡献。

第九节　从"张家港精神"、"昆山之路"到"园区经验"

改革开放以来，在苏州这片崛起的热土上，不断创造出骄人的业绩、成功的经验，其中"张家港精神""昆山之路""园区经验"就是享誉全国的代表。

一、"张家港精神"的产生和弘扬

"张家港精神"是张家港人在20世纪90年代初，以邓小平理论和有中国特色社会主义理论为指导，对自己创业实践的高度提炼和概括，构成了张家港人的思想之瑰宝、创业之灵魂和力量之源泉，凝聚了张家港全体干部群众的智慧才华，促进了张家港的率先发展、科学发展、和谐发展，创造了张家港的惊人奇迹，确立了张家港的过硬品牌，塑造了张家港的美好形象。

张家港的前身为沙洲县，是苏州最年轻的县，1962年才由常熟、江阴的部分"边角料"组合而成。建县之初，由于底子薄、经济基础差，发展速度一直比较缓慢。1978年县城杨舍镇建成区面积不足1平方公里，房屋破旧，环境脏乱，镇办企业寥寥无几，全镇工业产值不到500万元，在苏州各县城关镇中倒数第一。中共十一届三中全会后，新出任杨舍镇党委书记的秦振华带领全镇党员干部和群众，顽强拼搏，艰苦创业，"两个文明"一起抓，使杨舍镇短短几年一跃成为苏州乡镇的"排头兵"和全国的"明星乡镇"。在创业过程中，杨舍镇形成了"为官一任，造福一方，顾全大局，乐于奉献，扶正祛邪，敢于碰硬，雷厉风行，脚踏实地，严于律己，以身作则，自加压力，永不满足"的创业精神，被誉为"杨舍精神"，这便是"张家港精神"的雏形。

1992年春，刚上任的张家港市委书记秦振华及市委班子认为，经济要腾飞，思想要先行，只有解放思想、振奋精神，才能激励斗志、抓住机遇、加快发展、开创大业。于是，通过对"杨舍精神"进行概括、提炼、升华，张家港提出了"团结拼搏，负重奋进，自加压力，敢于争先"的16字"张家港精神"。"张家港精神"迅速在该市广大干部群众心中扎根，成为全市人民共同勇创大业的精神动力。4月，张家港自加压力，瞄准先进，提出"三超一争"（工业超常熟、外贸超吴江、城建超昆山，样样工作争苏州第一乃至全国第一）的奋斗目标，奋力赶超。当年，该市的工业总产值、外贸出口供货额分别比上年增长1.17倍和3.05倍；城市建设以空前的力度推进，整治老区、建设新区、开发港区，大动作一个接一个，当年就建成了"全国卫生城市"。至年末，"三超一争"目标全面实现，在苏州市开展的"五杯"竞赛中一举夺得工业、外贸、精神文明建设3只金杯。张家港人民在保税区创办和张杨公路建设等重大项目建设中也创造了令人瞩目的张家港速度。1992年获批的张家港保税区是张家港抢抓机遇、敢为人先的产物，保税区内1284户农户住房从动员到拆迁完毕仅用45天，8公里长的铁丝网隔离带工程用20个日夜突击建成，与保税区配套的1座万吨级化工码头按常规需3年左右建成，结果苦战5个多月就胜利完工。前后仅用200天，保税区就高标准通过海关总署验收正式投入营运。投资2.26亿元、长29.3公里、路面宽38米的张杨公路，3年的工程量张家港人硬是用1年5个月就抢了出来。

初步的实践成果显示了"张家港精神"的威力，进一步增强了广大干部群众践行这一精神的自觉性和积极性。之后几年中，"张家港精神"激励着该市人民继续奋力拼搏，创造出了令人瞩目的张家港成就和经验。一是推动经济建设跃上大台阶。1991年第一届全国百强县（市）评定中张家港市名列第7位，1992年第二届上升至第4位，1994年第三届进一步跃升至第2位。2000年张家港市实现地区生产总值270亿元、财政收入20.5亿元、城乡居民储蓄128.14亿元，分别为1991年的8.5倍、8.9倍和8.8倍，也就是说只用9年时间就实现了经济主要指标翻三番还多。二是促使城乡面貌发生深刻变化。20世纪90年代，张家港坚持高起点规划、高质量建设、高水平管理，加快城市现代化、农村城市化、城乡一体化进程，把城市规模做大、功能做优、环境做美。1994年获得全省首个"国家卫生城市"殊荣，建成的沙洲中路商业步行街成为全国县城首条步行街；1995年建成的杨舍

东街美食街成为老城改造的一个典范;1996年城区最后2211户不成套住宅改造工程竣工,1万多户城区居民全部住上了新公寓房或经改造的成套房,也标志着老城区改造全面完成,走在了苏州市区及各县城的前面,城区的建成区面积也扩大到了12平方公里。至2000年,张家港市先后被评为中国明星县(市)、全国环境综合整治优秀城市、全国首家环境保护模范城市、全国首批创建文明城市工作先进市。

"张家港精神"形成后,首先在苏州传播开来。1992年7月下旬,苏州市委召开七届八次全体(扩大)会议,会上张家港市委书记秦振华着重介绍了培育和弘扬"张家港精神"、大力开展"三超一争"的有关情况,引起与会者的强烈反响,市委领导在总结讲话中首次提出要学习和发扬"张家港精神"。8月中旬,市委、市政府和市级机关部分领导赴张家港市考察,9月下旬,市委在张家港召开精神文明建设座谈会,总结推广张家港市坚持"两手抓、两手都硬"的先进经验,树立张家港精神文明建设这一先进典型。之后,市委组织宣传部门和理论工作者会同张家港市共同对"张家港精神"的本质内涵进行系统总结和大力弘扬。

"张家港精神"首先在苏州转化为巨大的物质成果。全市上下,尤其是6个县(市)之间,在邓小平南方谈话和中共十四大之后,形成了你追我赶、暗中较劲、大干快上、争先创优的竞争态势,市委、市政府因势利导,组织开展农业"丰收杯"、多种经营"致富杯"、工业"振兴杯"、外贸"创汇杯"、精神文明"新风杯"的"五杯"竞赛活动,形成6个县(市)以经济建设为中心的良性竞争氛围。正如《人民日报》所描述的那样:苏州"鼓起了六县市奋勇争先的风帆","苏州大地变成了'六虎'争雄的角逐场","为秀丽的江南水乡陡添几分生机、几分豪放,演出一幕幕威武雄壮的活剧",推动苏州"迅速驶入经济发展的'快车道'"。由此开始,苏州的县域经济一直走在了全省乃至全国的前列,也使苏州一跃成为新兴的、全国瞩目的经济大市。在国家统计局等部门依据1991年经济社会主要发展指标评定的首届"全国百强县(市)"中,江苏有6个县(市)进入前十强,其中苏州的常熟、吴县、张家港分列第5、6、7位,其余的吴江、昆山、太仓3县(市)分列第20、24、33位。1992年第二届评定中,江苏有7县(市)进入前十强,其中苏州占据4席,分别为张家港第4位、常熟第6位、太仓和吴县并列第9位,昆山和吴江分别上升为第11位和第22位。1994年第三届评定中,苏州有4县(市)进入前十强,其中张家港跻身全国第2位,常熟第6位、吴县第7位、昆山第9位,太仓和吴江分列第11、13位。

1995年2月,江苏省委主要负责人带队到张家港市进行调研,系统总结张家港市"两个文明"协调发展的经验。3月,省委在张家港召开以经济建设为中心、"两个文明"一起抓经验交流现场会,组织全省学习、推广张家港市的精神和经验。10月12日,《新华日报》头版头条刊载《陈焕友同志谈张家港成就、张家港经验、张家港效益》的长篇报道。张家港"两个文明"一起抓典型的推出,在全省反响热烈,很快产生了推动全局、影响深远的效果。

张家港"两个文明"协调发展的先进典型,也引起了中央层面的关注。从1992年5月至1995年5月的3年间,先后有10多位党和国家领导人来到张家港考察,对张家港"两个文明"建设的成绩和经验给予肯定。1995年5月,时任中共中央总书记的江泽民视察张家港时,对张家港"两个文明"建设成果和干部群众的精神风貌留下了深刻的印象,后来又亲笔题写了"张家港精神"。9月上旬,中宣部组织8家中央新闻单位记者采访团到张家港市集中采访报道,《人民日报》陆续发表22篇文章,全方位报道张家港市以经济建设为中心、"两个文明"建设协调发展的事迹,其他中央媒体也都连篇介绍张家港经验和"张家港精神"。10月中旬,中宣部和国务院办公厅在张家港市召开全国精神文明建设经验交流会,各省、市、自治区党委的分管书记、宣传部长、政府秘书长等与会代表对张家港市"两个文明"建设情况进行了全面考察。这次会议可以说是张家港精神文明建设的现场会,目的是要通过学习、推广张家港的经验,推动精神文明建设,促进"坚持两手抓、两手都要硬"方针的落实。中宣部总结了张家港建设的六条经验:一是抓住机遇,坚持发展才是硬道理,精神文明建设坚持高起点、高标准;二是成绩是干出来的,张家港说了算数,定了就干,而且不是一般的干,"张家港精神"的16个字朴实、有气概,始终有那么一股子劲,一股子气概;三是把社会主义、集体主义的优越性和个人的积极性、创造性有机地结合起来,既发挥了集体经济实力雄厚的优势,又发挥了个人的积极性,这是一条以公有制为基础、全面调动社会各方面力量、走共同富裕的路子;四是严字当头,把思想道德教育和严格管理结合起来;五是始终把"两手抓、两手硬"结合起来;六是领导班子过硬,干部队伍以身作则,造就了一支思想过硬、作风过硬的干部队伍。这次会议召开之际及以后一段时间里,中央新闻单位以显著版面、黄金时间节目连续、大量报道张家港典型经验。《人民日报》连发4篇报道和5篇评论员文章,赞扬张家港经验是中国特色社会主义"伟大理论的成功实践"。新华社连续播发4篇通讯,介绍"张家港精神"催生的巨大变化。中央电视台播放了反映"张家港精神"的4集专题片《狂飙》,又在《新闻联播》节目里连续4天播放了《张家港奇迹》专题报道片。中央人民广播电台也在《新闻联播》

节目里报道了张家港的"两个文明"建设成就。1996年4月,中宣部又在张家港市举办了为期6天的全国市委书记精神文明建设研讨班,研究在不同地区如何结合实际进一步推广张家港经验。全国55个市的市委书记、分管副书记参加研讨,并在会议期间参观考察了张家港"两个文明"建设的成果。

中宣部这两次会议后,全国各地到张家港考察的队伍络绎不绝,形成一股热潮,1995年有65万人次,1996年为70万人次,1997年达80万之多。[1] 同一时期内,有32位党和国家领导人来张家港考察,对张家港给予了充分肯定和热情鼓励。1996年10月下旬,中共中央政治局常委、书记处书记胡锦涛在苏州考察期间来到张家港,总结了该市"两个文明"建设的三条成功经验。他说,改革开放以来,特别是"八五"期间,张家港市发展很快,变化很大,"两个文明"建设成绩显著,经验可贵,走在了全省、全国的前列,起到了很好的带头示范作用。

21世纪初,"张家港精神"和"昆山之路""园区经验"一起,成为苏州跨越、率先发展的"三大法宝"之一。

二、"昆山之路"的形成

在20世纪80年代招商引资逐步展开、大力推进外向型经济发展的过程中,苏州逐步意识到:乡镇工业是在所谓"船小好调头"的思想指导下起步的,逐步形成了"村村冒烟、遍地开花"的布局,要使乡镇企业与世界经济接轨,实现质态提高,原有的分散格局显然不利于资源的优化配置和投资环境的改善,必须逐步向基地化、集约化、城市化方向推进;受城区空间制约的国有企业和县属企业,原来的存量资产经过一个阶段的"嫁接"之后,迫切需要开辟新的、更为有利的发展空间;苏州虽然不是经济特区,但也可按照邓小平特区开发的思想,探索进行开发区建设,在一定的区域,赋予特殊的政策,以局部突破拉动整体发展。[2] 正是基于这样的认识,在"不等不靠、敢想敢试,没有条件创造条件也要上"的思想指导下,昆山于1985年率先创办自费开发新区,并得到上级部门的肯定和鼓励。苏州市于1988年总结推广昆山的经验,提出了开发区建设的指导思想和目标:把开发区建成改善投资环境、实现大开发大发展的示范区,实施全方位开放、高层次引进外资的前沿区,引进和发展高新技术产业的先导区,优化结构和推动

---

[1] 王霞林:《邓小平理论在江苏的成功实践》,江苏人民出版社,2000年,第479页。
[2] 孟焕民、陈楚九:《第二次突破——苏州开发区建设实证研究》,人民出版社,2002年,第2、21、22页。

经济上水平、增效益的启动区,深化改革和建立社会主义市场经济体制的试验区。受昆山初步成功经验的启迪,全市各地结合小城镇建设和县城改造,搞开发区建设,由分散投入变集约投入,形象地说"即由原来的'巴掌路线',伸开五指,变为收拢五指,形成'拳头方针'"。[1] 到20世纪80年代末,各市(县)工业新区和一大批乡镇工业小区拔地而起,苏州新区也拉开开发建设的序幕,成为苏州发展外向型经济的一大重要载体、外商投资的一片热土,同时也成为全市经济发展战略大转移的一个重要标志。

昆山是江苏省的东大门,东临上海,西连苏州工业园区,水陆交通便捷,腹地广阔。改革开放初几年,昆山背了田多劳少、每年要向国家上缴4亿斤商品粮的包袱,错失了苏南乡镇工业第一波大发展的机遇,经济发展尤其是工业明显地落到了苏州所辖6县(市)的后面,被称为"小六子"。1984年初,县委组织全县干部大讨论后做出大力发展工业的决定,在论证时,县领导意识到,如果昆山沿袭周边县乡的发展老路,小打小闹起家,肯定是行不通的,必须另找捷径。当时上海城市工业开始向外释放能量,正在寻找新的出路,于是提出到上海找"靠山"。不久,通过与上海的横向联合,14个500万元以上、有较高技术含量和市场竞争力的项目达成了意向。紧接着遇到的问题是:这些项目放在哪里?当时县城玉山镇镇区4.2平方公里,居住了5万多人,已经很拥挤,不可能再建新工厂。也设想将上海来的企业引导到乡镇去,但条件不成熟,上海人一见尘土飞扬的砂石路和慢吞吞的轮船就摇头。经过反复酝酿、论证,作为著名的阳澄湖大闸蟹主产地的昆山毅然决然要"第一个吃螃蟹"。1984年8月,昆山县决定在玉山镇的东南侧开辟一个工业新区(当初名玉山新区)。这比国务院批准建立的全国第一个(除特区之外)开发区——大连经济技术开发区的时间还要早一个多月。翌年1月,昆山成立县城新区开发领导小组,对3.75平方公里开发区进行统一规划、统一管理、统一办理土地征用、统一筹集建设资金、统一安排建筑物。指挥部依靠向地方财政暂借的100万元资金,随即组织开展道路、桥梁建设。昆山开发区由此成为全省第一个启动建设的以招商引资、发展现代工业和外向型经济为目标的开发区,其启动建设的时间比省内南通、连云港两个国家批准的开发区要早半年多。

昆山工业新区建设之初,没有国家给的名分,更没有国家给的资金和政策优惠,属于一个县级的自费开发区。昆山县借鉴沿海城市开发区的经验教训,从当地实际出发,发扬自力更生、艰苦奋斗、勇于创新、锐意进

---

[1] 孟焕民:《崛起的热土——来自苏州各级开发区的报告》,上海科学普及出版社,1994年,第2页。

取的精神，克服各种困难和矛盾，顶住各种压力和非议，走出了一条投资少、速度快、效益好、自费开发的成功之路。在开发方针上，坚持富规划、穷开发，着眼长远，面向现代化，整个开发区一次性总体规划好，力求设计新、功能全、配套全、标准高；开发中，勤俭节约，艰苦创业，少花钱、多办事，先搞1平方公里启动区，土地按项目需要随用随征，不搞超前征收，不闲置抛荒。在开发模式上，采取"依托老城、开发新区"的策略；注重利用好老城区的各种资源和优势，推动新区开发建设。在开发步骤上，实行"滚动发展，逐步延伸"。在服从总体规划的前提下，按照"三先三后"（先生产后生活，先外后内，先上马后完善）的顺序，突出重点，逐步推进，开发一片，成功一片。1986年10月，工业新区规划面积扩大到6.18平方公里。在开发目标上，实行"三个为主，一个致力，四个一起上"，就是资金以引进为主，项目以工业为主，产品以出口为主，致力于发展高新技术，内联企业、中外合资企业、中外合作企业、外商独资企业同时并举，一起发展。初创阶段，昆山工业新区明确提出："外商投资我服务，外商发财我发展"，"硬件不足软件补，政策不足服务补"，讲究办事节奏快、工作效率高、服务态度好，做到"三个一"，即一站式管理，一条龙服务，重要项目一个人跟踪服务到底。为此，昆山工业新区首创了联合办公制度，对项目审批、土地征用、工程建设、水电供应、职工招聘、工商登记、银行开户等实行一条龙服务，深受投资者的欢迎，也成功地吸引了许多项目。

昆山工业新区从零起步，经过3年开发建设，到1987年共投入资金1200万元用于基础设施建设，基本达到"五通一平"要求，平均每平方公里开发成本322万元，不到"国批"开发区的十分之一；从1985年2月区内第一家中外合资企业苏旺你公司竣工投产，到10月区内第一家内联企业上海电视机厂昆山分厂投产，再到第一家军工企业897厂与昆山联营的万平电子实业公司落户，区内先后建起了17家企业，其中中外合资企业4家；1987年完成工业总产值3.1亿元，外贸出口834万美元，实现利税1528万元，财政收入350万元。[1]

1988年6月，昆山工业新区更名为昆山经济技术开发区，开发建设的力度进一步加大，并又有一些创新和突破，第一家外商独资企业、第一家欧美投资企业、第一家台资企业在半年内相继进区，六丰机械、沪士电子等一批合同外资1000万美元以上的大项目也相继进区。引进一个，带来一批，昆山开发区很快成为上海产品的扩散地、"三线"军工企业的聚集地。

---

[1] 顾厚德：《"昆山之路"的由来》，昆山市政协学习与文史委员会：《昆山文史》，2008年，第20辑。

几年时间里,贵阳风华冰箱厂、四川红岩汽车厂、陕西汉江机床厂、贵阳虹山轴承厂、江西景华电子器件厂等"三线"企业先后落户,有的还在区内与外商合资合作,成为吸纳外资的重要载体。1988年8月,省政府批准昆山开发区率先进行土地使用制度改革和以地招商试点。翌年4月,昆山县与中外合资申大公司正式签约出让开发区内的10 000平方米国有土地的使用权,期限50年,用途为工业用地,每平方米出让价100元人民币,开创了全国县级城市工业用地有偿出让的先例。此举不仅缓解了开发区建设资金不足的困难,而且因其政策透明、制度规范,对投资者产生了巨大的吸引力。1991年5月,国务院批转《昆山市土地管理情况调查报告》,要求全国各地研究推广昆山市有偿出让国有土地、搞好土地资源开发利用和保护管理方面的经验。

昆山自费开发区越办越红火,开发建设成效日益显著。1989年,昆山经济技术开发区工业产值名列全国开发区第3位。开发区经济的发展直接推动昆山经济很快走出了低谷,有了很大的发展,1990年昆山市人均国民收入名列全省第一。到1992年年底,昆山开发区累计投入建设资金2.5亿元,形成了"七通一平"(即通路、给排水、电、热力、管道煤气、邮政、电信,平整土地)的基础设施和一应俱全的配套服务设施;累计建办中外企业133家,其中外商投资企业106家,合同利用外资金额3.53亿美元;区内企业累计完成工业产值53亿元,实现利税2.8亿元,出口创汇2.3亿美元。[1] 一座现代化的工业园和昆山新城区呈现在世人的面前。

昆山自费开发区的崛起引起中央媒体的高度关注,他们做了大量宣传报道。1988年7月22日,《人民日报》在头版刊登《自费开发——记昆山经济技术开发区》的长篇通讯,并发表《"昆山之路"三评》的评论员文章,指出:"尽管中央确定的沿海开发区没有它,尽管国家投资的计划表上找不到它的份额,3年之后,昆山经济技术开发区却初具规模,奇迹般地出现在人们面前",赞扬昆山开发区发扬自力更生、艰苦奋斗精神,不要国家一分钱,靠内部挖潜,靠量力而行,靠精打细算,靠因陋就简,走出了一条富规划、穷开发的"昆山之路"。"昆山之路"名称由此而来。

昆山自费创办开发区大获成功,引起了国家、省、市的高度重视。1991年1月,省政府发出《关于加快昆山开发区建设问题的通知》,确定昆山经济技术开发区为省重点开发区。1992年6月,国务院召开长江三角洲及长江沿江地区经济发展战略规划座谈会,充分肯定昆山自费建设开发区的做

---

[1] 孟焕民:《崛起的热土——来自苏州各级开发区的报告》,上海科学普及出版社,1994年,第68页。

法。同年 8 月，国务院批准将昆山经济技术开发区列入国家开发区序列，开创了一个县级自费开发区进入国家级序列的先河，也成为苏州第一个获批的国家级开发区。

"昆山之路"的意义，不仅仅在于昆山经济发展的本身，更在于它在宏观机遇与微观实际的结合上走出了一条成功之路，它为苏州经济在 20 世纪 90 年代寻求第二次突破提供了一个成功范例，使苏州市的决策者在筹划第二次突破时有了经验的积累和坚定的信念。

三、苏州工业园区崭露头角及其"园区经验"

20 世纪 90 年代苏州开发区建设和发展中最为浓重的一笔，就是苏州工业园区的开发建设和迅速崛起。它不仅成为苏州 90 年代经济社会发展尤其是开放型经济发展中最大的亮点和增长极，而且开创了中新两国政府合作开发建设工业园区的新模式，成为中国和外国政府间经济合作的最大项目和成功典范。苏州工业园区在开发建设和借鉴新加坡经验的过程中，培育形成了"园区经验"。

（一）中新两国合作的一项战略性举措

苏州工业园区这个史无前例的开发项目，是在中国和新加坡两国领导人的大力支持下，经过反复酝酿、调研论证和精心筹备，决策实施的一项重大战略举措。

1978 年 10—11 月间，在中国改革开放的大幕即将开启之时，邓小平接连访问了日本、泰国、马来西亚和新加坡，他一路走，一路看，一路问，一路思考着社会主义中国的未来道路。当年的新加坡依托自己作为世界海路运输重要中心的有利条件，通过大力引进外国的资金、技术、人才，在一片荒地和沼泽上进行大规模的成片开发，建成了一个占地 5 平方公里、基础设施完备的裕廊工业城，建成了一批现代化工厂，推动了全国经济的高速增长。邓小平对新加坡的做法和所取得的成就表示了浓厚的兴趣，多次表示要学习新加坡的经验。1985 年 9 月，中国政府首次聘请外国专家担任我国沿海开发区经济顾问，其中之一就是当年陪同邓小平考察裕廊工业园、人称"新加坡经济之父"的新加坡原第一副总理吴庆瑞博士。1992 年初邓小平视察南方时说："广东二十年赶上亚洲'四小龙'，不仅经济要上去，社会秩序、社会风气也要搞好，两个文明建设都要超过他们，这才是有中国特色的社会主义。新加坡的社会秩序算是好的，他们管得严，我们应当借鉴他们的经验，而且比他们管得更好"。[1]

---

[1]《邓小平文选》第三卷，人民出版社，1993 年，第 378—379 页。

邓小平南方谈话传出后，新加坡朝野反响热烈。在李光耀资政的倡导下，新加坡政府决定采取非同凡响的行动来加以呼应。1992年9月开始，李光耀资政、吴作栋总理、王鼎昌副总理等新方主要领导人分别率领大型商务考察团频频来华，带着落实邓小平关于借鉴新加坡经验讲话精神的"一揽子计划"，即在中国帮助开发建设一个工业园区，并把新加坡经济和公共管理经验运用到工业园区的设想，风尘仆仆逐个考察中国沿海、沿江开发区，意在寻找一个可与中国进行"软件移植"的深层次经济合作的试验场。中国的党政最高领导人分别多次会见他们，反复商谈工业园区项目。李光耀资政和王鼎昌副总理于10月初在江苏省政府负责人的陪同下到苏州、无锡两市访问，听取了有关江苏及苏州、无锡经济发展的情况介绍。苏州这座具有2500多年历史的古老城市改革开放以来经济和社会发展各个方面取得的成就，给新方领导人留下了深刻的印象。结束访华离境时，由王鼎昌副总理出面向记者透露，有意在苏州物色一块土地，用新加坡的经验来发展。随后，中新双方多次互访商谈，签署相关协议。1993年5月10日，李光耀、王鼎昌率团专程访问苏州，亲自踏勘即将与中方合作开发的工业园区选址地域。

在确定选址后，双方专家参考新加坡的城市规划经验，结合苏州的地理位置、自然环境、经济基础、发展趋势等因素，设计出园区20年的发展构想，包括功能定位、区域特色、产业结构、人员构成、开发建设进度等。在初步的结构规划中，园区70平方公里的总规划发展面积将分成三区、三期滚动开发。设定首期开发区为金鸡湖以西、紧邻苏州城区的区域，面积为8平方公里，着重建成一个现代化的商业、金融、贸易中心，同时安排一定的工业区和相应的居住用地、公共设施、公共绿地，争取在3年左右时间内基本完成；第二期将充分利用金鸡湖的水环境，建成一个富有苏州水乡特色、环境优美的高技术中心小区；第三期将充分利用紧靠上海和地域较为宽阔的优势，建成以技术密集的大型制造业和加工工业为主体的中心小区。整个三期的开发争取用10年左右时间基本完成，将形成一个综合配套的现代化新镇。这个总体概念规划被时任新加坡市区重建局局长、当年新加坡裕廊工业园总体规划专家之一的邱鼎财称为"新加坡之梦"（指一种理想规划），可见对规划评价之高。

苏州工业园区项目决策定局后，在中新两国领导人的直接推动下，双方有关部门随即展开一系列紧张、有序的筹备工作。1993年11月23日，苏州市委组建苏州新加坡工业园区筹备委员会，并于12月31日正式挂牌办公。1994年2月11日，国务院发出《关于开发建设苏州工业园区有关问题的批复》，要求按照建立社会主义市场经济体制的要求，将苏州工业园区建设成为与国际经济相适应的高水准的工业园区；经过积极探索和努力，既出物质文明成果，又出精神文明成果，进一步推动中新经济合作和两国关系的发展；确定苏州工业园区实行沿海开放城市经济技术开发区的各项政策，致力于发展以高新技术为先导、现代工业为主体、第三产业和公益事业配套的现代化经济；同意苏州市的开发公司与新加坡开发财团组建合资公司，从事苏州工业园区内的土地开发经营；苏州可依照现行法律确定的较大的市的权限和程序制定地方性法规、规章，在苏州工业园区实施；苏州工业园区管理委员会作为苏州市人民政府派出机构，自主行使园区的行政管理职能，按照"精简、统一、效能"的原则，设立精干的管理机构，不要求区内机构与上级机构对口设置。2月26日，中、新两国政府签署《关于合作开发建设苏州工业园区的协议》。到1994年3月，苏州工业园区开发建设的各项筹备工作基本就绪。

经过紧张筹备后，双方开始探索全新的合作模式。苏州工业园区项目是改革开放以来我国成片开发规模最大的项目，其合作方式在国内还没有先例。其最基本的特点有三：一是由中、新两国政府高层决策确定，以两国政府的合作支持作为背景；二是由苏州方面与新加坡方面实行优势互补，合作双赢；三是硬件、软件一起上，国际资本大规模集中投资开发与借鉴新加坡经济和公共管理经验紧密结合。具体主要体现在三个方面：

一是在领导组织架构上，为此项目建立中新两国政府的联合协调理事会，两国政府各委派一名副总理担任主席，负责协调园区借鉴运用新加坡经济和公共行政管理经验中的重大问题；理事会每年召开一次，在中新两国轮流举行。两国联合协调理事会下设苏州市和裕廊镇管理局双边工作委员会，设两位主席，由苏州市市长和新加坡裕廊镇管理局主席分别担任，双方定期联系，根据需要适时召开会议，就借鉴运用新加坡经济和公共行政管理经验的工作进行协商，并分别向理事会中的两国副总理报告工作。双边工作委员会下设中新联络机构，双方各自建立一个办公室，负责具体工作，通过定期召开会议等形式进行交流协商。苏州方面的联络机构为园区软件综合办公室（1994年7月更名为园区借鉴新加坡经验办公室，简称"园区借鉴办"）。

二是在开发形式上，确定70平方公里的中新合作开发区范围内的开发建设为商业性项目，实行企业化运作，由中方财团和新方财团合资组建苏州工业园区开发有限公司（英文缩写CSSD），统一负责土地开发经营。1994年5月，合营公司获准成立，首期确定投资总额为1亿美元，注册资本5000万美元；双方合资的比例，新方占65%，中方占35%。

三是在管理形式上，国务院原则同意，在园区内，在坚持维护我国国家主权的前提下，自主地、有选择地借鉴、吸收新加坡发展经济和公共管理方面对我适用的经验。

中新两国领导人签署合作开发建设苏州工业园区协议后，新加坡的中英文报刊纷纷予以大量报道，连续介绍中国国情、苏州的投资环境和园区项目的未来发展前景，同时也引起了世界主流新闻媒体的广泛、热切关注。1993年5月到1994年2月间，新加坡实业界与苏州达成的各种合作项目已有50多项，意向或协议投资总额达30亿美元。

(二) 高起点、高效率的启动开发

1994年2月，国务院批复下发后，园区首期开发建设的各项实质性启动工作随即全面展开。首期开发区8平方公里。土地功能分布，以干将路为中轴线延伸至金鸡湖，开发为由西向东的带状商务中心，将规划建造密集的行政和商务办公楼、购物中心、饭店宾馆、娱乐休闲中心以及中央公园；中轴南北两侧为居住区，规划建设5个居住小区，每个生活小区还将包括商业邻里中心、中小学校、小型公园绿地、体育康乐等公共设施；居住区外侧依次分布轻型工业、高科技工业、一般工业区。

4月20日，从东环路进入园区的4条主干道中的第一条苏斜路（后改称金鸡湖路、中新大道）600米段的半幅快车道建成通车，沿线19家企事业单位开始首批动迁。5月4日，启动区中0.1平方公里示范区开始填土，拉开了园区开发建设的序幕。5月12日，苏州工业园区首期开发启动典礼在金鸡湖畔隆重举行。至1995年底，园区开发建设格局全面形成，启动区的开发建设基本完成。

园区建设刚起步，就十分重视引进外资工作，且成效显著。1994年9月，苏州医疗用品厂和美国BD公司合资兴办的苏州碧迪医疗器械有限公司签约，是为园区第一个工业合资项目。当年，签约进区的外商投资企业达26家。1995年招商引资更是取得突破性进展，引进近50个外商投资项目，合同外资12.6亿美元，到账外资2.4亿美元，其中投资额3000万美元以上的有20家、超过1亿美元的5家，平均单项投资规模达2770万美元，创造了全市各开发区的最高纪录；进区项目中有40%的高新技术产品可以填补国内空白。该年5月德商投资的力斯顿助听器项目正式投产，成为园区首家投产的外资企业。至1995年底，区内共有15家外商投资企业开工建设。[1] 借鉴新加坡经验工作也在逐步展开。园区管委会把招录的工作人员分期分批送往新加坡，接受了城市规划、建筑设计、环境保护、土地开发、

---

[1] 姚福年：《苏州通史·中华人民共和国卷（1978—2000）》，苏州大学出版社，2019年，第271-272页。

交通管理、经贸发展、劳动管理等方面的专业管理培训,至1995年年底共派出104人,占管委会工作人员的65%。受训人员运用所学到的管理知识和经验,编制了规划建设、环境保护等7项园区管理办法,其中2项已获准实施,使借鉴成果实现了法制化。1995年8月,中新双方举办借鉴新加坡经验研讨会,围绕经济增长的亲商环境、持续增长的有序发展等专题共同研讨制定园区的竞争战略。为投资者提供便利的一站式服务,在企业设立、规划建设、人力资源3个环节上开始实行。

(三) 首期开发建设目标圆满完成

园区开发顺利启动后,经过"九五"期间的5年奋战,顺利实现了各项目标任务,一期开发建设至1998年4月基本完成,一个10多平方公里的现代化新城区悄然崛起,二、三区开发逐步启动,成为苏州经济和社会事业发展的强大引擎和对外开放的主要窗口,并开始在全国各级各类开发区中崭露头角。

在一区建设紧锣密鼓推进的同时,园区与新方专家一起着手编制金鸡湖以东二、三区建设详细规划,考虑将二、三区的北部区域列为二期建设区域,面积23.7平方公里;南部列为三期建设区域,面积为29.5平方公里。编制中双方专家对中新合作区内70平方公里的总体布局做了相应的调整和改进,使整个布局结构更为合理。主要是:延伸城市东西中轴线至二、三区新城区,以形成贯穿苏州整个城区的东西中轴线,提升中轴线的城市景观效果;适当减少生产性用地,增加第三产业和社会公益事业用地,提高人均公共绿地和配套公共设施的用地指标;在环金鸡湖地带留有足够的生态绿地和其他相关用地,水面面积不再减少,将工业用地相对集中于第三区及第二区的北部,沿金鸡湖和二区的南部腾出一块开阔地带发展住宅区。1995年10月,省政府批准《苏州工业园区二、三区总体规划》。之后,园区编制了《东环路地区城市设计》方案;委托国际著名景观设计公司编制了《金鸡湖景观设计总体规划》,总规划面积为4.55平方公里(不含金鸡湖水面),环湖设置8个各具功能的特色区,通过绿地和步行道连成一体,将成为国内最大的城市湖泊公园。该规划1999年1月由国家发展计划委员会批准,计划总投资11亿元。至此,苏州工业园区的完整蓝图已经编就。

其后,工业园区的基础设施建设高强度投入,投资环境日臻完善;住宅和配套设施建设全面展开,城市格局基本形成;招商引资持续升温,支柱产业逐步形成;加大利用内资的工作力度,出台专门的优惠政策,吸引一大批国内同行业骨干企业进区办厂;工业规模迅速扩张,2000年工业销售产值达307亿元,工业产品出口额15亿美元,实现工业增加值79.99亿元，占全区国内生产总值的 61.3%；工业结构趋向高新化和产业聚集化，高新技术产业占工业总产值比重超 70%，并逐步形成了在国内外具有较强竞争力的五大高新技术产业群和支柱型产业，占全部工业的比重达 80% 左右；周边乡（镇）开发同步推进，发展水平快速提升。

苏州工业园区不仅在全市国家级、省级经济开发区中起步最晚，而且比起中国经济特区和沿海开放城市的国家级开发区起步整整晚了 10 年之多，但由于中新两国政府的全力推动和支持，加上高水准规划、高强度投入、高起点开发建设，从而弥合了这 10 年的时空之差，实现了后来居上。到 1998 年 9 月园区累计合同利用外资 42.53 亿美元，在全国 48 个国家级开发区中名列第 4 位。[1] 2000 年园区实现地区生产总值 130.48 亿元，高于 1992 年时市区总量，财政总收入 16.5 亿元，相当于 1993 年时市区总量，进出口总额 35.3 亿美元，高于 1997 年时市区总量；与 1994 年相比，地区生产总值增长近 11 倍，财政收入增长 6.67 倍；占苏州市区的比重，地区生产总值为 24.25%，工业增加值为 28.64%，财政收入为 22.69%，进出口总额为 33.27%。[2]

此后，园区建设更是高歌猛进。2019 年，苏州工业园区共实现地区生产总值 2743 亿元，公共财政预算收入 370 亿元，进出口总额 871 亿美元，社会消费品零售总额 543 亿元，城镇居民人均可支配收入超 7.7 万元，实际利用外资 9.8 亿美元，全社会固定资产投资 391 亿元，服务业增加值占地区生产总值比重达 50.2%。截至 2019 年年底，苏州工业园区已累计为国家创造超过 1.1 万亿美元的进出口总值、7000 多亿元税收，经济密度、创新浓度、开放程度跃居全国前列。

（四）"园区经验"的形成及其重大影响

苏州工业园区建区伊始，借鉴新加坡发展经济和公共管理的有益经验，把握"亲商"服务这一经验之核心，开启苏州开发区"亲商"风气之先。通过学习与借鉴、磨合与实践，园区不仅让"亲商"理念深深地植根于人们的思想意识，而且推行了"尊商、引商、留商、便商、安商、富商"的一系列具体举措，并上升到制度层面，逐步建立健全了一整套"全过程、全方位、全天候"亲商服务的有效制度，成为"园区经验"最初的主要内涵。[3]

---

[1] 李泓冰、杨晴初：《借得东风张巨帆——看苏州工业园区如何借鉴新加坡经验》，《人民日报》，1998 年 10 月 22 日。

[2] 姚福年：《苏州通史·中华人民共和国卷（1978—2000）》，苏州大学出版社，2019 年，第 278—279 页。

[3] 王荣：《苏州精神——"三大法宝"的价值与升华》，苏州大学出版社，2008 年，第 130 页。

主要体现在三个方面：

一是推进办事程序透明、简化、高效。1995年4月起，园区在国内开发区中率先开展招商引资"一站式"服务，成立隶属于管委会管理的园区咨询服务公司，为外商投资企业提供代理代办数十项审批手续的"一条龙"服务，还建立了一站式服务联合办公会议制度、重大项目与疑难复杂问题全程跟踪服务等制度。1995年起实施收费标准公示制和收费审批许可制，将属于管委会各部门的75项收费削减为11项，同时降低收费标准，有效杜绝了"乱收费"现象，减轻了企业负担，深受投资者好评。1998年起实施政府机构服务承诺制，明确服务内容和标准、审批和办结时限等，有效杜绝了暗箱操作、推诿扯皮，密切了政府与客商之间的沟通与联系。

二是全力拓展服务功能。1995年起设立人力资源开发公司，举办定期就业集市和大型人力资源招聘会，为企业搭建人才招聘和流动的平台。通关便利服务上，1998年陆路二类口岸建立运行，1999年对货物实行商品检验、动植物检疫、卫生检疫"三检合一"，2000年起园区海关实行24小时预约制度和加工贸易电子账册联网监管模式，园区获准设立出口加工区，成为全国首批15个出口加工区之一，2001年1月封关运作。

三是积极为外商提供安全舒适的生活环境。先后建成了国际学校、多功能邻里中心、一批高档次文化娱乐设施和中央公园、世纪广场、湖滨大道等休闲游览场所，满足了外籍人员在此工作、生活的需要，也进一步优化了投资环境。

1996年下半年起，园区管委会和市政府开放办共同开展园区借鉴新加坡经济和公共管理经验的课题研究，1997年第一批研究成果形成，专家学者首次概括提炼出"亲商"的概念。1998年，省政府在苏州召开"苏州工业园区借鉴新加坡经济和公共管理经验成果汇报会"，总结园区借鉴工作五个方面重大成果，第一条就是建立了一个和开发主体分开的"精简、统一、效能"的行政管理机构，培养了一支亲商、高效、廉洁的公务员队伍。1999年第二批研究成果推出，专家学者比较集中地把园区成功之道概括提炼为"亲商理念"。自此，省、市和园区自身都开始把"亲商理念"作为园区的成功经验之一，加以总结和弘扬。2001年6月8日新华社稿件《思想的花朵最美丽》中写道："昆山之路""张家港精神""在经济国际化过程中形成的'重礼'、'亲商'的观念"，丰富了苏州人的精神宝库，首次将苏州工业园区倡导和实践的"亲商理念"，与苏州干部群众在改革开放大潮中培育形成并已在全国广为传扬的"昆山之路"和"张家港精神"相提并论，概括总结为苏州20世纪90年代成功崛起的三大主要发展经验和精神财富。2004年初苏州市委领导在接受《新华日报》记者访谈时说，苏州持续、快速而健康发展的内在力量,"在实践中可以归结到自己的'三大法宝',即张家港精神、昆山之路和亲商理念"。这是首次将这三者概括提炼为苏州制胜的"三大法宝"。

园区在不断发展中日益呈现出外向开放、多元共存的多样性,海纳百川、兼容并蓄的包容性,作为招商引资成功法宝的"亲商理念",已经难以完整地概括其丰富内涵和深厚意蕴。于是社会各界仁者见仁、智者见智,把关注的目光和思维的焦点集聚于"园区经验"的研究、提炼和升华上。2004年江苏省、苏州市委研究室对园区经验开展专题调研,园区开展"园区经验主题词有奖评选活动",最后确定"园区经验"主题词为"借鉴、创新、圆融、共赢"。这一概括提炼得到各方面的广泛认同。2005年《中共苏州市委关于制定国民经济和社会发展第十一个五年规划的建议》中,首次对推动苏州经济社会发展的"三大法宝"做了重新表述,提出:进一步发扬"昆山之路""张家港精神""园区经验",塑造以创业、创新、创优为核心的新时期苏州精神。

需要指出的是,"张家港精神""昆山之路""园区经验"虽然都是在特定的时代背景下形成的,但其中所蕴含的依托本地具体条件进行不断创新、锐意进取的精神实质,对推动区域经济社会的全面发展却具有长远的指导意义。

第二章 吴地的文学艺术

苏州的文脉传承渊源有自，在2500多年的建城史上，先后涌现出无数的文学艺术大家。这里既有诸如陆机、陆云、范仲淹、范成大、顾炎武、柳亚子在内的苏州本籍文学家，也有如韦应物、白居易、刘禹锡等仕宦或流寓苏州的文人墨客，他们的共同努力，创造了苏州文学艺术的辉煌。在苏州文学发展的长河中，既有柔美婉约的诗词，也有波澜壮阔的小说、戏剧，还有深深植根于民间土壤的民歌、民谣。更值得关注的是，孕育在苏州深厚文学土壤上的建筑、园林、戏曲、音乐艺术，无不带着浓厚的文学色彩。因而，在本章中，我们在胪举陆机、白居易、范成大、姑苏竹枝词等苏州文学经典作家、作品的基础上，还以文学的视角介绍了苏州绘画、苏州园林、苏州昆曲与文学之间的艺术亲缘关系。

第一节 陆机《文赋》与中国文学的自觉

西晋时期，苏州社会发展稳定，百姓生活安定，当时苏州著名的诗人陆机曾作有一首《吴趋行》，写尽了当时苏州的繁华与富庶，其诗曰：

> 楚妃且勿叹，齐娥且莫讴。四坐并清听，听我歌吴趋。吴趋自有始，请从昌（阊）门起。昌（阊）门何峨峨，飞阁跨通波。重栾承游极，回轩启曲阿。蔼蔼庆云被，泠泠祥风过。山泽多藏育，土风清且嘉。泰伯导仁风，仲雍扬其波。穆穆延陵子，灼灼光诸华。王迹颓阳九，帝功兴四遐。大皇自富春，矫首顿世罗。邦彦应运兴，粲若春林葩。属城咸有士，吴邑最为多。八族未足侈，四姓实名家。文德熙淳懿，武功侔山河。礼让何济济，流化自滂沱。淑美难穷纪，商榷为此歌。[1]

---

[1]〔南朝梁〕萧统：《文选》（第3册），〔唐〕李善注，上海古籍出版社，1986年，第1308—1310页。以下所引《文赋》，出处皆同，不再出注。

在这首诗歌中，诗人不仅以铺张扬厉的文笔描写了苏州社会经济的繁荣、城内建筑的巍峨壮观、风土人情之美，更以较多的笔墨叙述了1700多年前苏州文化的发达。阊门城楼的巍峨壮观，临水而建的楼阁如长虹跨越河流清波，依山而筑的宫殿回廊，在山岚雾气的萦绕下婀娜多姿。吴地的民风淳朴，"土风清且嘉"，这一切都导源于太伯、仲雍禅让奔吴，开启了吴地的"仁德"之风。还有包括延陵季札在内的先贤，无不是吴地文化传承中重要的精神财富。到了陆机的时代，吴地文化蔚然兴起，尤其以陆氏、顾氏等为代表的江南文化巨姓，展现了中国文化史上"苏州人才方阵"的魅力。

毫无疑问，陆机和他的弟弟陆云就是吴中"粲若春林葩"人才方阵中的杰出代表。太康十年（289），陆机、陆云兄弟俩一同到京师洛阳，拜访京师名士、太常张华。张华素重陆机，曾高度评价陆机的文学才华，其中有曰："人之为文，常恨才少，而子更患其多"，[1] 遂"荐之诸公"。此后陆机、陆云兄弟的名声大振，当时有"二陆入洛，三张减价"之说。[2]

陆机（261—303），字士衡，吴郡吴县人。少有奇才，"天才秀逸，辞藻宏丽"，[3] 是西晋诗坛的代表诗人。在中国文学史上所谓"太康诗风"就是指以陆机、潘岳为代表的西晋诗风，世人有"潘江陆海"的美誉。陆机也善于书法，他的《平复帖》是中国古代书法史上的瑰宝。

陆机生活的时代，被鲁迅先生称为"文学的自觉时代"。那个时代的许多文人多以才华自负，他们在文学创作中驰骋文思，展现才华。对此，陆机在其文学理论名著《文赋》中曾这样说道："辞程才以效伎"，"收百世之阙文，采千载之遗韵。谢朝华于已披，启夕秀于未振"。正是因为在文学艺术上的这种自觉，以陆机为代表的西晋文学家都非常重视辞赋的学习和创作，辞赋的创作不仅给他们带来了巨大的声誉，更使他们在文学艺术的形式技巧方面得到了前所未有的提升，表现出繁缛的诗风和文风。《晋书·夏侯湛潘岳张载传论》曾对这一时期的代表作家夏侯湛、陆机、潘岳、潘尼、张载、张协等人的文学风格进行评论，其中说道：夏侯湛"时标丽藻"，"缛彩雕焕"，"机文喻海，韫蓬山而育芒；岳藻如江，濯美锦而增绚"，"岳实含章，藻思抑扬"，"尼标雅性，夙闻词令"，"载、协飞芳，棣华增映"。[4] 上文所引的《吴趋行》就很好地体现了"缛旨""繁文"这一风格。

---

[1]〔唐〕房玄龄等：《晋书》（第5册），中华书局，1974年，第1480页。
[2]〔唐〕房玄龄等：《晋书》（第5册），中华书局，1974年，第1525页。"三张"指当时洛阳著名文学家指张载、张协和张亢。
[3]〔唐〕房玄龄等：《晋书》（第5册），中华书局，1974年，第1480页。
[4]〔唐〕房玄龄等：《晋书》（第5册），中华书局，1974年，第1525页。

其实,这一种创作的状态,正是陆机等人自主追求的结果,陆机在其《文赋》中就鲜明地强调了这一点,谓:"或藻思绮合,清丽芊眠。炳若缛绣,凄若繁弦。"这些重要的文学思想和审美理念都在陆机的《文赋》中进行了系统的论说。

陆机的《文赋》是中国文学批评史上第一篇完整而系统的文学理论,全篇采用骈偶的句式,详细地分析文学创作的过程,开创性地提出了很多重要的文学理论问题,表现出陆机在文学理论上的自觉,后来刘勰的《文心雕龙》有很多地方也深受其启发,它对中国古代文学理论发展的贡献是巨大的。

在陆机看来,文学创作首先必须观察万物、钻研古籍和怀抱高洁的心情。观察万物,可以富知识;钻研古籍,可以吸取间接经验,学先士之盛藻,得才士之用心,以提高自己的写作技巧;怀抱高洁的心情,在创作过程中有巨大的作用。有了这三方面的准备,还需要去体验生活,这就是他在《文赋》中所说的"遵四时以叹逝,瞻万物而思纷;悲落叶于劲秋,喜柔条于芳春"。文以情生,情因物感,才是创作过程的起点。

其次,在创作过程中,艺术的想象是必不可少的,而且非常重要。陆机《文赋》中有很多精妙的论述,诸如:"精骛八极,心游万仞""浮天渊以安流,濯下泉而潜浸""观古今于须臾,抚四海于一瞬"。有了这种驰骋于高远空间、纵横于上下古今的艺术想象,才可能达到"情曈昽而弥鲜,物昭晰而互进"的阶段。在此基础上,就可以对艺术素材进行由此及彼、由表及里的改造,创造出具体而概括的形象。这正是陆机所追求的理想境界:"函绵邈于尺素,吐滂沛乎寸心""笼天地于形内,挫万物于笔端"。

在艺术创作中,陆机非常重视独创精神,他在《文赋》中有谓:"谢朝华于已披,启夕秀于未振。""朝华""夕秀"都是指文学创作中在"意"与"辞"两方面所达到的新境界、新技巧。在"意"和"辞"的关系上,陆机认为还是应以"意"为主,即《文赋》中所谓"理扶质以立干,文垂条而结繁"。

此外,陆机根据自己的创作经验,还提出了文学创作中要给予高度重视的4个问题:注意镕裁而使辞意双美;通过警句而突出主题;避免雷同而力求独创;保留精美的词句,避免文章的平庸。在文学创作中,陆机也反复强调应该防止5种弊病,分别是:篇幅短小,不足成文;美丑混合,文不调谐;重辞轻情,流于空泛;迎合时好,格调不高;清空疏缓,缺少真味。

追求华辞丽藻、描写繁复详尽及大量运用排偶,是太康诗风"繁缛"特征的主要表现。从文学发展的规律来看,由质朴到华丽,由简单到繁复,是必然的趋势。正如昭明太子萧统《文选序》所说:"盖踵其事而增华,变其本而加厉,物既有之,文亦宜然。"陆机发展了曹植"辞采华茂"的一面,对中国诗歌的发展是有贡献的,而他的理论总结也对中国古代文学的发展具有重要的开创之功和推动作用,是中国文学"自觉"进程中一个重要的里程碑。

第二节　白居易的苏州诗歌及其"儒家情怀"

"白公堤畔草如烟,绿天桥边花欲然。最是江南春色好,鹧鸪飞过木兰船。"[1] 如果不做任何本事、背景的交代,光看诗歌文本,很多人都会以为这是一首描写杭州西湖美景的诗篇。因为诗歌中的"草如烟""绿天桥""鹧鸪飞""木兰船"等无不是典型的江南风物,尤其是诗中"白公堤"一词,更让人联想起白居易描写西湖的名句:"最爱湖东行不足,绿杨阴里白沙堤"。[2] 然而清代吴江诗人任兆麟所写的这首诗的题目却叫作《虎丘竹枝词》,很显然是写苏州的。要真正理解这首诗,必须要从"白公堤"说起。

在杭州西湖有一条"白堤",而苏州也有一条"白堤",只是许久以来,一直被人们遗忘了。苏州的"白公堤"其实就是大名鼎鼎的山塘街。清代文学家曹雪芹曾在《红楼梦》中用"最是红尘间一二等富贵风流之地"之语,来形容山塘街的繁华富庶。讲到山塘街和苏州的发展和繁荣富庶,是必须要提及白居易的。如果没有白居易在苏州刺史任内修筑白公堤,也就很难想象明清以后山塘街商铺云集的盛况。

唐敬宗宝历元年(825)三月,白居易任职苏州刺史,在端午节那天来到苏州,到第二年十月,离开苏州。在苏州前后一年半的时间里,白居易给苏州人民留下许多惠政,深受百姓的拥戴。疏浚山塘河,是白居易在苏州任上最为重要,也是影响最大的一桩善政。在白居易的诗文作品中有过多次记载,他的《武丘寺路》一诗就言之甚明:"自开山寺路,水陆往来频。银勒牵骄马,花船载丽人。芰荷生欲遍,桃李种仍新。好住湖堤上,长留一道春。"[3]

武丘寺就是现在的虎丘寺,唐时为避唐太宗李世民祖父李虎的名讳而

---

[1] 雷梦水等:《中华竹枝词》,北京古籍出版社,1997年,第1199页。

[2] 〔唐〕白居易:《白居易集笺校》(全六册),朱金城笺校,上海古籍出版社,1988年,第1351页。

[3] 〔唐〕白居易:《白居易集笺校》(全六册),朱金城笺校,上海古籍出版社,1988年,第1683页。

改称。在这首诗的诗题之下,白居易有一段自注,说明了疏浚山塘河的具体情况:"去年重开寺路,桃李莲荷约种数千株"。原来从阊门到虎丘山的河道非常狭窄,每到雨季的时候,经常要形成内涝。白居易来到苏州以后,疏浚河道,并把两边的道路重新拓宽,使得阊门到虎丘山的水、陆交通都变得极为便利。

对于山塘河的疏浚、山塘街的修建,苏州方志上多有赞誉之词。宋代苏州学者朱长文在《吴郡图经续记》中说:"尝作武丘路,免于病涉,亦可以障流潦。"这段话讲得非常清楚,白居易疏浚山塘河,修筑虎丘山到阊门的这条山塘街,其主要的意义有两个,一是"免于病涉",即原本不畅通的水路开阔了,船行来往更为便利;其二是"可以障流潦",即避免了雨季城市的内涝。对于这桩惠政,白居易只在自己的诗作中轻描淡写地做过交代,并没有自吹自擂,反而是后人在记载这个历史事件的时候给予了很高的评价。因为他对苏州老百姓的恩泽,被人民永远记住了。所以,苏州的"白公堤"(也就是山塘街)和杭州的"白堤",都是白居易留给江南人民永远的纪念。

刚到苏州时,白居易即给朝廷上表,表明自己励精图治的决心和信心。他在这篇著名的《苏州刺史谢上表》中说:"况当今国用,多出江南。江南诸州,苏最为大。兵数不少,税额至多。土虽沃而尚劳,人徒庶而未富……然既奉成命,敢不誓心。必拟夕惕夙兴,焦心苦节。唯诏条是守,唯人瘼是求。"[1]

苏州和杭州一样,都是江南的重镇,朝廷的"国用"(即国家的赋税和财政收入)大多出于此地,白居易很清楚自己担任苏州刺史的责任重大。所以,在这篇上表中,白居易向唐敬宗表明自己的心意,既然奉了朝廷之命,就不敢不"誓心"任职,认真行事。白居易在《咏怀》诗中写出了"苏杭自昔称名郡,牧守当今当好官"这样的诗句,正是其报效国家、朝廷拳拳之心的真诚表白。带着儒家知识分子的济世情怀和报效朝廷的感恩之心,白居易决心"夕惕夙兴,焦心苦节","唯诏条是守,唯人瘼是求"。这何尝不是早年积极入世、推行新乐府运动的白居易在政坛的回归呢?

白居易到苏州郡斋仅过10天,他就又写了一首诗歌抒发自己的政治抱负和关注民生的情怀,这首诗的题目叫《自到郡斋仅经旬日方专公务未及宴游偷闲走笔题二十四韵兼寄常州贾舍人湖州崔郎中仍呈吴中诸客》,诗中"警寐钟传夜,催衙鼓报晨。唯知对胥吏,未暇接亲宾"数语,更是对上表

---

[1]〔唐〕白居易:《白居易集笺校》(全六册),朱金城笺校,上海古籍出版社,1988年,第3672页。

中"夕惕夙兴，焦心苦节"最好的解释。在苏州，白居易始终保持着这种高强度的工作状态，他在寄给老朋友元稹的诗《秋寄微之十二韵》中就这样描述自己"夕惕夙兴"的工作场景："清旦方堆案，黄昏始退公。可怜朝暮景，销在两衙中"。[1]

在《自到郡斋仅经旬日方专公务未及宴游偷闲走笔题二十四韵兼寄常州贾舍人湖州崔郎中仍呈吴中诸客》一诗中，白居易更写出了这样掷地有声的豪言壮语："候病须通脉，防流要塞津。救烦无若静，补拙莫如勤。削使科条简，摊令赋役均。以兹为报效，安敢不躬亲？"[2] 白居易始终觉得朝廷让他任职苏州，是对他的信任和恩宠、优渥，所以必须要做好苏州刺史。对于如何做好一个地方父母官，白居易也有着自己独到的理解，那就是所谓的"候病须通脉，防流要塞津"。治理河道，需要防止河的要道堵塞，所以疏浚使之畅通是关键；而治理州县则需要如看病问诊一样，先要诊断症结之所在，然后再疏通经脉。"救烦无若静，补拙莫若勤"，这是白居易自我警励的座右铭，更是历代清廉正直官员学习楷范的官箴。清朝乾隆皇帝御修《唐宋诗醇》时，在这10个字旁做了一段批注，说："凡为守令者，当录置座右。"[3] 其实，这10个字即便在今天，也有着重要的教育意义和警诫作用。

白居易在苏州短短的一年多时间内，何以会如此勤勉地为政？这似乎跟他早年对苏州的一个情结有着一定的关系。早在少年时代，白居易曾经游览过苏州，当时在苏州和杭州任刺史的分别是韦应物和房孺复，这是少年白居易最为崇拜的两个人，他们"才渊高而郡守尊"。所以在白居易少时的心灵中就滋生了这样的念头："异日，苏、杭苟获一郡，足矣。"[4] 非常巧合的是，就在白居易被贬谪江州以后，先是在杭州，后来又到苏州担任刺史，不是得其一郡，而是得其二郡，这实在是人生再大莫过的美事！

在苏州，白居易不仅步武韦应物，勤勉于吏事，关心民瘼，留下了很多惠政，而且对苏州优美的自然风光和别样的风土人情更是情有独钟，因而也留下许多精彩的诗歌作品，诚如沧浪亭"五百名贤祠"画像上的像赞所谓"百首新诗，袖中吴郡"。白居易留下的诸多苏州诗咏，为苏州文学史

---

[1]〔唐〕白居易：《白居易集笺校》（全六册），朱金城笺校，上海古籍出版社，1988年，第1631页。

[2]〔唐〕白居易：《白居易集笺校》（全六册），朱金城笺校，上海古籍出版社，1988年，第1624页。

[3]〔清〕爱新觉罗·弘历：《唐宋诗醇》卷二五，文渊阁《四库全书》本。

[4]〔唐〕白居易：《白居易集笺校》（全六册），朱金城笺校，上海古籍出版社，1988年，第3663页。

增色不少。

　　精彩的苏州诗咏和惠政，都是白居易留给苏州最为丰厚的精神遗产，苏州百姓自然是深为感念。就在白居易离任苏州刺史的时候，竟然出现了与离开杭州时几乎同样的盛况，全城百姓洒扫街道，遮道跪拜，再三挽留白居易这样的好官。白居易在《别苏州》一诗中记载了这个感人的场面："浩浩姑苏民，郁郁长洲城。来惭荷宠命，去愧无能名。青紫行将吏，班白列黎甿。一时临水拜，十里随舟行。饯筵犹未收，征棹不可停。稍隔烟树色，尚闻丝竹声。怅望武丘路，沉吟浒水亭。还乡信有兴，去郡能无情？"[1]白居易的行船沿着山塘河驶入大运河，回望渐行渐远的苏州城，就在苏、杭百姓的遮车、扫径的热情中，白居易深感地方官员的责任重大，写下了这样的感怀之诗："杭老遮车辙，吴童扫路尘。虚迎复虚送，惭见两州民。"[2]

　　白居易离开之后，苏州老百姓自发在虎丘山麓修建了"白公祠"，以此来纪念白居易对苏州百姓所施的善政。苏州的"白公祠"历代都有修缮，而且文人墨客都会前往拜谒这位前贤，并饱含深情写下许多纪念白公的诗篇。在历代题咏"白公祠"的诗歌中，大家都会不约而同地用到"甘棠遗爱"这一典故。所谓"甘棠遗爱"，出典于《诗经》。据《诗经》《史记》等典籍记载，传说召公巡行乡邑的时候，曾在甘棠树下问政，所有的事情都处理得非常允当，无一失者。召公去世后，百姓深深地怀念召公，就把他当年处理政事时所倚的甘棠树保留下来，不敢砍伐，并作《甘棠》诗，传颂他的美名。在诸多赞誉之作中，姑以清代诗人蔡士芳的一首《题白公祠》为结，作为对白居易一生文学成就、他的苏州情缘以及对苏州民生所做杰出贡献的总结："补种甘棠绕屋新，后先循吏总诗人。文章声价鸡林贵，香火因缘鹤市春。旧是使君吟咏处，依然兜率去来身。故衫休恋杭州迹，酹酒吴侬味倍醇。"[3]

第三节　范成大诗歌的苏州风情

　　在中国古典诗歌史上，山水田园是一个非常重要的题材，有些诗人以山水田园题材作为自己毕生的追求，苏州诗人范成大就是其中的代表。

---

[1]〔唐〕白居易：《白居易集笺校》（全六册），朱金城笺校，上海古籍出版社，1988年，第1434页。

[2]〔唐〕白居易：《白居易集笺校》（全六册），朱金城笺校，上海古籍出版社，1988年，第1620页。

[3]〔清〕顾禄：《桐桥倚棹录》卷四，上海古籍出版社，1980年，第42页。

范成大（1126—1193），字致能，号石湖居士，吴郡（今江苏苏州）人。他的诗歌继承了白居易新乐府诗的现实主义精神，语句平易浅显，风格清新自然。他是南宋时期文坛上主要的代表诗人，与杨万里、陆游、尤袤合称为"中兴四大家"（又称"南宋四大家"）。范成大的一生中，诗歌创作最大的成就主要集中在两种题材上，第一种是使金纪行诗，第二个就是备受人们关注并获得了无数好评的田园诗。纵观范成大一生的创作，他的田园诗最为精彩的当数归隐苏州以后所写的一些作品。

南宋淳熙九年（1182），范成大得遂夙愿，回到了家乡。用他自己的话来说："归田园，带月荷锄，得遂此生矣。"[1] 所谓的"带月荷锄"，我们自然会联想到东晋大诗人陶渊明《归园田居》中的一句诗："晨兴理荒秽，带月荷锄归。""带月荷锄归"这样的一种生活状态，显得非常的悠闲。范成大晚年在苏州城外的石湖隐居长达10年，创作了大量田园题材的诗歌。而在众多田园诗歌中，最为著名的是《四时田园杂兴》。范成大的《四时田园杂兴》，是按照一年四季的节序而创作的田园组诗，总共有60首七言绝句，每12首为一组，按照春、晚春、夏、秋、冬5个阶段，全面展示了南宋时期苏州人田园生产生活的真实情景，诗作中充盈着对南宋时期苏州地区的生态自然之美和吴中地区风土人文之美的描写。

范成大对传统田园诗歌的题材有重大的贡献。田园诗在以往更多的是文人雅士作为抒发个人隐逸情怀的手段和载体，比如盛唐时期的王维、孟浩然，他们所创作的山水诗、田园诗，都是包含了诗人静谧雅淡、闲逸潇洒的情怀和心境。而范成大的《四时田园杂兴》，更多的将田园生活中的重要组成部分——农事生产活动、风俗习惯以及自然山水之美，作为重要的表现对象，这是对中国传统田园诗题材缺失的重要补充。范成大在自己的一组组诗《腊月村田乐府十首》的序言里面这样说："余归石湖，往来田家，得岁暮十事，采其语各赋一诗，以识土风，号《村田乐府》。"[2] 从这个序言里面，我们看得很清楚，范成大在苏州地区的农村，收集了很多民间的风俗、歌谣，然后把这些歌谣、风俗用诗的形式表现。而表现的目的在范成大的序言里面也讲得很清楚，叫"识土风"。所以，他是带有一种很浓厚的乡土意识来描写苏州的山山水水的。

在另外一首诗中，范成大这样说："生涯惟病骨，节物尚乡情。掎摭成俳体，咨询逮里甿。谁修吴郡志，聊以助讥评。"[3] 收集资料，收集民间

---

[1]〔宋〕范成大：《吴船录》卷下，文渊阁《四库全书》本。
[2]〔宋〕范成大：《范石湖集》（全二册），上海古籍出版社，1981年，第409页。
[3]〔宋〕范成大：《范石湖集》（全二册），上海古籍出版社，1981年，第326页。

的风俗、歌谣，是为了写诗，还有更重要的原因是为了编修地方志，范成大以他一生的精力来编写苏州一部很有名的地方志《吴郡志》。直到今天，《吴郡志》依然是我们了解唐宋以来苏州文化重要的古代文献。

在《春日田园杂兴》中，范成大有这样一首诗，描写了早春时期苏州人开包、选种、育秧的生产过程。诗中写道："吉日初开种稻包，南山雷动雨连宵。今年不欠秧田水，新涨看看拍小桥。"[1] 结合苏州其他风土人情典籍的记载，我们可以把握范成大所描写的场景。清代学者袁学澜在《吴郡岁华纪丽》中说：每当布谷鸣作的时候，"农功兴作"。所以，布谷鸟在中国传统的农事生产活动中有着非常重要的作用。当布谷鸟鸣时，苏州的老百姓就会选择稻种。而选择稻种的做法是怎样的呢？再看袁学澜的记载："每亩以一斗，用蒲包之绳缚之，陂塘浸之，或瓦盎盛之，昼浸夜收，凡数日，自五六日至七八日，名曰浸种。"[2] 这是古代苏州水稻生产的第一道工序，选择优良的水稻品种，把它包在蒲包里面，浸在水塘当中，在浸的过程中要注意做到"昼浸夜收"，白天浸在水塘里面，晚上从水塘里捞出来，让它充分地生长，凡数日以后，让这个稻种冒出芽尖，"芽苗二三分，候天晴明，撒布田间，盖以稻秸灰"。[3] 刚冒出嫩芽的稻种被均匀地洒在水田当中，水田中撒满了发芽的稻谷之后，一定撒上一层草木灰，让它有足够的养分足以生长。

随着时间的推移，到了晚春时期又会出现什么情景呢？在《晚春田园杂兴》中，范成大描写了这样的状态："湔裙水满绿萍洲，上巳微寒懒出游。薄暮蛙声连晓闹，今年田稻十分秋。"这首诗中有一个非常重要的节令——上巳，上巳就是每年的农历三月初三。这一节令在中国古人的生活传统当中是非常重要的，杜甫的名句"三月三日天气新，长安水边多丽人"，就是写上巳节令贵族、文人在水边举行修禊活动。非常有名的兰亭雅集，也就是王羲之等文人在兰亭进行的上巳修禊活动。只因上巳跟清明靠得非常近，所以如今我们记住了清明，却忽略了上巳。在宋代的时候，苏州的农民对上巳这个节气是非常重视的。在诗后，范成大自注说："吴下以上巳蛙鸣，则知无水灾。"如果说，上巳时分，水稻田里传来了青蛙的鸣叫声，农民就知道，雨季的时候不会碰上大水灾，预示着今年将有个好收成。

到夏天的时候，我们又看到另外一番忙碌紧张的情景，这从范成大的

---

[1]〔宋〕范成大：《范石湖集》（全二册），上海古籍出版社，1981年，第373页。
[2]〔清〕袁景澜：《吴郡岁华纪丽》，甘兰经、吴琴校点，江苏古籍出版社，1998年，第146页。
[3]〔清〕袁景澜：《吴郡岁华纪丽》，甘兰经、吴琴校点，江苏古籍出版社，1998年，第146页。

《夏日田园杂兴》诗里面也可以感受到:"五月江吴麦秀寒,移秧披絮尚衣单。稻根科斗行如块,田水今年一尺宽。"南宋时期的苏州有双季稻的种植,这首诗就是描写麦收之后,苏州农民抢种早稻的生产场景。

而到《秋日田园杂兴》诗中,范成大则表现农民秋收的欢快场景,诗歌里面写道:"笑歌声里轻雷动,一夜连枷响到明。"诗中所称"连枷",是传统农耕时代一种重要的农具,主要用于谷物的脱粒。稻子在成熟、丰收以后,农民夜以继日地劳作虽然很辛苦,但是面对一年的收获,他们还是非常地开心。吴地的农民知道,秋日的秋高气爽,时间比较短暂,必须利用这样的晴好天气,将所有的粮食都收进仓库中,这也就是诗前两句所描写的"新筑场泥镜面平,家家打稻趁霜晴"。所以写到秋日的时候,范成大更是把苏州老百姓在丰收以后的喜悦之情跃然纸上。

以组诗的形式,全面系统地描写田园生产生活,范成大在中国文学史上实属第一人。周汝昌先生在《范石湖集》的出版前言中曾这样评价范成大《田园四时杂兴》的文学史地位和意义:"可以说,范石湖是把新乐府、竹枝词二者的精神,巧妙地和田园诗结合在一起,改造并提高了传统的田园诗,而赋予它以新的内容、新的生命,因此对后来影响很大。从整个诗歌历史看,他也是能把最多的篇幅给予农民、把反映农村生活摆到创作主题中的重要地位的一位作家。所有这些事实,都是不容我们低估它们的价值的。"[1] 我们今天再读这些数百年前的田园诗,更能感受到其中浓厚的吴风吴韵。

第四节 明代苏州书画家的文学创作

——以唐寅为中心

明代嘉靖年间,"前七子"兴起的文学复古运动逐渐成为当时文坛的主潮,但其中所暴露出来的模拟倾向日趋严重,学七子者极多,已形成"剽窃成风,万口一响"的局面。但是,就在七子复古主张大行其道的时候,苏州却出现了以沈周、文徵明、唐寅、仇英为代表的吴门画家群体,他们带着画家独有的审美眼光,对当时文坛盛行的复古思潮进行反思,提出自己的文学理念和主张。他们作诗不事雕饰、自由挥洒,虽不免失之浅露,但其中亦不乏生趣盎然、才情烂漫。虽然他们的声音在文坛并不强,但在复古主义盛行的明代文坛和画坛,掀起了一股追求性灵的风尚,并成为后

[1]〔宋〕范成大:《范石湖集》(全二册),上海古籍出版社,1981年,《前言》第4-5页。

来袁宏道力倡性灵说的先河。

唐寅的文学创作以才情取胜，其诗不拘成法，大量采用口语，意境清新，常含傲岸不平之气，情真意挚。特别是在经历了科场舞弊案和宁王朱宸濠叛乱之后，唐寅绝意仕进，回到家乡苏州，在吴趋坊的居所中以丹青诗书自娱，卖文鬻画为生。然而唐寅依然保持着疏狂玩世、狷介不为的风骨和处世态度，他的腕底、笔下有着无限笔墨乾坤，正如他在《贫士吟》第一首中所说的那样："贫士囊无使鬼钱，笔锋落处绕云烟"，[1]"不炼金丹不坐禅，不为商贾不耕田；兴来只写江山卖，免受人间作业钱"。[2]

唐寅的诗歌倾注着他无尽的心力和情意，常常寄寓了人生的感喟以及对世态炎凉的咏叹，正如他自己所说的那样："贫士瓶无一斗醪，愁来拟和屈平《骚》。"[3] 在《席上答王履吉》一诗中，他以通篇对比的手法，痛斥社会上那些口是心非、虚与委蛇

唐伯虎自画像（王岩编著：《唐伯虎书画集》，陕西旅游出版社2007年，附图）

的所谓"今日才彦"，批判得鞭辟入里。诗曰："我观古昔之英雄，慷慨然诺杯酒中；义重生轻死知己，所以与人成大功。我观今日之才彦，交不以心惟以面；面前斟酒酒未寒，面未变时心已变。"[4] 对于这样的世风、人情，唐寅感到无比的心酸，连连发出"暗笑无情牙齿冷，熟看人事眼睛酸"这样的喟叹。唐寅也时常在其画作中，将复杂重重的情感内蕴表现出来。他在《秋风纨扇图》的题诗中就写道："秋来纨扇合收藏，何事佳人重感伤？请把世情详细看，大都谁不逐炎凉？"[5] 在其《题画诗》组诗中更有这样的慨叹："芦苇萧萧野渚秋，满蓑风雨独归舟。莫嫌此地风波恶，处处风波处处愁。"[6]

唐寅的这些诗作不事雕饰，自由挥洒，且大量采用口语、俚语入诗，其内容多为书写自我内心的情怀，故而读起来、写起来情真意挚，自然流畅，时时能感受到字里行间充盈着才子的烂漫才情，以及对社会、人生的

[1]〔明〕唐寅：《唐寅集》，周道振、张月尊辑校，上海古籍出版社，2013年，第113页。
[2]〔明〕唐寅：《唐寅集》，周道振、张月尊辑校，上海古籍出版社，2013年，第610页。
[3]〔明〕唐寅：《唐寅集》，周道振、张月尊辑校，上海古籍出版社，2013年，第114页。
[4]〔明〕唐寅：《唐寅集》，周道振、张月尊辑校，上海古籍出版社，2013年，第36页。
[5]〔明〕唐寅：《唐寅集》，周道振、张月尊辑校，上海古籍出版社，2013年，第157页。
[6]〔明〕唐寅：《唐寅集》，周道振、张月尊辑校，上海古籍出版社，2013年，第140页。

不满和傲岸不平之气。这样的风格在唐寅定居桃花坞之后得到了延续和发展。就字面上来看，诗作似乎显得更为潇洒豁达，然而其中的感慨却更为深沉厚重。

在36岁的那一年，唐寅在苏州城北的桃花坞买地建宅，以度其轻狂一生。唐寅在屋子四周广种桃花，还给自己起号"桃花庵主"。从此以后，唐寅就把桃花庵视为自己的精神乐土，他在一首《题画诗》中这样写道："草屋柴门无点尘，门前溪水绿粼粼。中间有甚堪画图？满坞桃花一醉人。"[1] 他与好友沈周、祝允明、文徵明、张灵等日日在园中饮酒赋诗，挥毫作画，尽欢而散。唐寅去世后，祝允明在《唐子畏墓志铭》中饱含深情地回忆桃花庵中曾经的盛况，说唐寅"日般饮其中，客来便共饮，去不问；醉便颓寝"。[2] 在唐寅后半生中，无时无刻不在咏唱着桃花庵，其中最负盛名的当数他的那首《桃花庵歌》：

> 桃花坞里桃花庵，桃花庵里桃花仙；
> 桃花仙人种桃树，又摘桃花换酒钱。
> 酒醒只来花前坐，酒醉还来花下眠；
> 半醒半醉日复日，花落花开年复年。
> 但愿老死花酒间，不愿鞠躬车马前；
> 车尘马足贵者趣，酒盏花枝贫贱缘。
> 若将富贵比贫者，一在平地一在天；
> 若将花酒比车马，他得驱驰我得闲。
> 别人笑我忒风骚，我笑他人看不穿；
> 不见五陵豪杰墓，无花无酒锄做田。[3]

唐寅以"桃花仙人"自比，开篇4句不避重复，连续用了6个"桃花"，循环往复，浓墨重彩，一下子营造出"桃之夭夭，灼灼其华"的绚烂景象，让人充分感受到诗人沉醉其间的无限快乐与惬意。随后4句，写自己"年复年""日复日"地"半醒半醉"于桃花世界之中，这里没有世俗的功名利禄，没有任何的拘束和束缚，一切任情随意，安然自得。与"桃花仙人"逍遥快活形成鲜明比照的是那些享受着大富大贵的官员和富豪们，"鞠躬车马前""驱驰""车尘马足"是他们生活的常态。若从物质的层面来看，他们似乎是富足的，但他们缺少了些许的闲情，更没有贫者"桃花仙人"那样的潇洒和超脱。此中之义，并非人人都能悟得，尤其是那些正醉心于

---

[1]〔明〕唐寅：《唐寅集》，周道振、张月尊辑校，上海古籍出版社，2013年，第139页。
[2]〔明〕唐寅：《唐寅集》，周道振、张月尊辑校，上海古籍出版社，2013年，第548页。
[3]〔明〕唐寅：《唐寅集》，周道振、张月尊辑校，上海古籍出版社，2013年，第21页。

功名富贵者。诗歌最后4句，生发议论："别人笑我忒风骚，我笑他人看不穿；不见五陵豪杰墓，无花无酒锄做田。"以"君不见"领起，直接点明主旨。西汉时期那些叱咤风云、富可敌国的王侯将相，而今安在？他们的坟墓"五陵"如今安在？若泉下有灵，他们也就只有无奈地看着农夫在自己的葬身之地锄田耕作了！

这首诗在洒脱不羁和高傲轻狂中，也隐隐透露出唐寅内心有着一种"世人皆醉我独醒"式的孤独。此外，他对自由无拘的无限渴望，对独立不阿人格的推崇之意也跃然纸上，这层意思在他的另一首诗《把酒对月歌》中表现得更为集中：

> 李白前时原有月，惟有李白诗能说；
> 李白如今已仙去，月在青天几圆缺。
> 今人犹歌李白诗，明月还如李白时；
> 我学李白对明月，月与李白安能知？
> 李白能诗复能酒，我今百杯复千首；
> 我愧虽无李白才，料应月不嫌我丑。
> 我也不登天子船，我也不上长安眠；
> 姑苏城外一茅屋，万树桃花月满天。[1]

"我也不登天子船，我也不上长安眠"，这正是李白人格精神的写照，也是唐寅的自我追求，与前诗所描写的世俗之子"鞠躬车马前""驱驰""车尘马足"的生活状态大相径庭。就这句诗，便将其狂放不羁的傲气和盘托出。

后人眼中的一代风流才子唐伯虎，他的一生是凄苦的，他内心的愤懑又有几人能真正理解？好友沈周丧子之后所作《落花诗》十首，顿时触动了唐寅的心弦，看着地下落英缤纷，不禁悲从中来，联系一生的坎坷飘零，怅然不已，一口气和作三十首，满腔的愤慨得到了淋漓尽致的抒发。他在梦境中始终难以忘怀那场令他蒙冤的科举舞弊案："二十年余别帝乡，夜来忽梦下科场；鸡虫得失心尤悸，笔砚飘零业已荒。自分已无三品料，若为空惹一番忙；钟声敲破邯郸景，依旧残灯照半床。"[2] 直至去世前，他留下的绝笔之作，竟是如此凄苦和惨淡："生在阳间有散场，死归地府也何妨？阳间地府俱相似，只当飘流在异乡。"[3]

---

[1]〔明〕唐寅：《唐寅集》，周道振、张月尊辑校，上海古籍出版社，2013年，第22页。
[2]〔明〕唐寅：《唐寅集》，周道振、张月尊辑校，上海古籍出版社，2013年，第89页。
[3]〔明〕唐寅：《唐伯虎全集》，周道振、张月尊辑校，中国美术学院出版社，2002年，第159页。

第五节　姑苏竹枝词中的吴风吴韵

竹枝词是中国文学史上一种独特的文学样式,最早是作为一种民歌的形式,在今天的四川、重庆和湖北西部的沿江地区广泛流传。在唐代诗人的笔下就时有描写,如顾况的《早春思归有唱竹枝歌者坐中下泪》,在诗中这样描写竹枝词民歌在巴蜀、荆楚等地的盛行:"渺渺春生楚水波,楚人齐唱竹枝歌。"中唐刘禹锡在永贞革新失败之后,贬谪西南,在巴蜀一带接触了竹枝词这一民歌形式,于是就从民间文化中汲取养分,学习并创作竹枝词,其中最为有名的当属那首"杨柳青青江水平,闻郎江上唱歌声。东边日出西边雨,道是无晴却有晴"。自此之后,文人开始逐渐熟悉并热衷于竹枝词的创作,竹枝词以其语言明快流畅,以及浓厚的民歌情韵而深受人们的喜爱,后来竹枝词就逐渐演变为一种吟咏山水风光、民俗风情的诗歌体裁。

苏州以其悠久的历史、优美的自然风光、深厚的文化底蕴以及多姿多彩民俗风情而备受世人的钦羡,因而文学史上以苏州山水自然、风土人情为题材的竹枝词创作,成为一道靓丽的风景。许多本籍并非苏州的文人来到苏州,无不对杏花春雨的江南、柔婉清雅的吴侬软语以及园林、昆曲、盆景、美食等苏式文化生活留下极其深刻的印象。无论是宦迹所至,还是流寓于此的文人墨客,无不对苏州留下美好的记忆,竹枝词就成为他们最直接、最方便的书写形式。

元代末年,原籍会稽(今浙江绍兴)的诗人杨维桢寓居吴下日久,竟然觉得苏州的风光、风物、风情皆要远胜于家乡绍兴,他在一首《吴下竹枝词》中这样写道:"三箐春深草色齐,花间荡漾胜耶溪。采菱三五唱歌去,五马行春驻大堤。"要知道,绍兴之美,就王献之的一句"从山阴道上行,山川自相映发,使人应接不暇",就已然让天下人如痴如醉,神往不已。但杨维桢对吴中的喜爱不仅超越了历代文人"山阴道上"的想象,更超越了"美不美家乡水"的家乡情结,若耶溪虽美,但又怎敌吴中的"花间荡漾",更何况还有吴娃娇娥的"采菱三五唱歌去",隐隐地萦回在山光水色之间。世俗、市井的生活,竟然可以这般的诗意、这般的风雅,劳作中吴侬软语的歌唱,让诗人停下脚步驻足欣赏,完全沉醉其中。

这样的经典竹枝词创作,历代屡见不鲜。清代康熙年间的大学士张英来到苏州,兴奋激动之情难以掩抑,一口气写了数十首《吴门竹枝词》,其中就将"最苏州"的风物写进诗中,兹举3首如下:

名园随意成丘壑，曲水疏花映小峦（峦）。一自南垣工累石，假山雪洞更谁看。

　　虎丘待月中秋节，玉管冰弦薄暮过。山畔若教明月上，便愁无地驻笙歌。

　　吴市花儿半塘住，小山盆景索千钱。酒船摇向河堤看，三月家家卖杜鹃。[1]

第一首诗着力介绍了苏州的园林营造和园林艺术之美学追求。苏州城内遍布的私家园林，无不是园主人精心营造的诗意空间和精神绿洲。每一座名园都是园主人和建造者精心设计的，但它却并不给人以雕琢做作的感觉。张英诗中"随意"二字，实在是深得苏州园林营造之艺术精髓，是计成"虽由人作，宛自天开"[2]这一造园理论的忠实体现。此外，诗中还对明清之际苏州著名的造园艺术大师张涟（字南垣）堆叠假山的高超技艺表达了无限的崇敬之意。自从看了张南垣堆叠的园林假山之后，张英竟发出了这样的疑问和感慨："假山雪洞"更有何人可以比肩呢？

第二首诗歌则是对中秋虎丘曲会的直接描写，真实再现了吴人沉醉、痴迷于昆曲的热情。随着昆曲的盛行，苏州民间的听曲、唱曲之风也随之盛行，其中最值得大书一笔的是明代以来已经形成的中秋虎丘曲会。这是苏州民间自发的昆曲活动，在中秋时分，苏州城内的士女老少，几乎是倾城出动，鳞集于虎丘山麓的千人石上，通宵达旦地演唱有"雅音"之称的昆曲。明代浙江人沈明臣在《虎丘看月行》诗中将中秋虎丘曲会的盛况写到了极致："千人石满千人坐，千顷云浮千顷烟。月华未冷罗衣湿，白露如珠白莲泣。《白苎》歌终《子夜》兴，《乌栖》曲缓《乌啼》急。"[3]这样的情景在稍后无锡文人邹迪光的《中秋虎丘纪胜》诗中也得到了印证："琳宫十二夜生光，车马阗骈选佛场。水月竞邀罗绮色，栴檀都作麝兰香。林间度曲乌栖急，石上传杯兔影凉。金虎高坟胜游地，玉鱼银海正茫茫。"[4]虎丘曲会的声名远播，以至晚明文学家张岱认为，这是苏州最令人着迷的场景，在他的小品名著《陶庵梦忆》卷五就有一篇《虎丘中秋夜》，对这一盛况进行了全方位的再现。

第三首诗则描写了吴地种植花卉的盛况，尤其是对虎丘花市和苏式盆

---

[1] 雷梦水等：《中华竹枝词》，北京古籍出版社，1997年，第1188页。
[2]〔明〕计成：《园冶注释》（第二版），陈植注释，杨伯超校订，陈从周校阅，中国建筑工业出版社，1988年，第51页。
[3]〔清〕陆肇域、任兆麟：《虎阜志》卷九中，张维明校补，古吴轩出版社，1995年，第518页。
[4]〔清〕爱新觉罗·玄烨：《御选明诗》卷八五，文渊阁《四库全书》本。

景艺术的正面描写，极具史料价值。晚明时期的苏州，就形成了追捧盆景的风尚，这个时候的苏州文人通过洗浇、剪修、点缀等手法，艺术处理盆栽，在案头、庭院营造一种自然灵动之趣。文徵明的曾孙文震亨是一位对盆景很有研究的艺术家，他的《长物志》卷二中就专列《盆玩》一目，讲论他对盆景艺术的理解，说盆景造型必须体现出制作者深厚的文学修养、清雅的文人志趣，因而其最终的艺术形象要能够"结为马远之'欹斜诘屈'、郭熙之'露顶张拳'、刘松年之'偃亚层叠'、盛子照之'拖拽轩翥'等状，栽以佳器，槎牙可观"。如此看来，张英诗中所说的"小山盆景索千钱"，绝不是虚诞的夸张笔调，应该属于完全正常的情理之事了。

苏州本籍诗人、文人，他们不仅是吴地文化的体验者、参与者，也是吴地辉煌文化的创造者，长期生活的感性体验，使得他们所创作的姑苏竹枝词比起外地来苏文人的作品来，更能全面、深入、细致地体现出吴地的风土人情之美。在苏州文化史上，清代的顾禄、袁学澜等人，就是这方面的杰出代表，他们专以苏州乡邦文献整理研究为己任，诗歌创作以苏州节令诗和姑苏竹枝词为重点。

顾禄，字总之，一字铁卿，自署茶磨山人，道光、咸丰年间苏州人。他的一生尤措意于苏州风土、风情，他所著的《清嘉录》，取陆机《吴趋行》一诗中"土风清且嘉"语的意思，按照十二月为序，详细记述了苏州地区的节令习俗，并以大量的经史典籍、地方志、历代诗文作品加以参证，是记录苏州节令和风土人情较为全面的经典著作。虽然顾禄自己未多作关于吴地岁时风俗的诗词，但他在《清嘉录》中，却收集了大量先贤和同时代人所写的苏州节令风俗诗词，其中尤以竹枝词为多，兹举蔡云和徐士鋐对苏州独特节令风俗"石湖串月"和"冬至大如年"的描写，由此可以感受一下苏州民俗文化的地域特征和民情：

> 行春桥畔画桡停，十里秋光红蓼汀。夜半潮生看串月，几人醉倚望湖亭。
>
> 有几人家挂喜神，匆匆拜节趁清晨。冬肥年瘦生分别，尚袭姬家建子春。
>
> ——蔡云《吴歈》
>
> 秋风十里绿蒲生，串月看来虚有名。十八桥环半遮没，渔村一点水边明。
>
> 相传冬至大如年，贺节纷纷衣帽鲜。毕竟勾吴风俗美，家家幼小拜尊前。
>
> ——徐士鋐《吴中竹枝词》

在顾禄之后，苏州又出现了一位有"风俗诗人"称号的文人袁学澜，他在苏州风俗研究和风俗诗歌的创作上比起顾禄，更是有过之而无不及。

袁学澜（1804—1879），原名景澜，字文绮，号巢春，元和（今江苏苏州）人。袁学澜仕途蹭蹬不遇，遂决意于苏州风俗人情的调查研究，并以此为诗，创作了千余首专门吟咏苏州风俗、节令以及名胜掌故的诗歌，这些作品收入到他的《姑苏竹枝词百首》《苏台揽胜百咏》《田家四时绝句百首》《游吴郡西山诗》《吴俗讽喻诗》《吴门新年杂咏》《虎丘杂事诗》《适园丛稿》等诗集中，袁学澜也因此获得"风俗诗人"的雅号。

袁学澜自我期许最高的当属《吴郡岁华纪丽》，他在《自题〈吴郡岁华纪丽〉》诗中反复致意："要与吴中添近事，旗亭补唱《竹枝》声"，"吴趋风土著《清嘉》，弄笔闲窗纪《岁华》"，"频参稼圃蚕桑话，聊代香山讽喻诗"。

"福济喧游四月天，笋鞋争踏运千年。神仙轧处香尘涌，剩有归人拾翠钿"。[1] 这是袁学澜所写的一首典型而纯粹的风俗诗，若再结合《吴郡岁华纪丽》的文字记载和考证，就会明白何以吴地士人百姓会在农历四月十四聚集福济观，举行如此盛大的苏州独有的民俗活动"轧神仙"。袁学澜《吴郡岁华纪丽》卷四："福济观在吴郡皋桥东，俗称神仙庙，中奉回祖吕祖像。四月十四日为仙诞日……仙人每化褴褛丐者，混迹观中，有患奇疾者，至是日进香，每得获疗，谓仙怜其诚而济度也。以是士女骈集进香，游人杂闹，谓之轧神仙。"

第六节　诗文兴情以造园

——苏州园林的文学意境

苏州是享誉世界的园林城市，一直以来就有"苏州园林甲天下"的说法。苏州园林不同于北方皇家园林的轩昂气宇，是中国古典私家园林的代表和典范。苏州许多园林的占地并不大，营造以小巧玲珑见长，尤其值得注意的是，这些私家园林具有浓郁的文化气息，处处散溢着书香墨气。大到园林的布局营建，小到亭台楼阁轩榭的命名、匾额楹联，或是题咏，无不凝聚着中国传统的哲学思想、文学艺术的精华，透过园林一个个元素和细节，随时随地可以领略到中国古典审美理想的追求。历代文人骚客多有

---

[1]〔清〕袁景澜：《吴郡岁华纪丽》，甘兰经、吴琴校点，江苏古籍出版社，1998年，第162页。

感悟，赞颂题咏的文字不可胜计。明清以来，吴中文人造园之风大盛，几乎每一座园林在设计建造的时候，都有意无意地遵照"诗文兴情以造园"的原则。所以，苏州古典园林中的书卷气息，本应是最值得人们欣赏和回味的内涵，苏州古典园林的美学价值正在于此，但是现在的游客往往不觉。

苏州园林是文人的杰作，尤其讲究意境的营造。因为它是园主人性格、心灵的艺术外泄，它是通过园林形象所反映的情意，是一种出于自然的情景交融的艺术精品。清秀淡雅的意境是苏州园林无限艺术魅力的重要特色。明人计成在《园冶》中说："探奇合志，常套俱裁。"[1] 就是指园林中探求的奇胜，应当合乎志趣。王夫之《姜斋诗话》中论情景与"意"之关系时有曰："意犹帅也，无帅之兵，谓之乌合"，"烟云泉石，花鸟苔林，金铺锦帐，寓意则灵"。他还强调：情景应以"身之所历，目之所见"为"铁门限"，即以亲身经历和感受为基础，既要"唯意所适"，又要"以神理相取"，于"神理凑合时，自然恰得"。这些说的都是诗，但对园林来说，亦无不如此。苏州园林意境的营造是园主心志（即"意"）的表达，更镕铸了诗文典故，是园主人文化素养的流露。

苏州园林的主人大多数是贬谪、退隐的官吏，他们历经了宦海沉浮，心中建功立业的信念逐渐消失，代之而起的是清静淡泊、自然适意的人生哲学和生活情趣。吴中文人的隐逸心态逐渐成为一种稳定的理想。他们大多为名流雅士，"三绝诗书画"集于一身，有较高的文化素养，于是，就将自己内心构结的精神绿洲倾心外化，建起一方方小园。在这庭园中，他们过着"恬淡寡欲，不以功名为念，每日观花种竹，酌酒吟诗度日，倒是神仙一流人物"的生活；[2] 他们追求"林下清风无尘俗"（耦园楹联语）的清高，追求清雅的文化生活；他们在隐逸中感到"无俗韵"（耦园匾额），又重新找到了失去的自我；在山水林泉中濯缨，[3] 得趣于"山水间"（耦园厅名）。

苏州园林艺术是自然环境、建筑、诗、画、楹联、雕刻等多种艺术的综合。园林意境正产生于这些园林境域的综合艺术效果，给予游赏者以情意方面的信息，唤起对以往经历的联想，产生物外情、景外意。如果对这一切无动于衷的话，自然就不能欣赏到园林的美，更不用说产生共鸣了。既然吴地园林中的一切境域都是园主人"意"的外化，那么，我们从景物

---

［1］〔明〕计成：《园冶注释》（第二版），陈植注释，杨伯超校订，陈从周校阅，中国建筑工业出版社，1988年，第79页。

［2］〔清〕曹雪芹、高鹗：《红楼梦》，人民文学出版社，2002年，第5页。

［3］沧浪亭之取名，网师园有濯缨水阁，拙政园有小沧浪，皆取此意。

中自然可以管窥文人的心态，正所谓"以小景传大景之神"，[1] 无论园林的置景构图（景点），或楹联、匾额、砖刻文字，甚至小到园林中的一花一草。

苏州园林的景点、景区设置，多出自诗文，其中以陶渊明居多。中国历代文人一直钦羡、仿效他意真、冲淡的志趣，学习他的飘然隐逸，将自己隐身在属于自己的一方天地内。拙政园之东部名为"归田园居"，乃模自《归园田居》一文的描绘，表明园主人对隐逸的乐趣和闲适心情。留园西部景区"小桃坞"则完全是按照《桃花源记》而构景的，一派山野气息，"之"字形小溪从中穿流，名曰"缘溪行"，夹岸树以桃，取《桃花源记》文中"缘溪而行……忽逢桃花林，落英缤纷"之句意。溪边有小丘，丘上圆亭取《归去来兮辞》句而名，曰"舒啸亭"。在这样的"别有天"（景区门洞石刻）中，听"活泼泼地"（区中一堂名）的鸟儿鸣唱，"登皋舒啸，临流赋诗"，此乐何极！从这些景区的设立，我们可见园主人追求的境界是要摆脱外物的奴役，返璞归真，在虚幻中满足，在自然的宣泄中平息。这一方小园成为人生不得意时的"隐遁之所"，成为精神空虚时的"寄栖之处"，成为平居清雅的生活方式或养生炼形、修身保命的"绝妙处方"。园林这种脱尽"红尘""名利"的"烟霞世界"，对文人来说，是颇有吸引力的。

园林中的一厅一堂、一轩一榭的题名、匾额、楹联也无不透出这样的书卷气和隐逸气息，这样的例子随处可见。陶渊明有"众鸟欣所托，吾亦爱吾庐。既耕亦已种，时还读我书"的诗句，耦园就有一座"吾爱亭"，留园有"还我读书处"；"采菊东篱下，悠然见南山"，何等闲静，拙政园中取其意建"见山楼"，沧浪亭有"看山楼"。网师园"集虚斋"化用《庄子·人间世》中一典："惟道集虚，虚者，心斋也"。疏瀹其心，澡雪精神去秽累，心中澄澈明朗，与自然冥合，这岂不正是柳宗元《钴鉧潭西小丘记》中所描绘的人生境界："枕席而卧，则清泠之状与目谋，潜潜之声与耳谋，悠然而虚者与神谋，渊然而静者与心谋。"[2] 园林中还有经典的楹联，如："雨后静观山意思，风前闲看月精神"，"静坐参众妙、清谭造我情"，等等，也极富有文学意蕴。

如果说，楹联、匾额有后人补作者，并不能尽言当时园主之意趣，门洞砖刻在建筑之初即有，与当日之境吻合，从中更可看出园主之用意，可惜一直未被游人注意。怡园中的"隔尘""隔凡"，还有化用自陶渊明诗文

---

[1]〔清〕王夫之：《姜斋诗话》，舒芜点校，人民文学出版社，1961年，第154页。
[2]〔唐〕柳宗元：《柳宗元集》，中华书局，1979年，第766页。

作品的"三径"(取陶文"三径就荒,松菊犹存")、"自锄明月种植归"(用陶诗"带月荷锄归"),都是这类的佳品。

《红楼梦》中贾政曾说:"偌大景致,若干亭榭,无字标题,也觉寥落无趣,任有花柳山水也断不能生色。"[1] 苏州园林正因为有了这些题咏的"小景",使其充溢了书卷气和隐逸气,意境清雅脱俗散发出淡淡的幽香。

陈从周先生在《说园》中曾说过,游园要有"诗人的情感""游历者的阅历""宗教者的虔诚""学者的哲理"。我们要真正理解品味苏州园林的幽韵,首先要提高对祖国文化艺术的素养,尤其是对文学艺术的涵养,因为"诗文兴情以造园"。

第七节 沧浪亭楹联的故事和苏州文脉传承

苏州城内古典名园沧浪亭内的亭柱上有一副绝妙的对联:"清风明月本无价,近水远山皆有情",短短的 14 个字,遒劲的书法、优美的诗境,是中国风景名胜楹联中的经典佳作。就这 14 字,与 4 位文学艺术大家有着不解之缘,他们跨越了千年的时空,见证了苏州悠久绵长文脉的传承和发展。

我们欣赏园林中的对联,最直观感受的是书法。这是晚清著名学者俞樾的手迹。俞樾,浙江德清人,清末著名的学者、书法家,一生著述甚富,他的所有著作汇集为《春在堂全书》,总共 490 卷。俞樾晚年定居苏州,苏州很多名胜古迹中都留下了他的墨迹,最著名的莫过于寒山寺的《枫桥夜泊》诗碑。

这副对联的内容其实并不是俞樾的原创,它是由清代中叶著名的文学家、楹联学家梁章钜所作。梁章钜,福建长乐人,曾经担任江苏布政使、江苏巡抚,在苏州任职的 8 年时间中,政绩斐然。他在整理苏州历史文献和历史文物遗存的时候,对沧浪亭遗迹尤为重视。在沧浪亭历史文献中,他注意到两位宋代文学家和它的艺术渊源,一位是欧阳修,另一位是苏舜钦。他就采用集句的方式,把欧阳修和苏舜钦描写苏州风物和沧浪亭的诗各取一句,分别作为沧浪亭对联的上联和下联。其中上联"清风明月本无价",出自欧阳修的《沧浪吟》,而"近水远山皆有情"则出自苏舜钦的《过苏州》。

我们可以由这副对联,往上追溯到北宋时期的文学往事。宋初文学家苏舜钦是沧浪亭的第一任主人。他参与庆历新政,后因被弹劾而遭受罢官贬谪,这段经历在《宋史》的《苏舜钦传》中有非常详细的记载,我们不

---

[1]〔清〕曹雪芹、高鹗:《红楼梦》,人民文学出版社,2002 年,第 168 页。

沧浪亭联（潘君明：《苏州楹联选赏》，古吴轩出版社2010年，第45页）

妨来读一下："范仲淹荐其才……舜钦娶宰相杜衍女，衍时与仲淹、富弼在政府……御史中丞王拱辰等不便其所为。……舜钦与右班殿直刘巽辄用鬻故纸公钱召妓乐，间多会宾客。拱辰廉得之，讽其属鱼周询等劾奏，因欲摇动衍。事下开封府劾治。"[1] 其时苏舜钦是一个非常有才华的年轻人，曾得到范仲淹等很多政治家、文学家的赏识。宰相杜衍赏识他，便将女儿许配给他。在庆历新政中，杜衍、范仲淹、富弼在政府多互为引用。但是反对者却以苏舜钦作为多米诺骨牌的第一块，抓住了他的错误，这也就是《宋史》中所谓的"因欲摇动衍"。说起苏舜钦的错误，其实也只是一些细微的事情，就是他把卖衙门中废旧公文纸的钱"召妓乐""会宾客"。最后，苏舜钦落得贬官湖州，出任湖州长史的结局。

苏舜钦心怀郁闷地坐着船，一路南下，就在他到达苏州盘门城墙根的时候，被苏州的山光水色所吸引，写下了一首经典诗作《过苏州》："东出盘门刮眼明，萧萧疏雨更阴晴。绿杨、白鹭俱自得，近水远山皆有情。万物盛衰天意在，一身羁苦俗人轻。无穷好景无缘住，旅棹区区暮亦行。"[2]

诗的前半段，写尽了苏州的明媚春光，尤其是苏州城里的绿杨依依、白鹭翩飞，似乎都非常的惬意，非常的自得，没有受到外界任何的干扰和拘束，此时的苏舜钦心情豁然开朗，写下了"绿杨白鹭俱自得，近水远山皆有情"这样的佳句。诗人在历经政治磨难之后，来到江南水乡，眼前的绿杨、白鹭如此悠闲自得，不觉心情开朗，神清气爽。"近水远山皆有情"，诗人已然感觉到苏州山水对他心灵的滋润，但是他知道，自己此行苏州并不是目的地，面对着无穷的好景，他深表遗憾，这么好的地方，却不能够居住于此、终老于此。就在这个时候，苏舜钦做了一个人生的重大决定，上表朝廷，辞去湖州长史的职位，就此告老，在苏州隐逸，了此一生。朝廷应准以后，苏舜钦遂在苏州定居下来，建造了自己的精神家园——沧浪亭。

---

[1]〔元〕脱脱等：《宋史》（全四十册），中华书局，1977年，第13079页。
[2]〔宋〕苏舜钦：《苏舜钦集》，沈文倬校点，上海古籍出版社，1981年，第70页。

一日苏舜钦偶过郡学，见郡学东"草树郁然，崇阜广水"，实为他梦寐以求的可"以舒所怀"的"高爽虚辟之地"，[1] 这虽是一片旧时弃地，然实有契于心，正乃柳宗元所谓之"清泠之状与目谋，濚濚之声与耳谋，悠然而虚者与神谋，渊然而静者与心谋"。苏舜钦"予爱而徘徊，遂以钱四万得之，构亭北碕，号沧浪焉"。[2]

以"沧浪"为号，自是苏舜钦忠而被谤、微罪被黜的遭际，与三闾大夫屈原在遭贬后所吟咏的《沧浪之歌》产生了强烈的共鸣："沧浪之水清兮，可以濯吾缨；沧浪之水浊兮，可以濯吾足。"[3] 他也要"潇洒太湖岸，淡伫洞庭山"，过着"撇浪载鲈还"的渔父生活。[4] 苏舜钦在《沧浪亭》一诗曾这样明白地说道，唯有"一径抱幽山"这样城市山林式的生活，[5] 没有了机关和罾弋，方可真正体味到"摇首出红尘"，[6]"脱却朝衫上钓船，余生投老白云边"般的悠闲，[7] 正是："一径抱幽山，居然城市间。高轩面曲水，修竹慰愁颜。迹与豺狼远，心随鱼鸟闲。吾甘老此境，无暇事机关"。[8]

远离了案牍之劳形与应接奔走之苦顿，那也就无须"设机关以待人"，自是"耳目清旷"，"心安闲而体舒放"，更何况又以四万钱购地筑园，于是乎苏舜钦在苏州就过着这样的生活："三商而眠，高春而起，静院明窗之下，罗列图史琴尊，以自愉悦；逾月不迹公门，有兴则泛小舟出盘阊，吟啸览古于江山之间；渚茶野酿，足以消忧；莼鲈稻蟹，足以适口；又多高僧隐君子，佛庙胜绝；家有园林，珍花奇石，曲池高台，鱼鸟留连，不觉日暮。"且此地之风俗"乐善好事，知予守道好学，皆欣然愿来过从，不以罪人相遇"。[9]

他建造好沧浪亭以后，写了很多关于沧浪亭的诗和描写苏州风景自然的山水诗歌，写完这些诗歌后，他非常激动，把它们寄给此时也因庆历新政失败而被贬谪在安徽滁州的欧阳修。

此时的欧阳修因为新政的失败而被贬，他也在自然山水中寻找到聊慰自己心灵创痛的一个文学胜境——滁州醉翁亭。所以当欧阳修接到苏舜钦

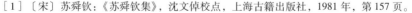

[1]〔宋〕苏舜钦：《苏舜钦集》，沈文倬校点，上海古籍出版社，1981年，第157页。
[2]〔宋〕苏舜钦：《苏舜钦集》，沈文倬校点，上海古籍出版社，1981年，第158页。
[3]〔宋〕洪兴祖：《楚辞补注》卷七《渔父》，白化文等点校，中华书局，1983年，第180页。
[4]〔宋〕黄昇：《花庵词选》卷三，文渊阁《四库全书》本。
[5]〔宋〕苏舜钦：《苏舜钦集》，沈文倬校点，上海古籍出版社，1981年，第83页。
[6]〔宋〕唐圭璋：《全宋词》，中华书局，1965年，第854页。
[7]〔清〕吴梅村：《吴梅村全集》，上海古籍出版社，1990年，第158页。
[8]〔宋〕苏舜钦：《苏舜钦集》，沈文倬校点，上海古籍出版社，1981年，第83页。
[9]〔宋〕苏舜钦：《苏舜钦集》，沈文倬校点，上海古籍出版社，1981年，第110页。

的《沧浪亭》系列诗歌以后，不由得神往起了苏州，写下了著名的《沧浪亭》诗，诗歌这样写道："子美寄我沧浪吟，邀我共作沧浪篇。沧浪有景不可到，使我东望心悠然。"[1] 这里的"子美"就是苏舜钦。欧阳修以想象之笔写出了沧浪亭的美景，其中不乏佳句，诸如"荒湾野水气象古，高林翠阜相回环。新篁抽笋添夏影，老卉乱发争春妍。水禽闲暇事高格，山鸟日夕相啾喧……风高月白最宜夜，一片莹净铺琼田。清光不辨水与月，但见空碧涵漪涟。清风明月本无价，可惜只卖四万钱"[2]。其中"清风明月本无价"就是后来梁章钜截取作为上联的那句诗句。

梁章钜在整理这些沧浪亭的历史文献和诗文佳作的时候，发现了欧阳修的这句"清风明月本无价"，也发现了苏舜钦《过苏州》诗中的"近水远山皆有情"。这两句诗句组合在一起，对仗非常工整，平仄和谐，所以梁章钜就把它们拿过来，撰了一副集句联，于是就有了中国文学史上的一副经典名联："清风明月本无价，近水远山皆有情。"

这副对联成为中国文学名胜中非常经典的巧对，而今我们徜徉在沧浪亭中，面对着这副对联，通过历史的追溯，可以发现这副对联其实熔铸了从宋代到清代，4位文学大家的艺术才华，是因为他们4位文学大家的智慧结晶，才成就了中国文学名胜对联中的经典。这副对联也默默地诉说着苏州古城的文脉传承。

第八节　计成的园林人生和《园冶》

古往今来，无数的文人对苏州的自然风光、苏州的历史和城市精神，用诗翰笔墨写下了经典的名篇。明清以来，很多文人又以别样的方式来书写着苏州的风光和历史记忆。随着苏州造园艺术的逐渐兴盛，苏州人以造园艺术这样独特的形式，营造着自己诗意栖居的建筑载体，传承着中国古典文学精神和文学的意境。

本节所介绍的艺术家，不是文人墨客，而是一位匠人，今天我们因其在园林营造上的杰出成就，而称之为园林艺术家，他就是晚明时期苏州人计成。

计成，字无否，明万历十年（1582）出生于吴江（今江苏苏州吴江

---

[1]〔宋〕欧阳修：《欧阳修全集》（第一册），李逸安点校，中华书局，2001年，第47-48页。

[2]〔宋〕欧阳修：《欧阳修全集》（第一册），李逸安点校，中华书局，2001年，第48页。

区），是著名的造园艺术大师，在当时声名显赫，可谓无人不知、无人不晓，他撰写的《园冶》是世界艺术史上最早的园林艺术理论著作。但是在崇祯八年（1635）以后，随着《园冶》的问世，这样一位声名卓著的造园艺术大师却一下子"人间蒸发"，而且消失得无影无踪。直到300多年之后，随着《园冶》一书从日本"出口转内销"回到中国，计成才又一次进入到世人的视野，国人不禁惊讶于300多年前的苏州竟然还有这样一位世界级的艺术大师！

到底是什么原因导致这般离奇事情的发生呢？我们不妨一起进入计成传奇的一生，了解他的艺术成长之路，看看他又是如何神奇地"人间蒸发"的。

明清之际的吴江计氏家族人才辈出，有多位诗文书画方面的才俊之士，诸如计从龙、计达章、计东。计成就出生在这样一个文化氛围浓郁的家庭中。虽说到计成出生的时候，家道已经中落，但是诗文书画作为传统士大夫的必备修养，计成也是自幼研习稔熟的，而且他的诗文书画水平并非等闲之辈，在当时也是有一定的社会认知度的。他在《园冶·自序》中说："不佞少以绘名，性好搜奇，最喜荆浩、关仝笔意，每宗之。"这一说法在当时是得到普遍认可的，以艺术修养高而著称的权臣阮大铖就曾读过计成的诗歌作品，并在读后题诗《计无否理石兼阅其诗》称赞道："无否东南秀，其人即幽石。……有时理清咏，秋兰吐芳泽"，并称赞他的假山堆叠水平技艺之高，完全与其诗歌、绘画修养有着密切的联系。在这首诗中，阮大铖还说到"一起江山痞，独创烟霞格。缩地自瀛壶，移情就寒碧"。[1]阮大铖后来还在为计成《园冶》所作的《冶叙》中呼应曰："（计成）所为诗画，甚如其人。"[2]

大约在天启年间（1621—1627），计成步入中年时期。在此期间，计成有过一段时间较长的漫游经历，据他自己说"游燕及楚"，游踪遍及大江南北，这让计成有机会饱览大江南北的山川丘壑。计成此番出行的目的，是为了"业游"。所谓"业游"，就是因生计所迫、外出谋生的意思。至于他的谋生之资，估计应该是以文为生，在各级衙署充当幕僚一类的文职工作。在"历尽风尘"之后，计成最终选择归还吴地。

在返程中途经润州（今江苏镇江）时，计成徜徉于润州的佳山佳水中，倒也自在。有一天，很偶然的机会，计成看见一位好事者采办了不少造型

---

[1]〔明〕阮大铖：《咏怀堂诗集》，胡全望、汪长标校点，黄山书社，2006年，第249页。
[2]〔明〕计成：《园冶注释》（第二版），陈植注释，杨伯超校订，陈从周校阅，中国建筑工业出版社，1988年，第32页。

奇特的山石，将它们运到竹林之中，堆置成假山。看到后，不觉为之一笑，这笑声惊动了主人，就问计成："您为什么笑呢？"计成莞尔笑道："既然世上有真山，就必然有假山，为什么不模仿真山的形态来堆叠假山呢？而却偏偏要仿照老百姓在迎接山林之神勾芒时那样，用拳头大小的石头杂乱堆垛而成呢？"主人问道："莫非你能之乎？"在主人的邀请下，计成开始了平生第一个园林的营造。因为有扎实的山水画功底，计成在假山的堆叠和园林的营造上，融入了非常浓郁的文人画气息，意境优美。经过计成的拾掇之后，原先并不起眼的园子顿时洋溢着非凡的神采，见者无不叹曰："俨然佳山也！"于是，计成的名声"遂播闻于远近"，[1] 江南名门望族邀约纷纷，自此也开启了计成的园林营造之路。

首先拦道盛情延聘的就是常州武进县（今江苏省常州市武进区）人吴玄（字又予）。吴玄在常州城东买了一块地，早在元代的时候，这里是蒙古族相国温国罕达的宅院，占地15亩。吴玄请计成到了常州，想让计成按照宋代司马光独乐园的体制和格局进行设计、建造园林。计成勘察了周边的地形，发现这里地势较高，又有高耸的树木，而水源却在低洼之处，所以他觉得此处不适宜堆叠假山，反而应该向下挖土，使得地形有更大的落差和起伏，并让原先的树木错落有致地分布在山腰。经过计成的巧妙设计和布局，高耸处"蟠根嵌石，宛若画意"，依水之畔，"构亭台错落池面，篆壑飞廊，想出意外"。园子造好以后，主人吴玄兴奋异常，对计成说："虽然此园不大，从进园到出园，只不过四百余步，但是江南之胜，惟吾独收矣！"[2]

常州吴氏园囿之成功，让计成成为更炙手可热的人物。崇祯初年，扬州人汪士衡请计成到扬州，为其兴造寤园。经过一年多的努力，到崇祯五年（1632），寤园建成。扬州寤园"或蟠山腰，或穷水际，通花渡壑，蜿蜒无尽"，[3] 意境幽雅深谧，"与又予公所构（按：常州吴玄的园林）"隔江而望，"并骋南北江焉"。[4] 安徽当涂人曹履吉（字元甫）在游赏之后，写诗大赞道："斧开黄石负成山，就水盘蹊险置关。借问西京洪谷子，此图

---

[1] 〔明〕计成：《园冶注释》（第二版），陈植注释，杨伯超校订，陈从周校阅，中国建筑工业出版社，1988年，第42页。

[2] 〔明〕计成：《园冶注释》（第二版），陈植注释，杨伯超校订，陈从周校阅，中国建筑工业出版社，1988年，第42页。

[3] 〔明〕计成：《园冶注释》（第二版），陈植注释，杨伯超校订，陈从周校阅，中国建筑工业出版社，1988年，第91页。

[4] 〔明〕计成：《园冶注释》（第二版），陈植注释，杨伯超校订，陈从周校阅，中国建筑工业出版社，1988年，第42页。

何以落人寰？"[1]

就在扬州为汪氏造园的时候，计成觉得自己这么些年来造了不少园子，有很多经验值得总结，若不记录下来，"亦恐浸失其源"，于是决定利用造园的间歇，在汪士衡家中的扈冶堂开始了写作和图稿的绘制。计成在《园冶·兴造论》中明确说道，自己此举的目的，完全是为了将自己的心得和体会公之于众，所谓"聊绘式于后，为好事者公焉"也。书稿完成之后，计成将它起名为《园牧》。曹履吉来到扬州，读过之后，"称赞不已"，有曰："荆、关之绘也，何能成于笔底？"赞叹良久，又说："斯乃君之开辟"，"千古未闻见者"，[2] 并建议将书名由《园牧》改为《园冶》。

一年以后，即崇祯六年（1633），计成应好友郑元勋之邀，再次来到扬州，为郑氏建造园林。计成非常了解这位扬州乡绅的心思，一年多的工作得到了主人的高度赞扬，郑元勋在《影园自记》中这样说道："又以吴友计无否善解人意，意之所向，指挥匠石，百不失一，故无毁画之恨。"[3] 不但"无毁画之恨"，更有锦上添花之作，计成巧妙地运用借景的手法，把扬州郊外的蜀冈以及瘦西湖畔的山光水影借到园中来，大大丰富了园中的景致。后来，著名画家董其昌来到郑元勋的园中，觉得人行园中，美不胜收，集柳影、水影、山影于一园之内，遂手书"影园"二字，作为此园的名字。后来影园虽毁于战火兵燹，但一直被公推为"扬州第一名园"，成为扬州园林史上一个不可复制的神话。

计成在常州、扬州等地营造的园林几乎个个都成为一时之经典，自然引起了朝中重臣的瞩目。阮大铖知道后，也想请计成到南京为其营建私家宅园。作为魏忠贤阉党的羽翼，阮大铖之人品一直为清流所不齿。计成作为一名以造园谋生的匠师，面对阮大铖之邀，传食朱门也实属无奈，他在《园冶·自识》中不无伤感地长叹道："生人之时也，不遇时也"，"惟闻时事纷纷，隐心皆然，愧无买山力，甘为桃源溪口人也"。在计成的精心设计和监督施工下，阮大铖的石巢园建成了，一时间也成为南京的地标。平心而论，阮大铖对计成营造技艺的称道，是完全发自内心的，尤其是在他读了《园冶》这部书稿之后，更是拍案叫绝，不仅提笔为之作序，更出资为计成将这本书稿出版刊行，时值崇祯八年（1635）。

《园冶》刊行出版之后，社会连续的动荡，特别是经历了明清易代的沧

---

[1]〔明〕曹履吉：《博望山人稿》卷六，《四库全书存目丛书》集部第185册，齐鲁书社，1997年，第665页。

[2]〔明〕计成：《园冶注释》（第二版），陈植注释，杨伯超校订，陈从周校阅，中国建筑工业出版社，1988年，第42页。

[3] 陈从周、蒋启霆：《园综》，赵厚均注释，同济大学出版社，2004年，第92页。

桑巨变，计成亦不知所终。更为令人扼腕的是，因为计成和阮大铖有过一段交往的经历，再加上《园冶》卷首有阮氏之序，《园冶》一书在清代就被列入禁书，除了李渔在《闲情偶寄》中偶有提及，一直鲜为人知。

直到20世纪30年代，距《园冶》出版300多年之后，藏于日本内阁文库的《园冶》崇祯原刊本才被介绍回中国，一位被雪藏、隐匿了300多年的艺术大师及其伟大的论著终于回归。现在我们可以在《园冶》骈散兼行的文艺小品文字中，尽情领略计成对园林艺术的理解以及绵长的古典文学情韵。他提出的一些重要观点，诸如"借景"乃"林园之最要者"，以"巧于因借，精在体宜"为原则，力求创造"虽由人作，宛自天开"的境界，无不深深地影响着中国古典园林艺术发展的方向，也日益引起世界园林艺术研究者的高度重视。

第九节 魏良辅声腔改革的包容性及其历史意义

昆剧是起源于苏州的一种古老剧种，已被联合国教科文组织列入人类口述与非物质文化遗产名录。我们今天说昆曲600年，是指从元末顾坚创昆山腔开始。这里涉及三个概念："昆山腔""昆曲""昆剧"。一般来说，这三个概念是紧密关联，又有着些许的差别的。"昆山腔"着重强调戏曲的声腔；"昆曲"一般指乐曲，尤其是脱离舞台的清唱；"昆剧"，则更多指表演艺术的戏曲剧种。

要很好地理解苏州昆剧，就必须从昆山腔开始说起。宋元以来，浙江温州地区产生了一种新兴的戏曲形式——南戏。据明代戏剧家徐渭的《南词叙录》说："其曲，则宋人词而益以里巷歌谣，不叶宫调"，所以开始的时候"士夫罕有留意者"。后来逐渐在江浙等地流行。在其发展过程中，南戏与各地的音乐小曲相结合，逐渐形成了四大声腔，分别是海盐腔、余姚腔、弋阳腔和昆山腔。

昆山腔是南戏所唱声腔之一，是昆山地区的民间曲调与宋元南戏演唱艺术相结合的产物，体现了较浓郁的吴地韵味。明代学者顾起元在其《客座赘语》卷九中这样评价昆山腔的音乐特征："大会则用南戏，其始止二腔：一为弋阳，一为海盐。……今又有昆山，较海盐又为清柔而婉折，一字之长，延至数息。士大夫禀心房之精，靡然从好，见海盐等腔已白日欲睡。"这是明代的情形，至于昆山腔的起源，就必须说到元末昆山人顾坚了。

魏良辅《南词引正》中有关于昆山腔渊源的论说，其中说道："腔有数样,纷纭不类。各方风气所限,有昆山、海盐、余姚、杭州、弋阳。自徽州、江西、福建,俱作弋阳腔,永乐间,云、贵两省皆作之,会唱者颇入耳。惟昆山为正声,即唐玄宗时黄幡绰所传。元朝有顾坚者,虽离昆山三十里,居千墩,精于南辞,善作古赋。扩廓帖木儿闻其善歌,屡招不屈。与杨铁笛、顾阿瑛、倪元镇为友,自号风月散人。其著有《陶真野集》十卷,《风月散人乐府》八卷行于世。善发南曲之奥,故国初有昆山腔之称。"[1] 魏良辅将昆山腔的渊源上溯到唐代的黄幡绰,这一说法还是应该商榷的,在此暂且不论。单就这段文献我们可以清晰地认识到一点,元末昆山腔之所以能在昆山的千墩(今昆山市千灯镇)古镇形成,是由顾坚、顾阿瑛等一批当地文人的共同努力造就的。

在南曲各种声腔的并行发展中,昆山腔最后一举超越,雄霸中国古代戏曲史数百年,还要归功于明代嘉靖年间杰出的戏曲家魏良辅。明末学者潘之恒在其《鸾啸小品》中多次提到魏良辅在声腔改革中的地位和贡献,有谓:"曲之擅于吴,莫与竞矣!然而盛于今,仅五十年耳。自魏良辅立昆之宗,而吴郡与并起者为邓全拙,稍折衷于魏,而汰之润之,一禀于中和,故在郡为吴腔。"他认为魏良辅在中国戏剧史上具有"立昆之宗"的重要地位,其中说道:"魏良辅其曲之正宗乎!张五云其大家乎!张小泉、朱美、黄问琴,其羽翼而接武者乎!"[2]

魏良辅对昆山腔的改革主要有两大方面:第一是戏曲声腔的改革。他在发扬昆山腔本身流丽优雅特点的同时,还吸收了其他声腔的长处,如借鉴吸收了海盐腔"体局静好"的特点,又吸收了弋阳腔与北曲的演唱成果。经魏良辅改革以后的昆山腔,讲究"转喉押调,字正腔圆",讲究演唱的声情韵味和曲情理趣。明末清初作家余怀在《寄畅园闻歌记》中,曾详细描写魏良辅改革之后昆曲声情效果。他说:"南曲盖始于昆山魏良辅云。良辅初习北音,绌于北人王友山,退而镂心南曲,足迹不下楼十年。当是时,南曲率平直无意致,良辅转喉押调,度为新声;疾徐高下、清浊之数,一依本宫;取字齿唇间,跌换巧掇,恒以深邈助其凄泪。"[3] 核之于魏良辅的《南词引正》,这样的论说也很明确,他非常强调这两点:"曲有三绝:字清为一绝,腔纯为二绝,板正为三绝","听曲尤难,肃然不可喧哗。听其唾字、板眼、过腔得宜,方妙。不可因其喉音清亮,就可言好"。第二是对伴奏乐器的改革。南曲开始的时候是以木板、折扇击节,而后加入鼓、

---

[1] 〔明〕魏良辅:《南词引正》,吴新雷:《中国戏曲史论》,江苏教育出版社,1996年,第280页。

[2] 〔明〕潘之恒:《潘之恒曲话》,汪效倚辑注,中国戏剧出版社,1988年,第8、17页。

[3] 〔清〕张潮辑:《虞初新志》卷四,上海书店出版社,1986年,第56页。

锣。魏良辅改革后，又加上了管乐（箫、笙）和弦索（琵琶、月琴、三弦），极大地丰富了昆山腔音乐的表现力。

魏良辅《南词引正》卷末有嘉靖丁未金坛曹含斋的《叙》，其中说"良辅善发宋元乐府之奥，其炼句之工，琢字之切，用腔之巧，盛于明时"，对他赞扬备至。魏良辅因为在昆山腔的改革上所做的巨大贡献，被世人尊为"昆曲之祖"，更有"曲圣"之美誉。

经魏良辅改革之后的昆山腔被人称为"水磨调""冷板曲""雅音"，立即风行剧坛。此后，在苏州就出现了一批专门为昆曲填词、进行创作的剧作家，如梁辰鱼等，昆曲也逐渐进入了繁盛时代。

第十节　昆山腔传奇的代表作《浣纱记》

在魏良辅对昆曲声腔改革完成之后，昆曲逐渐为世人所重，于是在江浙地区就出现了一批专以昆曲为声律准的、创作演唱的剧本。万历初年刊刻的《八能奏锦》所选的昆剧剧作，有梁辰鱼的《浣纱记》、汪廷讷的《狮吼记》、张凤翼的《红拂记》、高濂的《玉簪记》等。当昆山腔革新成为"时曲"而风行时，学唱的人很多，于是，剧作家把这种"时曲"运用到剧本创作中，把昆山腔和传奇剧相融合，开创了昆剧演出的全新局面。《浣纱记》是第一批打开昆剧局面的剧本中最有成就、最具影响力的一部，这和

《浣纱记》剧照（腾讯网，https://new.qq.com/cmsn/20190502/20190502002556.html）

当时剧坛流行"歌儿舞女,不见伯龙,自以为不祥"的风气有关,[1] 也和《浣纱记》这部剧作本身的艺术成就有着密切的关系。

关于剧作家梁辰鱼的生平,历史文献记载不多,《昆新两县续修合志》卷三十所记较详,我们不妨一读:"梁辰鱼,字伯龙,泉州同知纨曾孙。父介,字石重,平阳训导,以文行显。辰鱼身长八尺有奇,疏眉虬髯,好任侠,不屑就诸生试。勉游太学,竟亦弗就,营华屋,招徕四方奇杰之彦。嘉靖间,七子皆折节与交,尚书王世贞、大将军戚继光特造其庐。辰鱼于楼船箫鼓中,仰天歌啸,旁若无人。千里之外,玉帛狗马,名香珍玩,多集其庭。而击剑扛鼎之徒,骚人墨客,羽衣草衲之士,无不以辰鱼为归。性好游,足迹遍吴楚。间喜酒,尽一石弗醉。尤喜度曲,得魏良辅之传,转喉发音,声出金石。其风流豪举,论者谓与元之顾仲瑛相仿佛云。"在这里,我们可以了解到,梁辰鱼在戏曲音律上得之于魏良辅之传,他的剧作应该说是严守音律,且具有很高的艺术才情的。

梁辰鱼的代表作《浣纱记》首演于万历七年(1579)。自此之后,梁辰鱼成为吴地最有影响的剧作家,好友王世贞在《嘲梁伯龙》诗中就盛赞道:"吴闾白面游冶儿,争唱梁郎雪艳词"。[2]

《浣纱记》的成就主要得益于以下几个方面:

首先在于剧本内容通俗,结构新颖。全剧取材于春秋时吴越争霸的故事,故又名《吴越春秋》。吴越相争的故事,尤其是其中西施、范蠡、伍子胥、勾践、吴王夫差等人物,在江浙地区家喻户晓。以此为题,剧作的内容具有深厚的群众基础。有这个有利条件还不足以使剧作盛演不衰。全剧把西施和范蠡作为主人公,以才子佳人为核心来写,这是对中国古代观剧传统的适应。但该剧又不落一般才子佳人剧的俗套,而是把剧情的进展围绕着吴、越两国政治斗争的背景去写,尽力使剧作拓展到更为广阔的历史场景中,令观众耳目为之一新。所以说,《浣纱记》这一剧作,通过西施、范蠡二人的悲欢离合,记录了吴、越两国的盛衰,既是历史剧,又是具有强烈政治色彩的爱情戏。这部戏开创了中国戏剧史"借离合之情,写兴亡之感"的风气,清代名剧《长生殿》《桃花扇》都深受其影响。

当然,这部剧作中,还寄托了梁辰鱼自己的政治理想,他在剧作第一出的唱词中曾有这样的表白:"骥足悲伏枥,鸿翼困樊笼。试寻往古,伤心全寄词锋。问何人作此,平生慷慨,负薪吴市梁伯龙。"[3] 可见此剧有借

---

[1] 〔明〕张大复:《梅花草堂笔谈》(全三册),上海古籍出版社,1986年,第307页。
[2] 〔明〕王世贞:《弇州山人诗集》卷四七,光绪三十三年刻本。
[3] 〔明〕梁辰鱼:《浣纱记》,中华书局,1959年,第1页。

古讽今之意和抒发自己怀才不遇之感。对越国的描写，实则多少隐含着梁辰鱼的政治理想：上下一心，朝廷能励精图治。

其次，斐然的文采是《浣纱记》成功的又一重要原因。王世贞"吴闻白面游冶儿，争唱梁郎雪艳词"这样的称誉，是最好的说明。作为剧本，作者并不是一味地卖弄辞藻，而是把文采施于剧中人物和场景，剧中人物的唱词和念白都因人、因地而异，完全符合、贴近人物的身份和性格。剧中有不少清新可诵的唱词，如《别施》一出中西施、范蠡的对唱，颇可欣赏：

【琥珀猫儿坠】（旦）秋江渡处，落叶冷飕飕。何日重归到渡头。遥看孤雁下汀洲，他啾啾！想亦为死别生离，正值三秋！

【前腔】（生）片帆北去，愁杀是扁舟，自料分飞应不久。你苏台高处莫登楼，怕凝眸，望不断满目家山，叠叠离愁！[1]

第三，由于《浣纱记》运用了革新的昆山腔，在演出时受到了世人的追捧，也在情理之中。张大复《梅花草堂笔谈》中曾说到，梁辰鱼"自翻新调，作《江东白苎》《浣沙》诸曲"，"谱传藩邸戚畹、金紫熠爚之家，而取声必宗伯龙氏，谓之昆腔"。[2] 可见他这一派的新调昆腔在上层社会很是流行，当时的歌场也很为它倾倒。吕天成《曲品》中所谓："丽调喧传于《白苎》，新歌纷咏于青楼"，[3] 也是极好的证明。

此后，用昆山腔进行戏剧剧本创作、舞台表演，成为一时之风尚，在中国戏剧舞台上独领风骚数百年。且在其发展的历史进程中，苏州地区先后形成了多个重要的流派，如昆山派、吴江派、吴县派，这是苏州地区在明清时期戏剧繁荣的重要标志。

---

[1]〔明〕梁辰鱼：《浣纱记》，中华书局，1959年，第80—81页。
[2]〔明〕张大复：《梅花草堂笔谈》（全三册），上海古籍出版社，1986年，第307页。
[3]〔明〕吕天成：《曲品》，《中国古典戏曲论著集成》（第6集），中国戏剧出版社，1959年，第214页。

第三章 吴地的工艺成就

工艺是探究传统中国社会工匠精神的源头。工匠精神是文明程度的一种标杆，其内涵随时代不断变迁，但人类不论攀登在文明的哪一个阶梯上，都会将点睛之笔落在融自然环境之美与人文环境之美、融物用之美与精神创造及精神需求之美于一体的发展样式。对于现代中国，工匠精神也饱含着民族精神培育、国民素质培养的自觉探索，这是自 19 世纪末 20 世纪初以来一个多世纪的呐喊，终将在当下成为新的实践。工匠精神是以物的生产、创造为起点的，是为了使人类走向一种更理想的生活态度、生命品质和生存智慧。

明清时期的苏州被誉为全国工艺之都，2014 年，联合国教科文组织授予苏州一张新名片——"手工艺与民间艺术之都"。工艺一直绽放着苏州社会发展的光彩，也是吴地文化精神的凝结。故本章以苏州为代表，看吴地的工艺成就及其绽放的工匠精神。

第一节 "苏式"日常中的工艺

自宋代以后，苏州逐渐实现"工"与"艺"的珠联璧合，物质需求与心性需要相互依托。这里的人们将自然环境的赐予和人的创造性完美地融合，把张扬的财力与才情投射到吃穿用度中。他们极尽享受俗世生活的滋味，还不断从中品尝、咀嚼出"不俗"，从而追求生活的闲趣雅致，赋予日常生活审美品格和文化品位，可谓"清嘉与奢华"并存。[1] 即便是寻常百姓之家，也将日常生活打理得精致多元，使有限的资源发挥无穷的趣味。

工匠精神不是虚浮的泛影，它扎根和表现于日常生活。

在"居"的方面。作为建筑流派的"香山帮"，代表苏派建筑技艺，相应地其建筑亦被称为苏派建筑。"香山帮"滥觞于春秋战国，形成于汉晋，

---

[1] 王稼句：《姑苏食话》，苏州大学出版社，2004 年，第 62 页。

发展于唐宋，兴盛于明清。北宋末年，朝廷在苏州设应奉局，征调吴郡能工巧匠赴东京营造苑囿。明永乐十五年（1417），蒯祥主营北京宫殿的建设，官至工部侍郎，皇帝尊其为"蒯鲁班"，如此地位荣誉，令香山人欣慰不已。明代的"香山帮"古建已与皇家派、岭南派并称三大古典建筑流派。[1]香山帮匠人又被称为"香山梓人"和"吴工"。明清时期，香山帮已然具备技术精湛、分工细化、工种齐备的营造技艺，以大木作领衔，涵盖了大木营构、小木装修、园林建筑、砖石雕刻、灰塑彩画等类别。[2]其中以叠山堆灰、雕塑彩绘以及砖雕、木雕、石雕最为突出。砖雕、木雕、石雕分别独立为体系，名曰苏式建筑"三雕"。如今，在苏州的小巷深处，不经意间，抬首处即见。香山帮工匠的两大杰作——北京故宫、苏州古典园林已成为世界文化遗产，香山帮传统建筑营造技艺本身也名列人类非物质文化遗产代表作名录——"中国传统建筑木结构营造技艺"之子目。

在"行"的方面。吴地为水乡，水乡的船就是经济传输带，与人们的生产、生活关系密切。千百年来舟船成为吴地主要的交通运输工具，"无船不出行"。春秋战国时期，吴地的造船工艺已相当发达，南朝时苏州已成为全国造船中心之一。明代的太仓港是郑和下西洋的起锚地，苏州船师常被征召去修造下海木船。明清时期的苏州为东南一大都会，交通是商业发展的命脉，而这主要仰赖水上运输。《姑苏繁华图》中，窄窄的河面挤满了帆船、篷船、楼船、画舫，全卷共绘有客、货船只400余艘。清代苏州的船种类较多，不下20余种。戏船是水上流动的舞台，集诗、书、画、昆曲、苏州评弹、雕刻、茶艺、船菜等为一体。今天仅存的造船厂基本传承了传统造船风格和特点，模拟出郑和下西洋的宝船，复原了宁波博物馆的宋代千年古船。以游船为例，制作工序有20多道，全凭肉眼和手感。

在生活日用方面。宋代以后苏州渐成全国丝织业中心，衍生出无尽的"锦绣生活"。绫罗绸缎代表一种生活品质，罗起源于战国的四经绞罗，由于苏州是罗的故乡，素有吴罗之称。丝，可绣、可织、可"刻"，绣的叫苏绣，曾是各阶层人们平常的奢华；织的叫宋锦，今天与四川蜀锦、南京云锦并称全国"三大名锦"；"刻"的叫缂丝，宋廷南渡后，缂丝生产中心转向江南、传入苏州，苏州等地艺匠将勃兴的院体画、花鸟画融入缂丝，缂丝始由实用性向纯欣赏性发展。通经断纬，是缂丝的独特性，图案花纹不分正反，在图案轮廓、色阶变换等处，织物呈现出小孔或断痕，像是用刀在织物上"划刻"过，呈现"承空观之，如雕镂之象"的透雕效果，故谐

---

[1] 崔晋余：《苏州香山帮建筑》，中国建筑工业出版社，2004年，第46页。
[2] 吴伟：《苏韵流芳 苏作、苏州与吴文化》，《紫禁城》2016年第8期。

音"刻丝"。目前,全国仅有苏州尚保存着此项工艺。

在宗教与工艺方面。苏州云岩寺塔、瑞光寺塔所藏的五代、北宋时期的刺绣经帙,虽已破损,却掩盖不了针绝,也许只有如此精致的苏绣,才能表达宗教的虔诚。此后,世俗与宗教生活偕同谱写了苏州工艺的璀璨篇章。甪直保圣寺罗汉,年龄、性格、坐姿相异,衣褶线条流畅,细节刻画极精,采用以壁塑山水为衬景的圆雕彩绘手法,虽历经千年岿然不动。"塑佛匠"艺人用他们的工巧和想象,塑造了苏州人对于佛、道、神的具象认知。自古及今,苏州的佛道雕塑技艺因其特色鲜明,被称为苏帮,与徽帮等并称为"四大流派"。《红楼梦》第67回,薛蟠从苏州回来,拿出"一出一出的泥人儿戏,用青纱罩的匣子装着",活脱脱精制可爱的虎丘泥人!其深受神佛塑像技艺影响,以捏相和耍货享有盛名。神佛塑像与虎丘泥人共同塑造了苏州泥塑的特征:图案丰富、高雅、细腻,以绘画与书法的线条为造型手段,注重意象的表达及整体神韵和气势。

在书房雅物方面。笔墨纸砚并称"文房四宝"。在苏州,称著者笔有湖笔,纸有笺纸,砚有澄泥石砚。澄泥石砚的品质不逊于端砚、歙砚。凡与此相关者,文人、匠人无不将其打磨得精雅细绝。"丹青"是对中国画的特有称谓,丹即朱砂颜料,青即石青颜料。自古以来,绘画者都需要亲自研丹滤粉。清代乾隆年间,苏州阊门出现了一家店铺,专门经营颜料,这在市场上是前所未有的。早在清初,明末进士姜图香的后人出了一位善制色的画家,设铺的就是其子孙,因姜家有思序堂,故以姜思序堂命名。姜思序堂国画颜料以品种繁多、工艺复杂、制作精良称名于世,那些永存于博物馆中的名作,色彩文静、经久不变,既是艺术也是技术的明珠。

在清玩鉴赏方面。良渚人是中国玉文化的最先创造者,在苏州博物馆史前文明的展厅,出土于苏州的良渚玉礼器,以及春秋吴国玉工的独造,是太湖流域荆蛮之地上的珍宝。从良渚玉器的淳朴到明清玉器的炉火纯青,在博物馆里只是转身之间,却是人类几千年文明的跨步。正是得益于累世不断的薪火传承,苏州诸工艺才在明清臻于高点。玉与剑皆是早期苏州发展的底色,造剑名匠干将、莫邪化成今天苏州城市交通经纬线,数千年来冶铸技术代代相传,铸塑在仿古铜器上。直至今天,苏州所沿用的剥蜡法等传统技艺所制仿古铜器,其工艺与《天工开物》所载大致无异。

在节俗与工艺方面。在物产丰富、文化昌明的苏州,历来重视节日民俗。苏州手工艺术发达是与节俗礼俗相辅相成的。一年一度的春节,怀旧讲究的老苏州不忘桃花坞木版年画。上元赏灯风俗的盛行,促进了苏州灯彩的发展。苏州众多园林、官邸、私宅陈设布置的需要,也为灯彩的发展锦上添花。苏州灯彩亦称"苏灯",始于南北朝,盛于唐宋。苏灯是全国仅有能保持挂灯类、壁灯类、座灯类、大型艺术灯彩、人物灯彩组合景等五大类120余品种制作的地方性灯彩，可谓门类齐全、品种丰富。其色彩雅丽、造型独特、工艺细致、制作精良，为我国四大灯彩流派之一。苏州灯彩的特色是以苏州古典园林亭台楼阁为造型范本，灯身以苏州上乘丝绸为面料，灯面以吴门画派技法而绘制，灯花是以能再现唐代华胜的苏州套色剪纸而成，地方文化色彩鲜明。

在戏曲与工艺方面。昆曲唱腔的水磨韵味，在委婉悠扬的笛声中流淌。苏州生产的竹笛做工精细，律吕均衡，发音清雅，人称"苏笛"。昆曲的繁盛不仅促进了戏衣、戏具的发展，还使苏州成了明清全国乐器制作销售中心。明代苏州制作乐器的名人辈出。张岱在《陶庵梦忆》中载曰："张寄修之治琴，范昆白之治三弦子，俱上下百年保无敌手。"清代苏州乐器制作发展到鼎盛时期，可谓"金石丝竹，无不俱备"。徐扬的《姑苏繁华图》中有专门售卖琵琶、弦子的"凤鸣斋"店铺，还有挂着铜锣幌子的乐器商店。《红楼梦》第16回中元春省亲，贾蔷则下姑苏"置办乐器行头等事"。明清时以"苏"字命名的苏锣、苏笙、苏管、苏箫等乐器名扬四方，其造型优雅简练、漆泽光亮、音色优美，且工艺精良，以二胡为例，制作工序就有几十道。

苏州人造物，不是单方面地满足物需，而是将其上升为一种意境和精神需求，同时兼顾生活器用。正如日本著名的民艺理论家、美学家柳宗悦所言，工艺之美是服务之美、健康之美、生活之美、实用之美。

第二节 精益于工的品质

"求精"的工作态度、"尚巧"的制造精神、"道技合一"的做事境界为中国传统工匠精神的内核。一代代苏州人通过心与手的配合，创造出了令人叹为观止的手工艺大观园。

苏州工艺精工的特色被载入地方史册，道光《苏州府志》载：苏州"百工技艺之巧，亦他处所不及"，这是历史上的概括和综评，说的就是技术品质层面的精益求精。又据乾隆《元和县志》载：苏州男子"多工艺事，各有专家，虽寻常器物，出其手制，精工必倍于他所"。正德《姑苏志》评曰："女工织作，雕镂涂漆，必殚精巧"。例如苏灯，宋代《乾淳岁时记》称："灯品之多，苏福为冠，新安晚出，精妙绝伦"；又载："禁中元夕张灯，以苏灯为最"。苏玉，《天工开物》载："良玉虽集京师，工巧则推苏郡。"苏裱，明代扬州人周嘉胄在《装潢志》中评曰："装潢能事，普天之下，独逊吴中"。苏州泥塑，南宋陈元靓在《岁时广记》中评价："泥孩儿，惟苏州极巧，为天下第一。"匠行出类拔萃，必有匠工人才辈出，明代张岱《陶庵梦忆》卷一中谈到吴中绝技时，写下了一连串的名字："陆子冈之治玉，鲍天成之治犀，周柱之治嵌镶，赵良璧之治梳，朱碧山之治金银，马勋、荷叶李之治扇，张寄修之治琴，范昆白之治三弦子，俱可上下百年保无敌手。"并进而感慨曰："盖技也而进乎道矣。"今天的北京故宫博物院收藏着一件陆子冈款玉合卺杯，足见其碾玉妙手之玲珑奇巧。传统的制作工艺繁复，道道工序环环相扣，一道不达，则前功尽弃，而且只能靠手工制作，靠眼睛看、凭经验做，要求眼到手到。有的"刀工"精准似乎是精密仪器所成，有的逼近极限的苛求，例如苏绣细微之处，可以将丝线劈成六十四分之一。

苏州工艺首先在于"精"。

在日常生活中最为常见的要数洞庭山碧螺春的制作技艺了。清末民初朱琛《洞庭东山物产考》载："洞庭山之茶，最著名为碧螺春……茶有明前雨前之名，因摘叶之迟早而分粗细也。采茶以黎明，用指爪掐嫩芽，不以手揉，置筐中覆以湿巾，防其枯焦。回家拣去枝梗，又分嫩尖一叶、二叶，或嫩尖连一叶为一旗一枪。随拣随做，做法用净锅入叶，约四五两。先用文火，次微旺，两手入锅，急急抄转，以半熟为度，过熟则焦而香散，不足则香气未透。抄起入瓷盆中，从旁以扇扇之，否则色黄香减矣。碧螺春有白毛，他茶无之，碧螺春较龙井等为香，然味薄，瀹之不过三次，饮之有清凉、醒酒、解睡之功。"[1] 可谓精细之极。历史传承至今，茶叶采摘标准为：一芽一叶初展，为一芽一叶；一芽二叶初展，为一芽二叶。每批采下的鲜叶嫩度、匀度、净度、新鲜度应基本保持一致。采摘下来的茶芽，要经过精拣，要求鲜叶长短整齐，均匀一致。鲜叶必须"头头"过堂，并揉捻整形，使嫩芽卷曲如螺。经过前后7道基本工序，始成碧螺春。其品质特点是：条索纤细，卷曲成螺，满身披毫，银白隐翠，香气浓郁，滋味鲜醇甘厚，有"形美、色艳、香浓、味醇"四绝，和"一嫩（芽叶）三鲜（色鲜艳、香鲜浓、味鲜醇）"之美称。[2] 民间概括为"蜜蜂腿、铜丝条，螺旋形，浑身毛，花香果味，鲜爽生津"，充分体现了制作技艺的精工细作。

雷允上六神丸制药技艺，是中华传统医药文化中的一块瑰宝。六神丸修合工艺制作精细，操作极繁。其对丸药大小控制比较严格，从起丸模，层层加大，至成型，一步一步精细控制，丸药重量在每1000粒重1钱（16两制），

---

[1] 朱琛：《洞庭东山物产考》，东方文化书局，1974年，第66-67页。
[2] 苏州市非物质文化遗产保护管理办公室：《苏作天工》，古吴轩出版社，2016年，第110页。

丸药粒径约2—4毫米。丸药打光工艺独特，使丸药表面黑色晶亮，经久如新。其形如芥子，且圆整光亮，虽然服用剂量极小，但疗效神奇。[1]

《吴门表隐》赞陆墓蟋蟀盆"雕镂极工巧"，今天的袁氏堂蟋蟀盆继承了从选泥到成品多达108道的工艺流程，盆外观古朴、光洁无瑕、造型美观、色泽明艳、雕刻精巧、书画俱佳，盖与盆相合、严丝合缝，敲之有金玉之声，透气又不透风。

桃花坞木版年画以刻工套色见长。《和合致祥·一团和气图》是不多见的珍贵古版画，画幅中人物服饰花纹丰富细密，上衣以祥云纹衬底，缀以大团花、小散花铺面，花型工整，如意形披肩排花有序；裙腰满铺龟背纹，裤子则以卍纹为底，面缀小型团花，即使人物鞋面细部，同样饰有精细花纹；人物上端装饰题额和合致祥，冰梅图案周边缀回纹，并有"宝相缠枝纹"等，由此更加烘托得画面富丽端庄，主题鲜明。书轴上则有盘锦纹。画面纹饰如此复杂而讲究变化，甚至连人物牙齿都刻画得清晰可见，这对分版木刻的要求极为严格。精雕细刻的同时更要把握准确，不容丝毫偏差瑕疵。所以，郑振铎在《中国版画史序》中说：自徽派版画式微以后，"吴中刻工则起而代之矣"。再细看桃花坞木版年画仕女图的局部，刻工十分细腻精巧，其线条犹如毛笔细描而成，但又不失木版画的刀味木味。

在建筑方面，木雕为大宗，"在雕刻的手段上，则会根据不同的部位而灵活运用不同的技巧，那些梁架、斗拱、雀替和牛腿等必须远观的部位因为'一丈高，不见糙'的视觉原理而采用写意的表现手法，而门窗等近观处则不遗余力地精雕细刻"。[2] 这浸润着浓厚的文人士夫文化气息。

苏州工艺其次在于"巧"，"精"与"巧"相辅相成、互相幻化。

明万历、天启年间，常熟艺人王叔远用桃核雕刻《东坡赤壁泛舟》，将奇山胜景和桃源天地刻在橄榄核一方小天地上，令人叫绝。清乾隆时期的陈祖章刻有核舟一艘，就是以王叔远的作品为蓝本的，现存台北"故宫博物院"，著名诗人余光中观赏赞诗曰：

不相信一寸半长的橄榄细核
谁的妙手神雕又鬼刻
无中生有能把你挖空
剔成如此精致的小船
清脆、易碎，像半透明的蝉蜕

---

[1] 汤钰林：《苏州文化遗产丛书 非物质文化遗产卷（Ⅲ）》，文汇出版社，2010年，第84页。

[2] 袁牧：《刀尖上的艺术——苏作木雕》，《上海艺术家》2013年第2期。

> 北宋的江山魔指只一点
> 怎么就缩小了，缩小了，缩成
> 水晶柜里，不可思议的比例
> 在夸张的放大镜下，即使
> 也小的好诡异，令人目迷
> 舱里的主客或坐，或卧
> 恍惚的侧影谁是东坡
> 一桨长髯在千古的崩涛声里……[1]

书画装裱是与"纸糊"的脆弱打交道的细活，苏裱技艺亦称"吴装"，在明代嘉靖、万历年间进入了全盛时期，苏州在当时成了全国装裱中心。周嘉胄《装潢志》说："装潢能事，普天之下，独逊吴中。吴中千百之家，求其尽善者，亦不数人。……后虽时不乏人，亦必主人精审，于中参究，料用尽善，一一从心，乃得相成合美。"这是一项精微的技艺。吴装善于仿古装池，专为书画名家和鉴古收藏家及博物馆装潢珍贵新旧书画。特别是修复古旧书画，揭托纸是关键程序之一，指揭尽原装裱的裱褙纸和紧粘画芯的托纸。托芯的托纸起着保护画芯的作用，素有"命纸"之称。在揭画芯时，稍有疏忽大意，就有可能把芯的本身一起揭掉。遇到手绢等一类的旧画芯，在长期霉变下，一些画芯碎片会牢牢地粘在裱背上面，稍有不慎，就会毁掉画芯的原貌。或揭掉画芯的本身，或掉粉，或掉色，使原画失神；如果揭得厚薄不匀，使画面成为花斑；甚至揭伤画芯，无洞的弄出洞来，小洞成为大洞，以致伤害原画。另外，还有"全色"工艺，即在已补好洞的古旧书画画芯之处补上颜色，使之与原画面颜色相似。其中不仅在于技艺之"精"，也在于"巧"字。制扇的篦边竹刻（即扇骨竹刻）更显"巧"字之风骚，篦边除了面积狭窄外，厚度极薄，然而陷地阴阳刻法、薄地阳纹刻法、留青刻法等浅浮雕、刀深峻的深刻法，用刀极浅刻法以及仅见游丝般细劲线条的毛雕法等阴刻法，尽用于此。篦边竹刻的内容非常丰富，"折扇的扇骨制作以变化丰富和精工细致出名"，"花色扇头有排茄、古方、燕尾、玉兰、梅花和竹节等几十余种。制扇艺人在竹骨上运用磨、漆、雕、嵌和采用浅刻、深刻等技巧。雕上花、鸟、虫、草、山水、人物、博古、仙女、钱币、钟鼎篆隶和诗词歌赋，再加上名画印章"。[2] 特别是到

---

[1] 余光中：《橄榄核舟——台北"故宫博物院"所见》，余光中：《诗歌精读·余光中》，浙江人民出版社，2018年，第162页。

[2] 北京未来新世纪教育科学工作者发展中心：《图说中国非物质文化遗产10·精湛技艺》，新疆青少年出版社，2008年，第182页。

了清末民国时盛行缩刻金文,不仅能将全篇石鼓文或毛公鼎铭文缩刻于一柄窄窄的簠边上,而且缩刻的金文簠边托片可当书法原拓本来欣赏。

乾隆帝曾作诗赞美苏州漆器云:"吴下髹工巧莫比,仿为或比旧还过。脱胎那用木和锡,成器奚劳琢与磨。"乾隆时苏州漆器已巧夺天工,据《养心殿造办处各作成做活计清档》记载:小至直径半寸的圆盘,大则宝座屏风,品种有碗、盘、挂屏、插屏、帽架、柜、案等等。图案有山水、花卉、人物、博古、纹样等,美不胜收。尤其是仿制宋代的剔红、剔彩产品几可乱真。

再次,讲求"神"。

现存唐代的甪直保圣寺罗汉,一说为唐代杨惠之所塑,杨惠之当时是名闻全国的"塑圣"。宋人刘道醇《五代名画遗补》中记曰:"惠之尝于京兆府塑倡优人留杯亭……遂于市会中面墙而置之,京兆人视其背,皆曰'此留杯亭(本人)也'。"其神巧多此类。甪直保圣寺泥塑罗汉和南宋的东山紫金庵重彩泥塑罗汉佛像代表了当时苏州泥塑的技艺水平。保圣寺罗汉彩塑,原18尊,现尚存9尊,塑于宋代大中祥符六年(1013),或嘉祐六年(1061),每尊高1.2米,有梵僧、汉僧,其年龄、性格、坐姿各不相同,罗汉比例适度,表现出不同的人物性格与气质,衣褶线条流畅,细节刻画极精,历经千年依旧岿然不动,是中国罗汉塑像中的精品。

保圣寺罗汉像(薛冰:《觅胜吴淞向甪直》,凤凰出版社,2014年,第103页)

《吴县志·杂记》载木渎人袁遇昌,所塑泥孩儿,小口微似在牙牙学语,甚至连未闭合的囟门都塑了出来。清代诗人汪士皇曾把苏州捏相艺人项天成(清道光时人)比作顾虎头,写诗称赞项天成捏相技能的神妙:"项子风流儒雅客,江东妙手更无伦。虎头阿堵光如电,添毫道子开生面。搏粉苍泥夺画工,写真不用鹅溪绢。"正如《兰舫笔记》记载:"如不介意,少焉而像成矣,出视之,即其人也。其有皱纹疤痣桑子者分毫无差,惟须发另着焉。"苏州"捏像"技艺高超者,眼不观手,面朝对方端详一下,然后将泥藏于袖内,边谈边捏,只一会儿工夫便捏成,如出其人。

明代苏州专门从事砖雕的工匠称"凿花匠",砖雕工事被称为"砖细"。苏州砖雕精雅细腻,个性特征"以传神凸现",无论人物或是花卉,都犹如工笔重彩一般。如对人物形象的刻画,无论从人物的表情还是动态比例,或是衣服的褶皱,无不惟妙惟肖。几乎每一个砖雕人物就是一个小型人物雕塑特写。

苏州碑刻制作工艺复杂,环环紧扣,稍一不慎,刻石即毁。碑刻重在传出书法原作的"神韵"。苏州书法碑刻主要以书条石为主,其书体有甲骨文、大篆、金文、小篆、隶书、楷书、行书、草书等书体。据不完全统计,苏州书法碑刻作品涉及历朝历代著名书法家有300多人。今天苏州碑刻博物馆所保存的宋代王致远摹刻《天文图》《地理图》《帝王绍运图》点画交代清晰,以双钩勒石,刀口利落,刻法细腻,精确如原文。苏州园林也是刻石的微型博物馆,留园有历代书法家石刻370多块;怡园有王羲之、怀素、米芾等著名书法家石刻;狮子林有《听雨楼藏帖》,书条石近70方;拙政园有孙过庭草书《书谱》书条石,拜文揖沈之斋内两壁嵌有书条石及文徵明撰书《王氏拙政园记》石刻,以及沈德潜《复园记》、俞粟庐书《补园记》石刻等。为了逼真再现书法原迹,将原作的形和神翻刻到碑石上,匠人在刻石前需根据字体选择相应的刻具,研究分析书体的风格确定深浅度,再在刻石上一刀一锋施刻。其中,油纸双钩是一道重要的工序,即将油纸蒙在书迹上用毛笔勾勒出文字的每一笔的外轮廓线,使文字形成空心字,然后或使用篆刻法,即用全身之力集中刀口,刻画出文字,此乃以刀代笔;或以石作法,即用小铁锤轻轻打击刻刀,使刀口深入碑石,文字刻出后清晰易拓。书法本是由毛笔通过墨色在宣纸上一笔一划完成的,其边缘的渗化是由毛笔的含水量和宣纸的吸水性决定的,而刻碑是刻刀在刻石上一刀一锋刻就的,其碑帖书法边缘的细微破裂是由石材和刻字力度的大小来决定的。为了保护书法原迹,要保持原作的精、气、神,难处可想而知,难处就是工匠精神的注脚。

明代正统初年(1436)后,苏州已出现了十分精美、几可乱真的"仿宣德炉",时人号为"苏铸"。万历年间,吴中仿古青铜器名家胡四,其艺时称绝技,所铸鼎彝之器与旧铸极为相似,即使行家也难以分辨。当时城内还有徐守素、蒋彻、李信、邹英等,均为一流高手,他们"工艺精妙,流程把关极严,以至成品精致绝伦,身价百倍"。清初,苏州仿古青铜器中凡鼎、彝、盉、盘、爵品种越来越多,但大多不依原物规格尺寸,仅似古器而已。乾嘉以后,考据学大兴,诸匠家作伪仿古之技也更加精进。金石家顾湘舟、钱梅溪等对钟彝古器都深有研究,由他们亲自督工制作的仿古青铜器,从形制铭文、纹饰到厚薄、成分轻重都与原器分毫无误,已仿制到难辨真伪新旧的水平,深受古玩收藏界的推崇,这被称为"苏州造"。民国时期金石家周梅谷礼聘能工巧匠,所仿铸铜器甚至对皮色锈斑朽蚀处都讲究自然逼真,无丝毫雕琢之痕。仿制春秋时的鎏金银铜器和战国时的鎏金铜兽,连精于鉴赏的专家也难辨真假。

相比砖雕、木雕技艺,苏州石雕技艺体系的成熟较为滞后。清代以后,金山石雕加工工艺才具有地域流派特征。石雕分直线凿雕、花式平面线雕、阳雕、阴雕、浮雕、深雕、透雕等。从采石到制成品的全过程,每一道工艺都需要有一套特殊的本领。金山石雕匠人的绝活主要体现在以下方面:一是劈石绝技。劈石是指大料石取出后,按要求以手工分割成若干块,如一块八仙桌大小的大料石切断时,一锤下去,石料齐刷刷一断为两。二是左右开弓绝技。传统的石狮雕刻左、右手同时同步加工制作雌、雄狮子,并实现作品达到一模一样的艺术效果。三是"冰梅纹"石墙砌筑。这是高难度的技术,"冰梅纹"指石块拼缝像碎冰状,有的呈梅花状,其拼缝酷似天然,不留拼接加工痕迹。四是石拱桥建筑绝活。在石拱桥建造时不用任何支架,拱形石材拼接严合,拼缝细小,所筑桥梁既美观又坚固。另外,民国年间,金山石匠在建造南京中山陵博爱牌坊时,创造了石料工程建筑史上的"断柱接柱"奇迹绝活。[1]

因为注重精益求精,有的行业还口口相传下口诀,例如苏州灯彩的剪纸(刻灯花)口诀如下:

> 手执刻刀要直稳,用力行刀进三分。
> 不慢不紧力均匀,依线推拉不偏移。
> 推刀行进如行云,拉刀平直如流水。
> 弯曲自如要得势,棱角工整线条清。
> 进退稳当不跳刀,平稳垂直缓慢行。
> 刀锋齐正刀口清,图案纹样不走样。

---

[1] 单存德:《雕镂凝章》,凤凰出版社,2015年,第186-190页。

套色块面缩一线，五彩版色分得明。

镶色嵌花不露底，套色剪纸纹样灵。

第三节 对于创新的追求

在精益求精之上，不墨守成规，不断以"新"带来创造与创意，致力于传承之上的创新，是苏州工匠精神的生命力所在。其既擅长原创，实现从无到有的破茧而出；又善于移植性地改创，从而将外来技艺化育成本土特色，这一点与日本工匠的文化精神极其相似。另外，其擅长"越界性"地吸纳，将相关联文化进行融合、整合，从而推陈出新。

苏州工艺在不同的历史时期创造了不同的"新秀"，而每一种工艺似乎都能发现其时代性的进阶。宋锦较汉锦和唐锦，在组织结构和艺术风格上都有很大的突破和创新，被誉为中国织锦的第二个里程碑。历经宋、元、明、清的兴盛，宋锦主要有以下几方面的突破：一是在织物结构上有划时代的突破，改变了汉代经锦仅以经线显花和唐代纬锦仅以纬线显花的局限性，采用了经纬线联合显花的组织结构，使织物表面色彩和组织层次更为细腻和丰富；二是在丝线材料方面，采用了一组较为纤细的经线（称"接结经"或"面经"），来接结织物正反两面长浮的纬线，使织物花纹更为清晰、丰满、鲜亮，质地又较经锦和纬锦轻薄，更适于用作服饰和书画的装裱、装帧，这是厚重的汉锦、唐锦以及云锦所不及的；三是在制作工艺方面，主要应用了彩抛换色之独特工艺，传统称"活色"技艺，即在不增加纬线重数和织物厚度的情况下，使织物表面色彩多变而丰富，甚至可以做到整匹锦的花纹之色彩均不相同。这一工艺特征不但被后来的南京云锦所吸收，也一直流传到当代的织锦工艺上。[1] 2014年北京APEC会议的亮点之一，各经济体领导人和代表拍摄"全家福"时所穿的以宋锦为主要面料的特色中式服装引起了广泛关注。服装面料经过创新设计，将织造宋锦的纬线都换成了羊毛，经线依旧采用真丝，"丝加毛，不但增加了面料的抗皱性，成本也大幅下降"。[2]

苏绣是苏州工艺的代表。在1911年意大利都灵举办的工业和劳动国际博览会上，苏绣《意大利皇后爱丽娜像》荣获"世界至大荣誉最高级卓越

---

[1] 钱小萍：《中国宋锦》，苏州大学出版社，2011年，第144-145页。

[2] 王伟健、王昊男：《揭APEC会议领导人特色中式服装主要面料：宋锦出"深闺"》，人民网2014年11月15日，http://culture.people.com.cn/n/2014/1115/c87423-26027847.html。

奖"；在1915年巴拿马—太平洋国际博览会上，苏绣《耶稣像》获一等大奖，因作品形神兼备，被誉为"神品"，引起国际轰动，贫弱的中国从而在国际上透出一丝因创造而带来的绚丽。这种创造就是20世纪初苏绣艺人沈寿（1874—1921）发明的"仿真绣"。沈寿在《雪宧绣谱》中说："既悟绣以象物，物自有真，当放真；既见欧人铅油之画，本于摄影。影生于光，光有阴阳，当辨阴阳；潜神凝虑，以新意运旧法，渐有得。既又一游日本，观其美术之绣，归益有得。久而久之，遂觉天壤之间，千形万态，但入吾目，无不可入吾针，即无不可入吾绣。"从中可见仿真绣初期深受三方面技艺影响：日本近代"美术之绣"、西洋油画及摄影技术，技艺改造的核心就是将光线的"阴阳"与透视原理运用在传统绣法之中，中西结合的技法带来最突出的艺术效果则是使绣品达到"像物""肖真"的境地，故称为"仿真绣"。

关于苏绣的针法技艺方面，值得称道的有双面绣。双面绣在北宋时期即已达到相当高的水平，后经苏州刺绣艺人的钻研改进，得到很快发展。此种绣法可比喻为两面互为"拷贝"，即在一块底料上，一针绣出正、反色彩一样的图案，且正、反两面一样整齐匀密，因此亦名"两面光"。[1]"两面光"也是绣制的关键，在绣品的正、反两面均不打结，而是把绣线的线头、线尾都巧妙地藏于绣品的中间。后来在艺人的精思妙想下，双面绣又派生了其他品种。在同一底料上，两面的图案和针法相同，但色调相异，为"双面异色绣"；而双面图案与颜色各不相同，为"双面异色异样绣"（例如苏绣作品《查尔斯王子与戴安娜王妃》）；在同一幅绣品上，双面的针法、色彩、图像完全不同，称为"双面三异绣"。双面绣技艺要求非常高，被称为刺绣中的奇葩。此外，20世纪30年代，苏绣名家杨守玉擅长传统苏绣的针法技艺，在学习西方绘画基础上，兼收其他艺术的表现形式，首创"乱针绣"。其特点是不按顺序而仍能使各部位之间轮廓清晰，并富有较强的立体感。在画面呈现上"针刺很乱"，但又"似乱不乱"，有一定规律，"线条都用直斜、横斜线错综组合，以长短参差不一的针法，交叉掺和而成，经过一次、再次地分层掺色，疏密合度，直至光、色、形与西画相似为止"，[2]因此创新在于刺绣表现方法、艺术效果、绣稿选用等方面（尤其适合以油画、水彩画、照片等为绣稿来源），这种绣法与传统刺绣截然不同。杨守玉的代表作《美女与鹅》，通过粗细、长短、疏密等各不相同的线条，针针交叉，层层交叉，每一针之间紧密相接，并且呈同一方向排

---

[1] 王欣：《中国古代刺绣》，中国商业出版社，2015年，第68页。
[2] 林锡旦：《博物 指间苏州 刺绣》，古吴轩出版社，2014年，第146页。

列，且分层加色，作品色彩丰富，立体感强。杨守玉传人、享有"现代针神"美誉的任嘒闲又创制"虚实乱针绣"，在苏州工艺美术博物馆陈列的作品《列宁》中，以线条的疏与密、色彩的深与淡，表现层次感和明暗度，虚实相间，绣品内涵更为深邃。《金核子对撞的科学图像》还采用了新的材料，完美地表现了撞击瞬间的绚丽。苏绣艺术的历史性突破，往往都是创新使然。

桃花坞木版年画在清雍正、乾隆年间，出现了不少模仿西洋铜版雕刻风格的作品，如《苏州万年桥》《陶朱致富图》《西湖十景》《山塘普济桥》《三百六十行》《百子图》《三美人图》等，这类作品在画面上多采用焦点透视，除人物面部外，衣纹、树石、房屋、动物羽毛等均用明暗来表现。清代中期桃花坞木版年画的"仿泰西笔法"现象，在中国民间艺术中是独树一帜的，在中外美术史上占有举足轻重的地位与影响。

常熟花边制作是在继承传统刺绣和编结的基础上，嫁接欧洲式抽纱工艺的新技术。19世纪末，随着西方文化和技艺的传入，欧洲式抽纱工艺开始移植到我国沿海地区。1917年，常熟乡女季根仙去上海探亲，在圣母院向外国修女学习刺绣花边工艺，并把它带回常熟，生根开花，形成了常熟花边的刺绣特色，常熟也因此被称为"花边之乡"。

蟋蟀盆的制作始于南宋、盛于明清，并逐渐形成了蟋蟀盆制作的两大派系：京津一带的北盆和江、浙、沪一带的南盆。南盆以苏州陆慕为最。在不同历史时期，陆慕蟋蟀盆在器形、装饰和工艺等方面不断推陈出新，呈现出丰富的面貌。现今陆慕蟋蟀盆制作技艺传承人袁中平在10多年的创作中，仅款式创新这一项就出了螺丝盆、马蹄盆、腰鼓盆等100多种。

善于因借是苏州工艺创新之源。苏式彩画至今已是十分少见，其借助水墨、淡彩、匠心的构思和运笔，烘染梁檩。江南自古盛产丝织，图案花锦丰富多彩，清代两朝帝师翁同龢故居的彩衣堂包袱锦彩画，历经400多年，仍被原汁原味地保存，于国内外罕见。

风格的流变也流淌着创新的痕迹，虞山篆刻技艺便是如此。早期虞山印派主要师承吴门派，兼取徽派之长，妍而不媚、拙而不板、古朴典雅、柔中见刚。清中期虞山印派兼取浙派之长，形成了一种结字古雅而雍容沉穆的风格。近代虞山印派以赵古泥为代表，脱前人窠臼，又另辟新径。摩印文字基本以方正为主，来源则秦汉玺印、封泥古陶、钟鼎、诏版、大小篆融为一体，冲破了古人运用印文的禁忌。每个字的形体大都取金字塔形，字的重心下沉，稳如磐石。今天的新虞山派在章法上又有独到造诣，将边栏作为重要的创作手段，如底边处理得特别厚重，得以与印文呼应，使全印更添持重平稳。

像这样对于传统技术进行改良，是创新的主要途径。1982年，吴县缂丝总厂设计泼墨《云龙图》并试缂成功，获江苏省工艺美术"百花奖"精品奖，拓宽了缂丝画稿的题材。陆慕的缂丝一分厂研制"三异缂丝"获成功，开缂丝技法之新路。1984年吴县缂丝总厂内设置缂丝研究所，旨在研究古今缂丝戗法，设计画稿，挖掘传统产品，并对材料、色线、题材等方面进行改革和创新。至20世纪80年代末90年代初，吴县缂丝不仅在生产规模上远远超过了历史上的鼎盛期，并在技艺戗法上有了新的发展：过去缂丝作品的人物开相常常要以绘代缂，如今完全可以丢弃画笔；缂丝向来以工笔画为粉本，现今可任意把写意、泼墨等国画上机织成缂丝作品，西洋油画、摄影图片都可上机缂织，并史无前例地把虎等披毛动物搬上了缂机。[1] 当今缂丝大师王金山对缂丝工艺进行大胆创新，新作品《蝴蝶·牡丹·山茶》与传统缂丝作品不一样的是，两面的图案不一样，蝴蝶不一样，牡丹不一样，印章也不一样，俗称"三异"。

创新也体现在所用器具上。陆子冈首创玉雕刀刻工艺，绝活都出自其精工刻刀"昆吾刀"。他改革传统的沙碾法为刀刻法，用昆吾刀手工雕刻，雕法技艺精湛流畅，《苏州府志》载其"造水仙簪，玲珑奇巧，花如毫发"。

利用新技术进行创新，是每个时代工艺人的理想。苏州灯彩艺人在20世纪80年代初，研制出一组组将原"走马灯"中三四寸的"绢衣泥人"，独立出来放大成真人状态的大型艺术灯彩组景，并辅以声、光、电、动技术手段，使人物灯彩惟妙惟肖、活灵活现地呈现"动态人物灯彩组合景"。这标志着苏州灯彩已进入第二代的新领域，即从静态苏灯发展演变为动态苏灯。后来受广州市东方乐园之邀，灯彩艺人联合开发"古灯奇观"大型游乐项目，采用一种全新格局的苏州灯彩出现在旅游游乐行业。迪斯尼游乐协会派出专家组人员对"古灯奇观"项目进行专门考察、论证，并给予了极高的评价。

计成在《园冶》中明确提出"格园无格"的理念，"无格"，就是从多方面倡导园林建造要勇于创新，不拘泥成法，突出个性，与时俱进，因地制宜。计成作为创新型、艺术家型的匠士，首创山石理池法，运用山石筑池，将薄如板状的片石为底，运用等分平衡法在上面叠石，将池底边际结实、牢固，池底从而受力均匀，平铺在池底的石板就不会破裂，水池蓄水安全可靠。明代王鏊《姑苏志》卷十四"土产"指出，苏州出产的各色织锦，"今吴中所织海马、云鹤、宝相花、方胜之类，五色炫耀，工巧殊过，犹胜于古"。胜于古，是苏州工艺不变之变。

---

［1］孙卓：《吴中绝技·中国缂丝》，广陵书社，2008年，第8-9页。

第四节 致力于"物亦有品"的匠艺

苏州工艺琢于"苏式",艺术味道、书卷气息和江南意蕴浓厚,体现出文心匠作、工与艺的相合,饱蘸着绘画、书法等艺术所长,富含文化内涵,耐人回味隽永。这是苏州灯彩流传下来的画花口诀:

指实掌虚用笔当,侧偏中锋同时用。
运笔自如顿挫明,墨分五彩色分清。
气韵生动变化多,意趣笔巧构画妙。
勾皴擦染功夫到,石分三面阴阳衬。
花卉鲜艳有精神,翎毛传神形似真。
人物神态凝真切,开相点睛最重要。
笔墨酣畅神形备,似与不似合天趣。
悬之座佑堪读画,几笔丹青寄愫情。

苏州灯彩位列全国"苏、福、粤、京"四大流派,其重要特点之一就是深受吴门画派影响。据《明画录》载,明代全国画家 800 余人,苏郡一地有 390 多人,约占一半。又据《吴门画史》,从晋代到清代,苏州籍著名画家有 1220 多名,明代就有 800 多位。我国存世的明代画作中吴门画派作品约占三分之一。[1] 沈周、文徵明、唐寅、仇英是其中声誉最著者,中国艺术史上最大的画派——吴门画派也由此而称名于世。吴门书画具有典型的文人画特点,闲、静、幽、雅、文、逸、趣,带有文人特性。[2] 自此,苏州几乎任何一项工艺都与书画存在着紧密联系。

"亭台楼阁灯"是苏州灯彩的常见主题,灯体以苏州古典园林亭台楼阁为造型范本,灯身以苏州上乘丝绸为面料,灯面以吴门画派技法而绘制,灯花是以能再现唐代华胜的苏州套色剪纸而成,色彩雅丽,艳而不俗,雅而不淡。

苏州古典园林的营造技术更是以画为摹本,所造之园,无论从哪个角度取景、取镜,都堪称为画作。拙政园相传由文徵明参与设计,文徵明绘有《拙政园三十一景图》(1533 年所作),绢本,设色,每幅约 23 厘米见方,共 31 开。每开画拙政园内一个景点,对页题诗一首,诗前作小序,并用正草隶篆书写,凡园内山水、花鸟、亭台、泉石,摹写无遗,意境隽永。

---

[1] 单国霖:《吴门画派盟主文徵明》,《中国书画》2013 年第 10 期。
[2] 李维琨:《明代吴门画派研究》,东方出版中心,2008 年,第 153 页。

当时拙政园的实景，既可入画，本身又就是画。正如计成在《园冶》中曰："峭壁山者，靠壁理也。藉以粉壁为纸，以石为绘也。理者相石皴纹，仿古人笔意，植黄山松柏、古梅、美竹，收之圆窗，宛然镜游也。"

乾隆初期前，桃花坞木版年画艺术风格主要受到吴门画派的影响，采用立轴等构图形式，呈现雅致秀气的艺术特色。全盛时期的桃花坞木版年画以门画、中堂、条屏为主要形式，作为居室装饰。另外，在处理仕女、风景、花卉等题材时，多采用传统的立轴和册页的构图形成，在画面的经营上，可以看出宋代院体画、明代界画和文人画的影响。"吴门画派"的画意也是苏州盆景刻意模仿的主题，形成了苏州盆景独特的技艺风格，从而使苏州盆景成为我国五大盆景流派之一。宋廷南渡，缂丝生产中心转向江南、传入苏州，苏州等地艺匠将勃兴的院体画、花鸟画融入缂丝，缂丝始由实用性向纯欣赏性发展。自宋代始，吴中"工"与"艺"真正走向珠联璧合。吴门书画将缂丝技艺推向顶峰，清代缂丝作品题材趋向临摹宋、元、明各朝名画和仿制缂丝名作，形式上出现大型巨幅壁挂、中堂和精巧的小品，技法更趋成熟，并以笔绘和刺绣来弥补缂丝技法之不足，使缂丝艺术登上了新台阶。传世的清代缂丝作品有《五老图》《贵妃醉酒》《牛郎织女》和《金地牡丹》等。清代缂丝还出现了把通篇诗文缂织于画面的形制，使缂丝品融画、诗、书、缂4种艺术于一体。北京故宫所藏《九阳消寒图》，有乾隆皇帝御诗："宋时创作真称巧，苏匠仿为了弗殊"，盛赞苏匠的缂丝技艺。

就苏州来说，目前深受吴门画派影响的国家级非遗代表作名录主要有桃花坞木版年画制作技艺、苏州玉雕制作技艺、制扇技艺、苏州盆景技艺、苏州缂丝织造技艺等。直到今天，工艺美术的传承，仍然离不开对于吴门画派以及相关绘画意蕴的揣摩。

再以苏州工艺受戏曲艺术的影响来看，昆曲的繁荣和兴盛带来工艺"表达"的繁花似锦。桃花坞木版年画常常根据舞台特性，描绘戏中的精彩场面，既有整幅一出戏的，也有二至四幅连续成一出戏的，还有的刻绘成连环画的形式。例如，《铁弓缘》《捉放曹》《卖胭脂》等包含整个舞台场面，且活脱逼真；像《黄鹤楼》《四郎探母》等小张单折戏画，舞台布景略去，只有人物形象。桃花坞木版戏曲年画现在能收集到的有70多种，较早的作品以表现昆曲为多。桃花坞木版年画的精湛技艺配以成熟、精致的昆曲舞台艺术形象，倍加美观。它不仅深受苏州人喜爱，在江南乃至全国各地广受欢迎，所以能够"销售到江、浙、皖、赣、鲁、豫和东北广大地区，也传入日本"。[1] 昆剧戏文丰富了雕刻工艺,吴地传统建筑雕刻兴盛期刚好与昆曲兴盛期相吻合,昆曲开始向建筑雕刻艺术渗透。明后期建筑雕刻开始出现较多的人物形象,例如传说故事人物、戏剧人物、历史人物等。至清初,建筑主体部分如墙面、檐坊、窗、门、照壁、挑、屋梁、屋脊等用戏剧人物及场景组成画面,进行雕刻装饰,并逐渐流行,乾隆盛世时达到一个高峰。[2] 工匠们深受昆曲熏陶,同时,也深知苏州文人墨士喜好昆曲,所以,积极地把昆曲融入其技艺中,昆曲戏文从而成为苏州的家庭、园林、庙堂等建筑中重要装饰题材。据钱泳《履园丛话》记载,明清时期江南大家门第"大厅前有门楼,砖上雕刻人物戏文,玲珑剔透"。以苏州全晋会馆(现为苏州戏曲博物馆)为例,会馆建于光绪五年(1879),有头门、戏楼、正殿、吹鼓楼等,其中檐口板等处满施戏文雕刻,所雕人物、内容、造型各不相同,一出出的戏曲场面,有五六幅,雕刻工艺非常精细,好像是戏曲中精彩场景的再现。据钱穆在《八十忆双亲师友杂忆》中回忆,他小的时候,在无锡家中的鸿议堂"有楠木长窗二十四扇,精雕《西厢记》全部"。吴江同里崇本堂窗板上也有木雕《西厢记》。另外,昆曲戏文也常常是苏绣、牙筹、灯彩等其他手工艺品中表现的主题。

无论是深受绘画还是戏曲的影响,苏州工艺在"内""外"方面兼修于"雅"。北京故宫藏有清初苏州艺人顾二娘青花砚一方、乾隆年间的苏州石砚五方,以其合理有度、婉转自然的精雕细刻而闻名,具有独特而精美的苏工之美,图案简雅、线条挺括、造型古朴,制作技艺高超,达到了文雅和精细相统一的境界。

苏式木制门窗的式样多种多样,空间分割的意境营造意象万千,人们流连其间,可谓移步换景。雕花门窗还起到了精美画框的作用,它将室外的美景嵌入其中,站在窗内透过镂花的门窗能够观赏庭园内的山光水色和竹影婆娑;而当人们信步于庭园院落,又可欣赏到厅堂内精美的装饰。花窗之美在隔与不隔之间,将木文化推向极致,它间隔了空间,又沟通了空间。

雅是渗透在人们的日常、世俗生活中的。戏船是水上流动的舞台,集诗、书、画、昆曲、苏州评弹、茶艺、船菜等为一体。明清时期的苏州,旅游休闲之风领衔全国,七里山塘画舫,是那个时代文人士夫的风月情怀。船中宴舱栏楹桌椅十分讲究,多用紫檀红木制成,配以绮幕绣帘、书画楹联,船菜船宴的器皿十分讲究,一般礼仪用景德镇清花瓷器,小巧而精致,

---

[1] 段本洛、张圻福:《苏州手工业史》,江苏古籍出版社,1986年,第92页。
[2] 吴小葵:《中国传统建筑装饰与戏曲雕刻浅议》,《四川戏剧》2002年第5期。

有的备有银托，台凳桌椅也用"苏式"红木制成，有的还镶嵌大理石，精巧豪华。

除此之外，工艺之美与环境之美相互映衬出雅环境。以苏州古典园林的装饰陈设为例，在建筑物上往往有砖刻、摩崖、书条石等典雅装饰品，园林中陈设的家具或为明式家具，造型简约，外形质朴，线条舒缓流畅，结构比例和谐，色彩沉着古朴，气韵雅重；或为清代以康、雍、乾三朝为代表的家具，富丽华贵、繁缛雕琢、精雕细刻，造型厚重，其中镶嵌大理石、宝石、珐琅和螺钿等。苏州园林中所置多为古雅之"韵物"，诸如古书画、古瓶、古化石、雅石、雅供、雅藏、雅趣等，或罗列布置在室内博古架上，或陈列在厅堂馆所、镌刻在墙壁上，既可随时得以摩玩舒卷，也营造出优雅的艺术氛围。此外，苏州园林的盆供摆件、书斋画室的布置、厅堂供案摆设等，无不是静雅的化身。苏州是诗文书画渊薮、人文荟萃之乡，苏州园林的字画陈设，包括匾额、楹联、挂屏、字画、书条石等装饰构成因子和家具、陈设等，集自然美、工艺美、书法美和文学美于一身，集中体现了中国古代士大夫精雅文化的艺术体系。[1]

工艺也是文化的一种表达。苏州砖雕多由名人题写，内容往往是读书、为官、经商、处事的为人、为业、为学之道和勉励词句，通常安置在大门入口的背面。尺寸方砖，是"门面"，是主人诗书画水准的体现。苏式木雕装饰题材和内容主要有以下方面：具有象征性和寓意性的吉祥纹样；传统经典的戏曲故事和戏文人物；历史人物和传说人物；自然中的山川河流、飞鸟鱼虫、梅兰竹菊等；由各种直线、曲线组合而成的三角形、菱形、梯形等组成的几何图形；博古杂宝；人物生活场景，如渔樵耕读、纺织、放牧及具有吉祥富贵含义的书法、文字装饰纹样等。[2]

沧浪亭立世千年，其间物质实体存废无常，而精神意向却坚如磐石，这是一种文化现象，是士人品节意向追求的物象表达。其中的内核和灵魂就是"沧浪之水"和"清风明月"，这是我国传统知识分子至高清品的集体追求。千年之间，这种精神主题和品节通过园林建造技艺实现景观化，并累世叠加而成，人们用造园技术手段寄寓着精神品格的追求。

工艺是苏州文化艺术的物态呈现，体现"重文""重雅""重艺"的品质。文震亨将他对工艺的诸番设想载入《长物志》，并以"自然""古朴""雅致""适宜"为上，以他为代表的文人意识决定了"苏式"工艺的主体品味。正是高品质、高技艺和高文化含量才能引领明清潮流。正如晚明王

---

[1] 曹林娣：《苏州园林与生存智慧》，《苏州大学学报》（哲学社会科学版）2004年第3期。
[2] 廖军、蔡晓岚：《传统苏式木雕门窗的装饰艺术》，《装饰》2006年第9期。

士性在《广志绎》中所言：苏州"善操海内上下进退之权，苏人以为雅者，则四方随而雅之；俗者，则随而俗之"。

第五节　讲究造物的材料之美

关于工匠精神的源头，成书于先秦时期的《考工记》曾提出"天有时、地有利、才有美、工有巧，合之四者，然后可以为良"的工艺技术审视标准。明清时期苏州更形成了因"材"之上的成熟的工艺美术专业化分布，虎丘泥塑、金山石雕、陆墓御窑金砖等名称便是集中体现。

苏州工艺精良，得益于山温水暖的大自然之赐予"良材"，并"因材"而用、择其"善材"，锻造"美材"。今天的人们站在北京故宫太和、中和、保和大殿，踩在脚底下的黛青光滑、古朴坚实、面平如砥像一方黛玉，光滑似镜像乌金的方砖，就是御窑金砖。《金砖墁地》这样解释：专为皇宫烧制的细料方砖，颗粒细腻，质地密实，敲之作金石之声，称"金砖"；又因砖运北京京仓供皇宫专用，称之"京砖"，后逐步演化称金砖。历史上，一块砖相当于一石大米的价钱，这也是"金砖"之一说。如此珍贵的大方砖得益于阳澄湖畔的泥土。这种地表下的中层土没有杂质，不含沙，黏性强、质细腻，是优质的纯黄泥。因土质优良，做工考究，烧制有方，所产之砖特别细腻坚硬，敲之作金石之声，"断之无孔"，陆墓窑遂被永乐皇帝赐封为御窑。[1] 清代御窑金砖除继续为皇宫、官府衙门使用外，也为苏州园林、道观庙宇和巨富达官的厅堂所用。

苏州漆器制作技艺在宋代时就臻于精美，在瑞光塔出土的真珠舍利宝幢上有描金牡丹、宝相花图案漆雕色角，底座主部八面描金牡丹图案上贴有两个漆雕供养人，各面供养人形态各异，栩栩如生。还有一只嵌螺钿藏经漆匣，黑漆通体用天然彩色螺钿嵌成各种花卉图案，雍容瑰丽，为国内罕见珍品。[2] 考古资料表明，以苏州为中心的太湖地区是我国古代漆艺的重要发源地之一。苏州漆艺滥觞于新石器时代，历经发展至明清时期，苏州已经成为贡御雕漆器的重要产地。雍正至乾隆朝，苏州织造承担了贡御漆器如雕漆、脱胎漆器及少量彩漆、仿洋漆器皿的制造与改做工作。[3] 苏

---

［1］苏州市非物质文化遗产保护管理办公室：《苏作天工》，古吴轩出版社，2016年，第19页。

［2］张澄国、胡韵荪：《苏州民间手工艺术》，古吴轩出版社，2006年，第103页。

［3］刘芳芳、田汉民：《中国古代漆器工艺在江南太湖流域的发展——以苏州漆工艺为例》，《民族艺术研究》2017年第5期。

州漆器制作所用辅料,分地产和外购两种,地产的有震泽(太湖)的螺钿、太湖的猪血、古城旧居拆迁下来的老杉木、御窑的金砖瓦灰、姜思堂的石青石、绿藤、黄褚石等颜料,故其表面温润泽亮,内部坚固并具有防酸碱、耐高温、防腐蚀、不污染环境的特点。

苏州藏书的澄泥石砚,是由灵岩山西麓及五峰山一带的澄泥页岩琢刻而成,而非澄泥制成。澄泥石乃太湖水域特有的岩层间的澄泥,经千百万年自然风化而成,石质硬而不脆,因此成形容易,贮水不易干涸,哈气成汁,发墨快而不损笔。砚材取自苏州藏书镇周边山区,石料以灵岩山、五峰山一带最好,包括鳝鱼黄、虾头红和蟹壳青等石。开山采石的工匠对砚石的优劣和组成结构必须全面掌握。首先要看山上隆起的砚石,石面下有"肚子石""黄心山芋""三条金刚"等。要知道这几种石头各自的劈法、劈多少层,只有得其要领者才能开采到优质石材。

苏州地产书条石石材通常使用太湖洞庭西山所产青石,此石表里如一,石质细腻、耐刻,易掌握、不易爆,不滑不涩,是刻帖的上等石材。宋室南渡后,苏州成为江南书法碑刻中心,碑材即取之太湖青石。金山石刻所用石材即特指木渎金山及周边地区所产花岗石,主要有金山、藏书、枫桥三大产区。长期以来,金山石与太湖石同为苏州石中二宝。因为原材料质量上乘,加之苏州碑刻素材一般出于名家手笔,刻碑技艺精熟等,所以苏州碑刻被誉为"天下真迹一等",且保存历史久远。苏州现存历代碑刻3200多方,形制多样,内容涵盖我国历代名家书法,正、草、隶、篆书体齐全。

传统国画颜料主要取材于矿物、植物、动物和古代传统化工原料等(皆为天然、绿色环保材质)。苏州姜思序堂国画颜料的原料产地分散,"大多产于边远地区的深山老林之中,在诸多产品中,以石青、石绿最为突出,需用蓝铜矿石、孔雀矿石。一般是在铜矿山里刚发现的矿脉边缘才能找到,而不是所有铜矿山里都能发现的。须经过挑选,在乳钵里研磨,磨到上层浮现磲光,以杵钵摩擦无声为度,然后用沸水冲入搅匀、沉淀分色。分色目光要准,手法要活"。[1] 姜思序堂国画颜料在选料上十分讲究,全凭工匠多年的实践经验,通过眼观手摸及其色泽的差别、成色和品位等来判定生石熟石能否使用。国内许多名画家均赞誉姜思序堂的国画颜料明亮透彻,经久不变,润笔透纸,色泽明艳而深厚。

良材赖于精选。乾隆《苏州府志》记载,苏州乐器"金石丝竹无不具备"。制作民族乐器的原材料主要是紫檀木、酸枝木、花梨木、竹、蟒蛇皮、牛皮、铜、锡、铝、钢材等。其中,紫檀木、酸枝木、花梨木等多为

---

[1] 仇庆年:《传统中国画颜料的研究》,苏州大学出版社,2014年,第40页。

名贵木材。制琴,第一要紧的也是选材,所谓"百年材出百年琴"。不过,制琴匠人除了通琴理、识木性外,还要懂一些阴阳生克的学问。制琴理论来源于古代中国的阴阳学说。中国哲学讲阴阳相悖、阴阳相顺,这种理论对制作古琴颇有指导意义。如就木材而言,树根为阴,树梢为阳,阴的部分声音较浊,阳的部分声音较清。制琴时,琴身上下两块面板的阴阳要颠倒一下,也就是说,琴的两端分别是上阴下阳,或者下阴上阳。这样,"在制琴时取材一致,才能合音一致;至于发音时琴身的空隙、定位的距离等,无一不具有科学的合理性。只有这样才能制成名琴",生成"君子之音"。[1]

苏州对全国各地乃至世界市场中"美材"的不断引进,使得产品质量超群。核雕是一种珍贵的民间工艺品。用来雕刻的橄榄核最好是产自广东一带的"乌杭"品种,因其颗粒较大,质地硬而细腻,便于执刀雕凿,制成的作品稍经抚摸,便滋润光滑,旷日持久,愈发光泽。据明代苏州人黄省曾《西洋朝贡典录》所录郑和下西洋诸国所贡物品来看,与手工艺发展有关的材料非常多。如明代苏州骨木牙角器非常发达,与这些珍稀材料的引入有很大关系。特别是以花梨木为主的"苏式"高档硬木家具,以及乌木、沉香等木制小件的生产,与原材料的海外供应更有密不可分的关系。而与日本、朝鲜一衣带水的联系,苏州也开始享用来自这些国家的优质材料,如《长物志》载:讲究的苏州装裱,引首部分"须用宋经笺、白宋笺及宋元金花笺,或高丽茧纸、日本画纸俱可"。16、17世纪以材美工巧成就了中国传统家具辉煌的明式家具,起初主要采用当地盛产的榉木。大约至明代中叶以后,开始更多地选用花梨、紫檀等进口木材。当时的人们还把这些花纹美丽的木材称作"文木",明式家具从而开始走向艺术巅峰。珍稀材料的引进与海外的联络,为苏州的工匠提供了范围更广、品质更优的材料来源。

第六节　用时间锻造作品

工匠借助"专注""持久""坚守""严谨""细腻""精益求精""精致""敬业"等品质完成的创物行为,其中多是以时间的积淀而沉淀出的品质气象,从而在物的呈现上也经得住时间的考验。所谓的巧夺天工等,是对特殊技艺和技巧在大量"工夫"基础上达到的量与质高度统一后所表现出的境界的高度赞许。

[1] 苏州市科学技术史学会:《苏州科技史话》,中国科学技术出版社,2013年,第226页。

  姜思序堂国画颜料以品种繁多、工艺复杂、制作精良称名于世，表现出颜色鲜明、纯净光润、轻细若尘、入水即化、与墨相融、着纸能和、多裱不脱、经久不变等特点。以花青颜料为例，制作工序有10多道，非常复杂。据非遗项目传承人仇庆年回忆："制作国画颜料有的要锥破，有的要浸出，有的要取其实质，有的仅上提浮磲。在技术上须手法精细，在选料和操作上须不厌其烦，经艺人鉴别选择分类或双锥研磨、粉碎、漂洗，或浸润或取碟或存脚或分色，还须经熔炼、沉淀、煮煎、烘焙、冷却、干燥成型、称量、包装等多道工序才能制成。整个过程大部分须靠手工操作。眼观手摸，对经验和技艺的依赖性非常强，要耐得住性子与寂寞。"[1] 它赋予那些永存于博物馆中的名作色彩文静、经久不变，不变的其实也是工艺过程中的时间磨砺。

  一件好的苏绣作品应达到"平、光、齐、匀、和、顺、细、密"这8个字的要求，要臻于此种艺术境界，绝对是时间的熬制。在苏绣作品中，最常见的以金鱼、猫为题材。在水中嬉游的金鱼呼之欲出，其妙处在鱼尾，鱼尾随水波轻轻摆动，最细微处若有若无。而猫则栩栩如生，出神之处在于炯炯有神的双眼。鱼尾、猫眼都是艺人劈丝分缕，用四十八分之一的丝线绣制而成的，真是丝缕之间磨却大量时光。著名的双面三异绣《小白猫与叭儿狗》是刺绣名家殷濂君的作品，"其正面是向右蹲伏的小白猫，以散套和施针绣成，毛丝柔软细腻，和顺光亮……反面是左蹲伏的棕黄色叭儿狗，乃乱针和施针绣制，双目圆睁，天真可爱"。殷濂君还特地用四十分之一的丝线来绣毛丝，巧妙地藏去针迹，使正、反面图像毛丝的糅合天衣无缝。"[2] 经过不懈研究，才有让人瞩目的艺术。这种坚持不懈的精神积淀，是历代以来的精神承传。20世纪90年代，苏绣的当代新秀姚建萍一心一意在人物肖像上力求突破，呕心沥血，经240多天完成大幅绣像《沉思》，将周总理忧国忧民的高风亮节呈现于丝帛之上。

  苏州丝绸博物馆中常年演示织作的宋锦，熟练的两位匠人合作一天，也只能织出几厘米。同时，宋锦也极其耐磨。2014年在北京举办的APEC会议上，宋锦成为体现中国风的"合家福"服饰主角，在如此严格的选拔、庄重的场合中，为何宋锦被选中？"因为宋锦耐磨性和平整度都非常好，同时具有亚光特点，华而不炫、贵而不显，与低调、内敛的要求很吻合"。[3] 失传的千年汉罗"四经绞罗"织作技艺，已由苏州工匠复原，但是由于技

---

[1] 仇庆年：《传统中国画颜料的研究》，苏州大学出版社，2014年，第40页。
[2] 李明、沈建东：《苏绣》，译林出版社，2013年，第87页。
[3] 王伟健、王昊男：《揭APEC会议领导人特色中式服装主要面料：宋锦出"深闺"》，人民网2014年11月15日，http://culture.people.com.cn/n/2014/1115/c87423-26027847.html。

艺太过复杂，只能纯手工织造，一个熟练工一天也只能织出3—5厘米。

缂丝，通过"通经断纬"的特殊织造方法表现各类纹样，纹样通过局部挖织，留出花样织入彩线，使各种纹样、图案呈现出来，因此穿梭、拔纬十分缓慢，纹样越复杂，颜色越多，梭子越多（一只梭子穿一只颜色），花工越大。一般规格30厘米×30厘米的缂丝册页，需一两个月制作时间；规格38厘米×120厘米的缂丝屏条需4个月制作时间；规格60厘米×130厘米的缂丝中堂，需8个多月时间；规格180厘米×128厘米的缂丝屏风，需一年半以上时间，可谓"缂丝织成费工绩，渍渍千声不盈分"，因此有"一寸缂丝一寸金"之说。又因其耐久性，缂丝被誉为"织中之圣"，由于经得起摸、擦、揉、搓、洗，又获得了"千年不坏艺术织品"之称。定陵出土的明朝万历皇帝朱翊钧所穿的缂丝龙袍，1984年经苏州6位缂丝艺人历时3年终于复制而成，现珍藏于定陵博物馆。著名的《姑苏繁华图》，为清代苏州籍宫廷画家徐扬创作。自2010年，以苏州缂丝匠人陆美英为代表的艺人团队，在长达6年的时间中，用手中的木梭，创制了长1760厘米、宽48厘米的缂丝巨作《姑苏繁华图》，成为当代工艺美术精品和传世佳作，具有较高的艺术价值和收藏价值。仅缂织前的准备，就用了2年多的时间进行革新、攻关、练兵等，并精挑20多个拥有10多年缂丝制作经验的缂娘，对照原作进行近两年的强化训练，还需要以"齐白石的花鸟，唐伯虎的仕女、山水，仇英的人物、山水、楼阁，文徵明的花卉"等进行模拟练兵，近1000个颜色，进行分色阶分色做好色卡，人手一本，进行培训、规范。[1]作品呈现给人们惊艳的背后，其实是惊人的汗水和精力。

以出生于香山帮匠人之家的施冬梅为首的团队，同样以清代徐扬的《姑苏繁华图》为图卷，创作了红木雕刻作品，历时11年完成，全作分为19幅，总长40.47米。聘请了60多位能工巧匠，"共雕刻各色人物1.2万多人，各色房屋建筑约2140栋，各种桥梁50多座，各种客货船只400多艘，各种商号招牌200余块，文化场景10余处"，有时"打磨一块板要花一年时间"。用上了木雕独特的浮雕、圆雕、镂空雕、立体雕等技法，将一件细腻写实的书画长卷，转化成令人惊叹的木雕作品。[2]

苏州泥塑从定稿开始，一直到塑像、彩绘、装金直至完成，每一个环节都必须精细到位，决不可粗制滥造。制作大型泥塑的工期都比较长，由于还有一年的干裂期，完成一件作品起码要一两年的时间。御窑金砖铺地

---

[1] 陆美英、何敏苏：《创制缂丝"姑苏繁华图"述缂织技艺》，《江苏丝绸》2019年第5期。

[2]《11年执着坚守 成就红木雕版〈姑苏繁华图〉》，江苏文明网2017年5月11日，http://wm.jschina.com.cn/9654/201705/t20170511_4072424.shtml。

具有光润耐磨、愈擦愈亮、不滑不湿等特点，可防止地下潮气上升，历百年而光滑如新。这与御窑金砖的烧窑过程密不可分，先以麦柴和稻草砻糠等文火烧30天，然后以片柴烧30天，松枝烧40天等，共计要烧130天左右。

因为匠心、匠材俱到，所以匠作才能经历时间的考验。苏州甪直保圣寺罗汉彩塑，历经千年依旧岿然不动。清代两朝帝师翁同龢故居的彩衣堂包袱锦彩画，历经400多年，仍被原汁原味地保存。每一件精美绝伦的工艺作品，都非一朝一夕之功可以完成。每一道工序都凝聚着匠人的心血与光阴，都是人们用时间凝结和"心力"沉淀而成。用时间去磨砺作品、作品耐得住时间的磨砺，共同锻造了工艺的品质。今天的工匠传承的不仅是技艺，更是一种愚公移山的精神。

第七节 匠作工艺的代际层积

通过血缘、业缘、地缘，或者师徒、家庭、行业等方式的传承，苏州工艺美术在传承中不断积淀、不断升级。

首先是家庭、家族传承。世代延嗣相传使长期经验积累而成的祖传绝技秘笈构成了无数家庭家族式的个体特征，此种维系于血缘关系上的庭训传承，以近乎单线传递的形式固定和凝练，也形成了世守家业。"香山帮"滥觞于春秋战国，形成于汉晋，发展于唐宋，兴盛于明清。北宋末年，当局于苏州设应奉局，征调吴郡能工巧匠赴东京（开封）营造苑囿。明永乐十五年（1417），蒯祥主营北京宫殿的建设，官至工部侍郎，皇帝尊其为"蒯鲁班"，如此地位荣誉，令香山（今苏州市吴中区胥口镇）人欣慰不已。蒯祥之父蒯福能应召至北京修造宫殿，其后蒯祥承继父业并随匠户至北京参与建设达40年，"自明代正统年间以来，凡百营造，祥无不与"。此后，血缘传承和着地缘传承，使"苏派"建筑以"香山"之名而远扬。香山帮自此也全面崛起。明人张大复说："吴中土木之工半居南宫乡（即香山一带），其人便巧，而少冒破。"今天仍可清晰梳理出近现代以来代表性的几脉传承谱系，家族传承非常明显。例如木工、木雕之一脉，第一代李清山，第二代李文卿，第三代李源云，第四代李金兴，第五代李和生、李和文、李和根。[1] 2007年，薛福鑫（1928—2016）入选首批国家级非物质文化

---

[1] 汤钰林：《苏州文化遗产丛书 非物质文化遗产卷（Ⅱ）》，文汇出版社，2010年，第79页。

遗产项目香山帮传统建筑营造技艺代表性传承人,其家庭中大哥薛鸿兴、二哥薛根兴都是有名的瓦匠,跟舅舅孙春宝学手艺。其表舅朱祥庆、朱富庆师承其表舅、近代香山帮名匠姚承祖,曾参与建造精美绝伦的苏州东山雕花大楼、灵岩寺大雄宝殿。薛福鑫拜二位表舅为师,泥水作、木作、砖雕、泥塑、彩绘,无一不学。1969年,苏州市众多园林凋敝,亟待修葺。薛福鑫家10余人进入园林修筑队伍中,被称为"薛家班"。其子薛林根亦为香山帮传统建筑营造技艺代表性传承人,父亲薛福鑫倾尽所能向儿子传授古建技艺。据称,1961年,耦园大修,薛福鑫精心设计并亲手制作了李白醉酒、林和靖踏雪寻梅等15个形态各异的花漏窗,这些花漏窗精细夺目,移步易景,富含韵味。他给了儿子很多漏窗花样及戗脊的花样图,把制作花漏窗和戗脊、砖雕的技艺悉数传授给儿子。薛林根将这些花样消化、吸收,怡园、拙政园、网师园等园林都有他制作的漏窗、戗脊、砖细作品。泥塑是薛福鑫的拿手技艺,薛林根擅长的10余种屋脊泥塑技艺是父亲口传心授的,怡园的幻想动物屋脊就是父亲画的草图,由他以泥塑完成。[1]

恪守祖传的技术和工艺模式在一定程度上能保持从业者的稳定性,血嗣传承、世代绵延、耳濡目染,手把手地示范。对于技艺的接受、提高和施艺有一个从生涩到纯熟的过程。这样就形成了大量的家族式品牌,甚至支撑着某种类型的工艺类目的发展。明清以来苏州吴门画派名人辈出,传统中国画颜料的需求增大。在需求的推动下,明末清初在阊门都亭桥开出了一家制作传统颜料的姜氏"思序堂"店铺。清初,苏州明末进士姜图香的后人中出了一位善于制色的画家,由他制出的各种颜料明快腴润、色彩鲜净、纸色合一、经久不变、多裱不脱,一时声名大噪,艺技传誉,远近争求。其子孙传承了这份独特的技艺,因姜图香家中有"思序堂",后辈即以"姜思序堂"命名店铺。姜氏后人历经太平天国战乱、世事变迁,但仍继承其先辈制色传统,遵循古法遗规、调胶配方、精研细漂,使该堂的国画颜料始终保持优良的质量,清后名画家的不少传世名画上的色彩多出于姜氏的乳钵之中。经数代艺人的不断努力,他们归纳出制色十大要诀:

一、保持清洁,纤尘不染;
二、选料精优,严格不苟;
三、下料准确,不多不少;
四、研磨渗透,细度合格;
五、沉淀踏实,时间要多;

―――――――――
[1] 樊宁:《父子传承人》,《钟山风雨》2019年第4期。

六、倾倒有度，眼到手到；

七、浮垢底渣，存精去芜；

八、一次筛出，不致粗细；

九、矿物淘清，植物泡够；

十、煎熬火候，恰到好处。

今天，姜思序堂国画颜料制作技艺的传承人仇庆年先生评曰：这十大要诀看似平淡无奇，但全凭操作经验，下料准确、倾倒有度、煎熬火候等是极难掌握的。

其次是业缘传承。以人物、花鸟等题材为主的仿真绣的技艺传承，是业缘传承的代表。（表3-1）

表3-1 仿真绣技艺业缘传承关系

代别	姓名	性别	出生年月	传承方式	学艺时间	擅长绣类
第一代	沈寿	女	1874年	家庭传承	7岁	人物、花鸟
	沈立	女	不详，（沈寿姐）	家庭传承	不详	
第二代	沈粹缜	女	1901年（沈寿侄女）	家庭传承与学校教育	不详	
	金静芬	女	1885年	绣庄学习，后拜沈寿学绣	9岁	仕女
	巫玉	女	1902年	师徒传承	不详	
	庄锦云	女	1914年	师徒传承	不详	
第三代	殷濂君	女	1930年	家庭传承与师徒传承	1950年	猫、创双面三异绣
	牟志红	女	1948年	师徒传承	不详	仕女
第四代	吴丽红	女	1961年	以专修班集体培养形式	1979年	仕女、花鸟
	任慧娟	女	1961年	以专修班集体培养形式	1979年	仕女、花鸟
	张安菊	女	1961年	以专修班集体培养形式	1979年	仕女、花鸟
	陈明	女	1955年	师徒传承	1971年	双面绣猫
	夏芬	女	1961年	培训班	1979年	花鸟、人物、金鱼

这种师徒培养模式，师傅不仅对学徒进行严格、系统的技能培训，还注重培养其从技的道德品质，如师傅在技艺传授的同时，无形中也把细致、严谨、专注、耐心等品质和敬业、诚信、务实、友善等职业伦理传授给徒弟。

早期的手工业作坊也可以认为是一种早期职业教育的场所。雷允上六神丸制造技艺，自从清同治年间以来，配方在家庭内部保密，传儿不传女。所以在1949年之前的传承谱系无法厘清，但是中华人民共和国成立后，雷氏后人将秘方捐赠给国家，六神丸制作技艺变成师徒相承。其传承人谱系是：第一代李根生（1906—1983）；第二代徐志超（1940—2001），师从李根生；第三代李英杰（1960—），师从徐志超；第四代张建华（1966—），师从李英杰。[1]

关于地缘传承。不少工艺名称本身就是地缘的标识，如金山石雕、虎丘泥人、香山帮建筑等。常熟花边开创者季根仙，自1918年至1923年的四五年间，直接教会绣花边的有百余人，再经这些人转教而学会绣花边的不下千人。从此，母女相传、姐妹同学、妯娌互教、姑嫂相授，绣制花边技术在常熟农村妇女中广泛传播。自1917年花边技艺形成至中华人民共和国成立前夕，常熟市（县）共有大小花边商300户左右。至20世纪70年代末80年代初，全市每个乡都有花边发放站，绣制花边成为常熟农村妇女最大的副业。全市绣花队伍全盛时登记上册有16万绣娘。

总的来看，苏州大多数工艺美术传承谱系清晰，在中华人民共和国成立之前，多是家庭传承为主，辅以师徒传承。

传承，就是积淀，今天在苏州市场上林立的老字号，就是传承的口碑。至2019年年底，苏州仅仅饮食类的市级以上非遗名录就有30多种，其中仅糕点制作一项，就有乾生元枣泥麻饼制作技艺、叶受和苏式糕点制作技艺、桂香村大方糕制作技艺、采芝斋苏式糖果制作技艺、黄天源苏式糕团制作技艺、稻香村苏式月饼制作技艺等多种，这些多是百年以上的品牌。

循着《平江图》的路线，仍能寻访到宋代苏州绣衣坊、绣花弄、滚绣坊、绣线巷等地名，这些都是历史上手工艺生产的集聚地。明清时期的苏州更形成了成熟的工艺美术专业化分布，像木渎刺绣、香山工匠等，这是因手艺人对某种手艺的创造或仿造，引起周边居民对其手艺的兴趣，并逐渐形成相对集中的生产区。苏州阊门内的专诸巷、天库前、周王庙弄、宝林寺前以及王枢密巷等地的玉作坊、玉市，则是因消费市场而形成的产销旺盛的集中地。

今天的苏州，仍然延续着历史的脉络，古城苏州内的桃花坞工艺美术集散地、相王弄附近的玉器、以刺绣为生命线的镇湖、光福的核雕、中国工艺文化城、胥口香山工坊，就是历史遗产的赠予，历史亦绘制了现代苏州经济发展多元化版图。

---

[1] 汤钰林：《苏州文化遗产丛书　非物质文化遗产卷（Ⅲ）》，文汇出版社，2010年，第84页。

第八节 "向上"引领：勇于攀登技艺巅峰

吴地的工艺敢于向更高、最高审美标准定位，甚至予以引领，且经得起业内权威的检阅，赢得了赫赫美名，成为优质产品的代表。这种美誉的取得，主要有两种方式。

一是自下而上式。即匠名溢出，而被宫中"御用"。明永乐十五年（1417），蒯祥主营北京宫殿的建设，官至工部侍郎，皇帝尊其为"蒯鲁班"。据皇甫录《皇明纪略》载："永乐间召建大内，凡殿阁楼榭，以至回廊曲宇，随手图之，无不称上意者。位至工部侍郎，子孙犹世二业。弘治间有仕为太仆少卿者。"蒯祥精于建筑构造，擅长宫殿装銮，把具有吴地特色的苏式彩绘和陆墓御窑金砖运用到皇宫建设中去。他还善于创新，发明了宫殿、厅堂建筑中的"金刚腿"（俗称"活门槛"）技艺。

宋元以来缂丝一直是皇家御用织物之一，明清两代皇帝的新衣大都由苏州缂丝艺人进奉。清代苏州逐渐成为缂丝织品的唯一产地和供奉地。缂丝艺人还主动挑战高难度，如清缂丝作品《御制三星图》上截缂织成乾隆皇帝的"三星颂"，《岁朝图》上截缂蓝色隶书高宗御制岁朝诗等，诗文通篇缂于幅面。这种文字书法的缂织精细程度，显示出名工巧匠的高超技艺。清代乾隆年间，苏州雕刻名人杜士元所雕成品被称为"鬼工"，每刻成一枚核舟，人们争相购买，每枚价值五十银，后被乾隆召入宫内雕刻。作品有《东坡赤壁泛舟》《渔家乐篷船》等。

苏州漆器技艺也是在"上供"的压力与动力中得到提升。苏州织造承担了贡御漆器如雕漆、脱胎漆器及少量彩漆、仿洋漆器皿的新器制作、旧器改做和旧器收拾见新的工作。尤其是苏州雕漆，获得了朝廷的高度认可，苏州织造基本上承接了所有乾隆朝新雕漆器的制作，造办处档案特设立"苏州"专项，因此其漆艺与皇帝的审美情趣，以及对漆工艺的指导有直接的关系。贡御漆器的造型、图案、款识则严格按照皇帝的旨意制作，要求符合宫廷的"内廷恭造式样"。尤其是具有深厚文学修养、颇具艺术鉴赏力的乾隆皇帝，他时常对漆器制作拟出具体方案，提出对造型、尺寸、花纹、落款等方面的要求，对做得精美的表示嘉奖，对做得不好的提出批评，责令重新加工修改。在众多漆器品种中，乾隆皇帝尤其钟爱雕漆，因此苏州雕漆工艺的精湛程度超过了以往任何时代。北京故宫所藏剔彩百子晬盘是乾隆七年苏州织造承制的，同样的盘共做了5件，乾隆九年完成。图景以荷塘庭院为背景，100个孩童在赛龙舟、舞龙、跳绳、奏乐、垂钓、放风筝、跳舞、读书、习字等，一派欢天喜地的场景。[1]

明代"良玉虽集京师，工巧则推苏郡"。张岱在《陶庵梦忆》中称陆子冈治玉等苏州"鬼工"为"吴中绝技"。陆子冈为嘉靖万历年间琢玉大师，时人将子冈玉与唐伯虎仕女画共推为吴地风雅之表征。传说嘉靖帝为考验陆子冈的本领，交给他一枚小小的素面玉石扳指，让他在上面雕刻百骏之图。如此小的尺幅如何体现100匹骏马？陆子冈经过深思熟虑，达成了皇帝的要求。扳指上只刻有3匹马，另雕有群山和山峦下的一座城门，一匹马已奔进城门，一匹马正向城中飞奔，另一匹马刚从群山中露出一个马头，而山峦之中尘土飞扬，如有万马奔腾。皇家的器重更加渲染了苏玉在全国的品牌和时尚力量。法国在路易十四（1643—1715年在位）时代进入奢侈和时尚时期，由路易十四带头兴起的法国时尚，状况与16世纪后期江南的流行时尚颇为相似。明清以来，皇室贵胄的需求与苏州艺术的品位两相结合，共同造就了苏州乃至江南工艺的繁荣。清代乾隆年间，北京前门外一带的玉工大都是苏州籍或苏州籍玉工门徒，清代仿子冈牌成为玉器"乾隆工"的一个重要代表和符号。[2] 直到今天，苏派玉作仍以空、飘、细为追求。空，空灵，疏密得当；飘，飘逸，线条流畅；细，巧夺天工，琢磨工细，构思精巧。

二是自上而下式。主要是苏州织造署的威力，调度、督促匠艺的力度不断提高。自明代开始，苏州成为宫廷日用绣品的主要产地，朝廷在苏州设立织造局，专门为皇室绣制宫廷服饰和日用品。清代皇室享用的绣品几乎全出于苏绣名艺人之手。《红楼梦》里总是隐约闪现苏州和江南的影子，曹雪芹祖父曹寅、舅祖李煦先后任苏州织造之职。作为朝廷在苏州的派驻机构，既监探苏州，也"发现"苏州，将那些工艺的绝世佳品和神工巧匠荐入宫廷，一定程度上也刺激和推动了苏州工艺的发展。

康熙五十二年（1713），皇帝命令苏州织造李煦物色有经验的乐器艺人和制笛之竹，李煦便荐苏州乐器艺人钱君达、张玉成等，并运送一批好的竹材到北京，为宫廷制作乐器。乾隆二十八年（1763），皇帝举行大典，命苏州玉匠制作玉磬。从乾隆年间开始，"苏宴"成为宫中节庆的必备宴席。苏州织造署不断网罗苏州民间厨师高手为宫中所用。官绅饮馔最为精美奢侈，乾隆年间状元石韫玉就精于饮食。袁枚《随园食单》里谈到佳肴蜜火腿的制法，又说："苏州沈观察煨黄雀，并骨如泥，不知如何制法，炒鱼片

---

[1] 刘芳芳、田汉民：《中国古代漆器工艺在江南太湖流域的发展——以苏州漆工艺为例》，《民族艺术研究》2017年第5期。
[2] 徐琳：《"乾隆工"玉器的工艺特征》，《故宫博物院院刊》2019年第6期。

亦精，其厨馔之精，合吴门推为第一。"苏州织造署作为宫廷重要的派出机构，迎来送往，交际频繁，宴饮不断，为了适应这种需要，苏州历任织造往往网罗苏州民间最优秀的厨师为其所用，故汇集了苏州民间佳肴精致的制作技艺。到清代康乾盛世时，康熙、乾隆频频南巡，苏州织造府多次作为皇帝驻跸之地，筵宴规模和烹饪技术也都达到了空前的水平，形成了独具特色的苏州织造官府菜，这是苏州菜肴的精华和极品。乾隆第四次南巡返京时，更将苏州厨师张东官带回清宫。康乾时期名噪一时的"京苏大菜"，就是由苏州菜和北方菜相揉而成。

因为供奉皇家，所以工艺产品的质量要求特别严格，御窑金砖的每块砖上都有监制官府名称和窑户姓名以备查验。御窑在生产过程中形成了一套严格质量跟踪与监督体系，其严格程度保证了金砖制作质量的不断提高，平均误差不超过1毫米。[1] 据元和镇志记载："'御窑金砖'或三五而选一，或数十而选一"，对其质量要求特别严格，所以每窑产优质金砖数量非常有限。

"向上"的力量传承至今。20世纪80年代初，常熟花边名噪中外。北京人民大会堂、毛主席纪念堂、钓鱼台国宾馆、首都机场等重要场所，都被指定以常熟花边作窗帘、沙发套、台布等装饰。洞庭山碧螺春1911年在南洋劝业会上获优等奖，1915年在巴拿马万国博览会上获金奖，1918年在工商部举办的国货展览会上获一等奖。1954年周恩来总理用洞庭山碧螺春在日内瓦招待外国记者。20世纪60年代，苏州刺绣研究所的王金山等，应北京故宫博物院之邀进故宫复制宋代缂丝。王金山用了3年多时间，先后复制了南宋缂丝名家沈子蕃的《梅鹊》和《青碧山水》以及宋代缂丝名家朱克柔的《牡丹》《蝴蝶山茶》等作品，这些复制品达到了真假难分的境地。1977年，苏州刺绣研究所的缂丝艺人在王金山的指导下，精心缂制了一幅宽8米、高2米的大型金地缂丝佳作——毛主席诗词《西江月·井冈山》，打破了历史上从无用草书缂丝的记录，创历史之最，首创了绞花线缂丝技法和斜坡接梭法。作品现陈列在毛主席纪念堂西大厅内。2010年11月苏州匠人完成了国家博物馆砖雕厅整个布置。2014年11月，在北京水立方举行的APEC晚宴上，参加会议的各国领导人携带配偶亮相，一起拍摄"全家福"。立领、对开襟、万字纹、海水江崖纹、祥云纹，他们所穿的"新中装"当即引来全球关注，而其核心面料创新改良型新宋锦，引起了国内外的广泛关注。始终不懈地传承、创新以及向至高迈进，才是被关注背后的真谛。

---

[1] 李涵：《吴地工艺美术》，古吴轩出版社，2007年，第210页。

第九节　向外拓展：在海内外市场中的磨砺

海内外市场的拓展是技艺的内生成长动力，其激发工匠生产的自主性和积极性，如琢如磨的态度和精工精致的精神得到响应，从而在市场中确立了品牌。

苏州江河湖海兼具，水网、水廊、水道丰富。水不仅孕育了苏州璀璨的文明，且赋予其优雅风情。水又是流动汇合的，赋予苏州文化开放、交融、多元、包容的品格。在历史上，大运河以及域内外联的水道大大促进了苏州与他地之间的文化交流。苏州与京城，苏州与全国各地，苏州与其所在吴文化圈之间深度、广泛和密切的关联，使其凝聚了全国性优质文化资源。同时，苏州在全国经济文化网络中的地位，以及他地对苏州的想象中包含的文化要素，反过来激发苏州创造浓厚的文化场域，对于文化发展的各个方面起到了积极作用。苏州工艺美术顺着水道、"商道"、"文道"、"官道"，将产品和声誉广泛传播。

唐寅《阊门即事》咏道："五更市贾何曾绝，四远方言总不同。若使画师描作画，画师应道画难工。"作为中国经济文化最繁荣的城市，明清时期的苏州已成为全国的中心城市之一。借助便利的商业交通网络，越来越多的苏州手工艺品被输送出去。郡城阊门内的专诸巷、天库前、周王庙弄、宝林寺前以及王枢密巷等地的玉作坊、玉市，是因消费市场而形成的产销旺盛的集中地。桃花坞木版年画市场乃是全国大市场，年产量高达百万，在其繁盛时期，作品远销上海、浙江、湖北、河南、山东、福建等地。苏州以得天独厚的优势成为全国戏具制造和销售基地。在《红楼梦》第16回，贵妃贾元春省亲，贾蔷则"下姑苏割聘教习，采买女孩子，置办乐器行头等事"，并"先支三万"银子。市场的交换是双向的，苏州所用的玉材，在清道光之前多用新疆和阗产的白玉。同治以后，缅甸的翡翠大量输入，丰富了玉器的品种，产品不仅在国内销售，还远销欧美、澳洲及南洋等地。光绪末年，和阗玉中断，遂改为东北产的新山玉材。

作为全国商业中心，各地商人咸聚于此。文人一有动向，商人便闻风而动，并波及市民大众。他们的消费行为和商业贸易，促进工艺品市场的活跃和品位的提升。

一方面，苏州工艺美术叱咤于国内市场，具有全国性影响力。另一方面，在全球化的起始阶段，苏州的工艺产品就始终不断地在与国际市场进行交流。与海外市场的贸易，主要有沿东洋航线、西洋航线。较早时期来看，罗起源于战国的四经绞罗，四经绞罗目前在中国已鲜为人所知，但韩国、日本却较好地保留了传统织技。日本人把和服也叫作"吴服"。"吴服"一词的产生，源于中国的三国时期，是因为当时的吴国与日本有着频繁的商贸活动，从而将纺织品及衣服缝制方法传入日本的缘故。吴国开拓了海上丝绸之路，直接与日本、越南、罗马等贸易往来。

晚明来中国传教的利玛窦曾这样描绘苏州繁荣的国际贸易："经由澳门的大量葡萄牙商品以及其他国家的商品都经过这个河港，商人一年到头和国内其他贸易中心在这里进行大量贸易，结果在这个市场上样样东西都没有买不到的。"[1] 欧洲商人主要热衷于购买奢侈品，丝绸和瓷器成为中国16—17世纪的主要出口产品。美国人海斯这样描绘："地板上铺着波斯的地毯，衣着中国的丝绸、印度的棉花和美洲的皮毛，装饰用非洲来的金子和宝石。"苏州是最大的丝织品生产中心之一，代表了最高的织造水平，特别是官营织造的产品，有很大一部分被用作宫廷对外的赏赐品。[2] 而私营手工业在明代中期以后的活跃，也使得数量众多的丝织品经由正常贸易渠道或走私进入了海外市场。直到19世纪末，以苏杭为生产基地的中国丝绸的出口量，仍在世界丝绸出口国中居于首位。万历年间以郑芝龙为首的郑氏海商集团，"置苏杭细软、两京大内宝玩，兴贩琉球、朝鲜、真腊、占城、三佛齐等国"[3]。当时参与对日贸易的很多商人是苏州人。贸易物品除丝绸外，还有一些书籍、纸张、书画、文房用具及工艺品等。

与此同时，中国版画艺术也传到了日本。单是《日本藏中国古版画精品》一书就收录了相当数量的明末苏州刊本古版画。相传苏州最早的一张木版年画《寿星图》，目前也藏于日本。康熙时的英国人肯普弗（E. Kaempfer）曾经在日本搜集到不少苏州木版年画，后都被藏于英国大英博物馆。按日本学者成濑不二雄的看法，苏州木版年画对日本浮世绘影响巨大并具有师承关系。

明代中晚期，正处于新航路发现后的全球化起步阶段，太仓刘家港得郑和下西洋风气之先，成为海外埠际贸易的重要口岸。外国商人随后纷至沓来。巨大的人流、物流在苏州一带汇聚，海番诸货"贡献毕至"，以至"其货重宝，前代所稀，充溢府市。贫民承令博买，或多至富"。据清人顾公燮《消夏闲记摘抄》载：晚明苏州"洋货如山如林"。郑和下西洋诸国所

---

[1] 利玛窦、金尼阁：《利玛窦中国札记》（全二册），何高济等译，何兆武校，中华书局，1983年，第238页。

[2] 郑丽虹：《苏艺春秋——"苏式"艺术的缘起和传播》，山东美术出版社，2009年，第357页。

[3] 计六奇：《明季北略》，商务印书馆，1936年，第141页。

贡各类珍稀材料，以后源源不断地由海路运往中国，闻名遐迩的苏扇制作，以及乌木、沉香等木制小件的生产，与海外供应都有密不可分的关系。外来进口的珍稀原材料使得苏州工艺"材美"与"工美"很好地结合，扩大了"苏式"工艺美术品的开发，为精致工艺的发展提供了得天独厚的条件。闻名遐迩的明式家具，能工巧匠们主要用紫檀木、酸枝木、枸梓木和花梨木等外来进口木材制作。

苏州工艺也善于借鉴学习外来精华。晚明漆工蒋回回善于仿效日本漆艺，能采用金银花片、钿嵌贴面、泥金描彩等制作漆器，名重一时。据《遵生八笺》："近之仿效倭器，若吴中蒋回回者，制度造法，极善模拟，用铅钤口，金银花片，钿嵌树石，泥金描彩，种种克肖，人亦称佳。"明代宣德年间漆工杨氏学习日本莳绘漆，其子杨埙从学，所制足以乱真。杨埙还有所创新，如描金加彩、在用金之外另用他色描绘花纹等。桃花坞木版年画《苏州万年桥》，模仿西洋铜版雕刻风格，画面多采用焦点透视，除人物面部外，其他均用明暗来表现，"中西合璧"特点较为明显。苏州开始出现一些仿造西洋器物的专家，如薄珏、孙云球等。日本、高丽家具是当时苏州流行的奢侈品，文震亨的《长物志》中还可以发现许多日本、高丽制品，如"秘阁""裁刀""剪刀""高丽禅灯""日本梳具"等记载，可见苏州当时已经有不少日用器皿来自这两个国家，成为文房佳品。

苏州工艺在外国人心目中享有很高的地位。利玛窦在《利玛窦中国札记》中这样记载："碰巧这位（南京）总督从南京省（指南直隶）某个市长（镇江知府）那里得来一幅世界地图，原是利玛窦神父在肇庆所作的。他非常喜欢这幅地图，并在苏州镌石，并加上一篇赞扬地图的雕刻美观的序文。"由此可见，苏州镌刻在其心目中的地位之高。1488年，朝鲜官员崔薄也高度评价了苏州的繁荣和名声，认为它是帝国的文化中心，拥有大批学者、各种日常用品和价值连城的工艺美术品，是技术高超的工匠和富裕商人的天堂。

第十节　匠技的学理化记载

在文人的影响下，加之苏州重文重教，苏州工匠的文化修养相对较高，故"虽寻常器物，出其手制，精工必倍于他所"。很多人游离在手艺人与艺术家之间，有的还记载艺术经验知识，甚至总结艺理，撰写出《园冶》《雪宦绣谱图说》《营造法原》等名著。著名匠师姚承祖认为："没有文化的工匠是个不完全的工匠"，把工匠及工匠子弟的文化素养看成是头等大事。另

外,基于知识下沉和交谊治生之需,士大夫亦投入物质建构中,士匠群体间形成良性互动。明代江南造物构建了近世的设计高地,士匠缔造了亘古未有的合作黄金期,共同模塑了弥足珍贵的工匠精神。士匠互动呈现的形式多样,层次不一。作为士的一方,往往以审美理念和实际需求指引设计且购藏鉴赏、聘邀专制,并给予溢美揄扬、记载传播、设计指导,甚至以学理的形式加以理论撰著。

文震亨将他对工艺的诸番设想载入《长物志》,以他为代表的文人意识决定了"苏式"艺术主体品位。明初政府对于苏州的政治高压,促使文人雅士重新审视他们的人生追求,并在仕与隐之间走出第三条道路——市隐心态下的闲雅情趣,他们在澄怀涤虑、与物熙和中寻找心灵和才华的寄托。明代中晚期物质繁盛之经济狂潮,又把其推向奢靡享乐之巅。他们将财力和才气投入工艺品的收藏与品赏,太仓陆容《菽园杂记》载其为爱清、清玩、清赏、清欢,这也是时尚。他们也参与工艺美术品的设计制作,仇英曾为桃花坞木版年画进行设计。直至近代,苏州文人周瘦鹃,既是著名的作家,又是盆景艺术大师,他善于摹仿名画进行盆景创作,其作品清秀古雅,著有盆景专著《盆栽趣味》,其《拈花集》及《花木丛中》亦有多篇关于盆景的文章。

一代宗师姚承祖是香山墅里村人。1866年生于木工世家,其祖父姚灿庭是一位出色的木匠,曾作《梓业遗书》五卷,惜今已失传。姚承祖16岁辍学从梓,随叔父姚开盛习木作,常年在苏州城乡各地营房建屋,修殿造宇。由于他有文化,肯钻研,不久便脱颖而出,成为出类拔萃的技师,并享有"木工秀才"的称誉。1912年,苏州成立建筑行业协会——鲁班会,他被公推为会长。1932年,姚承祖根据家藏秘籍和图册以及多年的实践经验,整理出一部图文并茂的讲稿,后经张至刚教授等增编成册,定名《营造法原》,于1956年正式出版。该书全文13.5万余字,分列16章,图版52幅,插图照片128帧。书中按各部做法系统地阐述了江南传统建筑的形制、构造、配料、尺度、工限等内容,兼及江南园林建筑的布局和构造,内容实用而丰富。《姚承祖营造法原图》则于1979年由上海同济大学出版社出版,陈从周先生作序,叶圣陶先生题签。这两部著作翔实记述了江南传统建筑的做法,改变了香山帮匠人口授带徒的习惯,填补了文献的缺佚,实为学术价值极高的传世之作,被国人誉为中国南方传统建筑的宝典。

计成《园冶》更是体现亦儒亦匠的特色,可谓是匠师"儒说"。计成少年时饱学诗文、博览群书,集诗、画、文、赋极高素养于一身,时人阮大铖评论其诗之清雅曰:"有时理清咏,秋兰吐芳泽。静意莹心神,逸响越畴昔。露坐虫声间,与君共闲夕。"计成工于绘画,其在《园冶·自序》中曰："少以绘名……最喜关仝、荆浩笔意，每宗之。"其不仅限于工匠之识，而且以深厚渊博的文学艺术素养，积极投身于造园实践。所以《园冶》在表述上不失为优美的散文，全篇行文骈俪，讲究文句对仗排比，且大量引经据典，富含审美思想和哲学理念。"移竹当窗，分梨为院；溶溶月色，瑟瑟风声；静扰一榻琴书，动涵半轮秋水。清气觉来几席，凡尘顿远襟怀"，这是文艺作品，也是他在园艺创作时要达到的生命情境。《园冶》由此体现出明清以来文人士大夫造物的审美观，表现出对清、远、幽、精、雅、野、虚、深的意境追求，着力营造诗情画意、情景交融的园林景观。《园冶》也是园林营造的"法式"指南。计成前半生四方游历，揽众名园之精粹于胸，后半生以造园叠山为业，专职于规划设计园林。丰富的实践经验使得《园冶》具有典型的实践性，成为一部职业性、行业性的指导手册，理论和实践紧密结合。例如《园冶》指出，在选择地段上，可供造园者分为山林地、城市地、郊野地、村庄地、宅旁地、江湖地，且各具特点；在建筑布局上，厅堂、楼阁、门楼、书房、亭榭、廊坊、假山等建筑在园林位置选择时如何合理化；在屋宇方面，列举园林建筑几种常用的平面形式、梁架结构及施工放样的方法；在装修方面，屏门、仰尘、槅扇、风窗如何做样；在栏杆方面，他将自己设计过的百种栏杆纹样图案选择部分附图。书中配有插图 235 幅，图文并茂，可谓是样板式建筑集锦。另外，他提出"凌绝顶"式的造园宗旨，即后世人们动辄引用的"虽由人作，宛自天开"，美誉园林的"自然"。利用自然，与自然为友，融于自然，从自然中造化，孕育出天机美学，这也是中国古典园林乃至传统工艺的至高准则。《园冶》作为我国历史上第一部造园学专著，早在 20 世纪 20 年代，日本造园界就尊之为"世界造园学最古老名著"。

与《园冶》相通亦互补的另一部作品《长物志》，为文震亨所著。文震亨（1585—1645），字启美，长洲人，文徵明曾孙。文氏家族擅于诗文书画，雅好林泉，代有园林营造，世人称之为"簪缨世族""冠冕吴越"。文震亨因家学渊源，不但精于诗、书、琴、画及造园等诸多技能，而且还善于理论经验方面的总结。在其毕生著述中，与造园学有密切关系的著作不仅有《长物志》，还有《怡老园记》《香草沱志》等。《长物志》秉承"天人合一""格心成物"以及"百姓日用即道"的哲学基础，以及涵盖"人格观"与"生态伦理观"的道德哲学，并以隐逸文化作为无形指引，体现出非常清晰的造园理念。要而言之：[1] 首先，师法自然，宛若天工。与

---

[1] 李元：《〈长物志〉园居营造理论及其文化意义研究》，北京林业大学 2010 年博士论文，第 25-29 页。

《园冶》主旨相合，自然观也是《长物志》贯穿始终的重要线索。关于造园的选址，其强调要贴近自然，认为"居山水间者为上，村居次之，郊居又次之"。关于花木的植物造景配置，注重保持植物的自然姿态，以彰显其自然之美。总体来说，造园这门综合艺术务必统一到自然境界之中，花间隐树，水边置榭，使人在风光宜人的物境中，与自然产生强烈的共鸣。其次，随方制象，各有所宜。在园居营造设计方面，要因地制宜，并根据实际情况而设计，这种设计必须以"宜"为准则。面对用于造园的植物、建筑、水石、小品等要素，应根据环境的繁简大小和寒暑季节的不同，做出相应设计，因时因地而制宜，协调于环境之中，形成诗情画意的整体美感。例如，《长物志》卷十强调园林诸要素的陈列、设计不能杂乱无章，而要做到"位置之法，繁简不同，寒暑各异，高堂广榭，曲房奥室，各有所宜，即如图书鼎彝之属，亦须安设得所，方如图画"。最后，入画、比兴。古典园林中形式美的技术展现方式有多种，但在《长物志》中主要通过入画和比兴两种方式来实现，其说园理论皆源于诗文书画理论。在这一点上，也是文人园林立论的共同性。

《园冶》《长物志》以及其他文人笔记、专述等共同完成了对此前相关工艺美术方面的总结，迄今仍然闪烁着灿烂的智慧光芒。这其中蕴含的是有关"物"与物、"物"与自然、"物"与人、"物"与社会之间关系的思考。凝练其中的是有关致用精神、美学原则、总体规划思想以及生态观等，可以发现工匠主体精神、自觉认知，也能挖掘其中符合人类文明之道。

人类已然告别了手工业生产，但是手工艺术仍具有永不泯灭的生命体征。同为后发外生型现代化国家的日本，在二战以后敬重绝技工艺，在很大程度上奠定了日本的科技精神和民族气质。若将以苏州为代表的吴地传统工艺创新制作、精益求精等精神绵延传承、发扬光大，"中国制造""中国创造"就会成为技术含量优质、文化含量丰富的国际符号。

第四章 吴地的教育事业

人是社会进步中最有能动性的因素。所谓人的因素至少可以划分为人口、人力、人才三个层次。单纯的人口，与社会进步未必正相关，有时还会成为负担。人力指具备劳动能力的人，这是社会进步必不可少的资源。人才则指高素质、高层次的人力，它是社会发展进步的第一资源，古往今来，人才都是富国之本、兴邦大计。因此，要追求社会进步，就应该重视教育，把人口培养成人力和人才资源。

从吴地的历史发展历程看，它从先秦时期的蛮夷之邦，发展成为后人眼中的人间天堂和人文渊薮，走出了一条从落后到先进的道路。这一成绩的取得，与吴地教育事业的发达密不可分。在吴地历史上，政府、社会、家族乃至近代来华的外国传教士，纷纷兴办教育，创办诸如府县学、书院、社学、义学、近代大学、女校等一系列教育机构，共同塑造了崇文重教的吴文化传统，使吴地赢得了"状元之乡"和"院士之乡"的美誉，为吴地社会的发展进步提供了强有力的人力人才保障。因此，崇文重教是吴地取得成功的重要秘诀。今天的我们仍然应该传承和发扬崇文重教的吴文化精神，不断创造新的辉煌。

第一节 范仲淹与苏州州学

范仲淹（989—1052），字希文，吴县（今江苏苏州）人，北宋著名思想家、政治家、军事家和文学家。据《范氏家乘》记载，范仲淹远祖为春秋时期晋国大夫范士会。范士会第 32 世孙范履冰原籍陕西邠州（今陕西彬州市地区），唐朝时官至宰相。唐咸通年间，范履冰之后裔范隋任丽水（今属浙江）县丞，来到江南，后因"中原离乱，不克归，留家吴中"，"子孙因之，遂为中吴人"。范隋是范氏迁苏的始祖，去世后葬在苏州城西的天平山。范隋住在苏州城中雍熙寺后面，后范仲淹将祖宅改为范氏义庄。范隋之后四传至范仲淹。

范仲淹两岁时父亲过世，母亲带他改嫁到山东朱家，改名朱说。他长大后发奋苦读，留下"断齑划粥"的美谈，即他每天煮一锅稀粥，等粥凝固以后，用刀划成4块，早晚以腌菜佐餐，各吃两块。经刻苦攻读，范仲淹后来终于有所成就，考取进士后认祖归宗，复归本姓。范仲淹任官时政绩显著，于皇祐四年（1052）卒于任，谥号文正，追封楚国公，葬于河南洛阳尹樊里（今河南省伊川县）万安山下。

范仲淹为官多年，政绩显著。他在今天的江苏里下河地区的泰州一带为官时，曾主持修建南北向的长海堰，后人称"范公堤"，抵挡海潮漫灌，造福至今。清代阮葵生《茶余客话》记称："下河一带，堤名范公堤。自吕洪至徐渎，接连数百里，环绕数十场。外捍海潮，内护盐河民田，利至溥也。"他镇守边关时，威名远扬，西夏人称范仲淹为"小范老子，胸中自有数万雄兵"。北宋庆历年间，他曾主持庆历新政改革，后失败被贬。他为政时胸怀家国之志，其名言"先天下之忧而忧，后天下之乐而乐"表达的吃苦在前、享乐在后的精神，是中华民族永久的精神财富。

范仲淹对教育事业也做出了突出贡献。他年少时曾苦读于宋初四大书院之一的应天书院，守丧时曾主持过这所书院。他在主持庆历新政时，要求州县普遍设学，奠定了中国古代地方教育体系基础。他还曾担任判国子监一职，领导全国学政。他在各地担任地方官期间，积极从事兴学重教活动，其教育思想和教育理论也颇有过人之处，培养和荐举了大批人才。[1] 范仲淹由此成为中国古代著名的教育家之一。

苏州州学即由范仲淹主持创建。宋代以前，苏州地区的人才培养成绩不佳，每年中科举者为数寥寥，官办学校不完善是其重要原因。如北宋苏州人朱长文《吴郡图经续记》中所称："吴郡昔未有学，以文请解者，不过数人。"有鉴于此，北宋景祐二年（1035），苏州知州范仲淹应本地士绅朱公绰之请，上奏朝廷，创办州学（州学即后来的府学）。朝廷同意了范仲淹的请求，拨田5顷作为学校之用。范仲淹是苏州人，他在苏州做官时，在城中购得原五代吴越国广陵王钱元璙南园旧址地块，准备建造私宅。有风水先生相地后称，此地是出贵人的风水宝地，在此建宅，家中将会不断地涌现公卿高官。范仲淹却称："吾家贵，孰若中吴之士咸贵，其无已乎？"认为范氏一家的显贵，远远不如整个苏州的读书人均能成才来得重要。范仲淹随即捐出基地，供建设州学之用。州学刚刚建成时，入学人数只有20多人。有人对范仲淹说，州学占地面积似乎太大了。范仲淹却说，我恐怕以

---

[1] 方健：《范仲淹评传》，南京大学出版社，2001年，第425页。

后还嫌小呢？显示出超前的眼光。[1]

范仲淹创立州学以后，聘任当时著名的教育家胡瑗担任首席教席。胡瑗（993—1059），字翼之，泰州如皋（今江苏如皋）人，一说为泰州海陵（今江苏泰州）人，其远祖世居安定（今甘肃泾川北），学者习称"安定先生"，是北宋著名的经学家和教育家。在任苏州州学教席之前，胡瑗曾数度应举，名落孙山，遂在苏州教书谋生。范仲淹知苏州时，与胡瑗结识并交好。在创建州学后，范仲淹遂聘请胡瑗为教席。胡瑗任教期间，苏州州学名声大震，求学者纷至沓来，同治《苏州府志》载："瑗以经术首居师席，英才杂沓，自远而至，其后登科名者甚众"。他教学时"严条约以身先之，虽大暑必公服以见诸生，设师弟子之礼，解经至有要义，恳恳为诸生言其所以治己而后治乎人者"，培养出一大批优秀人才。

胡瑗除担任苏州州学教席外，还曾任教于湖州州学。他在教学方面成就显著，摸索出一套卓有成效的教学办法。胡瑗世称"安定先生"，所以后人称其教育方法为"安定教法"，又称"苏湖教法"，这是因为这种教法在苏州创始，而在湖州定型的缘故。据后人归纳，苏湖教法的精华是：以类群居，相与讲习，分斋教学。胡瑗根据学生志趣爱好的不同，改变传统一学一斋的做法，在州学中分设两斋。一是经义斋，顾名思义，这是培养研究型人才之处，要攻读儒家经典；二是治事斋，专门教授治理民众、行军习武、生产水利、天文历法等本领和技术，以培养实用型人才为目的。学生根据自身特长，分别入斋就读，组成志趣相同的学习团体。学习过程则强调相与讲习，即注重师生互动。学生首先应该加强自学，老师予以检查和辅导，使学生正确理解所学内容，并且能够学以致用。[2]

这种教法产生了很大影响。北宋庆历四年（1044），范仲淹主持庆历兴学时，曾下令在太学中推广这种教法。后来胡瑗又应召任国子监直讲，并主持太学，积极推行苏湖教法。学子云集，太学校舍为满，收到了良好效果。[3]

在后来的发展过程中，由于苏州改州为府，州学也随之改名为府学，一直延续不废，并屡屡兴修扩建。如宋嘉祐年间苏州州学增建六经阁；元祐年间，朱公绰之子朱长文掌学期间，又与范仲淹之子范纯礼一起筹划重修学校，得"南园隙地以拓斋庐"，扩建后州学"斋室凡二十二，而始作者

[1] 方健：《范仲淹评传》，南京大学出版社，2001年，第428页。
[2] 李光伯：《中国复式教学史》，南京师范大学出版社，2014年，第25页。
[3] 赵连稳、朱耀廷：《中国古代的学校、书院及其刻书研究》，光明日报出版社，2007年，第103页。

十,为屋总百有五十楹,立文正公、安定先生祠宇,迁校试厅于公堂之阴,榜曰'传道',庖厨澡室莫不广洁,窈然而深广"。[1] 至南宋淳祐年间时,府学已有房屋213间,办学规模大为拓展。

元明清时期,苏州府学得到继承、延续,并始终在原地办学。明朝苏州人王鏊曾称:"苏学于天下为第一,有深广巨丽之称。"清乾隆年间,江苏巡抚闵鹗元称,苏州府学"自元迄明,屡经修葺,崇敞壮伟,为东南学校之首"。清康熙五十二年(1713),江苏巡抚张伯行又在苏州府学东尊经阁后建紫阳书院,"择所属高材诸生肄业其中"。[2]

直到清末科举停废后,苏州府学才逐渐废弛,后原址被用于兴办江苏师范学堂。光绪三十年(1904),江苏巡抚端方请罗振玉主持,在原苏州府学和紫阳书院处创建江苏师范学堂。据罗振玉记载,学堂"拟定学生分初级高等两班,生徒共三百二十人。予荐藤田学士任总教习,延山阳徐宾华广文(嘉)为监院。次年添设体操专修科,五月,讲习科及体操专修科毕业。七月,招初级本科生八十人;八月朔,入堂受业。是月设附属小学校,十月开校,招初高两级学生六十余人"。[3] 江苏师范学堂的课程分设历史地理科、理化科、博物科和简易科,月支经费5000元,由官府拨给。

1912年中华民国临时政府成立后,江苏省公署下令将江苏师范学堂改为江苏省立第一师范学校。1922年增设专科师范文理科各1班,次年又在吴江创办农村分校及其附小,培养农村小学教师。第一师范学校存在的15年中,共毕业学生675人,计26班,包括本科13届20班、讲习科5班及农村师范教育专修科1班。南京国民政府成立后的1927年6月,江苏教育厅并省立一师、省立二中、工专高中部与补习班为第四中山大学区苏州中学,汪懋祖担任校长,设普通、师范、农师3科,并有实验小学3所。1928年,学校改名江苏省立苏州中学,办学至今。[4]

自创建以来的近千年中,苏州州学(府学)中走出了大批人才,对于推动苏州成为人文渊薮发挥了重要作用。苏州州学(府学)的兴建,也带动了其他地区教育事业的兴起。道光《苏州府志》称:"天下郡县学莫盛于宋,然其始亦由于中吴。盖范文正以宅建学,延胡安定为师,文教自此兴焉。"而且,范仲淹主持庆历兴学期间,还要求各地普设学校,开创了中国教育史上两个影响深远的制度:一是天下州郡皆立学,在全国普及教育;

---

[1] 〔明〕吴宽、王鏊:《正德姑苏志》,上海书店出版社,1990年,第361页。
[2] 王卫平:《中日地方志与江南区域史研究》,苏州大学出版社,2014年,第228-229页。
[3] 璩鑫圭、童富勇、张守智:《中国近代教育史资料汇编 实业教育 师范教育》,上海教育出版社,2007年,第670页。
[4] 魏一樵:《中国名校·中学卷》,辽宁大学出版社,1992年,第268页。

二是设专职教授,又由地方守令主持学政,实行首长负责制。这些措施大大推动了教育事业的普及和发展。[1]

范仲淹之所以兴建州学,与他对教育的一贯重视是分不开的。范仲淹高度重视人才的作用,曾言:"天下危困,乏人如此,将何以救?在于教以经济之业,取以经济之才。"在他看来,学校正是培养人才的理想场所,"致治天下,必先崇学校,立师资,陈正教,使其服礼乐之文,游名教之地,精治人之术,蕴致君之方,济济多士,咸有一德,列于朝,则有制礼作乐之盛;布于外,则有移风易俗之善"。学校的普遍设立,有助于人才的不断涌现和国家的长治久安,"庠序者,俊义所由出焉。三王有天下,各数百年,并用此道,以长养人才,材不乏而天下治,天下治而王室安,斯明著之效矣"。[2] 因此,在庆历年间主持新政时,范仲淹领导兴学运动,推动朝廷命令各地郡县普设学校,并出台规定,要求参加科举考试的士子,必须在学校学习。这些做法大大推动了各地官办学校的普及。

从范仲淹与苏州州学(府学)的案例中,我们可以看出吴地一贯重视教育的文化传统。虽然时过境迁,传统教育的许多具体内容及培养方法在当下已不再适用,但古今共通的道理是,教育的目的是培养人才,而正如《国家中长期人才发展规划纲要(2010—2020年)》中明确提出的,"人才是我国经济社会发展的第一资源"。因此,对教育事业的重视和投入,是功在当代、利在千秋的德政工程。无论何时,重视教育,都是值得我们继承和弘扬的优秀文化传统。

第二节　吴地书院的繁荣

作为一种私人讲学、读书的教育机构,书院源自唐代。在此后的历史发展过程中,书院的地位和影响愈显重要,写下了中国古代教育史上浓墨重彩的一笔。

吴地最早的书院可以追溯到北宋时期。北宋仁宗天圣二年(1024)创建的江宁茅山书院、熙宁五年(1072)创建的湖州安定书院等,是北宋时期吴地出现的最早的一批书院。茅山书院在江宁(今江苏江宁、句容一带)三茅山后,据《建康志》记载:"天圣二年,处士侯遗于茅山营书院,教授生徒,积十余年,自营粮食。王随奏欲于茅山斋粮庄田内量给三顷,充书

---

[1] 方健:《范仲淹评传》,南京大学出版社,2001年,第432页。
[2] 文娟:《范仲淹的教育思想与实践》,《兰州学刊》2005年第1期。

院贴用,从之。"南宋时,茅山书院徙建至金坛县(今江苏省常州市金坛区)顾龙山麓。湖州安定书院为纪念北宋著名教育家胡瑗(安定)而建。胡瑗曾在苏州、湖州等地长期讲学。他去世后不久,湖州建成安定书院,据地方志记载,"宋熙宁五年(1072)知州事孙觉建于州学右傍,淳祐六年(1246)知州事蔡节改建"。[1]

南宋以后,吴地书院迎来大发展时期,新设书院为数众多。如大儒程颢在上元(今江苏南京)创办的明道书院,为纪念大儒程颐弟子尹焞而建的苏州和靖书院,为纪念先秦吴地先贤言偃而建的苏州学道书院等,都是南宋时期吴地具有代表性的书院。上元明道书院是南宋理宗时创建的,柳诒徵《江苏书院志初稿》称:"初大程子尝为上元簿,摄邑事,孝宗时祠于学,宁宗时改筑新祠,立精舍,置堂长及职事员。延致学者,时称明道先生书堂,理宗时赐明道书院额,规制益备。"苏州和靖书院建于南宋端平年间,苏州学道书院建于南宋咸淳五年(1269)。同治《苏州府志》载:"和靖书院在虎丘云岩寺西,宋和靖先生尹肃公焞于绍兴间读书",后"即其地为书院,以和靖为额";"学道书院祀吴公言偃,初在府城东北隅,宋咸淳五年知府赵顺孙改建于武状元坊北普贤子院故址,知府黄镛继成之"。元代的吴地又出现苏州鹤山书院、文正书院、甫里书院,常熟文学书院、松江石洞书院等。[2]

明初吴地书院一度沉寂。明中叶以后,由于官学衰败,书院教育重新受到重视,因此在成化年间以后,吴地书院逐渐复兴。沿至清代,在清廷鼓励下,书院发展至鼎盛时期。特别是在乾隆年间,吴地出现了一大批全国著名的书院。在清代,官府加强了对书院的扶持、监管和控制。如控制书院设立,重点扶持省会书院,规定地方督抚大员对书院有领导和管理的权力,要求书院"俱申报该管官处查核",使官府牢牢控制着书院的创办权、经费来源和审批权。官府掌握书院的山长聘请权和学生录取权,明文规定书院山长的任职资格和入院学生的品行。官府规定书院的教育内容,以八股文作为教学的重点,将书院教学纳入科举的轨道,使书院成为培养科举人才的主要场所。此外,官府还直接参与和操纵书院的管理和教学活动,为书院制定规章制度,通过考课直接参与书院的教学,监管学生的学习和日常生活。这一系列做法,使得大部分的书院由民间私学变为政府官学,书院官学化成为清代吴地书院的重要特征。[3]

---

[1] 徐启彤:《吴地书院的创建与发展》,《铁道师院学报》1995年第4期。
[2] 徐启彤:《吴地书院的创建与发展》,《铁道师院学报》1995年第4期。
[3] 王卫平:《中日地方志与江南区域史研究》,苏州大学出版社,2014年,第219-221页。

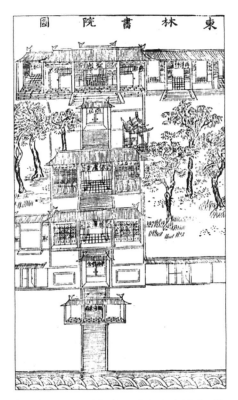

东林书院图（刘健华：《崇安名胜史话》，山东画报出版社，2006年，第90页）

明代后期的无锡东林书院是吴地的著名书院。东林书院原是北宋学者杨时的讲学之所。杨时（1053—1135），字中立，号龟山，谥文靖，南剑州（今福建将乐县）人，为大儒程颢、程颐弟子。杨时师从程颐学习时，态度极为诚恳。据《宋史·杨时传》载：杨时"一日见颐，颐偶瞑坐，时与游酢侍立不去。颐既觉，则门外雪深一尺矣"。这就是广为流传的"程门立雪"这一尊师佳话的来历。杨时学成后致力于在东南各地讲学。杨时曾游览江西庐山东林寺，"或爱庐山东林之胜"，后至无锡讲学时，"而移以名吾邑讲学处"。[1] 杨时去世以后，东林书院逐渐荒废。

明万历年间，由于朝政腐败，宦官专权，无锡籍官员顾宪成、高攀龙先后被革职归乡。他们为阐发自己的政治主张和学术思想，于万历三十二年（1604）决定修复东林书院，开展讲学。东林书院的政治色彩非常浓重。政治上，东林书院针对当时的黑暗统治，主张积极干预国家政治，在讲学中讽议朝政，裁量人物，培养学子重视气节、不畏权势、刚正不阿的精神；学术上，他们推崇程朱理学，反对王守仁心学的空疏和陋习。东林诸子在政治上、学术上独树一帜，被称为"东林学派"。东林书院的讲学具有鲜明的政治色彩和独到的学术思想，这使东林书院不仅成为著名的教育中心，而且成为很有影响的政治舆论中心。正如顾宪成为东林书院撰写的对联"风声雨声读书声，声声入耳；家事国事天下事，事事关心"提示的那样，东林书院具有学术和政治并重的特色，产生了很大的社会影响，"天下学者，咸以东林为归"。这种积极参与政治的学风，在院史上占有突出地位。后因其讽议国事，引起把持朝政的阉党不满，至天启五年（1625），魏忠贤等大肆迫害"东林党"人，并捣毁东林书院。崇祯元年

---

[1] 朱文杰：《东林书院与东林党》，中央编译出版社，1996年，第3、7页。

(1628)"东林党"案平反后,东林书院又得到重建。[1]

清代苏州紫阳书院也是吴地著名书院。康熙五十二年(1713),江苏巡抚张伯行在苏州府学后兴建紫阳书院,紫阳书院之名来自大儒朱熹的别号和康熙帝颁行《紫阳全书》的举动。紫阳书院奉朱熹理学为宗,以为清廷培养人才为办学主旨,以传授八股文为主要教学内容,官府直接介入书院的日常管理和教学活动,体现出明显的官学化特征。

雍正以后,紫阳书院的学风发生明显变化,开始提倡汉学,讲求考据。雍正初年"鄂尔泰为苏藩,访求才彦,召集省会,为春风亭会课……征七郡之士弦诵其中,间以政暇聚于春风亭,亲于倡和","一时士风大起……讲求心性变为稽古考文,殆以是为津渡,此康熙以降之美谈也"。[2] 到乾嘉时期,紫阳书院已成为苏州地区规模最大、最有影响的书院,培养了许多汉学人才,产生了极大的社会反响,对吴地乃至全国学风的转变和发展起到举足轻重的作用。

据《苏州教育志》统计,在紫阳书院存世的191年中,先后有27位素孚众望的博学鸿儒担任过紫阳书院山长。依次为冯昺、朱启昆、韩孝基、陈祖范、吴大受、王峻、沈德潜、廖鸿章、韩彦曾、彭启丰、蒋元益、钱大昕、冯培、吴省兰、吴鼐、吴俊、石韫玉、朱珔、翁心存、董国华、赵振祚、俞樾、程庭桂、夏同善、潘遵祁、陆懋宗、邹福保。其中有状元2人、榜眼1人、会元1人、进士23人,大都是饱学之士,师资力量十分雄厚。如连续执掌紫阳书院16年的钱大昕,就是清代著名的史学家、汉学家,有"一代儒宗"之称。

苏州紫阳书院的经费来源,主要靠学田供给。当书院创建时,张伯行即拨吴江县水北庵僧入官田作为在校学生的廪膳。雍正十一年(1733),清帝又以帑银1000两令官置田。乾隆三年(1738),江苏巡抚杨永斌又奏请拨帑银4万两生息,以为书院诸生膏火之需。

晚清时期,随着社会形势的变化和西学的广泛传播,一些中国人主张对书院制度加以改革,增加授课内容,学习西学,借鉴西方教育制度,培养富国强兵之人才。以此为背景,新式书院开始在吴地出现。这些书院在中体西用思想的指导下,改革课程设置和教育制度,西学在教学内容中的比重越来越大,书院出现西学化的倾向。如1874年由英国传教士傅兰雅和我国自然科学家徐寿共同发起创建的上海格致书院便是一所典型的西学化书院。格致书院既不同于教会学校,也与旧式书院迥然有别。徐寿曾称:

---

[1] 王涵:《中国历代书院学记》,首都师范大学出版社,2010年,第107页。
[2] 柳诒徵:《江苏书院志初稿》,《江苏国学图书馆年刊》1931年第4期。

"窃维格致之学，大之可齐治平，小之可通艺术，是诚尽人所宜讲求，今日所当急务。中国人材（才）林立，智能不让西人，向特风气未开，素不究心于技末"，"欲使人人通晓而不虞日久废弛，则必有会集讲论之所，招集深思好学之人，随会学习，讲求参考，以冀将来艺学振兴，预备人才施诸实用"。可见格致书院创建的目的是为了普及自然科学和培养科技人才。[1]

早期格致书院所设课程以自然科学为主，"每月拟定日期，轮流讲论格致一切，如天文、算法、制造、舆论、化学、地质等事"，并规定书院"均系专考格致，毫不涉及传教，并不干别项公事"。1885年王韬出任格致书院监院后，规定士子不仅要学习西方语言与科技知识，还要学习时事政治、西方社会学以及富国强兵之术。1895年傅兰雅又制定《格致书院西学课程》，将课程分为矿务、电学、测绘、工程、汽机、制造6门。书院的讲授方式不同于旧式书院的塾师教学，而是"所有功课，全赖学者自行工苦，殷勤习学，本书院不过略助讲解，以便明通而已"。格致书院设有博物馆，陈列各种机器具、模型和生产之物品，供人们参观、游览，又设有格致堂，"预备全付格致之器"。院内还设有图书馆，备有各种翻译格致书籍，以及中国经史子集、各种中外文报刊，供人查阅。[2] 一些传统书院也开始增加西学的教学内容。

1901年清末新政开始后，清政府推行教育改革，认为书院存在种种弊端，"今日书院，积习过深，假借姓名，希图膏奖，不守规矩，动滋事端，必须正其名曰学，乃可鼓舞人心，涤除习气"，要求"除京师已设大学堂，应行切实整顿外，著各省所有书院，于省城均改设大学堂，各府及直隶州均改设中学堂，各州县均改设小学堂，并多设蒙养学堂。其教法当以四书、五经纲常大义为主，以历代史鉴及中外政治艺学为辅"。[3] 此后吴地的书院纷纷转设为学堂，如1902年紫阳书院改建为校士馆，后又改为江苏师范学堂；1903年，苏州正谊书院改为江苏省中学堂；1905年，甫里书院改为甫里公学；等等。自此之后，书院逐渐走向衰落。

近年来，书院又出现复兴的趋势。如苏州大学近年来便先后设立敬文书院和唐文治书院。之所以如此，是人们在实践中发现，书院采取的小规模办学和师生和谐融洽、朝夕相处地研究学问的模式，恰恰可以弥补现代教育体制的某些不足，在培养人才方面发挥不可替代的作用。这种情况说

---

[1] 徐启彤：《近代吴地书院的新学化趋向》，《苏州大学学报》（哲学社会科学版）1996年第3期。

[2] 徐启彤：《近代吴地书院的新学化趋向》，《苏州大学学报》（哲学社会科学版）1996年第3期。

[3] 朱有瓛：《中国近代学制史料》第一辑下册，华东师范大学出版社，1986年，第776页。

明，在新的时代条件下，书院仍可发挥独特的功能，是值得我们传承的优秀文化遗产。

第三节　吴地社学义学的普及

中国古代没有确立全国统一的普及性义务教育制度，但社学、义学等学校，已初步具备普及性义务教育的一些特点，可以视作是普及性义务教育制度的雏形或萌芽。

社学指中国传统社会中设立于村社即基层社会的基础教育学校。社学起自元代。元代以50家为一社，每社立社学一所，供农闲时社内子弟就读。至元七年（1270）颁布的立社诏令称："今后每社设立学校一所，择通晓经书者为学师，于农隙时分各令子弟入学，先读《孝经》《小学》，次及《大学》、《论》、《孟》、经史，务要各知孝悌、忠信，敦本抑末。依乡原例出办束脩，自愿立长学者，听。若积久学问有成者，申覆上司照验。"[1] 苏州推行了这一制度。据《苏州教育志》载，元至正九年（1349）官府在苏州立社学130余所。这一做法被后世继承，明洪武八年（1375）朱元璋诏令府、州、县每50家立社学一所，苏州府共有社学737所。

义学又称义塾，指实施免费教育的公益性基础教育机构，清代陕西学者李元春《义学记》称："义学之设，为贫家子弟不能读书者设也，何以曰义？不使学者自出学俸也。或自官设之，或富者设之，或共敛资设之，或营公资设之，事不必同，皆可曰义，心期成物一也"。

古代宗族常常设有义学，如北宋范仲淹创办的范氏义庄便设有义学，教育族人子弟。这种做法被后世吴地家族继承。如光绪二年（1876）苏州彭氏谊庄成立时，彭氏族人商议在"南园东偏添建庄房，专设一斋，名曰庄塾，课本族子弟之无力读书者，以遵二林公（即彭绍升）遗训"。[2] 根据彭氏制定的庄塾规条，庄塾将出资聘请品学俱优的塾师，免费教育彭氏家族中没有能力延师就读的子弟，子弟在庄塾学习期间一应费用全免。如果有子弟住处较远，不便入庄塾读书，亦可由谊庄资助其学费，就近择师附学。此外，谊庄还为部分特别困难的子弟免费发放书本。但凡入庄塾读书或接受学费资助的子弟，由谊庄定期予以考核：成绩优良，"文理清顺，字画端正"者将奖励纸笔钱；特别优秀"实堪造就者"，额外提供助学资

---

［1］申万里：《元代教育研究》，武汉大学出版社，2007年，第89-90页。
［2］彭慰高等：《彭氏宗谱》附录《彭氏宗谱条例》，光绪七年衣言庄刻本，第17页。

金；学业荒废以致考课不合格者，以及无故缺席不参加考课者，酌情停减或终止资助；实在不认真学习的纨绔子弟，将逐出庄塾。清代无锡、金匮两县有秦氏、华氏（县城）、孙氏、侯氏、杨氏、华氏（荡口镇）、李氏、过氏等8所宗族义学，另钱氏和蔡氏义庄也有"书塾田"之设，说明其也可能设有义学。常熟县东乡的董氏、顾氏义庄分别设有义学。晚清湖州府南浔镇庞氏宗祠设有义学，"专课本族子弟，不取学费"，宣统三年（1911）后改为"两等小学堂"。刘氏义庄也设有"两等小学堂"，供族中子弟就学。

会馆、公所等商人组织和宗教机构等也会兴办义学。如康熙三十八年（1699），徽商在吴江盛泽镇建立"新安义学"，教育同乡子弟。据乾隆《盛湖志》记载："新安义学在东肠圩，国朝康熙三十八年新安张佩兰捐建，以课新安人居盛泽者之孤寒子弟。"张佩兰是徽州人，"其父侨居吾邑之盛泽，富而任侠，遭乱尽亡其赀，佩兰孤贫自奋，精岐黄家，治病辄效，老而无子，好行其德，家无他产，惟所居屋可值千金，念新安居斯土者不下数十家，力不能尽延师，慨然捐宅为义学，设考亭朱子像于高阁，旁为学舍，延良师、设修脯，招乡人愿学者毕来受业，虚中堂为同乡集会之所，而己居其旁，以券归诸乡人，令乡人子孙世世无废学"。[1]

官府和地方绅商举办、免费教育地方贫寒子弟的义学也极为常见。如同治、光绪年间，昆山、新阳二县有义学15所。光绪初年的武进、阳湖二县设有15所义学。

明清时期的社学、义学有合流之势。社学大多实行免费教育，与义学类似；义学则多面向基层社会设立，与社学重合。所以有人说："今之义学即为社学，犹社仓称义仓也"，即义学就是社学。[2]

社学、义学属于基础教育机构，但其中尚有经馆、蒙馆的高下之分。蒙馆教学重点是识字，属于层次较低的启蒙教育，教学内容多是《三字经》《百家姓》《千字文》等浅显的内容；经馆教学重点是儒家经典，着眼于应对科举考试，层次较高。如晚清时期的江宁（南京）普育堂，下设义学7所，其中经馆1所，"令读经书"，专授资质优异的子弟；其余都是蒙馆，专授"中等下等者"，希望让其"初通文义"。[3] 苏州种善局义学《义塾新规》则将塾师分为"讲解文艺者""读五经者"和"教授四书方字者"三类，即设有文馆、经馆、蒙馆三个层次，分层格外细致。

社学、义学的教育目标主要有两方面。一是使学生掌握一定的文化知

---

[1] 乾隆《盛湖志》，乾隆三十五年刻本，第3页。
[2] 《光绪宜兴荆溪县新志》，江苏古籍出版社，1991年，第109页。
[3] 《江宁府重修普育堂志》，光绪十二年刻本，第22页。

识及谋生技能，甚至为日后的科举考试打好基础。如苏州种善局义学就特设一塾，专门培养科举人才"所设中塾，专为习举业徒起见，凡读五经徒，禀资聪敏，愿习举业者，应准拨入，俾得专心肄业。其不能习举业者，当仍从原师读书，课余教以信札算法，俾将来习学生业，亦有裨益"。二是进行道德教化，培养学生的忠孝思想，达到净化社会风俗、维护封建统治秩序的目的。对大多数社学义学而言，后一目标更为重要。如道光年间江宁布政使唐鉴颁布的《义塾条约》便称："蒙以养正，读书不可不审也"，在"四书""五经"之外，"如《孝经》《小学》最为蒙童切要之书，读之即知作人之道，由此而大成，必为忠臣孝子，次之亦不失为善士、为好人，此在养之以预也。至初发蒙之幼孩，先取顺口则《小儿语》《好人歌》《三字经》《千字文》皆可取其易于成诵，亦不失为蒙养之初教也"。[1]

　　道光年间无锡慈善家余治强调，"试问启蒙一道，岂徒识字而已乎？但知识字，而不知为人之道，则识字适足以济其为恶之具耳"。即读书不只是为了识字，如果识字而"不知为人之道"，识字往往会成为作恶的工具。[2] 所以他在无锡大力推广"简便义塾"。简便义塾每年只开学两月，格外注重道德教育，要求生徒每日向塾师报告在家时的行为规范，凡有不听父母教育、与兄弟姐妹争吵、打人骂人等情况，必须加以改正。老师要反复进行思想品德教育，"每傍晚必讲说做人道理二三则，使之互相覆讲"。与此同时，简便义塾还面向社会大众，开展道德品行和行为规范教育，"每旬另以三八日会讲，许本图父老子弟相率偕来，以次向圣位前叩头，向先生前作揖，然后肃静坐旁听讲，不得一语喧哗。宣讲尤须明白显豁，不宜参入文字话头，如家常说话一般，能参以眼前果报，尤为易入，对症发药，杂以机趣，动以天良，感化最为神速"；"每月必宣讲《乡约》一次，定期月朔，即于社庙宽广公所，董士耆老等率地方人众，环立敬听。主讲者登台宣讲，须引古证今，多方鼓舞，凛之以天地神明，惕之以王法清议，庶几激励奋发，必有挽回补救之妙"。[3]

　　吴地社学、义学多借用庙观祠宇、公所善堂等公共空间开办，大多采取一师多徒的传统教学模式。每名塾师教授的生徒多在10至30名之间。如嘉庆九年（1804）设立的上海同仁堂义学规定，学生不要超过24人，如果人数已

---

[1] 璩鑫圭：《中国近代教育史资料汇编　鸦片战争时期教育》，上海教育出版社，1990年，第326页。

[2] 璩鑫圭：《中国近代教育史资料汇编　鸦片战争时期教育》，上海教育出版社，1990年，第401页。

[3] 璩鑫圭：《中国近代教育史资料汇编　鸦片战争时期教育》，上海教育出版社，1990年，第348-349页。

满，需要等出缺候补。余治的"简便义塾"每塾学生以20人为上限。

吴地社学、义学的塾师大多具备生员（即秀才）或以上的功名。如同治七年（1868）江苏巡抚丁日昌要求辖区每县各设社学4所，规定塾师须为"植品端方之庠生（即生员），始准延定"。[1] 苏州种善局义学规定塾师参加乡试、会试时需请专人代理馆务，说明塾师以生员居多，还可能有部分举人。

吴地社学、义学对塾师的道德品质和精力状况也有所要求。如上海同仁堂义学规定："师长必访求品端学优、精神充足者。"同治九年（1870）湖州知府宗源瀚要求，义学"塾师必择品学兼裕，老成耐劳者"。光绪《罗店镇志》称："义塾以择师为主，求师以品行为先。"

社学、义学的经费主要由其主办者提供，官府、绅富、家族等都可能成为义学的经费提供者。为使社学、义学获得稳定经费来源，各地常常置办田产，以田产租金收入供应学校开支；也有采取预先筹措经费存典生息、以利息收入供应开支的做法。据民国《吴县志》载，举办义学的苏州种善局拥有田产230余亩，且"每年由藩库拨给银七百二十两"。据光绪《吴江县续志》载，同治七年（1868）八月，吴江知县沈锡华禀准，"自七年分始，于收漕办公项下岁拨钱四百千以充经费"，在同里、黎里、芦墟、莘塔4镇各设社学1所，"塾师束脩、膳金、月费每月六千文，应办书本、纸笔、砾墨各项每年统约需钱四百千文，尽足敷用"。

吴地社学、义学的广泛设置，一定程度上推动了教育权利的普及和下移，普通民众的子弟也可以读书识字，特别是对家境贫寒的子弟而言，社学、义学更成为他们获得教育机会的主要渠道。社学、义学与府县学、书院一起，形成比较完整的教育体系。这不仅为统治者造就了大批人才，也有力地促进了文化的发展，使得吴地成为人文荟萃之地，出现众多的学派、画派与书派。当然，由于经费有限，社学、义学仍然难以提供普遍教育，存在明显的局限性。沿至清末，随着废科举、兴学堂政策的实施，各地社学义学大多被改为学堂，逐渐退出历史的舞台。

第四节　吴地文化世家的传承

明清吴地经济繁荣，文化发达，是著姓望族集中之地。吴地的望族一般通过科举入仕形成，历来注重文化积累，在文化领域取得丰硕成果，且

---

[1] 赵春晨：《丁日昌集》（全二册），上海古籍出版社，2010年，上册第491-492页。

世系绵延久远,属于文化世家。[1]

简要而言,吴地文化世家的出现和发展有主、客观两方面原因。客观原因是明清时期的吴地社会环境相对安定,经济发达,自然环境优越,城市乡镇繁荣,这为文化世家提供了良好的生存发展条件,也吸引了外来人口前来定居。主观原因是文化世家注重家族教育和文化积累,积极参与科举考试,不断培育人才。主、客观两方面因素叠加,使得吴地的文化世家得以绵延不绝。

按照学界的研究和分类,吴地文化世家主要可分为三种类型。[2]

一是官宦型的文化世家。这种家族科举功名兴盛,进入仕途的人数较多,有的还曾出任较高官职,因此成为声势显赫的官宦大族,这种家族也可称作"科举世家"。如明清时期的常州庄氏是著名的科举仕宦世家。据统计,明清时期常州庄氏相继有34人考中进士,其中状元、榜眼各1名,被誉为"中国科举第一家族"。[3] 吴县莫厘王氏在明清两代共有进士12名、举人16名,其中状元1名、探花1名。其族人王鏊为明成化年间进士,曾官至大学士。清代苏州府长洲县彭氏共出14名进士,其中状元2人,其族人彭启丰在康熙年间官至兵部尚书,彭蕴章在咸丰年间官至大学士。吴县大阜潘氏清代共出进士9名、举人32人,其中状元1人、探花2人,其族人潘世恩为乾隆五十八年(1793)状元,官至大学士、军机大臣,加太傅衔;潘祖荫为咸丰二年(1852)探花,官至工部尚书。清代常熟蒋氏一门人才辈出,康乾盛世年间代有显官,蒋伊官至河南学政,蒋廷锡官至文华殿大学士,蒋溥官至东阁大学士,出现"五代进士"和"父子宰相"的盛况。[4]

二是学术型的文化世家。这种家族虽然也有一定的科举功名,但关注重心并非出仕做官,而是致力于某一文化领域的研究创作,并世代传承,积累了丰硕的文化成就,形成风格独特的家学。如顾氏是吴地历史悠久的名门望族。东汉至南北朝时期的顾氏曾是江东四大族之一,名士辈出。顾雍曾任孙吴丞相19年,顾雍之孙顾荣为东晋吴地士族领袖。南朝顾野王是

---

[1] 吴仁安:《明清江南著姓望族史》,上海人民出版社,2009年,第102页。
[2] 关于文化世家的分类,参见徐茂明:《明清苏州文化世族的内涵与类型》,苏州市传统文化研究会:《传统文化研究》第19辑,群言出版社,2012年。以下未注明出处者,多引述此文。
[3] 江庆柏:《明清苏南望族文化研究》,南京师范大学出版社,1999年,第113页。
[4] 本书编辑组:《家国千年:苏州历史上的家风与家规》,中国方正出版社,2016年,第238-248页。

著名文字训诂学家和史学家。[1] 此后顾氏一度沉寂,明朝后再度涌现出许多杰出人物,明朝大学士顾鼎臣、明末清初大学者顾炎武便是其中代表。近现代以来苏州顾氏的专家学者众多,如书画家顾文彬和顾麟士,历史学家和民俗学家顾颉刚,化学家、院士顾翼东,图书馆专家和学者顾廷龙,经济学家顾准,昆曲专家顾笃璜,航空专家、院士顾诵芬,等等。[2] 又如以文徵明为代表的文氏家族,在诗文、书法、绘画、园林等方面均取得不俗成就。文徵明精于诗文书画,是"吴中四才子"和"吴门四家"之一。文徵明曾孙文震孟为状元,官至大学士。文震孟之弟文震亨精于造园,所撰《长物志》是园林营造史上的不朽杰作。

清代吴地还出现经学世家惠氏、藏书世家瞿氏等。苏州惠氏"四世传经",惠周惕、惠士奇、惠栋合称"吴门三惠",是乾嘉学派"吴派"的代表。惠氏家学的世代传承,极大促进了清代学术的繁荣,后世各大学派的著名学者,大多钻研过惠氏经学。常熟瞿氏自乾隆年间起经营藏书,历经五世,其所建铁琴铜剑楼是近代中国四大私家藏书楼之一。

惠周惕　　　　　　惠士奇　　　　　　惠栋

吴门三惠(惠仰泉等主修:《惠氏宗谱》卷3,1947年续修本)

第三种是儒商型的文化世族。这种家族大多由商贾起家,然后借助科举进入仕途,但科举功名的数量与层次均属有限,族人始终以工商业为经营重心。如苏州东山的席氏是洞庭商人的杰出代表,早在明代后期就已经

---

[1] 本书编辑组:《家国千年:苏州历史上的家风与家规》,中国方正出版社,2016年,第205-214页。
[2] 张学群等:《苏州名门望族》,广陵书社,2006年,第26-45页。

是著名的富商巨贾，近代以来，席氏又迅速发展为上海著名的金融世家。席氏在商界获得巨大成功的同时，始终重视文教事业，江南著名的书坊"扫叶山房"就是由洞庭席氏所设，前后延续三四百年历史。清代雍正年间，席氏的席钊、席鏊父子先后考取进士、举人。乾嘉时期，席鏊的孙女席佩兰是袁枚的女弟子之一，在诗词方面享有很高的声誉。

吴地文化世家具有如下一些特征[1]：

一是重视文教事业。明代文学家归有光说，苏州"文字之盛，甲于天下"，七八岁以上的儿童均致力于读书应试。不少家族的家规家训明确要求，要重视对子弟的教育，如"四世传经"的惠氏在家规中便要求"兴文教"，"昔先王造士，家有塾，党有庠，其遗制至今不废。今天子振兴文教，雅意作人，吾族中子弟有志读书者，各支如有公款，须给膏火纸笔及应试之费，以示奖励。为子孙者亦当刻苦攻书，以期上进，不得虚延时日，致负祖宗栽培之意"。[2] 据顾颉刚回忆，顾氏家族也以崇文尚学著称，"及康熙帝下江南时，风闻我家文风之盛，乃誉曰：'江南第一读书人家'。其时我家的气势，本已很可观，及得此崇誉后，更有不可一世的气概，不但在大厅上高高悬挂着'江南第一读书人家'的大匾，凡与亲友交往的名片、礼券、礼匣上都印着这一句话，以示荣崇"。顾颉刚的祖母"一切节省，只有对我买书却极慷慨。因此，我在十一岁以后就天天出入书肆，一本一本的买了回来。积少成多，一年就可有五六百册。有时要买一部大书，须十余元或廿余元的，向她恳求，她每月只有从我父亲那里收到三十元钱，一切苏州开销包括在内，却肯付给我一笔书款。所以我从小怀着做一个藏书家的野心。当我十六七岁的时候，就买了几部丛书（《惜阴轩》《咫进斋》《滂熹斋》《功顺堂》……），这些书钱哪有一个不是我的祖母从千省万省中省出来的"。[3] 总之，不论哪种类型的文化世家，均重视族人子弟的教育，将科举功名视作共同的追求目标。借助科举制度确立家族长盛不衰的地位，是吴地文化世家的共同特征。

二是倡导宗族伦理，热衷于宗族救助组织建设。早在北宋皇祐元年（1049），范仲淹便在故乡苏州创建全国第一个宗族救助组织——范氏义庄。范氏义庄除保证族人的基本生活外，还设有义学，具备教育子弟、支持族人参加科举考试的职能。范氏义庄成立之初，由于族人较少而收入较多，

---

[1] 特征归纳参见徐茂明：《互动与转型：江南社会文化史论》，上海人民出版社，2012年，第272页。
[2] 惠仰泉等：《惠氏宗谱》卷1，1947年续修本，第1-6页。
[3] 顾颉刚：《玉渊潭忆往》，王煦华整理，《苏州史志资料选辑》第2辑，1984印本，第8-31页。

一度推行"普遍福利"的救助办法。范仲淹首定义庄规矩规定:按口发给族人补助,男女5岁以上每人每日白米1升;每人每年冬衣布1匹,5岁以上10岁以下减半;族人嫁女、丧葬等事也各有补助。后因族人渐多而义田收入有限,其救助范围逐渐缩小,转以救助贫穷族人为主。[1]

范氏义庄成立后产生重大影响,各地纷纷仿效。宋人胡寅称:"本朝文正范公置义庄于姑苏,最为缙绅所矜式。"[2] 沿至清代,全国各地更是出现设立义庄的高潮,以至出现"义庄之设遍天下"之说,不过仍以吴地最为密集。所以王昶称,自范文正公创立义庄之后,"近世士大夫多踵而行之者,而吴中为文正故里,义庄尤盛"。俞樾也称苏州"义庄林立"。[3] 据统计,清代苏州府新建的义庄达到210个,加上前代所建、清代仍存的义庄,数量还要超过此数。[4] 这些宗族组织的长期存在,有助于家族的文化精神世代继承,避免了家族的没落甚至消亡。

其三是热衷于慈善公益。在吴地的各种慈善公益活动中,到处可以见到文化世族的身影,如清代苏州彭氏、韩氏、潘氏等家族都是著名的积善之家,涌现出诸如彭绍升、潘曾沂、韩是升等著名慈善家。他们参与善会善堂、义田义庄、书院义塾等慈善公益组织的管理,在维护社会稳定发展方面发挥着积极作用。

彭绍升在善举方面的贡献众多。他在乾隆四十二年(1777)创办的近取堂职能广泛,由施棺、恤嫠、惜字、放生4种善会组成,兼行施予僧人饭食、刊刻佛经、施衣施药等善举,属于综合性慈善组织。近取堂的影响很大,其中救助嫠妇(守节寡妇)的恤嫠会,是我国最早的专门以嫠妇为救助对象的慈善组织。其救助方法是定期给予守节寡妇现金补贴,帮助其抚育子女和赡养老人,其救助的重点对象是儒生的遗孀和子女。恤嫠会产生过广泛影响,镇江、杭州、常州等地均曾仿行。除近取堂外,彭绍升还经常从事修桥筑路之类的公益活动,并积极举办宗族慈善事业,曾主持创办彭氏"润族田",保障贫困族人生活。[5] 彭绍升毕生坚持劝善行善的举动对彭氏族人起到了良好的示范作用。在彭绍升之后,彭氏还涌现出彭希洛、彭祝华、彭蕴章、彭翊、彭慰高、彭福保等一批热心善举之人。他们的活

---

[1] 王卫平:《从普遍福利到周贫济困——范氏义庄社会保障功能的演变》,《江苏社会科学》2009年2期。
[2] 李学如:《近代苏南义庄与地方社会研究》,上海三联书店,2016年,第34页。
[3] 张研:《清代族田与基层社会结构》,中国人民大学出版社,1991年,第38页。
[4] 李学如:《近代苏南义庄与地方社会研究》,上海三联书店,2016年,第83页。
[5] 王卫平、黄鸿山:《继承与创新:清代前期江南地区的慈善事业——以彭绍升为中心的考察》,《苏州大学学报》(哲学社会科学版)2011年3期。

动为彭氏赢得了"积善之家"的美誉。

韩是升生活于乾隆、嘉庆年间,功名不显,以教书授徒为业,生活简朴,但名德显著,教子有方,其子韩崶官至刑部尚书。韩是升曾写信给韩崶称:"余今年秋收颇佳,所植菽粟,颇足酿酒,笔墨足以代耕,尽有余享。汝所获廉俸,养妻孥犹有余资,切勿贪分外财,致使七十垂尽之翁被累也。"[1] 教育儿子要清廉为官。韩是升热心慈善公益事业,嘉庆十一年(1806)在浒墅关创办一善堂和栖流所,掩埋道路水面的无名尸体和收容医治垂毙的流民,并曾创办同善堂、养牲局等慈善机构。[2] 其好善的精神被韩氏后人继承。道光十五年(1835),江苏巡抚林则徐在苏州筹款创办备荒的丰备义仓时,韩崶之子韩范遵其父"遇有地方公举,竭力捐助"的遗命,首先捐助田产1100余亩。[3]

潘曾沂系状元潘世恩之子,他居乡期间力行善举,成为苏州地方颇有影响的慈善家,一生主持或参与的善举为数众多,诸如平粜免租、施衣馈药、建义塾、创善会、育弃婴、养灾民、凿义井、兴水利等地方慈善公益事业,均可看到他的身影。鉴于潘曾沂在地方慈善公益事业中发挥的巨大作用,后人称他为"道光时吴门第一善人"。[4]

在晚清社会急剧变动的过程中,文化世家同样发挥着重要作用。如在太平天国运动战后的社会重建过程中,苏州文化世家的代表潘氏积极联络上下,利用其广泛的社会资源,促成苏州成功减赋,完成了数百年来苏州人减赋的夙愿。[5] 文化世家的慈善公益活动一方面改善了社会风气,营造了善风良俗;另一方面也分担了政府的社会管理压力,有效地缓和了社会矛盾,成为地方社会稳定发展不可低估的重要力量。此外,文化世家作为文化素养和社会地位比较高的群体,他们的行为方式和审美取向往往引领着地方社会风尚的走向。

时至今日,随着时代的进步,历史上吴地文化世家的许多观念和做法已经不再适用。但是,吴地文化世家重视文教、重视族人互助、重视慈善公益的做法,仍是值得今人继承发扬的文化遗产。今天的家庭仍是"社会

---

[1]〔清〕徐珂:《清稗类钞》第2册,中华书局,1984年,第578页。

[2] 黄鸿山:《近代江南社会保障机构的经费收支与运作研究》,中国社会科学出版社,2017年,第197-206页。

[3] 黄鸿山:《中国近代慈善事业研究——以晚清江南为中心》,天津古籍出版社,2011年,第34页。

[4] 王卫平:《清代江南地区的慈善家系谱———以潘曾沂为中心的考察》,《学习与探索》2009年3期。

[5] 徐茂明:《明清苏州文化世族的内涵与类型》,苏州市传统文化研究会:《传统文化研究》第19辑,第315页。

的基本细胞",只有"千家万户都好,国家才能好,民族才能好"。因此,我们应该借鉴传统精华,做好家庭治理和家风建设,使家庭成为国家发展、民族进步、社会和谐的重要基点。

第五节 吴地家族教育的发达

吴地家族大多注重对族人子弟进行教育,培养子弟成人成材。吴地的家族教育有如下几个显著特点:

一是高度重视子弟教育。吴地家族的家规家训,经常要求加强对子弟的教育,这在人才辈出的家族中表现得格外明显。范仲淹教育子弟的《家训百字铭》中便要求子弟"勤读圣贤书,尊师如重亲"。[1] 南宋苏州叶梦得《石林家训》要求子弟勤奋读书,"旦起须先读书三五卷,正其用心处,然后可及他事。暮夜见烛亦复然。若遇无事,终日不离几案"。[2]

这种做法被后世继承。明末清初昆山朱柏庐《治家格言》(即著名的《朱子家训》)中亦称:"祖宗虽远,祭祀不可不诚;子孙虽愚,经书不可不读。"并对如何读书提出具体要求,强调"读书须先论其人,次论其法",即读书要注意人格修养与知识积累并重,"读书志在圣贤,非徒科第"。清代苏州彭氏是著名的科举、文化世家,清代出过两个状元。苏州《彭氏宗谱》的《修谱条例》中明确规定:"宗人生业,以读书习礼为上,次则训徒、学医、务农,次则商贾、贸迁,若违理背训入于匪类者,斥而不书。"可见彭氏将"读书习礼"视作族人最优先的选择。明清以来的浙江海宁查氏是著名世家大族,文人学者世代不绝,苏州大学校友、著名小说家金庸便是其中之一。查氏家训中就要求"读书为本"。据现代著名历史学家、苏州人顾颉刚回忆,从小祖母就谆谆告诫其努力读书,"不要坍祖宗的台"。有一次顾颉刚想以下大雨为由逃学,祖母斩钉截铁地说:"就是落铁,也得去。"这让顾颉刚终生不忘。近代吴江费氏的费璞安、杨纫兰夫妇高度重视教育,他们对家庭开支精打细算,但始终坚持"教育优先"原则,余钱再作他用,培养出费振东、费青、费霍、费孝通和费达生这5个出类拔萃的子女。长子费振东是我国著名法学家,次子费青是著名法学家和律师,三子费霍是工程师。女儿费达生是蚕丝专家,一生从事蚕桑丝绸科学技术的推

---

[1] 杨镜如:《苏州府学志》上册,苏州大学出版社,2013年,第157页。
[2] 中国地方志指导小组办公室:《中华家训精编100则》,方志出版社,2015年,第73页。

广,被誉为"当代黄道婆"。四子费孝通(1910—2005)成就尤为突出,他是著名社会学家、人类学家、民族学家和社会活动家,1936年获伦敦大学经济政治学院博士学位后回国任教,是中国社会学和人类学的奠基人之一,曾任全国人大常委会副委员长和全国政协副主席。

二是提供制度和经济保障。北宋范仲淹捐出田产,在苏州创设范氏义庄,用田产收益资助族人。范氏义庄中附有义学,供子弟读书。家族义学为家族教育提供了制度和经济保障。沿至清代,吴地家族兴学助教已成为常规性做法。形式主要有3种:兴办义学、提供学习经费、资助子弟应考并给予及第奖励。经费充裕的家族大多是三者并施,经费较少的则多采用后两种做法。

如苏州彭氏的彭定求系康熙十五年(1676)状元,其晚年分家产时,特别划出3处房屋,每年所收租金专用于子孙教育。其子彭正乾的遗嘱中也特别要求留出田产,专供子孙读书。清光绪二年(1876),彭氏捐集田产建成彭氏谊庄,谊庄设有庄塾,出资聘请品学兼优的塾师,免费教育家族中的贫困子弟。如果有子弟住处较远,不便入庄塾读书,谊庄将资助其学费,就近入学。谊庄定期对子弟进行考核,成绩优良的奖励纸笔钱,特别优秀的额外提供助学资金,学业荒废以及无故缺席的酌情停减或中止资助,纨绔子弟将被逐出庄塾。彭氏谊庄资助子弟参加科举考试,对考试中试者予以奖励,"县府试正场助五百文,每复一次及考性理三百文。生童岁科试正场及经古复试与县府试同,均于正案已发后,支总汇报各人每场名次,并以逐次浮票为凭,按规支发,无票不发",考中秀才者奖励四千文;参加乡试者资助十千文,考中举人加贺金十千文,若举人头名贺金二十千文;参加会试者资助三十千文,中式者加给贺金二十千文,若考中会元及状元、榜眼、探花、传胪,贺金加倍发给。

类似于彭氏的做法在吴地家族中普遍存在。苏州申氏(申时行家族)《申氏世谱》中的义庄条规规定,子弟"读书纸笔费岁给四石,其已经有饭米者减半。读书中有文行堪充教授者,公请入家塾,月加米一石。其束脩另行议加",子弟"中进士者给赴任银三十两,准米六十石,中举者给路费银二十两,准米四十石"。苏州《皋庑吴氏家乘》所载义庄条规称:"子弟应试者,县、府、院三试,每次赠钱二千文,入泮四千文,岁科试一千文,补廪四千文,乡试八千文,中式十六千文,得优拔贡及副贡者各八千文,会试二十四千文,中式三十六千文,不分有力无力,均由义庄支赠,不愿领者听。如领而不赴试者,永远停给"。

另外,吴地的许多家族具有藏书传统,这也为子弟潜心向学提供了有力保障。如海宁查氏便以藏书丰富著称。常熟翁氏是著名藏书世家,翁氏先后出现翁同龢、翁曾源两个状元，这与家族藏书提供的资源保障显然是分不开的。

三是教育内容全面丰富。吴地家族教育的内容涵盖三大方面：

首先是文化素质教育。如前所述，吴地家族教育一般都强调子弟应攻读"四书""五经"等儒家经典，并鼓励其参加科举考试，兹不赘论。

其次是思想品德和行为规范教育。朱柏庐《朱子家训》中集中阐述修身治家之道，教育子孙养成良好的生活习惯，强调勤俭节约，要求族人互相帮助，教育子孙立志高远、不徇私利等。其中"一粥一饭当思来处不易，半丝半缕恒念物力维艰"，"读书志在圣贤，非徒科第；为官心存君国，岂计身家"等名言，至今仍为人们传颂。

苏州彭氏也格外注重对族人子弟的思想品德教育。彭定求曾撰写《治家格言》，规劝子弟处家要牢记"孝父母，敬兄嫂，为夫妇，和顺好"；处事应坚守"贫不欺，富不扰。官钱粮，先要了"，做一个敦亲睦邻、安守本分的百姓。又说"学手艺，要心巧。做买卖，要公道。耕种田，勤耨草"，[1] 谆谆教导子弟无论从事何种行业，都要坚持良好的职业操守，做到诚实经营、勤奋致富。彭蕴章撰有《交友四箴》《居心箴》《居官箴》《恃才箴》《怙过箴》《玩物箴》《玩日箴》等家训家规，对族中子弟的道德操守和行为规范提出要求。《交友四箴》包括滥箴、谑箴、傲箴和言箴，重在教导子弟如何择友以及与人相处，指出择友应当慎重，宁缺毋滥；与友人相处应当敬人以礼，不可揭人之短、谑人之过；待人接物应谦逊有礼，不可倚势倚才傲世；言语要注意分寸，和颜悦色，不急不躁。《居心箴》则教人心正，心正才能言行不偏。《居官箴》劝勉为官者恪守清白、勤勉为政，不可怠于政事、尸位素餐。《恃才箴》劝诫子弟待人接物应谦虚低调，不能恃才自矜。《怙过箴》指出为人应不时自省，以便及时发现并改正错误。《玩物箴》告诫子弟不要玩物丧志，沉溺于物欲。《玩日箴》告诫子弟应当珍惜光阴，不要饱食终日，无所事事。这些教导收到良好效果，彭氏的确能够世代传承清白家风，得到世人赞誉。约在道光初年，江藩曾称赞道：彭氏虽"一门鼎贵，为三吴望族"，但"至今子弟恪守庭训，不踰规矩，有万石之遗风。江南世禄之家鲜克由礼，当以彭氏为矜式焉"。[2]

其三是实用技能教育。苏州彭氏规定，彭氏谊庄庄塾所收的"质钝不能进业"的学生在年满15岁后，鼓励并资助其充当学徒，学习谋生技艺，

---

[1] 张鸣、丁明：《中华大家名门家训集成》（下），内蒙古人民出版社，1999年，第1185页。
[2] 〔清〕江藩：《国朝汉学师承记附国朝经师经义目录国朝宋学渊源记》，钟哲整理，中华书局，1983年，第173页。

"读书不成者,习业亦足以谋生。凡子姓无力者,始习业由支总报明,助钱四千文,备置铺陈。进店后至写立关书,由支总查明本店人作保,再报助钱十千文"。苏州陆氏义庄规定:"习业谋生,足以自立,与读书应试无异,亦应推广成就。嗣后子姓无力者始习业,由支长报明,给七十串制钱四两。各置铺陈进店后,至写立关书,仍由支长查明,本店人作保再报,给七十串制钱六两,仍将关书送验发还。或所习之业,无需关书费,则于三年后,由支长查明,本店人作保再报,习业既成,给钱七十串制钱四两,以示鼓励。倘一习未成,改就他业,本不应重给,如在三年内原店停歇,处(咎)非自取,准由支长复查再报,给七十串制钱二两,俟其习成,有无关书,亦准如前,查明报给。"[1] 苏州吴氏义庄条规规定:"族中子弟成丁之后,或读书上进,或习业谋生,各父兄当因材而教,如十五六岁时文理未通,难望学成,急须改业,由庄支铺程钱四千文,交本房父兄领办。"武进张氏称,资助子弟读书至15岁后,如果不能在科举方面有所进取,应该帮助其早日习本业、图生计,学习谋生技能。[2]

四是顺应变化,与时俱进。近代以来,随着社会形势的变化和西学的影响,吴地家族教育也开始近代转型的历程。如苏州潘氏规定,家族设立新式学堂和资助子弟出洋留学。光绪三十二年(1906)制定的潘氏《松鳞庄续订规条》规定:"自奉朝旨罢黜科举,振兴学堂,大概义庄多有族学之举,因就庄屋西络添葺斋舍,设立高初两等小学堂,专课本族子姓,凡年在七岁以上十六岁以下,概许来学请业";"学堂经费由义庄支拨,不论有力无力,一概不取学费。其饭膳书籍等费,有力者照缴,如实系无力,为庄规合给塾修赡米者,凭支总具报核准免缴"。赴外郡外省参加考试者、咨送京师大学堂或咨送出洋留学者,均有相应的补贴。[3]

与潘氏类似,清末科举停废后,苏州彭氏庄塾也改为私立两等学堂,本族子弟入学,学膳费用一概免除。教育内容已涵盖近代自然科学、社会科学及体操、图画、英文等新式课程。民国年间苏州彭氏《续纂庄规》仍规定,宗族将对求学子弟进行资助,"入国民学校及蒙养院者,每年给学费银元六元,入高等小学者,给学费银元十二元,入中等学校者,给学费银元二十四元,入高级中学或专门预科者每年给学费银元三十六元,入大学或专门本科及至日本留学者,每年给学费银元六十元,欧美加倍"。并增加了关于女子教育的内容,"女子同为子弟,自应一视同仁,支给学费",由

---

[1] 李文治、江太新:《中国宗法宗族制和族田义庄》,社会科学文献出版社,2000年,第209-210页。

[2] 申国昌:《中国教育活动通史》第5卷(明清),山东教育出版社,2017年,第496页。

[3] 徐茂明:《互动与转型:江南社会文化史论》,上海人民出版社,2012年,第226页。

于庄款有限,"公议女子以高小学毕业为限,比照男生一律支给学费,若有力,房族升入中学以上各校者,本庄亦只照高小班给费,以示限制"。可见彭氏对女性族人的教育也有所重视,虽然与男子尚有区别,但在当时的历史环境下,已经是极大进步。1902年,无锡胡氏创办胡氏公学,其中也专设女子部,收女子入学。[1]

吴地家族重视教育、兴办教育,从主体动机看,当然主要是为了维持家族的长期兴盛。因为在科举制度成为社会流动主渠道的情况下,家族只有不断培养出科举人才,才能永续家族繁荣的梦想。但各个家族的集体努力,客观上为吴地造就了大量人才。明代大学士、苏州人徐有贞在《苏郡儒学兴修记》说,苏州"学甲天下之学,人才甲天下之人才"。清末曾担任江苏巡抚的陈夔龙说:"冠盖京师,凡登揆席而跻九列者,半属江南人士。"[2] 近代以来,吴地人才仍不断涌现。据2017年年底统计,苏州籍的中国科学院、中国工程院院士达117名,名列全国所有地级市之首。这种盛况的出现,与吴地家族教育事业的发达是分不开的。

吴地家族在教育事业的种种做法,对今天的我们也有启发意义。家族其实就是扩大化的家庭。2016年12月,习近平总书记在会见第一届全国文明家庭代表时说:"家庭是人生的第一个课堂,父母是孩子的第一任老师"。家庭应该重视教育,"要重言传、重身教,教知识、育品德,身体力行、耳濡目染,帮助孩子扣好人生的第一粒扣子,迈好人生的第一个台阶"[3]。只有这样,才能培养出更多对国家和人民有用的人才。由此可见,虽然时代不同,但是家族(家庭)教育仍然值得我们高度重视。

第六节 吴地状元甲天下

先秦时期的吴地在经济文化等各方面均落后于中原地区,深受中原士人的轻视,被看作是"蛮夷之邦"。实际上,吴地早就开始了与中原的交往,深受中原文化的影响。《左传》称"太伯端委,以治周礼",即按中原的一套礼仪来管理吴国;春秋后期,吴公子季札出使中原,观周礼,听鲁乐,讽评各诸侯国时政,切中事理,表现出高深的文化素养;吴人言偃北上求学,从游孔子,成为孔门七十二贤达之一,以"文学"著称。是故他

---

[1] 李学如:《近代苏南义庄与地方社会研究》,上海三联书店,2016年,第242页。
[2] 〔清〕陈夔龙:《梦蕉亭杂记》,中华书局,2007年,第107页。
[3] 习近平:《在会见第一届全国文明家庭代表时的讲话》,2016年12月15日,http://www.xinhuanet.com/politics/2016-12/15/c_1120127183.htm。

们被推为东南学术之祖，对开启吴地人文风气具有不可磨灭之功。秦汉时期的吴地虽然出现了朱买臣、庄助等文臣，文风也称炽盛，《后汉书·张霸传》称吴地"郡中争励志节，习经者以千数，道路但闻颂声"，但毕竟落后于中原。

迨至六朝，吴地文风渐兴，出现与中原抗衡的局面。左思《吴都赋》称赞江东"冠盖云荫"；陆机《辨亡论》感叹"江东盖多士矣"。西晋时期，吴地文化更为进步，陆云《与陆典书》曾说："国士之邦，实钟俊哲……吴国初作，雄俊尤盛，今日虽衰，未皆下华夏也"。有统计显示："吴郡的《三国志》列传士人达28人，在全国居于首位，吴郡、会稽人士著书可考者分别达34种与30种，也仅仅次于东海郡与谯郡。加之吴郡、会稽、丹阳一带还聚集着大量北方流富士人，那么江左一带可能为全国士人最密集、文化最发达的地方了"。[1] 至于南朝，随着重文轻武风气的广为流行，关于吴地士子"少好学""笃学业，博涉群书""博学善属文"之类的记载更是不绝于书。

随着江南文化的发展，中国出现了南方文化渐重于北方的态势。皮锡瑞《经学历史》一书中对南北学术变迁有如下论述："学术随世运为转移，亦不尽随世运为转移。隋平陈，而天下统一，南北之学，亦归统一，此随世运为转移者也。天下统一，南并于北，而经学统一，北学反并于南，此不随世运为转移者也"；"经学统一之后，有南学，无北学"。从入仕人数来看，也开始出现南多北少的情况。唐武宗时曾对各州贡士人数的规定做过改革，即以地区差异作为划分贡士人数多少的标准，各州按选人的多少分为三个等级，一至三级依次为进士15人、10人、7人，明经20人、15人、10人。南方除边远地区的州列为第三级，余均列为第一级，而北方尤其是素为文化重心的关东地区各州大都列入第二级。这就清楚地表明，中唐以后南方文化的发展在某些方面已超越北方。值得指出的是，唐代文化重心的南移轨迹，明显地有移往东南太湖地区的倾向。[2]

五代以后，南方文化的发展，其势如江海巨浪，一路滔滔。虽然北宋前期有过短暂的逆转，但终究挽回不了北方的颓势。而在南方文化中，太湖地区始终居于"龙头"地位。由此，吴地乃至整个太湖地区人才辈出，南宋诗人"四大家"中有3人出于太湖地区（陆游、范成大、尤袤）；杭州人沈括寓居润州（今镇江），堪称当时世界上第一流的科学家。据学者对两

---

[1] 卢云：《三国西晋时期的文化区域与文化重心》，《历史地理》第6辑，上海人民出版社，1988年。
[2] 王卫平：《论太湖地区文化重心地位的确立》，《史学月刊》1993年4期。

宋列传人物、词人、画家、儒者的统计，以太湖地区为中心的江浙地区大多在全国处于领先地位。[1]

吴地文化重心地位的标志之一是科举文教事业的繁荣。在封建社会，科举功名是士人出人头地、实现自身价值的最主要途径。吴地士人参加科举考试的成绩突出。早在唐代，吴地的归氏在 30 多年间就出了 5 个状元，号称"天下状元第一家"，归氏后裔散居吴中各地。明代以降的昆山归氏又涌现出归有光、归庄等著名学者和文学家。[2] 明清时期吴地士子在科举考试方面更是取得傲人成绩。据统计，明清两朝江苏进士人数约为 6000 人，其中吴地部分约有 4690 人，占全省总数的近八成。状元是进士之首，是封建社会士子进取的目标，因而状元的多少大体代表一地科举文教水平的高低。明清时期吴地状元辈出，明代全国共有状元 89 人，其中吴地有 16 人，占全国总数的 18%；清代全国状元共 114 人，其中吴地部分有 44 人，占全国总数的 39%。值得一提的是，苏州城及附近地区是状元最为集中之地。明清两朝苏州府出了 34 个状元，其中与苏州府同城而治的长洲、元和、吴县有 22 人。[3]

由于清代吴地士人中状元的概率远高于其他地区，所以吴地在科举史上涌现出许多与状元有关的佳话。如清初昆山县徐乾学、徐秉义、徐元文三兄弟是著名思想家顾炎武的外甥，他们参加科举考试时，徐元文考中状元，其他两位考中第三名即探花。进士前三名人称"鼎甲"，所以此事被人称作"同胞三鼎甲"。[4] 又如清乾隆四十六年（1781）状元、苏州人钱棨取得"连中三元"的佳绩。明清时期从秀才到进士需经过 3 次考试，一是乡试，由省级政府举行，考中者称举人，举人第一名为解元；举人再参加礼部主持的会试，考中者为贡士，第一名称会元；贡士再参加皇帝亲自主持的殿试，考中者称进士，进士第一名为状元。钱棨在这 3 次考试中均取得第一的佳绩，这种"连中三元"的情况，在科举考试中极为罕见。

吴地还有为数不少的同门状元，即同一个家族内出现 1 个以上的状元。前述唐代吴地的归氏便出了 5 个状元。清代苏州彭氏和陆氏都出过祖孙状元。苏州彭氏是明清时期著名的科举和文化世家，原籍江西清江，明洪武年间迁至苏州。明代彭氏已初显文脉勃兴之象，中进士 2 名、举人 3 名。清

[1] 王卫平：《吴文化与江南社会研究》，群言出版社，2005 年，第 131-134 页。
[2] 本书编辑组：《家国千年：苏州历史上的家风与家规》，中国方正出版社，2016 年，第 36-46 页。
[3] 王卫平：《吴文化与江南社会研究》，群言出版社，2005 年，第 134 页。
[4] 王之春：《椒生随笔》，岳麓书社，1983 年，第 55 页。

代彭氏步入全盛时期,累计中进士 14 名、举人 33 名,其中彭定求、彭启丰祖孙二人先后于康熙十五年(1676)、雍正五年(1727)状元及第,成就科举史上"祖孙状元"的佳话。[1] 苏州陆氏的陆肯堂为康熙二十四年(1685)状元,其七世孙陆润庠为同治十三年(1874)状元。苏州吴氏和常熟翁氏出过叔侄状元。吴氏的吴廷琛是嘉庆七年(1802)状元,其侄吴钟骏为道光十二年(1832)状元。翁氏的翁同龢为咸丰六年(1856)状元,其侄翁曾源为同治二年(1863)状元。

由于吴地状元众多,所以有人将状元戏称为当地的"特产"。苏州人汪琬是清初散文三大家之一,他在北京做官时,曾与同僚闲谈各自家乡的土特产。"钝翁(汪琬)曰:'苏产绝少,唯有二物耳。'众问:'二者谓何?'钝翁曰:'一为梨园子弟。'众皆抚掌称是,钝翁遂止不语。众复坚问其一,钝翁徐曰:'状元也。'众因结舌而散。"[2] 在汪琬看来,苏州土产有二,一是梨园子弟(即戏剧演员),二是状元。苏州是百戏之祖昆曲的诞生地,梨园子弟多是实情。但梨园子弟在过去地位不高,被视作贱业,因此汪琬此语属于自嘲。状元则是众人艳羡的对象,汪琬此语虽有炫耀之意,但亦属实情。

吴地的科举事业发达、状元众多有两个原因。一是宋代以后的吴地一直是中国乃至东亚地区经济最为发达的地区之一,人民生活水平较高。这为文人士子的读书活动提供了物质基础。二是在统治者的倡导下,当地形成崇文重教的社会风气。府学、县学、书院、社学、义学、私塾等各种教育机构遍布城乡,且藏书家众多,为学子读书进取提供了保障条件。社会各界也重视教育。当时民间流传的《勉学歌》词云:"君不见东邻一出骑青骢,笑我徒步真孤穷。读书一旦登枢要,前遮后拥如云从。昔时孑身今富足,大纛高牙导前陆。始信出门莫恨无人随,书中车马多如簇";"君不见西邻美妇巧画眉,笑我无妻谁娶之。读书一旦高及第,豪门争许成婚期。昔时孤房今花烛,孔雀屏开忻中目。始信娶妻莫恨无良媒,书中有女颜如玉";"君不见南邻万顷业有余,笑我饥寒苦读书。读书一旦登云路,腰间紫袋悬金鱼。昔时箪瓢今粱肉,更是全家食天禄。始信富家不用买良田,书中自有千钟粟";"君不见北邻飞宇耸云端,笑我屋漏门无关。读书一旦居相府,便有广厦千万间。昔时苇檐今梁木,画栋雕甍成突兀。始信安居不用架高堂,书中自有黄金屋"。[3] 直接用读书有成后的生活条件改善和

---

[1] 葛慧烨、黄鸿山:《清代苏州彭氏的教育事业探讨》,《苏州教育学院学报》2017 年 3 期。
[2] 〔清〕钮琇:《觚賸》,南炳文、傅贵久点校,上海古籍出版社,1986 年,第 248 页。
[3] 包伟民、曹家齐:《宋史研究论文集(2016)》,中山大学出版社,2018 年,第 339 页。

社会地位提高，勉励学子刻苦攻读。

在这种心理的驱使下，吴地民众普遍重视教育。明代归有光总结说："吴为人材（才）渊薮，文字之盛，甲于天下。其人耻为他业，自髫龄以上，皆能诵习举子应主司之试。居庠校中，有白首不自已者。江以南，其俗尽然。"[1] 因此，明清时期的吴地人才辈出，状元众多，也就不难理解了。

以往有观点认为，封建时代的文教事业侧重于科举应试，这种教育僵化刻板，内容与社会现实没有关系，受教育者"两耳不闻窗外事，一心只读圣贤书"，束缚了思想，扼杀了创新精神，阻碍了经济发展。

但应该说明的是，科举应试并非吴地文教事业的全部，文教事业其实包含以科举为目标的精英教育和以实用为目标的大众教育两部分。就精英教育而言，除以八股文写作训练为中心以外，其教育内容也涉及不少"经世致用"之学，如历史、地理、法律、实用数学等。因此，明清吴地受过精英教育的人士中涌现出众多的优秀科技人才、技术专家和发明家。仅就苏州地区而言，就有天文学家王锡阐（1628—1682，吴江人），医学家吴有性（1582—1652，吴县人）、叶天士（1667—1745，吴县人）、徐大椿（1693—1772，吴江人），水利工程专家沈启（1496—1568，吴江人），兵器制造专家龚振麟（嘉道时长洲人）等。因此，精英教育虽然是一种以儒家经典为主要教材、以八股文写作训练为重要特色、以科举考试为目的的应试教育，但在科技人才培养上也有其积极之处。而且，精英教育的普及，也培养出大量具备较高读、写能力的读书人，有助于其掌握实用的知识技能，成为高素质的劳动者。就大众教育而言，其教育目标是培养从事工商业活动的人才，因此其教育内容主要是使受教育者在获得起码的读、写能力的同时，也获得一定的计算能力。因此，吴地文教事业培养出的以状元为代表的众多文人学士，有不少是具备高深科学素养和综合能力的优秀人才，他们对吴地经济发展起到了重要推动作用。明清吴地既是中国科举教育最发达的地区，也是中国经济最发达的地区，原因正在于此。[2] 这一现象也提示我们，教育事业的发达与社会的进步，具有明显的正相关关系，重视教育，就是重视未来；重视教育，就是重视发展。

近代以来，随着科举制度的废除，状元已成为历史名词。但据 2017 年年底的统计，全国共有两院院士 1665 人（中国科学院院士 795 人，中国工

---

[1]〔明〕归有光：《送王汝康会试序》，《震川先生集》（全二册），周本淳校点，上海古籍出版社，2007 年，第 191 页。

[2] 李伯重：《八股之外：明清江南的教育及其对经济的影响》，《清史研究》2004 年第 1 期。

程院院士 870 人），其中江苏籍 463 人、浙江籍 395 人、上海籍 86 人，仅苏州籍的两院院士就达 117 名，名列全国所有地级市之首。苏州是历史上出名的"状元之乡"，如今又成了名副其实的"院士之乡"。从"状元之乡"到"院士之乡"的发展，表明吴地重视教育的传统在当下仍然得到延续和发扬。

第七节　吴地教育的近代转型

以苏州为代表的吴地教育近代转型，是在传统科举教育出现危机的情况下发生的，主要表现在传统书院教育的形式和内容都发生了明显的变化和新式教育的出现。

吴地教育的近代转型，一方面与传统教育出现严重问题有密切关系，另一方面也是适应近代经济社会不断发展的需要的产物。

19世纪末20世纪初，救国救亡、变法维新，一浪高过一浪，以官学为主导的教育体系之弊端愈益突出与严重，科举制度及科举教育因为不能适应近代社会转型的需要，发生了全面的危机，其改革及改制势成必然。

近代以前，科举教育的消极作用尚不明显，因为社会发展基本停滞，知识的生产和积累主要表现为数量的增长而不是质的变革。但在世界进入资本主义时代后，这种教育所存在的弊端就越来越明显了，教育与实践的脱节，不仅浪费大量的人力、物力和财力，而且还成了阻碍社会发展的手段，因而成了催发教育近代转型的重要原因。

如果说近代教育的一大明显功能是经世致用的话，那么在传统与近代接轨方面，吴地早就有着较为得天独厚的优势。自明清以来，吴地社会就一直有高度重视职业技能教育的良好传统。最迟在清乾隆、嘉庆时期，吴地就已把舆地、历算列为生徒的重要学习科目，而不再以科第为唯一目的。至于行业间的师徒相授更早就成了民间教育的常态。[1] 就此而言，吴地教育的近代转型跟其他地区相比，要相对容易且在时间上也要早得多。

吴地教育的近代转型主要表现在传统书院教育的形式和内容的变化以及新式教育的出现两个方面。

首先看传统书院教育形式和内容的变化。

如前所述，苏州的书院教育历来十分发达。进入近代后，为适应形势快速发展的需要，书院教育在形式和内容两个方面，都在逐步发生转型。

---

[1] 李伯重：《八股之外：明清江南的教育及其对经济的影响》，《清史研究》2004 年第 1 期。

咸丰时期（1851—1861），随着太平天国运动的兴起，大规模的战争在苏南地区蔓延，书院师生离散，院舍被毁殆尽，损失惨痛，呈现一派萧条局面。如苏州紫阳、正谊、平江、锦峰诸书院，常熟文学、游文、思文诸书院，太仓安道书院等，都毁于咸丰十年（1860）的战火之中。同治三年（1864），太平天国天京（今南京）陷落，标志着清朝统治"中兴"。同治间到光绪初，兴复书院也作为一项重要工作提到议事日程之上。苏州所属各被毁书院，由江苏巡抚李鸿章、丁日昌、张树声等及所属府县官员主持，民间也出力捐助，相继重建开学，民间还新办吴江芦墟切问书院等。紫阳书院学田增至3338亩，又增常熟沙田768亩9分3厘3毫，恢复迅速。正谊书院由李鸿章改建于中由吉巷，并筹银10 000两生息助学，张树声又拨藩库银4000两生息补生员膏火，学田实有2333亩9分9厘9毫，规制渐复。[1] 紫阳书院各掌院为赵振祚、俞樾、程庭桂、夏同善、潘遵祁、陆懋宗、邹福保，正谊书院各掌院为赵振祚、温葆深、冯桂芬、蒋德馨、朱以增、吴仁杰、陆懋宗。浙江仁和俞樾乃经学大家；吴县冯桂芬肄业紫阳书院，为道光二十年（1840）榜眼、资产阶级维新先驱；著名学者如仁和孙锵鸣、吴县吴大澂等与俞樾同为紫阳、正谊讲席。师生渐集，呈现出复兴景象。

面对列强的加紧侵略和国内阶级矛盾依然尖锐的形势，清朝统治者在"中学为体，西学为用"的思想指导下，开展了"自救"性的洋务运动，在思想文化和教育方面的控制也逐渐衰弱，改革的呼声渐高。书院改革也就包含了改造传统旧书院和创建新型书院两个层面。书院成为科举附庸，传统学术导向泥古薄今，皆不能适应救亡图存的形势需要，有识之士力陈积弊，呼吁改革，这对苏州书院的发展趋向产生了重要影响，研究实学通经致用的优良传统得以光大。同治初年（1862），李鸿章聘请冯桂芬主掌正谊书院，"专课经古"。[2] 冯桂芬主张"以中国纲常名教为原本，辅以诸国富强之术"，力倡改革，以其先后主讲江宁惜阴、钟山及苏州紫阳、正谊诸书院凡20年之经验，抨击书院所习制举文字陋风，殚力经世之学，士林尤为推重，"造就多名士，其素无文誉而激励成材者不可胜数"。[3] 光绪十四年（1888），江苏布政使黄彭年又于正谊书院西偏可园旧基，创建学古堂，购书8万卷，包括新译西学生光电化诸书，"以经古课士"，额定内课18名，外课生不限额。参仿其曾任掌直隶保定莲池书院事例，课程以经为主，由

---

[1] 民国《吴县志》卷二六"书院"，第1—2页。
[2] 邓洪波：《中国书院史》，东方出版中心，2004年，第563页。
[3] 赵所生、薛正兴：《中国历代书院志》第1册，江苏教育出版社，1995年，第61页。

学生自报，专经之外，旁及小学、四史、文选、算学等。每月缴学习日记一册，由山长以学术水平详定等次并存档，优者酌予奖金，札册择优结集出版，因而教育质量高，成为书院新秀。[1] 历届山长为吴县雷浚、慈溪林颐、吴县袁宝璜等，著名学者章钰等为其高材肄业生。这表明，苏州书院通经致用的学术成就已开始与治世救国的现实政治结合在一起，并为因应社会转型而调整其改革方向。

近代以来，由美国监理教会创办的博习书院等新型书院也历史性地出现在苏州大地上。早在同治十年（1871），留美华人曹子实以监理会教士身份，在苏州十全街创办了主日学校，招收若干幼童。光绪五年（1879），美籍监理会传教士潘慎文继曹子实主持办学，迁入天赐庄，命名存养书院，光绪十年（1884）改名为博习书院。博习书院重视基础教育，倡导学生全面发展，在覆盖11年的教学与课程计划中，除宗教和英语课程外，还包括《三字经》《百家姓》及儒家经典和中国古典文学，并开设了数理化生及世界史地、政治学等诸多西方课程，聘请了文乃史等美籍教师以及徐允修等华人教师，以中文授课，并开设英语科，使学生"公正平等地接受到当时美国的初等和中等教育"，[2] 并为社会输送了一批新型人才。文乃史、徐允修后曾任东吴大学校长和秘书长，其毕业生如李伯莲任提调（学监），史拜言、沈觉初分别任东吴大学数学、历史学教授，谢洪赉则成为清末民初的著名作家和翻译家。博习书院标榜中西并重，重在习西学以达时务，采用西式教学方法及课程计划，对改革中的苏州书院具有榜样性的引领作用。为扩大影响，光绪二十二年（1896），美籍监理会传教士孙乐文在苏州宫巷创办了中西书院，聘请葛赉恩等4位美籍教师，取得良好进展。这些成功使得创办大学的理想得以萌生。根据监理会为此所做的教育重组计划，光绪二十五年（1899），博习书院迁往上海并入中西书院后，在苏州官民各界支持下，宫巷中西书院迁往天赐庄博习书院校舍，称为"东吴书院"，光绪二十七年正月十八日（1901年3月8日），以孙乐文为首任校长的东吴大学堂正式开办，"苏州的教育工作进入了一个新纪元"。[3]

义和团运动之后，清廷被迫宣布变法，推行"新政"，戊戌变法时期有令无行的书院改制终得实行。光绪二十七年八月初三日（1901年9月14日）明谕，"著各省所有书院，于省城均改设大学堂，各府及直隶州均改设

---

[1] 赵所生、薛正兴：《中国历代书院志》第1册，江苏教育出版社，1995年，第56页。
[2] 王国平：《博习天赐庄——东吴大学》，河北教育出版社，2003年，第15—16页。
[3] 〔美〕文乃史：《东吴大学》，王国平、杨木武译，珠海出版社，1999年，第9页。

中学堂，各州县改设小学堂，并多设蒙养学堂"。[1] 其后又相继颁布了"壬寅学制"（1902）和"癸卯学制"（1903），教育体制实行了根本性变革，光绪三十一年（1905）科举制度正式废止。苏州书院也因之着力推行，如紫阳书院于光绪二十八年（1902）先改为校士馆，光绪三十年（1904）三元坊址改办为江苏师范学堂；正谊书院于光绪二十九年（1903）先改为江苏省中学堂，后改为苏州府中学堂。科举废停后，两书院学田也并归入学款处，用以开办各中小学堂。其余各书院也先后改制，如苏州平江书院改为吴县、长洲、元和三县高等小学堂，甫里书院改为公学，常熟游文书院改办为常、昭二县小学堂等。学古堂于光绪三十一年（1905）改为游学预备科，招考英、法、日文学生3班，择优资送潘灏芬等10名学生留学，光绪三十三年（1907）改为存古学堂。古老而传统的苏州书院走向近代化，终于链接到新式教育体系中，完成了其历史使命。

其次是新式学校教育的产生和发展。

晚清新式学校教育是近代中西文化交流的产物。在苏州，外国传教士创办了最早的一批新式学校。而后，随着科举制的废除，旧式教育逐渐退出历史舞台，国人自办的新式学堂应运而生。这些新式学堂引入了近代西方的办学体制、教学内容和方法，促进了苏州文化教育事业的发展，但仍带有一定的封建因素。

一是教会学校的兴办。在晚清苏州新式教育中，教会学校扮演了重要的角色。苏州最早的新式小学、中学、大学和女子小学均为教会创办。第一所带有新式小学性质的初等学校，是同治十年（1871）美国监理会在苏州十全街创办的主日学校。光绪九年（1883），美国基督教长老会女传教士顾雅丽在天赐庄开办女子小学一所，名冠英女塾，开苏州新式女子小学之先河。最早的新式中学是教会办的英华中学堂，开办于同治十三年（1874），时有英女士2人，学生数人，设西文塾于长春巷。至光绪季年，乃渐扩充，设备较全，初具中学规模。以宫巷中西书院为基础，光绪二十七年（1901）正月，美国监理会创办的东吴大学堂（今苏州大学）在天赐庄正式开学，是苏州最早的高等学校。教会办学，从小学到中学、大学一应俱全，除普通教育外，还办职业教育、特殊教育等，应有尽有。从同治十年（1871）到宣统三年（1911），英、美教会在苏州设立的学校，除小学和职业学校外，计大学1所、中学7所，分别占苏州大、中学校比重的50%和70%。据民国《吴县志》与《苏州市教育志》有关资料统计，清末苏州教会学校的兴办情况见表4-1。

---

[1] 陈谷嘉、邓洪波：《中国书院史资料》下册，浙江教育出版社，1998年，第2489页。

表 4-1　清末苏州教会学校简况表

校名	创设年份	创办人	现今名称
英华中学	同治十三年(1874)	英女士二人	
振声初级中学附属小学	光绪十七年(1891)	美国监理公会传教士金振声女士	马医科小学
萃英中学	光绪十八年(1892)	美国北长老会传教士海依士(J.N.Hayes)博士	苏州市第五中学
英华女校	光绪二十五年(1899)	美国监理公会传教士金振声女士	苏州市第十六中学
东吴大学	光绪二十七年(1901)	美国监理会传教士潘慎文(Alvin Pierson Parker)、孙乐文(David L. Anderson)等	苏州大学
桃坞中学	光绪二十八年(1902)	美国圣公会传教士韩汴明等	苏州市第四中学
景海女塾	光绪二十八年(1902)	美国监理会	后发展为景海女子师范学校,旧址在苏州大学红楼会议中心。
晏成中学	光绪三十年(1904)	美国南浸礼会传教士麦嘉祺(Dr. Chas Gmc Danie)	苏州市第三中学
晏成中学附属小学	光绪三十二年(1906)	美国南浸礼会传教士麦嘉祺	花桥小学
慧灵女中	宣统三年(1911)	美国南浸礼会传教士蓝纱斐(Sophie S.Lanneau)女士等五人	苏州市第三中学
博习医院护士学校	宣统三年(1911)	博习医院美籍外科主任苏迈尔博士	苏州护士学校

　　教会学校有来自国外的较为充足的经费支持,管理先进,师资力量较强,除外国教员外,还逐渐招聘中国教员,如东吴大学开办初期,黄人、章太炎等都担任过国文教习,这有利于中西文化交流,提高办学水平。

　　教会学校的课程设置突破了传统的"四书""五经",包括宗教、英语、儒学、自然科学、音乐、图画、体育等。宗教教育和英语教学是教会学校的两大特征。早期阶段的教会学校,宗教气氛极为浓厚,圣经课充满课堂,学生必须参加各种频繁的宗教活动。进入20世纪以后,面临清政府的学制改革，为了吸引生源，力求在教学质量上超过公立学堂，因而宗教课的比重一再受到挤压。中学以上的各科教学中，特别注重英文，多采用英文原本教学，大部分西学课程也以英语为教学语言和教学手段。如桃坞中学实行中学、西学分班教学。早期教会学校的英语教师几乎是清一色的外籍传教士，水平较高，如创办苏州晏成中学的麦嘉祺、创办萃英中学的海依士都是神学博士。因此，这些学校学生的英语水平都是很高的。此外，自然科学的教科书，多由教士自编或自译。如光绪十九年（1893）苏州博习书院美籍传教士潘慎文与谢洪赉合译《代形合参》，次年又译《八线备旨》，是当时学堂广泛使用的数学读本。

在教学方法上，教会学校均模仿英美各校的教学法，改变了中国传统的熟记课文、解释字义等死记硬背式的教学方法，强调由学生自己操作进行科学实验，或由教师进行演示实验的实践式教学。

应该指出，在不平等条约的庇护下，晚清苏州的教会学校并不受中国政府的管制，所属教会拥有全部权力，董事长、校长均由外国人担任，掌控学校教育行政。其出发点也是为了促进传教事业，实质上是对中国进行的文化侵略。[1] 但是，各级各类教会学校的开办，在客观上使苏州较早地感受到西方先进的教育体制和科学的教学方法，培养了一批批新式人才，推动了苏州近代的教育改革。

二是新式学校教育体系的建立。在西学东渐和民族危机冲击下，科举制的弊端暴露无遗，以培养科举人才为中心的旧式学校已不能满足时代发展的需要，越来越多的有识之士提出创办新式学堂。例如，早期维新派思想家冯桂芬提出"改科举""采西学"的主张。苏州著名士绅王同愈也认为各国强弱之分、文野之别，视全国人民就学多寡为断。近代教育的先驱之一太仓陆宝忠（1850—1908，字伯葵，光绪进士，官至礼部尚书）在清末国势日衰的情况下，先后提出多项促进近代教育发展的奏议措施：光绪二十六年（1900）疏请整顿教育，广设学堂，以普及教育，提高国民文化素质；光绪三十一年（1905）疏请设文部，管理京师大学堂、译学馆以下各省学堂，并对学堂设置、教程、教材、考试等做了详细论述。他还注意到师资培养的重要性，奏请广设师范学堂，并制订礼优教师的规定等。这些奏议措施，推动了近代教育的改革进程。

光绪二十七年（1901），清政府宣布实施"新政"，逐步废除旧式教育，实行新的学校制度，此后两年相继颁布了"壬寅学制"和"癸卯学制"。光

---

[1] [美] 杰西·格·卢茨：《中国教会大学史（1850—1950）》，曾钜生译，浙江教育出版社，1987年，第466页。

绪三十一年（1905）"立停科举以广学校"。随着科举制的正式废除，全国兴起了创办新式学堂的高潮。历来重视教育的苏州成了创办新式学堂的先锋，出现了政府提倡、官吏督促、士绅热心的局面。据民国《吴县志》与《苏州市教育志》有关资料统计，共有新式学校116所，其中初等小学堂90所，内官立44所（含简易学塾10所）、公立39所（其中半日制学校10所）、私立7所；两等小学堂22所，内官立1所、公立9所、私立12所；高等小学堂4所，内官立3所、公立1所。辛亥革命前各级新式中学及以上学校的兴办情况大致如表4-2所示：

表4-2　清末苏州新式中学及以上学校简况

校名	创设年份	创办人	校址	办学性质
苏州府中学堂	光绪二十九年（1903）	刘体乾	沧浪亭正谊书院旧址	官立
江苏师范学堂	光绪三十年（1904）	罗振玉	三元坊紫阳书院旧址	官立
江苏省铁路学堂	光绪三十四年（1908）	龚　杰	盘门内新桥巷	官立
英文专修馆	光绪三十三年（1907）	毛庆蕃	大太平巷	官立
江苏高等学堂（初名中西学堂）	光绪二十六年（1900）	田　庚	沧浪亭北可园	官立
官立中等工业学堂	宣统三年（1911）	蒋宗城	三元坊旧学务公所改设	官立
苏州府官立农业学堂	光绪三十三年（1907）	何德刚	盘门内小仓口	官立
苏省官立法政学堂	光绪三十二年（1906）	朱祖谋	海宏坊巷	官立
公立第一中学堂	光绪三十三年（1907）	王同愈	草桥南塊	官立
长元吴公立师范传习所	光绪三十一年（1905）	王同愈等	第一年孙岳颁场墨云堂，第二年十梓街吴公祠，第三年干将坊让王庙	官立

辛亥革命前苏州共有国人自办新式学堂120多所，初步构建了从小学堂、中学堂到大学堂不同梯级和以普通学校、师范学校、职业学校为主干的教育体系。不难看出，此时官方和民间办学的重点在于普及初等教育（约占90%，按学籍编制分为初等小学堂、高等小学堂和两等小学堂三类），适当地发展中等教育、师范教育和职业教育。从办学部门来看，既有官立学堂（由政府斥资开办）、公立学堂（由地方各业捐款开办），又有私立学堂（由私人集资开办）。从学生在校学习时间来看，除全日制学堂外，还有半日学堂，这种学堂专收贫寒子弟，不收学费，不拘年岁。

清末苏州各类学校中，除外国传教士创办的教会学校有其独特的性质外，其余各类新式学堂均带有双重特征——封建传统与近代因素并存。

首先，在办学方针上，是以《钦定学堂章程》和《奏定学堂章程》为主要依据。在教学内容上，提出"中学为体，西学为用"的文教方针。在课程设置上，既有修身、读经等进行封建思想教育的课程，又有某些自然科学、中外史地、外国语等新式课程。学制上将学校分为7级：蒙养学堂为4年，初等小学堂为5年，高等小学堂为4年，中学堂为5年，高等学堂和大学堂各为3年；大学堂中又设通儒院（相当于研究院），学习期限为3年。基本建立了一整套由低到高的教育体系，大致符合近代学校教育的规律。

其次，体现在教学的方式、方法上。一般学堂的教学方法以背诵、灌输为主，忽视学生的接受能力与学习兴趣，但也有一些学校如苏州府中学堂、公立第一中学堂、江苏师范学堂等开始探索新的教学方法。例如江苏师范学堂（苏州中学前身）在首任监督罗振玉期内，倡导"讲解学理醒豁确实，有所启悟；时使学生演述所学以练习言语；尤当勉励学生使其深究学识，研求技艺"，[1] 并开始运用演示、观察、实验和实习等新的教学方法。在教学形式上，苏州各级小学堂普遍实施班级授课制，废除旧式教学的个别授课方法，课堂教学盛行从日本传入的赫尔巴特的"五段教学法"。大学堂采取分专业分课程教学，降低了教育费用，扩大了受教育人数，改变了旧式教育的笼统性而更具合理性。

职业教育特别重视实践环节。1918年，著名教育家郑辟疆担任江苏省立女子蚕业学校校长后，秉持"知行合一、学以致用"的办学理念，先后创办蚕桑试验场、原蚕种部、蚕丝推广部、制丝实习厂，作为实习基地。他还与志同道合的费达生一起在吴江开弦弓村建立了蚕业指导所，帮助农民组织蚕业合作社，并逐步扩大到吴县和无锡等地区，推广养蚕、缫丝等新技术。

最后，从师资成份和学生来源上亦可看出新旧参半的痕迹。各学堂一般开有读经、国文课程，但新学课程另辟新径延纳师资，比较受欢迎的教师是那些学成归国的留学生和本地师范学堂培养的学生。如当时苏州有徐嘉湘、潘起鹏等6名师范留学生从日本学成归国，王同愈等认为他们"于教育一道，确有心得，办理各学堂必能胜任愉快"，力挽这些留学生"留在本籍，备将来公立各学堂管理、教习各员之选"。[2] 有的学堂还聘请了外

---

[1] 苏州市教育局《苏州教育志》编纂组：《苏州教育志》，三联书店上海分店，1991年，第111页。

[2] 马敏、荣建华：《清末苏州学制演变析论》，《华中师范大学学报》（哲学社会科学版）1987年第2期。

籍教师，如苏州第一所师范学校——江苏师范学堂，知名学者罗振玉出任监督（校长）后，聘日本人藤田丰八和王国维为总教习，学生毕业后大都赴日留学，一时学者云集，建树颇多。江苏师范学堂良好的师资队伍为进入民国后的省立一师奠定了办学基础，后改办为江苏省苏州中学。

新式学堂代替旧式学堂，在很大程度上体现为教育从社会上层向中、下层转移。清末苏州新式学堂的普遍兴起，使一些商人子弟和一般平民子弟也获得了受教育的机会，特别是女学堂的创办，更使那些长期与文化知识无缘的女子有了接受教育的可能。苏州女学在清廷提出设立女学之前已相继诞生。光绪二十七（1901）年，江漱芳（字兰陵）在因果巷创办兰陵两等女学堂，是为国人所办苏州第一所新式女子小学；此外还有光绪三十一年（1905）冯王昭鹤于十全街创办苏苏女子两等小学堂，光绪三十二年（1906）王谢长达所办的振华女子两等小学堂（现苏州市第十中学的前身）等。至宣统二年（1910），女子小学已发展至10所（公立2所，私立8所），约占当年苏州小学总数的10%。女子学校的初级课程为中国经书、家政、数学、音乐和西洋绘画等，以后逐渐开设地理、历史、生物、生理学等中学课程，规定学生衣服自理，不准缠足。这些女校的学生很少，一般各校每届毕业生只有10多名，但是它直接冲击了"男尊女卑"的旧道德习俗，培养了一批接受西式系统教育的女学生，推动了中国近代的女子教育。

第八节　近代苏州景海女校

咸丰八年（1858）的《天津条约》规定，外国人可以任意在内地游历、通商和传教。这为"1860年以后的传教活动的空前大发展提供了合法的前提"。[1] 此后西方各国的教会在不平等条约庇护下，以通商口岸为据点，积极在中国各地开展传教活动。

基督教格外注重针对女性的传教活动，"教会认为女子比男童更富于宗教情怀，而且从家庭教育角度论，培养一名女信徒就等于培养了一名基督徒母亲，这更有利于基督教的传播，因而对女子教育普遍比较重视"。[2] 为便于发展女性教徒，基督教会纷纷兴办女子教育。据统计，截至1877年，

---

[1]〔美〕费正清、〔美〕刘广京：《剑桥中国晚清史（1800—1911年）》下卷，中国社会科学院历史研究所编译室译，中国社会科学出版社，1993年，第611页。

[2] 胡卫清：《普遍主义的挑战——中国近代基督教教育研究（1877—1927）》，上海人民出版社，2000年，第55页。

在华新教传教士共开办女子寄宿学校38所,其中隶属美国教会的有24所;女子日校82所,其中美国传教士兴办的57所。[1] 景海女校就是美国传教士在苏州创办的教会学校之一。

景海女校原名"景海女塾",其名称来自其筹办者美国女传教士海淑德。海淑德1845年出生在美国佐治亚州,13岁加入监理会。1862年进入卫斯理安女子学院学习,后在美国从事教育工作,具有丰富的女子教育经验。[2] "因其爱华人,呈请女布道会遣其来华传道,遂于1884年11月17日莅华"。[3] 她来到中国后,致力于传道与教育。1892年,她与林乐知在上海创立中西女塾后,拟在苏州设立同等女校。但由于她在1900年过世,苏州建女校一事暂时搁置。至1902年,监理公会女传道部同人"继其志以完成之",向美国监理公会总会募集资金,在苏州建成女校,并规划建筑新校舍,校舍于1904年在苏州天赐庄落成。该校"北临钟楼双塔,风景优美空气清新,诚求学适宜之良所"。[4] 教会将此校命名为"景海女塾",以示对海淑德的纪念。景海女塾第一任校长为美国监理公会的传教士贝厚德女士。

景海女塾创办之初,由于传统观念的束缚,加上女校没有完全普及,民众难以接受女校聘用男教师,往往不愿将女孩送入女校读书。因此,初创时期的景海女塾办学规模很小。至1912年年底景海女校举行成立十周年纪念时,有"历年正科毕业者四人,毕业预科者二十六人"。[5] 即总毕业生人数为30人。

1912年以后,景海女校得到较快发展。当年景海女塾改称景海女子学校。随着社会风气的日渐开通以及景海女校声誉的不断提升,其招生人数有所增加。1914年景海女校毕业生人数为正科4人,预科26人,总数为30人,已达到1912年前毕业生人数的总和。由于原有房屋已不能满足教学需要,景海女校开始扩建房屋,扩大办学规模。1915年"添建三层西式房屋,扩充学额"。[6]

---

[1] 王立新:《美国传教士与晚清中国现代化——近代基督新教传教士在华社会文化和教育活动研究》,天津人民出版社,1997年,第226页。

[2] 孔祥瑞:《海淑德与中西女塾》,《中文信息(行游数码)》,2015年第11期。

[3] 《中华基督教卫公会百周纪念册》,百周年纪念编辑委员会发行,1948年,第117页。

[4] 《苏州景海女师范学校招考》,《申报》,1926年1月25日。

[5] 《通问报:耶稣教家庭新闻》,《景海女学校十周年纪念》,1912年第530期,第6页。

[6] 《景海女学招生》,《申报》1915年6月16日。

吴文化的精神传承

民国年间景海女校校舍（《景海星》1921年第1期）

1917年，景海女校在办学方面发生重大变化。教会将景海女校改成女子师范学校，请美国亮美兰女士出任校长。此后景海女子师范学校格外注重师范教育，设有音乐师范科、高中师范科、幼稚师范科3科，并设初中部、小学部、幼稚园。其教材、教法、设备以及儿童活动内容，均照搬美国幼儿师范的模式。同年8月，景海女子师范学校又开设蒙养院，成为苏州早期的学前教育机构之一。1922年北洋政府推行"壬戌学制"后，蒙养院所改称幼稚园。1918年春，亮美兰至美国访问学习，由盖培德女士继任景海女子师范学校校长。在盖女士的主持下，学校添设景海女师附小，供师范生实习之用。此后的景海女校在师范教育方面颇有建树，声名远扬。1926年，景海女校被《新闻报》称作"苏州最高女子学府"。

1925年，景海女校向政府申请备案，成为政府承认的私立中等学校。南京国民政府时期，政府力图削弱教会对中国教育事业的控制和影响，因此，1927年景海的校长改由中国人江贵云担任。1932年，江贵云将景海女校分成师范、初中二部，并改组实验小学与幼稚园，添设婴儿院。1934年，除江贵云外，学校职员还有教务主任蒋琳瑜、高中师范科主任俞素青及32位教职工。学校设有校董会，聘请校长一人，统辖全校行政事宜，下设训育、教务、事务、高中师范科、幼稚师范科主任各一人，除校务会议外，设训导会议、教务会议、事务会议暨全体教职员会议。[1] 至1934年年底止，已有本科历届毕业生223名。1936年，景海女子师范学校有高中师范科、幼稚师范科和初中部共九级，在校学生183人，专任教师33人。[2]

---

［1］ 庄文亚：《全国文化机关一览》，世界书局出版社，1934年，第30页。
［2］ 苏州市教育局《苏州教育志》编纂组：《苏州教育志》，三联书店上海分店，1991年，第40页。

1937年日本发动全面侵华战争后，景海女校校舍被强占为日军骑兵驻地，设备损毁殆尽。景海女校先后迁往上海、重庆办学。抗战胜利以后，景海女校在原址复校。1951年，景海女校由政府接办，改为苏南幼稚师范学校，1952年并入苏南新苏师范学校，校舍则并入江苏师范学院（苏州大学前身）。2004年校址被列为苏州市级文保单位。

创办之初的景海女校是教会学校，管理者和教师多由传教士担任。1911年监院是美国人贝厚德女士，此外还有中国教员4人、美国教员5人。后来外国教师的比例有所下降。1949年景海女校有19名教师，其中美国籍3人。景海女校的中国教员大多毕业于知名大学，且不少有海外留学的经历。如长期担任校长的江贵云毕业于美国哥伦比亚师范学院。程婉珍在上海中西女塾毕业后，又至美留学5年，于1919年获得学士文凭归国，"在苏州景海女子师范充任教员一年"。吴县人王守成，1922年获得硕士学位，"在东吴一中担任生物系教务主任，兼景海女子师范生物学教员"。毕业于北京高等女子师范学校、后至法国留学的苏雪林也曾在景海女校任教。

作为教会学校，景海女校非常重视基督教教育。许多教师本身就是传教士，课程设置方面也有许多关于基督教的内容。如1911年景海女校课程主要由国文、外文、圣道、科学构成，"圣道"一科主要包括耶稣事迹、《圣经》等与基督教有关的内容。1916年，景海女校幼稚师范专业设置的课程中，宗教学、社会问题、圣道概论等共有60学分，占全部学分的三分之一，其中宗教连开3年，计12个学分。[1] 这类做法使得许多学生转化为教徒。

景海女校的其他课程还包括国文、外文、科学、音乐等。其教学设备和方法比较先进，课程以英文和音乐为特色，尤以重视英文著称，"不但有英语课，还有西方文化课，开设了西方历史、西方文学等，并且所有课程都与外国课目相同，课本也是从国外引进的原版英文书，学校有许多外籍教员，用英语讲课"。[2] 学生的英文成绩普遍较好。20世纪三四十年代，苏州共组织4次中学英文背诵比赛，景海女校两次团体优胜，潘家德和杨旅复分别在第三次、第四次锦赛中取得女子组第一名。[3]

景海女校实行收费教育，且收费昂贵。在外界印象中，这是一所贵族化的女子学校，吃的用的和学校设备都比较完善。苏州档案馆收藏的1911年《景海女学堂改良章程》，其中规定的收费标准是："凡学生来学报名时，

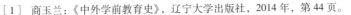

[1] 商玉兰：《中外学前教育史》，辽宁大学出版社，2014年，第44页。
[2] 林杉：《吴贻芳：最是那心底的一抹浪漫》，台海出版社，2016年，第129页。
[3] 《全苏州高中英语竞赛结果》，《申报》1933年12月12日。

须付入学费英洋二元。本学堂收取学费膳宿费通年以十个月计算，寄宿者每月英洋十元，走读者每月英洋四元。各费统于上下两学期开学时，预收五个月。凡学生愿学琴者每月再加学费英洋三元。"据此计算，每名寄宿生每年要缴纳给学校英洋100多元，这远远超出当时一般家庭可以承受的范围，所以其学生大多来自富裕家庭。

  景海女校培养的师资在社会上声誉颇高，有的学校招聘教师时，指名要景海毕业生。其不少毕业生后来成长为学有专长的专家学者。如杨荫瑜（杨绛的姑母）便是景海的毕业生，曾留学日本、美国，后任北京女子师范大学校长，是中国首位大学女校长。杰出的女教育家吴贻芳也是景海校友。1922年吴贻芳留学美国，获博士学位。1928年任金陵女子文理学院首任中国籍院长，掌校23年，将一所教会女子大学办成了负有盛名的一流女子大学。王季玉也是景海校友。她一生致力于中国教育事业，长期担任苏州振华女校校长，将自己最美好的40年奉献给教育事业，培养出费孝通、杨绛等一批优秀学生。赵萝蕤也是景海校友，后进入燕京大学、清华大学深造，并出国留学，是著名翻译家和比较文学家。优秀幼儿教师、童话故事《小蝌蚪找妈妈》的作者盛璐德也是景海的毕业生。

  正如毛泽东指出的那样，西方列强"对于麻醉中国人民的精神的一个方面，也不放松，这就是它们的文化侵略政策。传教，办医院，办学校，办报纸和吸引留学生等，就是这个侵略政策的实施。其目的，在于造就服从它们的知识干部和愚弄广大的中国人民"。[1] 基督教会设立的学校，无疑有扩大基督教影响，"造就服从它们的知识干部"的意图，属于"文化侵略"的范畴。但是我们也应看到，当时的景海女校等教会学校设施相对完善，引进一些较为先进的教育理念，教学内容和教学方法也不无进步之处，且和西学联系密切，这在努力"向西方国家寻找真理"的近代中国，无疑是具有进步意义的。而且，在近代中国社会变革和革命思想影响下，教会学校的学生同样产生革命觉醒，积极参与爱国运动，涌现出一大批为国献身的先烈。如1925年进入教会大学东吴大学学习的丁香（1910—1932），受到进步思想的熏陶，积极参加革命活动，1930年加入共青团，1931年转为中共党员，后于1932年被国民党政府逮捕，牺牲于南京雨花台，年仅22岁。[2] 由此而言，虽然传教士创办教会学校的主观动机是文化侵略，但客观上也为中国培养了一批新式人才，对中国的现代化进程起到促进作用。

---

  [1]《中国共产党指导思想文库》编委会：《中国共产党指导思想文库·毛泽东思想卷》，中国经济出版社，1998年，第377页。

  [2] 江苏省地方志编纂委员会：《江苏省志·人物志（三）》，凤凰出版社，2008年，第1255-1256页。

第九节　东吴大学的创办与发展

东吴大学是中国近代著名的高等学校之一，在近代中国教育史上占有着重要地位。

东吴大学在苏州的创办，是多种因素共同作用的结果。在新式初、中等教育快速发展的同时，外国传教士开始考虑在中国创办高等教育。东吴大学就是在这一背景下出现的。它是基督教新教在美国的一个差会——监理会（由美国卫理公会分裂出来的一个差会）所办的一所教会大学。它的创办经历了一个较长的准备过程。

早在清同治十年（1871），留美华人曹子实（英文名查里·马歇尔）以监理会教士身份，在苏州十全街创办了主日学校（基督教将星期日称为主日，即耶稣复活的日子），招收若干幼童就读。光绪二年（1876），美籍监理会传教士潘慎文来苏协助曹子实办学。光绪五年（1879），曹被调往上海，潘主持主日学校，并将学校迁到天赐庄，为了便于中国人从心理上加以接受，命名为"存养书院"。

光绪十年（1884），为纪念捐资办学的 Buffington 父子，存养书院改名为博习书院（Buffington Institute）。博习书院重视基础教育，倡导学生全面发展，在覆盖 11 年的教学与课程计划中，除宗教和英语课程外，还包括《三字经》《百家姓》及儒家经典和中国古典文学，并开设了数理化生及世界史地、政治学等课程，同时设立英语科，以使学生"公正平等"地接受当时美国的初等和中等教育。

博习书院对东吴大学的创办发挥了以下几个方面的作用：第一，其培养出来的人才中，有一部分成了东吴大学的教师，奠定了人才基础。第二，书院的建筑物、仪器设备后来全为东吴大学所接收，奠定了物质基础。第三，也是最重要的，不仅开了国人接受近代高等教育的社会风气，而且为东吴大学的创办积累了经验。光绪八年（1882），监理会传教士林乐知在上海创办中西书院（也译为"英华书院"），培养学贯中西的通才。光绪二十五年（1899）春，博习书院迁往上海并入中西书院。

光绪二十一年（1895）十一月，另一位传教士孙乐文在苏州宫巷创办书院。光绪二十五年（1899）十月中下旬，在苏州举行的监理会第十四届年议会，决定将宫巷书院迁往天赐庄博习书院校舍，改名为东吴书院，并决定由其牵头创办一所大学。因义和团运动的影响，直到光绪二十七年正月十八日（1901年3月8日），宫巷书院才正式迁入博习书院原址。

1901年5月13日，监理会在美国田纳西州首府纳什维尔集会，决定在苏州创办大学堂，英文名为Central University of China。意为"在华之中央大学"或"中国中央大学"。监理会是想在苏州创办一所中央大学，由其牵头，在各地设立多个分院，但这一设想未能全部实现，后仅在上海设立了法学院。因苏州古称"东吴"，东吴大学因此得名（但直到1908年6月才正式改名为Soochow University，即东吴大学）。1901年12月，在上海召开的监理会年议会制定了《东吴大学校董会章程》，宣布成立第一届校董会，推选孙乐文为首任校长。1901年6月24日，监理会在田纳西州取得办学执照。开办时，学校决定设立文学、医学和神学系，以及适宜的其他系科。

1911年后，上海的中西书院并入东吴大学。1915年，以东吴大学为本，于上海创设东吴大学法学院。学院教学突出英、美、法内容，以讲授比较法为主，其明确的培养目标（以培养律师为主）和鲜明的教学特色（注重模拟实践），使东吴大学的法学教育在当时饮誉海内外，时有"南东吴、北朝阳"之称。

至20世纪20年代初期，东吴大学已成为拥有文理科、工科、医科、经济科和法科等在内的一所综合性大学，并在苏州、上海、湖州、无锡、常州等地举办了数十所中小学校。文理学院设在苏州天赐庄，法学院设在上海昆山路。文学院曾设有中文系、历史系、经济系、政治系、社会系、教育系。理学院曾设有物理系、化学系、化工系、生物系、体育系，并附设医学预科、神学预科、化学研究所、生物研究所及生物材料处。法学院曾设有法律系、会计系、法学研究所。学制为预科3年，本科4年，研究生1年或2年，实行学分制。学校确定国文为学生必修课程，注重理科实验，并重视英文教学，教学质量在全国高校中名列前茅。

东吴大学的校训，有英、中文两个。英文校训为"Unto a Full-grown Man"，出自新约圣经，体现了宗教特点，强调学生人格的陶冶。1929年学校改为由中国人管理的私立高等学校。同年，校政部会议通过议案，接受首任华人校长杨永清提议，以"养天地正气，法古今完人"为中文校训，出自1923年1月孙中山先生的墨宝。

到1952年院系调整时，东吴大学曾设过法学院（设法律系、会计系），文学院（设文学系［分中文系和英文系］、经济系、社会学系、政治学系、历史地理系，还曾一度设教育系），理学院（设物理系、化学系、化工系、生物系、医学专业、护理专业、药学专业），同时还设有体育等专业，可见门类非常齐全，是一个典型的综合性大学。

东吴大学引进了近代西方教育模式，是中国现存高校中最早开展研究生教育并授予硕士学位的学校，也是第一家创办学报的大学。在半个多世纪的办学实践中，东吴大学培养了许多著名学者和社会知名人士，尤其是培养了不少自然科学和法学方面的杰出人才。据不完全统计，东吴大学至少培养了20名中国科学院院士；培养了一大批现当代著名的法学专家和大律师，如吴经熊、盛振为、鄂森、杨兆龙、李浩培、费青、倪征噢等，先后有10位东吴法学人才参加了对日本战犯的东京审判，迄今为止的7位中国籍联合国国际高等法院法官中有5位是东吴学子，东吴大学法学院被人们誉为华南第一流的而且是"最著名的法学院"。

1952年院系调整时，东吴大学法学院合并到华东政法学院，在其原址上新建上海财经学院，会计系合并到上海财经学院（现上海财经大学），药学专业合并到华东药学院（现中国药科大学），化工系合并到华东化工学院（现华东理工大学），此前社会学系已合并到复旦大学（不久被取消），医学专业并入上海医学院，只有其文理学院的部分系科（语文系、化学系、物理系、生物系）被保留下来，与苏南文化教育学院、江南大学数理系一起，合并组建为苏南师范学院，当年底改称江苏师范学院。

苏南文化教育学院的前身为创办于1928年的江苏省立教育学院（创办者为人民教育家俞庆棠先生），以民众教育为主要宗旨；1950年2月与创办于1941年的江苏省立社会教育学院合并；4月与创办于20世纪20年代的无锡国学专修学校（曾名无锡国学专修馆、国学专门学院、中国文学院，简称无锡国专，著名国学家唐文治先生长期担任校长）合并。

江南大学创立于1947年，10月27日于无锡荣巷借公益中学校舍正式开学。由中国近代著名实业家荣德生先生投资创办，本是一所应用性很强的私立高等院校。荣氏家族不仅是中国近代史上一个十分著名、规模相当大、实力十分雄厚的实业家族，而且一贯热心于教育和公益事业，办过10多所中小学校和1所大专院校（中国纺织染工业专科学校，1940年创办）、1所大学（私立江南大学）。江南大学创办时设有3院9系，即文学院（下设经济系、中文系、外文系、史地系）、理工学院（下设数理系、机电系、化工系）、农学院（农艺系、农产品制造系），1948年增设面粉专修科。1949年7月根据快速发展的形势，首次对系科设置和管理体制做了重大调整，取消了学院一级，改设工业管理系、数理系、电机工程系、机械工程系、化学工程系、农艺系、农产制造系（后改为食品工业系）。原文学院下属的系科除经济系改为工业管理系外，其余系科因钱穆先生的出走以及原本就未有实质性招生而取消。这次改革既是为了适应形势的发展变化，也更体现了荣德生为实用而办学的一贯理念。

江南大学创办时的管理和教师队伍中集中了一批当时国内各个领域的顶尖级人才：第一任校长为著名教育家张渊若（1952年院系调整后由管理

学专家沈立人担任），文学院院长为著名国学家钱穆，理工学院院长为机电工程元老顾惟精，农学院院长为农学家韩雁门，教务长为哲学家唐君毅（后为交通专家骆美轮），总务长为无锡教育界元老陆仁寿。古典文学有朱东润、朱祖耿等，历史学有王庸，哲学有牟宗三，英语学科有张云谷、程修龄等，物理学有朱正元、周同庆等，数学有金圣一、樊映川，化学有穆光照、杨晟、汪巩等，农学有郭守纯、秦含章等，小麦专业有金善宝，酿造和食品工业专业有朱宝镛、孙时中以及沈学源、李颖川等，工业管理学科有夏宗辉、沈立人等，经济史有夏炎德，经济学有朱伯康、马家善等专家，真是人才云集，蔚为大观。

1952年院系调整后成立的江苏师范学院是一所专门培养中学师资的地方性高等学校。因江南大学、无锡国专等校著名学者以及一些很有名望的学者如历史系的柴德赓、中文系的钱仲联等人的先后加入，江苏师范学院曾经有过一段辉煌的时期。其后由于反右运动、"文化大革命"等的相继冲击，也经历过曲折发展的岁月。

1982年，经国务院批准，江苏师范学院更名为苏州大学（英文校名恢复为Soochow University）。在20世纪80年代前中期增设了法学院、商学院（当时称财经学院）等院系，同时在原有院系中设立众多新专业。1995年、1997年、2000年又先后合并苏州蚕桑专科学校、苏州丝绸工学院、苏州医学院。

苏州丝绸工学院成立于1960年，其前身为著名报人史量才于1903年创办的私立上海女子蚕业学堂。1911年迁到苏州浒墅关，改为江苏省立女子蚕业学校，后来又改为中等蚕丝学校、苏南蚕丝专科学校，1958年分为苏州蚕桑专科学校和苏州丝绸专科学校，1960年改苏州丝绸专科学校为苏州丝绸工学院，迁入城内。郑辟疆、费达生曾长期担任该校主要领导人。

现在的苏州大学是一所名副其实的综合性大学，各类在校学生已达5万多人，学科齐全。已有70多个博士点，30多个博士后流动站，在国内外的影响也越来越大。

第十节 院士之乡

如同科举时代状元是吴地"土产"一样，到了近现代，吴地社会重视教育的结果，不仅使该地区的文化、文明水平长期保持在全国领先水平，而且为国家乃至整个人类社会的发展贡献了大量杰出的科学技术人才，其中代表当代中国科学技术最高水平的院士群体，有不少都出生于吴地。

据 2017 年底统计，全国共有两院院士 1665 人（中国科学院院士 795 人，中国工程院院士 870 人），其中江苏籍 463 人、浙江籍 395 人、上海籍 86 人，仅苏州籍的两院院士就达 117 名，名列全国所有地级市之首。

在这些院士中，既有为国家"两弹一星"（指原子弹、氢弹和人造地球卫星）做出杰出贡献的王淦昌、王大珩、程开甲、杨嘉墀、何泽慧等著名科学家，也有建筑大师贝聿铭（中国工程院外籍院士），"杂交玉米之父"李竞雄，中国半导体奠基人王守武、王守觉兄弟，水利宗师张光斗，大庆油田功臣李德生，"863 计划"首倡者周干峙，环境保护三女杰唐孝炎、钱易、徐晓白，激光核聚变专家范滇元，超音速歼 8 飞机首席科学家顾诵芬，人类生命奥秘的探索者顾健人，海洋微体古生物专家汪品先，昆虫、蚊类专家陆宝麟，还有被誉为"中国居里夫人"的外籍院士吴健雄等。更有不少出身吴地的海外科学家如李政道、高锟、朱棣文等获得了诺贝尔奖。

现列举其中的几位杰出代表做一简要介绍。

王淦昌（1907—1998），1929 年毕业于清华大学物理系，1933 年获柏林大学博士学位。1964 年，他独立提出了用激光打靶实现核聚变的设想，是世界激光惯性约束核聚变理论和研究的创始人之一。王淦昌参与了中国原子弹、氢弹原理突破及核武器研制的试验研究和组织领导，是我国核武器研制的主要奠基人之一。曾荣获两项国家自然科学一等奖、国家科学技术进步特等奖等奖项。

王大珩（1915—2011），中国近代光学工程的重要学术奠基人、开拓者和组织领导者，杰出的战略科学家、教育家，被誉为"中国光学之父"。1936 年，王大珩毕业于清华大学物理系，1938 年赴英国留学，1948 年回国。王大珩开拓和推动了中国光学研究及光学仪器制造，特别是国防光学工程事业，在他的领导下研制出第一台红宝石激光器和首台航天相机，主持研制出我国第一台大型光测设备。在镭射技术、遥感技术、计量科学、色度标准等方面也都做出了重要贡献。荣获国家科学技术进步奖特等奖、首届"何梁何利基金科学与技术成就奖"。2018 年 12 月，获"改革先锋"称号。

程开甲（1918—2018），1941 年毕业于浙江大学物理系，1948 年获英国爱丁堡大学哲学博士学位。是中国核武器研究的开创者之一，在核武器的研制和试验中做出了突出贡献。开创、规划领导了抗辐射加固技术新领域研究，是中国定向能高功率微波研究新领域的开创者之一。1985 年获国家科学技术进步奖特等奖，1999 年被国家授予"两弹一星"功勋奖章，2013 年获国家最高科学技术奖。

贝聿铭（1917—2019），20 世纪 30 年代赴美，先后在麻省理工学院和哈佛大学学习建筑学。曾获得1979年美国建筑学会金奖、1981年法国建筑学金奖、1989年日本帝赏奖、1983年第五届普利兹克奖及1986年美国里根总统颁予的自由奖章等，被誉为"现代建筑的最后大师"。1996年当选为中国工程院外籍院士。贝聿铭的作品以公共建筑、文教建筑为主，被归类为现代主义建筑，善用钢材、混凝土、玻璃与石材，并注意吸取地方传统文化元素，实现现代建筑与传统文化的完美结合，代表作品有巴黎卢浮宫扩建工程、香港中国银行大厦、苏州博物馆新馆等。

  院士群体的产生，不仅推动了人类社会科学技术水平的进步，而且也带动和促进了区域社会经济科学技术的发展。

第五章　吴地科技文明

吴地历史上有着辉煌的科技成就，涉及科技发展的诸多领域，在中国科技史上具有重要地位。本章选取农业与农具、水利、中医、建筑、冶铸、光学仪器及造船技术、天文学、数学、地理学等方面进行阐述。

第一节　农业科技发展与农具

苏州是著名的鱼米之乡，"鱼"和"米"是吴地的文化基因和载体。魏晋南北朝时期，苏州的农业开发促进了经济社会发展，至宋代苏州成为中国经济的中心，所谓"苏湖熟，天下足"。明清时期，随着棉桑业的迅速发展，苏州又成为"衣被天下"的全国经济文化中心之一。纵观历史，苏州在农田水利、耕作栽培、精耕细作、品种选育、肥料等方面积累了丰富的技术方法，促进了苏州农业的长足发展。在苏州农业发展过程中，农具的革新发挥了重要作用。

一、农业发展概略

吴地早期农业文明较为发达。距今约10 000年前的太湖三山岛文化体现了原始农业状况；在距今7000—3500年前的马家浜文化—崧泽文化—良渚文化的序列类型中，吴地农业发展状况得到了比较清楚的呈现。大约六七千年前的马家浜文化遗址中出现"耜耕"；草鞋山遗址中发现有我国最早的水田，并出现了由水沟、蓄水井坑构成的水田灌溉系统。在4000—5000年以前的崧泽文化遗址中发现有石犁、石镰；而良渚文化时期，农业生产工具较之前有明显进步，比较典型的有石犁的改进、耘田器的出现等。

吴越时期吴地农业取得重要进展。汉代开始，苏州地区逐步使用铁制农具，在作物种植方面，注重田间栽培管理。东汉末年开始，北方移民大量南迁，带来了先进文化与技术，原来"火耕水耨"耕作方式有所改变。

东晋和南朝时期，苏州地区农业发展较快。在农业生产工具方面，重要农具如曲辕犁、耙、耖、磟等开始创制和使用，并不断普及，稻麦耕作制度得到推广，农业生产由粗放转向精耕细作。隋朝修建大运河，为吴地塘浦圩田体系的建立提供了重要基础。圩田的建成和普及提高了农田的防旱抗涝能力，加强了土地的利用和开发。

中唐以后，出现了以曲辕犁为代表的一系列新式农具。随后，以江东犁、龙骨车为代表的苏州水田农具体系逐步形成。唐中叶，苏州农业经济迅速发展。白居易在《苏州刺史谢上表》中称："况当今国用，多出江南；江南诸州，苏为最大。并数不少，税额至多。"宋代农业不断发展，太湖地区施行一年二熟制耕作制度，吴郡一带形成稻麦两熟制的种植方式，提高了复种指数，增加了粮食作物产量。元代，由于漕粮仍以太湖地区为主，生产呈萎缩之势，但棉花种植取得重要发展。农业精耕细作技术不断进步，粮食产量有了大幅度的提高。

苏州地区在充分利用水资源的基础上，稻作农业迅速发展，所谓"天下之利，莫大于水田。水田之美，无过于苏州"。农业科技不断进步，在农田灌溉、耕作栽培、肥料、农具、良种选育、耕作复种等多个方面，积累了较为成熟的技术方法，促进了农业精耕细作的纵深发展。

二、农具革新

吴地稻作文明有几千年历史，在此过程中，农具的发明和使用发挥了重要作用。三山岛文化遗址出土石制品5000多件，原料主要为燧石、石髓、玛瑙等。马家浜文化显示先民使用骨耜种地，水稻栽培技术较为成熟；崧泽文化中出现斧、锛、凿等石器，晚期出现了石犁。良渚文化中出现三角形犁形器、斜柄刀、耘田器等，改进了锛、犁，制作了新式石器耘田器。吴越时期冶炼技术不断进步，产生了斜向平行箆纹锯镰等金属农具。汉代开始，苏州地区逐步使用铁制农具，铁犁的发明促进了农业生产力的发展。唐代曲辕犁的发明和使用大大提高了农业精耕细作水平。宋元时期水田农具体系的定型和成熟，促进了稻作技术和农业生产水平的提高。

在吴地农业发展过程中，人们发明使用了多种农具，应用于包括灌溉、耕种、脱粒、脱壳、碾糠、磨粉、榨油等各个门类，这里仅以江东犁和龙骨车为例进行阐述。

（一）江东犁

中国古代垦耕农具发展史中有两次质的飞跃。第一次是从耒耜演变为犁，第二次是从二牛牵引的长直辕犁演变为一牛牵引的短曲辕犁，江东犁则是第二次飞跃中的典型代表。汉代实行推广铁制农具发展农业生产的政策。武帝末年重视农业,诏曰"方今之务,在于力农",在全国推广"耦犁,二牛三人"的耕作方式,即二牛合挽一犁,一人在前牵牛,一人在后扶犁,一人行于辕侧,手扶犁辕,以调节犁头入土深浅。这种犁耕方式较之前效率更高。中唐以前,"二牛抬杠"式的耕作方式占有统治地位。

江东犁又名曲辕犁,其文献记载始见于吴郡陆龟蒙所撰《耒耜经》中。《耒耜经》篇幅短小,内容丰富,结构严谨。文中记述了犁、耙、砺礋、碌碡四种农具,其中以犁为主,介绍了江东犁的部件名称、形制、结构和尺寸及所用材料,是中国古代农具史上的重要文献。其曰:"耒耜,农书之言也。民之习,通谓之犁。冶金而为之者曰犁镵、曰犁壁。斫木而为之者,曰犁底、曰压镵、曰策额、曰犁箭、曰犁辕、曰犁梢、曰犁评、曰犁建、曰犁槃,木与金凡十有一事。"曲辕犁由11个部件组成,各部件的构造与功能为:铁制的犁镵,开土断草;犁壁,翻垡覆草;木制的犁底,稳镵定犁;压镵,稳定犁底;策额,固定犁壁;犁箭,贯穿策额、压镵、犁底、犁辕;犁辕,承受牵引;犁梢,即扶手,掌握平衡;犁评,控制深浅;犁建,防止犁评滑脱;犁槃,控制转向。江东犁耕地操作灵活方便,可以根据情况调节犁评、犁箭,进行深耕或浅耕。江东犁的发明和使用大大促进了苏州及江南地区精耕细作农业的纵深发展。

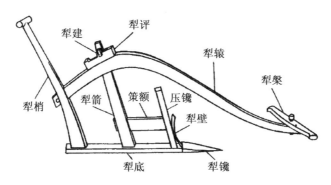

江东犁复原示意图(张春辉、戴吾三:《江东犁及其复原研究》,《农业考古》2001年第1期)

江东犁与直辕犁比较,具备节省人力畜力、犁体回旋灵活、调节耕深的结构完备等诸多优点。江东犁的出现标志着耕地铁制农具的成熟,是我国耕犁发展史上的一次重大革命。其对世界农业技术的发展也有着很大的影响,英国皇家学术院院士、国际技术史学会主席英国爱丁堡大学教授白馥兰认为:欧洲农业革命中最基本的组成部分,高效率的翻地犁,应归功于中国。但是要归于中国南方而不是北方。

（二）龙骨车

龙骨车原称"翻车"，为东汉时期毕岚创制，经三国马钧改良而成。翻车的出现在农业灌溉史中具有里程碑意义。龙骨车即"水车"，是在全国各地普遍使用的一种灌溉工具。在水车发明之前，人们使用戽斗等提水工具进行农业灌溉，这不仅效率低，而且还费力气。

龙骨车采用了较为复杂的机械原理，对苏州农田水利等带来的极大的方便，不仅节约了人力，还大大提高了效率。对于龙骨车的结构，王祯《农书》中绘制了较为清晰的图谱，同时对"翻车之制"作了精当的文字说明："翻车，今人谓龙骨车也……其车之制，除压栏木及列槛桩外，车身用板作槽，长可二丈，阔则不等，或四寸至七寸，高约一尺。槽中驾行道板一条，随槽阔狭，比槽板两头俱短一尺，用置大小轮轴，同行道板上下通，周以龙骨板叶。其在上大轴两端，各带拐木四茎，置于岸上木架之间。人凭架上，踏动拐木，则龙骨板随转循环，行道板刮水上岸。"使用这种龙骨车还可以分级提水，对于高岗的农田，可采用3车进行3级提水，以保证3丈以上高旱田的用水。

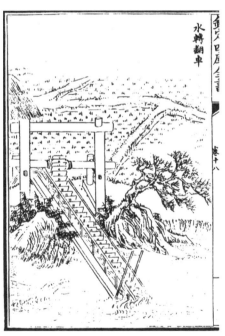

翻车和水转翻车（王祯：《农书》卷十八《农器图谱十三》，钦定四库全书本）

江南地区普遍使用龙骨车作为戽水工具，苏州地区的"吴车"最具代表性，影响也很大，历史上有"吴车曰龙骨"的说法。宋人居简说：

"吴车曰龙骨,方槽而横轴,板盈尺之半,纳诸槽,侧而贯之,钩锁连环,与槽称参差,钉木于轴曰媛首,𫗧以运其机,涧溪沼汜,无往不利,独不分功于槔。槔、梭一人之力,龙骨则一人至数人。车则任力于湍,随崇卑之宜。虽灌溉之功,丰约不齐,其得罪于凿隧抱瓮,则钧也。"这里介绍了吴车结构的巧捷和使用的功效。关于吴地水车的使用效率,单锷《吴中水利书》载:"昔熙宁八年,是岁大旱,运河皆旱涸,不通舟楫。……遂率民车四十二管,车梁溪之水以灌运河。五日河水通流,舟楫往来。"大旱年份,水车汲水可使运河通航,可见水车提水灌溉效率之高。龙骨车给苏州农田水利带来了极大的方便,不仅节约了人力,还大大提高了灌溉效率。

龙骨车有很多类型,其中脚踏龙骨车比较省力,可以单人、双人、三人和多人脚踏,多人操作,效率很高。清《松江府志》记载当地脚踏翻车的灌溉效率,其云:"凡一车用三人至六人,日灌田二十亩。有不用人而以牛运者,其制为木架如车轮而大,周施牙以运轴而转之,力省而功倍。"这里还提到牛转翻车效率更高。方以智在《物理小识》中也记载:"龙骨之制,日灌水田二十亩,以四三人之力,旱岁倍焉,高地倍焉,驾马牛则功倍,费亦倍焉。"由此可见,使用牛马运行龙骨车,可以提高灌溉效率。此外,江南地区还曾制造过龙尾车,其基本原理是利用圆筒内螺旋轮转上升而提水。徐光启《农政全书》记载:"龙尾车者,河滨挈水之器也。"清代齐彦槐《龙尾车歌》称:"无事静观龙取水,制为水车像龙尾。"徐珂《清稗类钞》"舟车·龙尾车"记载:"华亭诸生徐朝俊,承家学,娴浑天理数。嘉庆己巳,制龙尾车,为灌田之用。一车以一童运之,进水退水,无立踏、坐踏之劳。"徐朝俊为徐光启后裔,他制造的龙尾车,利用机械原理,将机械与水力作用结合起来,大大节省了人力,提高了提水效率。

龙骨水车结构复杂,有连杆曲柄结构、轮轴齿轮结构、链结构、自动调节结构等,零部件多,制造复杂,涉及轴轮、转齿、木工细活、机械原理等多方面,属于复杂的复合农具。著名中国科学史学家李约瑟将龙骨车列为中国古代的26项重要发明之一。

当然,传统时代苏州农具繁多,特色鲜明。如嘉靖《吴江县志》记载:"艺麦有槌,戽水有车,取土有镐,芟草有耨,筑场有轴,刈稻有铚,曝稻有竿,击稻有床,翻谷有籭,脱谷有砻,去秕有筛,扇粟有车,击屑有枷,削藁有䑆。"这里包括了各种农具,涉及了粮食生产的各种类型、各个环节,对于农业生产和农事活动发挥了重要作用。

第二节　水利工程与技术

苏州地处太湖地区碟形地貌的底部，水网密布，素有"水乡泽国"之称。历史上旱涝灾害频仍，灾情严重，治水为历代主政者和治水专家所重视。在长期治水实践过程中，人们形成了一整套水利工程技术和方法，为苏州水利建设及社会经济发展奠定了重要基础。

一、水利工程建设概览

苏州水利工程主要集中在古城建设、湖泊开发、水道开浚、农田水利、桥堤塘闸设置等方面。

春秋末，吴王阖闾接受伍子胥"立城郭"的建议，委伍子胥以修筑都城的重任。公元前514年，伍子胥建阖闾城，即苏州古城。他充分考察地理水文和八卦象征选择城址，"相土尝水"，依托城外自然的河湖水系，并引太湖之水入城，在城垣内外开凿环城河。据《吴越春秋》载："子胥乃使相土尝水，象天法地，造筑大城。周回四十七里，陆门八，以象天八风，水门八，以法地八聪。筑小城，周十里，陵门三，不开东面者，欲以绝越明也。立闾门者，以象天门通阊阖风也。立蛇门者，以象地户也。阖闾欲西破楚，楚在西北，故立阊门以通天气，因复名之破楚门。欲东并大越，越在东南，故立蛇门以制敌国。"《越绝书》载："吴大城，周四十七里二百一十步二尺。陆门八，其二有楼。水门八。……吴小城，周十二里。其下广二丈七尺，高四丈七尺。门三，皆有楼，其二增水门二，其一有楼，一增柴路。"苏州建城伊始，辟有8座水陆城门，其内小城也有水门2座陆门3座，城内水网密布，大小水道很多。古城内外大量水、陆门的设置，表明当时城周亦有大量水道，水门与城外诸多河流相通连，苏州水系与长江、太湖相联通。至唐朝，城内有7条骨干河道，初步形成了"三横四直"的水陆双棋盘格局，呈现出前街后河、河街平行，水陆相邻的街道特征。古城河道格局可从后来的宋代《平江图》和明代张国维的《三横四直河道图》中得到比较清楚的展现。

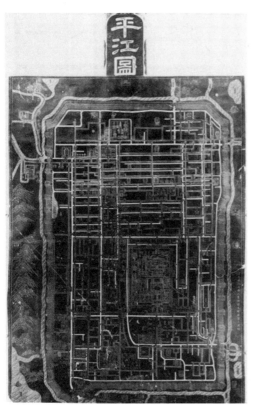

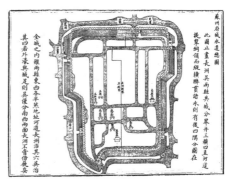

《平江图》（陈红彦：《古旧舆图掌故》，上海远东出版社，2017年，第82页）

《三横四直河道图》（〔明〕张国维《吴中水利全书》卷一《图》，蔡一平点校，浙江古籍出版社，2014年，第6页）

公元前506年，伍子胥率众挖掘胥溪（江）古运河。胥溪起自胥门，直入太湖。在太湖之西，胥江流经宜兴、溧水、高淳，穿固城湖，于芜湖通长江。胥江开浚后，在满足军事需要的同时，也为苏州城内交通和居民用水提供了便利。古城水门均有直通城内的河道，城内横直河道数条，类似棋盘形状。引太湖水入城之后，可以顺利东出，城内不会遭水淹，形成"活水周流"的水流循环系统。

吴地历史上水利工程无数，有很多著名的河道开浚工程，比如伯渎河、邗沟、越溪河、胥溪、胥浦、陵水道、九里石塘，以及大运河苏州段，还有通湖水道太浦河、望虞河、吴淞江、胥江等，通江水道浏河、白茆塘、七浦塘、杨林塘，等等。其中邗沟的开凿具有重要意义，它是中国历史上最早沟通长江与淮河、最早有明确开凿年代的人工运河。公元前486年，吴王夫差为伐齐而开挖邗沟，把长江和淮河连通起来，由此，苏州水路可以通达长江和淮河，邗沟成为中国大运河的历史起点。隋朝京杭大运河开浚后，与苏州古城内的水系相连，促进了古城水上交通的发展，苏州成为江南航运的中心。宋元之后，主要围绕太湖、吴淞江及农田水利等展开了一系列疏浚工程。

苏州在长期治水实践中形成了一整套治水技术和方法。总体而言，主要是解决太湖下游的水流通畅问题、农田的排涝和灌溉问题及其水陆交通问题。由于各种举措的实施，水患渐渐转变为水利。经过反复实践与总结，苏州地区在河道开浚、塘浦圩田、水中筑堤、河道治理等方面形成了较为成熟的工程技术方法。

二、水利思想理论及水利技术

（一）治水思想理论及实践

作为水乡泽国的吴地，其治水的历史十分悠久。如在草鞋山文化遗址发现有6000多年前水稻田灌溉系统痕迹；在草鞋山遗址、澄湖遗址、吴江梅堰龙南遗址、苏州工业园区独墅湖等发现崧泽文化、良渚文化时期的水井；这些都反映了苏州境内史前治水的实践活动。当然，还有尧治水、禹治水及禹王庙、胥王庙、禹迹桥等一系列的历史传说及遗存，亦折射出吴地治水文化的滥觞。太湖形成后，苏州地区的治水思想和实践基本围绕太湖和吴淞江展开，历史上涌现了众多的治水官员和治水专家，形成了较为系统的治水思想，展开了一系列治水实践，为区域经济社会发展做出了重要贡献。

春秋时期，伍子胥修建苏州古城，辟有水陆通道，整合了城内城外河道水网，水利建设不断发展。战国时期的黄歇，在苏州水利史上具有突出贡献，据《吴中水利全书》载："楚春申君黄歇城故吴墟内，北渎四纵五横，治水松江，导流入海，开港溉田，开浦置上下屯。"他除重视大型水利工程外，还注重农田水利建设。《越绝书·吴地传》载："无锡湖者，春申君治以为陂，凿语昭渎以东到大田，田名胥卑。凿胥卑下以南注太湖，以写西野，去县三十五里。"此后，在历代治水经验积累的基础上，唐宋时期形成了较为成熟的治水思想和理论。唐五代时期，太湖地区的水利建设初步形成体系，将治洪、排水、灌溉、水运等方面有效地结合起来，引来了治水高潮期，治水实践纷纷兴起，治水经验不断积累。这一时期，拓浚了江南运河，兴建了堰闸等治水工程，有效地防止了洪水侵袭两岸农田，初步建成吴淞江以南的江浙海塘，形成太湖平原东南部的沿海屏障。

随着塘浦圩田体系的形成和发展，宋代范仲淹提出浚河、修圩、置闸并重的治水思想，体现了治水与治田的结合，解决了蓄水与泄水、挡潮与排涝、治水与治田的矛盾。这成为之后太湖流域的治水纲要，对后来的治水者及水利学家都产生了重要影响。宋代水利学家郏亶总结了唐代以来的治水思想，主张治水应当水旱并重、高低兼顾，以治田为主，以决水为后，恢复塘浦圩田制度，制水以归海。同时期的水利专家单锷，专心研究吴地水利，著有《吴中水利书》。他针对太湖水"纳而不吐"等问题，提出将上游来水、太湖蓄水、下游去水作为一个整体看待的治水思想，在治水实践中提出减少来水量，增加泄水量，解决太湖"纳而不吐"的问题，从而形成一种蓄泄平衡的水流状态。水利学家郏侨（郏亶之子）提出以吴淞江为宣泄太湖洪水专道的新设想，并认为疏浚与筑岸不应偏重一端，而要两者并重。其治水思想代表了北宋时期太湖地区的总体治水方略。

明代耿桔编撰的《常熟县水利全书》倡导"开河法""筑岸法"，将圩区的浚河筑圩技术记述得十分细致，影响了明清时期的治水技术。明初工部尚书夏原吉奉命治理太湖水利，完成了疏浚整治吴淞江的几大工程，解决了吴淞江水流出海、出长江的问题。这是太湖治水史上有名的"掣淞入浏""掣淞入浦"工程。明后期归有光，对吴中水利进行研究，著有《水利论前》《水利论后》。他主张"治吴中之水，宜专力于吴淞江"，指出吴淞江淤塞的原因在于"与水争尺寸之利"。归有光评价了前代治水专家的利弊得失，对后人治理太湖向引、蓄、排、泄全面整合考虑有诸多启迪。明末张国维曾主持修筑吴江石塘，并修建了长桥、三江桥、翁泾桥。《明史·张国维传》称其"建苏州九里石塘及平望内外塘，长洲至和等塘，修松江捍海堤，浚镇江及江阴漕渠，并有成绩"。他积数十年治水经验，编撰《吴中水利全书》，这是我国古代最重要的东南水利著作。清代林则徐对太湖水利十分重视，先后主持疏浚了浏河、白茆河，并于各河道近海处修闸建坝，节制水流，成效显著。

（二）治水科技方法

在长期治水实践的基础上，吴地形成了一整套的治水方法，主要包括水文观测、河道开凿、筑堤夯实、圩堤防护、取土方法、分片治理、水中筑堤等方面，这里举要介绍。

其一，设立水则碑，观测水位。水则碑是用以标志水位高低或涨落的标尺，在石碑上刻画尺度，将其立于水涯。据文献记载，水则碑诞生于宋徽宗宣和二年（1120）的浙西地区。太湖流域水则碑甚多，吴江水则碑就是一例。吴江水则碑有两块，分别设于吴江长桥垂虹亭北侧左右的水涯。右水则碑（又称直道水则碑）尚在吴江长桥垂虹亭北侧岸头，仍直立原处，碑身紧贴于桥身内，碑面刻有七至十二月的每月份三旬的细线，共为十八直划，并有"正德五年水至此"等字迹。横道水则碑在桥下河中捞起，并不是原来的左碑，碑面分七则，调查人员量得每则高度为0.25米。

右水则碑（胡昌新：《从吴江县水则碑探讨太湖历史洪水》,《水文》1982年第5期）

横道水则碑（胡昌新：《从吴江县水则碑探讨太湖历史洪水》,《水文》,1982年第5期）

对于吴江水则碑，沈启言："左石一碑，面横七道，道为一则，以下一则为平水之衡。水在一则，则高低田俱无恙，过二则，极低田淹，过三则，稍低田淹，过四则，下中田淹，过五则，上中田淹，过六则，稍高田淹，过七则，极高田俱淹……右石一碑，分上下为二横，每横六直，每直当一月，其上横六直刻正月至六月，下横六直刻七月至十二月，每月三旬，月下又为三直，直当一旬，三季一十八旬，凡一十八直。"他详细阐述了水则碑的刻度与水灾灾情之间的关联，认为水则碑是历年洪水水位高低的记录

吴江水则碑记录示意图（〔明〕沈启：《吴江水考》，清乾隆五年沈守义刻本）

碑，其左碑用于水位测量，右碑用于记录年月则数，据上报记录，官吏不必亲临踏勘而可对比验知水灾情况，从而防止虚报冒灾。

其二，塘浦圩田技术。农田水利为苏州地区经济社会发展提供了基础。苏州成为鱼米之乡，得益于塘浦圩田工程体系的建立。塘浦圩田，就是将治水与治田结合起来，开挖塘浦，以利宣泄，里筑圩田，以利种植。低地则高筑圩堤，高地则深浚塘浦，渐渐形成较为完善的农田水利灌溉系统。

自汉武帝时，河塘、塘浦、塘路不断修建，尤其是常熟塘、盐铁塘及吴江塘路等开通和修浚，至唐代，苏州塘浦圩田的基本格局业已形成。郏亶认为吴越时期苏州纵浦横塘井然有序，排泄灌溉自成格局。其曰："或五里、七里而为一纵浦，又七里或十里而为一横塘，因塘浦之土以为堤岸，使塘浦阔深，而堤岸高厚。塘浦阔深，则水通流而不能为田之害也。堤岸高厚，则田自固而水可拥，而必趋于江也。"北宋时期范仲淹言："江南旧有圩田，每一圩方数十里，如大城。中有河渠，外有门闸，旱则开闸引江水之利，涝则闭闸拒江水之害，旱涝不及，为农美利。"两宋时期，朝廷重视江南水利，圩田、湖田大量出现，包括昆山淀山湖、常熟尚湖都有大片圩田。

完善的圩田体系能够做到防洪与治涝并举。其具体措施，一是采取分级控制、高低分排；二是挖沟开渠、贯通水流，通过堰闸治理旱涝；三是因地制宜、设置涵闸，做到涝可泄旱可蓄。河道治理技术采取高低分片的做法，通过堰闸来调节水位高低。盐铁塘体现了最早的高低分片的河道治理技术，在干河两岸挖塘浦，置堰门，里筑圩田，使低田无水患，高田无旱灾，高低分开，旱涝兼治。郏亶在《吴门水利书》称："低田常无水患，高田常无旱灾，而数百里之内，常获丰熟。"王祯《农书》载："复有圩田，谓叠为圩岸，捍护外水，与此相类，虽有水旱，皆可救御。"各种措施并举，实现了"高无旱、低无涝"的圩田格局。

其三，耿桔与圩田水利技术。耿桔在《常熟水利全书》中详细记载了农田水利中的取土方法、土质要求、筑堤夯实等技术细节。在取土方法上，他提出5种取土方法：一是开浚圩外塘浦取土，二是结合开挖圩内河沟取土，三是开挖荒田草滩取土，四是于圩岸里面二丈之外开挖取土，五是鱼鳞取土法。这5种取土方法对于筑圩取土具有重要参考价值。在土质方面，太湖圩区多黏土、壤土，但其间有少数不宜筑圩之土。他指出当地3种土不可用于筑圩："又查本县低乡，土脉有三色不堪用者：有乌山土、有灰萝土、有竖门土。"并分析了这3种土不可用于筑圩的原因。同时指出，如果确实需要使用这3种土筑圩，就需要注意一些技术方法，"此三者筑法，必

从岸脚先掘成沟，深三尺，或用潮泥，或取别境白土实之然后以本土筑岸其上，方为有用"。在筑堤夯实方面，他给出了具体规定："凡筑岸，先实其底，下脚不实，则上身不坚，务要十倍功夫，坚筑下脚，渐次累高。加土一层，又筑一层，杵捣其面，棍鞭其旁。"由此可以达到"必锥之不入"，才算符合工程规范。即每做一层，均要"杵捣其面，棍鞭其旁，必锥之不入，然后为实筑也"。具体方法为："如岸高一丈，其下五尺分作十次加土，每加五寸筑（夯实）一次；上五尺分作五次加土，每加一尺，筑一次。"这些技术方法为后世圩田水利提供了重要借鉴和参考。

第三节　吴门医派与温病学说

吴门医学在中国医学史上具有重要地位，享有"吴中医学甲天下"盛誉。吴门医派主要有医经学派、易水学派、伤寒学派、温病学派等几个派别，其主要贡献是温病学说，温病学说对中国乃至世界传染病学发展做出了重要贡献。吴门医学，起源于周，发展于宋元，繁荣于明，鼎盛于清，中西汇通于民国。13世纪《马可·波罗游记》中说苏州有许多医术高明的医生，善于探出病根，对症下药，说明元朝吴门医派就很兴盛了。

一、温病学说的创立和发展

温病学说是吴门医派的标志。温病多具有传染性、流行性、季节性和地域性。温病中具有强流行性的就是瘟疫。据统计，明代1368—1644年的277年中间，发生瘟疫达180次。明代瘟疫大爆发促进了吴门医派对温病的研究。在温病学说形成之前，医家认为瘟疫、温热病属于伤寒，以治疗伤寒的方法来治疗瘟疫、温热病，疗效不佳。吴门医家在病因、病原和治疗方法上取得突破，创立了温病学说。

元末明初，昆山的王履将温病从伤寒中独立出来，认为温病、暑病与伤寒的病因不同，治疗方法也不同。他十分重视中医理论，对后世温病理论有重大影响。明末清初，吴县吴有性创立了瘟疫学说，对于传统医学有了新的突破，于崇祯十五年（1642）撰成《瘟疫论》，揭示了瘟疫的病原，认为天地间存在一种异气（戾气）是温病的病原，把瘟疫与一般外感病、伤寒病区别开来。其言："病疫之由，昔以为非其时有其气，春应温而反大寒，夏应热而反大凉，秋应凉而反大热，冬应寒而反大温，得非时之气长幼之病相似以为疫。余论则不然。夫寒热温凉乃四时之常，因风雨阴晴稍为损益,假令秋热必多晴,春寒因多雨较之,亦天地之常事,未必多疫也。伤寒与中暑感天地之常气,疫者感天地之厉(戾)气,在岁运有多寡,在方隅有厚薄,在四时有盛衰。""夫疫者,感天地之戾气也。戾气者,非寒,非暑,非暖,非凉,亦非四时交错之气,乃天地别有一种戾气。""此气之来,无论老少强弱,触之者即病,邪从口鼻而入……邪之所着,有天受,有传染,所感虽殊,其病则一。"这些认知打破了历来"邪从皮毛而入"的定论。《温疫论》也十分重视肌体抵抗力的重要性,认为"本气充满,邪不可入,本气适逢亏欠,呼吸之间,外邪因而乘之"。《温疫论》对温疫免疫性的论述也十分精到,同时记载了不少治疗传染病的新方法。吴有性关于温疫的论述,形成了一个比较系统的温病辨证论治纲领,充实了温热病学的内容,其"戾气"致病说,开我国传染病学之先河,在世界传染病学史上亦是一个伟大的创举。

清中期,吴县的叶天士根据温病病变的过程,首创"卫气营血"的辨证施治纲领。他把温病分为温热和湿热两大类,又具体区分为春温、风温、暑温、暑湿、冬温、伏温、发疹等,形成了温病学说完整的理论体系,确立了以吴地为中心的温病学派的学术地位。叶天士著有《温热论》等医学著作,对于温病学具有承前启后的重要作用,为温病学理论体系的形成奠定了基础。此后,吴县人薛生白撰写《湿热条辨》,补充完善了温病学说中湿热病的内容。对发病机理、症候演变及治疗方法等方面进行了全面阐述。

其后,对温病学说发展做出贡献的还有吴鞠通、王孟英、柳宝治等。吴鞠通写成《温病条辨》,建立了三焦辨证纲领,从而确立了温热学派包括病因、病机、诊断、治疗的理论体系;王孟英著有《温热经纬》,对温热学说的总结及普及起了较大的作用;柳宝治对于伤寒学说、瘟疫学说、卫气营血及三焦辨证学说进行融会贯通,并提出伏气学说。

二、吴门医派的特点

温病学说的创立,使中医学在急性传染病和危重感染性疾病的病因动机、诊断和治疗方面取得了突破性进展,形成了完整的理论体系,对中医学的发展起到了巨大的推进作用。

吴门医派作为中医的一个重要流派,具有明显的特征——名医多、医学世家多、著述多、创立温病学说。据统计,从周代到民国,共有医家1436人,著作1179部,存世著作530多部。这当中名医居多。(表5-1)

表 5-1　周代至民国时期的吴门医派概况表

时期	医家数量（人）	存世著作（部）	主要特点
唐及唐以前	3		医家以兼道家为主
宋朝	13		形成世医家族，如葛氏世医；苏州出现专科医家，如专于疡科的颜直之，专于小儿科的滕伯祥等
元朝	58	少量	形成九大世医家族，如葛氏世医、韩氏世医、昆山郑氏女科等；儒医多
明朝	392	68	御医、医官多；涌现大量医学著作；出现许多学术流派，如易水学派、河间学派、伤寒学派等
清朝	693	388	学术交流频繁，出现许多学术沙龙、学术团体、学术期刊等；诞生温病学派
民国	277	82	用中西医结合两种方法治病；翻译了国外的中医学著作

吴门医派各个朝代均有著名医家，宋元时期中医世家比较多，明清时期医家数量猛增。（表 5-2）

表 5-2　宋以来吴门医派著名医家

时期	人物	成就
宋朝	沈良惠	医术精湛，高宗赐书"良惠"二字
宋朝	颜直之	精能外科，尤其擅长以药石济人，著有《疡医方论》《外科会海》《疡医本草》等
元朝	王　珪	精医理与凝神养气之术，制有滚痰丸，著有《泰定养生主论》十六卷等
元朝	徐亨甫	擅长工整骨科，入太医院
元朝	赵良仁	医术精湛，著有《医学宗旨》《金匮方衍义》《丹溪药要》等
元朝	葛应雷、葛可久父子	善治疑难杂症，享名江南，著有《十药神书》（中国第一部治疗肺痨的专著）
明朝	戴思恭	吴门医派由其发端，著有《秘传证治要诀及类方》《本草摘抄》《类证用药》等
明朝	盛　寅	擅治蛊症等疑难杂病，以医术闻名远近
明朝	缪希雍	先精疡科，后以内科得名，于内外妇幼、本草之学，无所不能，开温补派之先河，著有《先醒斋医学广笔记》《神农本草经疏》等书

续表

时期	人物	成就
明朝	王履	提出"温病不得混称伤寒",成功区分出了温病、热病与伤寒
明朝	吴有性	创有"瘟疫学说",阐释瘟疫病的病因病机
清朝	张璐	著述丰富,有《伤寒大成》六卷、《伤寒绪论》《伤寒缵论》各二卷、《本经逢原》四卷、《千金方衍义》三十卷等
清朝	唐大烈	撰写《吴医汇讲》
清朝	周扬俊	对外感病多有研究,把温、热、暑疫与伤寒加以区别,主张寒温合论以指导临床对外感病的治疗
清朝	陆懋修	擅长以运气学说来解释诸病病因
清朝	叶天士	创有"温热学说",论治温热病疾,确立了"卫气营血"温病的辨证施治纲领
民国	顾允石	主治风、劳、臌、膈等疾病,颇有成效
民国	孙秉公	擅长内科、时症、温热病以及经产妇科病
民国	曹仲容	擅长小儿科
新中国成立后	经缓章	擅长内外科
新中国成立后	郑连山	妇科世家
新中国成立后	马友常	擅长喉科
新中国成立后	顾君安	擅长耳科

吴门医派除了创立温病学说以外,在内科杂病诊治及络病理论、胃阴学说等方面也有重要贡献。历代医家既有高超的临床经验,又有丰富的医学理论,善于著书立说,在长期的医疗实践中,为后人留下了大量的医学著作。据吴门名医吴怀棠在《吴中名医录》中的统计,历代吴医古籍多达530余种,涉及中医学的各个方面,如内经、伤寒、温病、本草、方药、针灸、医案及内科、外科、妇科、儿科、五官科等。这对吴门医派的传承和发展具有重要价值。

《吴中名医录》中说,吴门医家不仅精于医术,而且医德也高。医德的传承也是一种重要的精神传承。其言:"有闻名邦国者,有饮誉乡里者,有创造发明著书立说而形成一代宗师者,有精于脉理善诊妙治而留范千百医案者,有广注阐解经典者,有专论克治时病者,有精通诸科者,有独善一技者。总观诸贤,不惟医道高超,且皆医德隆厚。"

吴门医派是中医药文化的经典代表。我们需要传承吴门医派的精神,弘扬吴门医学文化。2013年苏州市吴门医派研究院成立,苏州中医界有志

于发展创新吴门医派,建立"新吴门医派";2017苏州市政府办公室印发文件,提出传承发展吴门医派特色的实施方案。我们期待吴门医派在传承的基础上继续创新,为弘扬中医做出新的贡献。

第四节 "香山帮"
——建筑技术与艺术的完美融合

在世界科学史上有一位奇人——达·芬奇,他的工作涉及了科学、技术、艺术的交融;而在中国苏州有一个群体,他们在建筑方面将技术和艺术进行了完美的融合,这就是"香山帮"。

一、"香山帮"及其传承

"香山帮"发源于苏州香山,位于太湖之滨,这里自古出工匠,他们擅长复杂精细的传统建筑技术。从江南民宅、古典园林到寺庙道观、京城皇家宫殿,香山匠人营造了无数令人叹为观止的作品。他们传承千年,技术精湛,名誉天下,对江南乃至北方官式建筑产生了重大影响,在建筑史上留下了浓墨重彩的一笔。

"香山帮"滥觞于春秋战国,形成于汉晋,发展于唐宋,兴盛于明清,衰落于民国。"香山帮"匠人早期以木工、泥水工为主体,在发展过程中,逐渐形成了集木作、泥水作、砖雕、木雕、石雕、油漆、彩绘等多个工种为一体的庞大工匠群体。苏州香山工匠擅长复杂精细的建筑技术,手艺精绝,史称"江南木工巧匠皆出于香山",故称"香山帮",明清以后成为中国传统建筑的重要流派。"香山帮"匠人的作品涵盖了民居、园林、寺观等各种类型,其营造技艺讲究技术和艺术的融合,既讲究建筑单体的艺术性,又顾及空间构成的整体性,表现出"一法多制""有法无式"的技艺特征。

在"香山帮"这个群体中,历史上曾涌现过不少大师,最负盛名的是蒯祥和姚承祖两人。蒯祥(1398—1481),明代吴县(今江苏苏州)香山人,被尊为"香山帮"的鼻祖。蒯祥父亲蒯福能为木工,永乐初年在工部从事营缮工作,以老告退之后,蒯祥接了父亲的班。明成祖北迁时,蒯祥随去北京,主持宫殿等工程建设。明人黄瑜在《双槐岁钞》中称:"扈从至北京,凡殿庙社,皆所从事。正统中,重作三殿及文武诸司,效劳尤多。天顺末,奉玺书作裕陵。成化间委任尤专,自工部营缮所丞进所副,遂陟工部营缮司主事员外郎,历擢太仆少卿,遂为工部右侍郎,转左侍郎,其禄累加至从一品。"因其高超的技艺,蒯祥被明宪宗皇帝誉为"蒯鲁班",

官至工部侍郎，成为天下百工的总领头。姚承祖（1866—1938），清代吴县（今江苏苏州）香山人，他的传世之作有现存怡园的藕香榭、灵岩山寺的大雄宝殿、香雪海的梅花亭等。他撰写的《营造法原》，记述"香山帮"的传统技法，被誉为"中国苏派建筑"的宝典，为后人传承"香山帮"的建筑技艺提供标准，对研究"香山帮"技艺有重要价值。

其后，还有薛福鑫、陆耀祖等人对"香山帮"技艺进行了传承。薛福鑫1928年出生于"香山帮"匠人世家，现代"香山帮"传承人，第一批国家级非物质文化遗产传承人，被誉为"当代蒯祥"、苏州"鲁班"。先后设计了中外园林几十座，20世纪70年代赴美国纽约建造"明轩"，名扬中外。陆耀祖1949年出生于苏州吴县（今江苏省苏州市吴中区）香山，祖上世代为"香山帮"建筑匠人。他与薛福鑫同时被列入国家级非物质文化遗产传承人。参与了美国波特兰市"兰苏园"等影响深远的国外园林项目。陆耀祖不仅自己继承和掌握了香山传统建筑营造技艺的各项要领，还为培养"香山帮"传人而积极工作。

二、"香山帮"建筑技艺及特征

"香山帮"建筑工匠群体，不但工种齐全，而且分工细密，能适应高难度建筑工艺的需求。例如木匠分为"大木"和"小木"。大木从事房屋梁架建造，上梁、架檩、铺椽、斗栱、飞檐、翘角等；小木进行门板、挂落、窗格、地罩、栏杆、隔扇以及雕花等建筑装修。"香山帮"建筑一般采用矩形构架系统。每一个部件的构形和部件之间都是木与木的连接，其木头衔接、框架刚度全靠榫卯，不用一钉一铁，既十分稳固，又精巧美观。

"香山帮"建筑的构架，可分为平房构架、厅堂构架和殿庭构架，其中"顶"最有特色。硬山顶——平房构架，普通民居建筑，多为穿斗或抬梁混合式梁架，所谓硬山顶做法。歇山顶——厅堂、殿庭构架，用于园林建筑和祭祀宗教等建筑中，多属抬梁式梁架歇山顶做法。翼角——苏州多雨，传统建筑屋脊高耸，翼角的冲出与起翘值均大于北方建筑。

硬山顶、歇山顶与翼角

一个门派必有其自身特色,"香山帮"也有其绝活。这些绝活体现了"香山帮"工匠的智慧,为世人津津乐道,广为传布。

其一,金刚腿。金刚腿是装在门槛两边的斜形卯榫,传为蒯祥所发明。传统门槛都是由一整条长木头组成,安装以后是固定的。而这种"金刚腿"则是在门槛两边各做一个斜形卯榫,与高门槛相配,门槛可装可拆,方便车马、轿子进出,所以是活门槛。金刚腿的发明也使得将军门之制更加完善。苏州城里的古宅中现在仍可看到遗留的传统金刚腿门槛,体现着苏州人的智慧与创新精神。

其二,雀宿檐。雀宿檐是一种轻巧的单坡小屋檐,能够避雨遮阳,窗户增设雀宿檐可解决渗水难题,属于"香山帮"的独创。其用单臂短梁或斜撑为骨架,梁的顶端有斜撑支撑,从高处往下看,斜撑的形状像是鹤的小腿。现在苏州的一些古建筑如东山洞庭的瑞蔼堂、明善堂等明代建筑上即有雀宿檐的结构,园林建筑中也做雀宿檐。

雀宿檐(如同栖息在檐梁上的云雀)

其三,雕刻。"香山帮"以木雕、砖雕、石雕见长,所谓苏式"三雕"。不同雕刻分别应用于不同的部位,雕刻技法亦大不相同。(表5-3)

表5-3 苏式"三雕"应用范围与雕刻技法

名称	应用范围	技法
木雕	用于梁、杨、雀替、门罩、门楣、门窗裙板、夹堂板、字额等处的装饰美化	采地雕、贴雕、嵌雕、透雕等
砖雕	用于室外建筑构件的装饰、防潮,主要为砖雕门楼	平面雕、浅浮雕、深浮雕、透雕、圆雕、阴刻等
石雕	桥、石塔、石亭、石牌坊等建筑作品,鼓蹬、碌石、门槛、栏杆、阶沿石、抱鼓石、须弥座等用石雕装饰的部位	画、塑、凿、刻、雕、镂、磨、钻、削、切、接等

关于三种雕刻技艺，可从下面三种建筑中一窥其概。

拙政园内的芙蓉榭一堂落地飞罩上面的木雕为民国间"香山帮"雕刻名家赵子康的作品，飞罩上雕着福、禄、寿三星，左右两边落地窗上雕有八仙、松、鹿、梅、鹤。

春在楼大门内侧的砖雕门楼，高达 9.25 米，砖雕为上、中、下三枋，透雕图案达 4 层之深，是"香山帮"砖雕技艺的经典之作。

位于北寺塔东北侧的张士诚纪功碑，"香山帮"匠人采取深浮雕手法，琢工精细、构图严谨，是一件稀有的石雕珍品。

拙政园芙蓉榭

春在楼砖雕门楼

北寺塔张士诚纪功碑（徐刚毅、徐苏君：《苏州通史·图录卷（上）》，苏州大学出版社，2019 年，第 67 页）

三、"香山帮"建筑技艺的价值与影响

"香山帮"建筑具有多重价值,并且具有现实意义。"香山帮"建筑不仅在国内,而且在国际上也产生了重要影响。据有关资料显示,迄今为止,共有40多座苏州园林先后落户30多个国家及地区,如美国大都会博物馆的明轩、日本大阪池田的齐芳亭、加拿大温哥华的逸园等。明轩是苏州园林处为美国纽约大都会艺术博物馆建造的中国古典庭园,以苏州网师园为蓝本,飞檐翘角,长廊蜿蜒,小亭错落,体现了"香山帮"建筑淡雅明快、工整柔和、简洁利落的特点。齐芳亭建造在日本池田市水月公元内,该亭为六角攒尖顶,黛瓦红柱,小亭立在池畔,两侧有曲廊通幽。加拿大温哥华逸园是一座户外庭园,园内秀石清泉绕以堂屋亭榭,花木扶疏以蜿长廊,景致疏密相间,层次丰富,有咫尺山林之致、步移景换之妙。

2006年,"香山帮"传统建筑营造技艺被列入第一批国家级非物质文化遗产名录,2009年入选世界非物质文化遗产名录。这个丰厚的遗产我们不仅要保护好,还要传承下去,更需要发扬光大。香山工匠执着、专注,在技术工艺的各个方面进行精雕细刻,这体现了一种难能可贵的工匠精神。因此做好每一个螺丝、每一个零部件、每一个细节都是打磨工匠精神的内涵。不仅如此,"香山帮"大胆创新,营造了建筑史的辉煌。因此,继承和创新同样是我们对于"香山帮"建筑技艺的主题。

第五节 吴地冶铸技术:从吴越之剑说起

春秋战国时期,吴地有高水平的冶炼技术,铸造出了名剑。剑的铸造是冶炼铸造技术的代表,剑除了战争用途之外,还是身份的象征。我们可以从铸剑窥探吴地的冶炼技术。

吴越是我国最早铸造青铜剑的地区之一。吴越地区目前考古发现最早的青铜剑年代可达西周早期,出土的西周至春秋时代青铜剑数量亦较多,且有着明显的自身发展演化序列。春秋中晚期,吴越青铜剑型式统一,其形制为剑身中脊起棱,宽格或窄格,圆形实茎,上有两凸箍,或圆茎中空,圆盘形首,考古界称之为"双箍剑"和"空茎剑"。从出土的青铜剑来看,吴越青铜剑质精物美,为人称赞。尤其是吴王光剑、吴王夫差剑及越王勾践剑、越王州句剑等名剑,为吴越铸剑之最。如《战国策·赵策》言:"夫吴干之剑,肉试则断牛马,金试则截盘匜。"《庄子·刻意》云:"夫有干、越之剑者,押而藏之,不敢用也,宝之至也。"《吕氏春秋·慎行论·疑似》

云:"相剑者之所患,患剑之似吴干者。"这些都说明吴国宝剑风靡一时,为世人称道。

吴越铸剑水平相当,两地联系密切,同风同俗。《吕氏春秋》曰:"夫吴之与越也,接土邻境,壤交通属,习俗同,言语通。"《越绝书》也说"吴越二邦,同气共俗"。吴越争霸相互征伐几十年,沟通密切,在军事及生产生活等诸多方面处在同一水平上。

一、吴越铸剑的方法与特点

据初步统计,吴地出土宝剑中属于吴越君主的有17柄之多,吴王阖闾剑有3柄,这反映了吴越高超的铸剑技艺。

(一) 干将铸剑

干将、莫邪铸剑传说的文本出现在西汉,定型于晋代,明清时期多有演绎。东晋《搜神记》载干将、莫邪之事:干将、莫邪为楚王造剑,3年才成,楚王怒,要杀干将。莫邪正好临产,干将为子留下雄剑,藏在南山一棵松树下,自己带着雌剑见楚王。莫邪生子名赤,赤具知此事之后,欲为父报仇。楚王以千金购赤头,赤在山中遇一客,客献计于赤,取赤头献于楚王,趁楚王松懈之时砍下楚王头,客亦自杀。《吴越春秋》记载,干将为吴人,与欧冶子(铸剑鼻祖)同师,善于铸剑。干将铸剑时遇到了问题,妻子莫邪说神物之作,需要人的配合。干将说以前师傅冶铸,遇到金铁不销,夫妻两人都入炉中,然后才获成功。于是,莫邪毫不惧色,断发剪爪,投入炉中,又使童男、童女各300人鼓风,金属矿石才融化,宝剑乃成。这个故事告诉世人铸剑的玄妙,事实上可能是熔化金属的温度问题。"干将、莫邪剑"可能确实存在过,但下落不明。

《吴越春秋·阖闾内传》记载:"干将作剑,采五山之铁精、六合之金英,候天伺地,阴阳同光,百神临观,天气下降,而金铁之精不销沦流……使童女、童男三百人鼓橐装炭,金铁乃濡,遂以成剑,阳曰干将,阴曰莫邪,阳作龟文,阴作漫理。"这里阐明了铸剑所需的优质矿石的选取,描述了特殊的自然人文环境,重点是"金铁之精不销沦流"(应该是炉温不够),即金铁不能熔化融合,必须采取特殊的措施,"使童女、童男三百人鼓橐装炭",鼓风加速燃烧,提高炉内温度,方能炼成。可见,在铸剑方面,炉温是关键,铸剑用的矿石只有完全熔化才可能铸剑,早期吴地在这方面进行了积极探索。

(二) 吴王青铜剑

吴国青铜剑拥有多项先进技术,如菱形暗花纹、剑首同心圆、青铜合金以及剑身、格、茎、箍、首的复合成形技术,还有铭文成形技术、镶嵌技术、磨剑技术等，其中暗花纹、剑首同心圆和复合剑制作技术，堪称吴国铸剑"三绝"。这些技术使得吴地铸剑具有较高水平。

铸剑技术的主要步骤为：第一步，制作剑脊范；第二步，铸造剑脊，在脊部预留榫头；第三步，将剑脊插入剑从（即剑刃部分）范，合范后浇铸剑刃；第四步，浇入含锡量更高的青铜液，凝固之后包裹剑脊部分，利用榫卯结构将剑脊与剑刃牢固结合。事实上，剑身分铸在技术上有很大难度，复合剑的创制，表明铸剑匠师的高超技艺。

（三）越王勾践剑

越王勾践剑（乔爱梅：《从越王勾践剑铸造工艺看春秋时期青铜冶炼技术》，《文物鉴定与鉴赏》2015 年第 2 期）

越王勾践剑，1965 年在湖北出土，历经 2000 多年仍保存完好，剑锋锐利。该剑长 55.7 厘米，宽 4.6 厘米，柄长 8.4 厘米，重 875 克，剑身是黑色菱形暗文，剑格两边镶嵌了几何花纹。

经检测分析，越王勾践剑是用高锡青铜铸造而成，其黑色菱形花纹处含有锡、铜、铁、铅、硫等成分。剑的不同部位铜锡比例不同。其中，剑身主要是铜，占五分之四；其次是锡，占接近五分之一；另外还有少量的杂质元素。金属比例不同，铸件的性能不同。对此，《考工记》已有认识，称"金有六齐"就是指不同比例的金属。不同比例的金属的冶炼、铸剑应该是钢铁刀剑逐渐取代青铜刀剑的开端，因为人们渐渐发现了钢铁刀剑的诸多优越性。越王勾践剑，剑脊和剑刃部位成分不同，说明亦有复合铸造法，其技术工艺步骤与吴国铸剑类似。值得注意的是，越王勾践剑具有黑色菱形花纹，有金属膏剂涂层，并且剑身、剑格及剑茎等部位含有硫化铜，硫化铜不易与环境发生反应，不被腐蚀，所以历经 2000 多年仍旧完好。

战国前期的越剑，无论形制、质地还是铸造技术、纹饰、文字，都和春秋晚期的吴剑一样，显示了越人对吴地冶铸技术的继承。我们从越王勾践剑外观、花纹、成分、锋利程度等，可以推测当时吴地的铸剑水平。

二、吴地冶铸技术的传承与发展

吴地冶铸技术首先是得益于其丰富的铜、锡、铁矿产资源。《考工记》

认为"百工之事"只有"天有时，地有气，材有美，工有巧，合此四者，然后可以为良"，"吴粤之剑，迁乎其地而弗能为良，地气然也。燕之角，荆之干，妢胡之笴，吴粤之金锡，此材之美者也"。吴地丰富优质的金属矿产资源为冶炼技术的发展提供了基础。其次是吴国统治者重视冶铸业的发展，吴王阖闾为"治兵库"，兴建铜铁冶炼场，对冶铸出好兵器的工匠予以奖赏，下令"能为善钩者，赏之百金"。当时吴国"作钩者甚众"，加快了冶铸业发展，铸造了大量的铜铁兵器，提高了军队的战斗力。

吴地的冶金技术在春秋后期已经处于全国领先地位，铸剑代表了冶金技术的高峰，产生了举世闻名的名剑。《战国策·赵策》载："夫吴干之剑，肉试则断牛马，金试则截盘匜。"《吴越春秋·阖闾内传》记载了干将、莫邪的冶钢场面："采五山之铁精、六合之金英"，即采用冶金复合技术制造出干将、莫邪之剑。《越绝书·记宝剑》记载，晋侯兴兵围楚，楚王持干将所铸泰阿剑登城，晋师"三军破败，士卒迷惑，流血千里"。宋代有江氏官炉专司铸锅。明代吴地发明著名的"苏钢法"，即在炉口以火钳夹住生铁板，使之熔化后流入炉中熟铁中，不断翻动，就可以得到成分均匀而杂质少的钢材。清代吴地冶炼技术有新进步，所谓"自欧冶子铸剑，吴中铁工不绝"。农业、纺织、建筑和交通各行业都需要大量优质钢铁，吴地钢铁冶炼规模不断扩大，设立了多个冶炼厂。同治间华蘅芳为制造蒸汽机模型寻求钢材，曾言"苏州阊门外旧有钢行三家，以李永隆为最，其业专炼铁取钢，用料甚重，非有存铁十万不可，其钢甲于天下"。说明当时苏州钢材质量之优良。

吴地有着青铜铸造业的广泛基础，同时又是全国较早冶铸和使用铁器的地区，吴地冶铸业一直处于很高的水平。明清时期，苏钢闻名全国，被誉为"苏钢甲天下"。晚清时期，苏州昆山人赵元益翻译了《冶金录》；吴县人王季点翻译了《制羼金法》，介绍了当时先进的冶金技术，体现了苏州对于冶炼新技术的接纳。冶金技术连绵不断的传承和开新，构成了苏州地区一道特有的科技文明之光。

第六节　明末清初苏州光学技术

——孙云球与眼镜

吴江的民间手工艺人孙云球（1628—1662）是明末光学仪器制造家、发明家，制造了各类光学仪器，著有《镜史》，被誉为"明朝科学巨人"。

一、薄珏、孙云球和褚三山

从苏州眼镜等光学仪器的制作上看,这3个人的贡献特别大。一是薄珏(生卒年不详),明末清初苏州人,富有科学技术知识,在光学、天文学和机械制造方面贡献突出,曾制造过望远镜和浑天仪。1635年,张国维聘请薄珏到军营,制造铜炮、千里镜等器,用于安庆之战。薄珏是第一个将望远镜用于战争的人,一般认为薄珏对孙云球有一定的影响。

明末清初,吴江人孙云球喜欢制作器械,最大成就是眼镜的制作。孙云球具有一定的几何、物理和光学知识,基于长期的眼镜磨制实践,完成了眼镜等光学仪器的制造。他到杭州向陈天衢学习光学(陈天衢从利玛窦、汤若望那里获得一些科技和光学知识),还把一批杭州学者请到苏州讨论研究,利用琢玉工艺,采用水晶为原料,磨制各种凹凸透镜,成功制造了远视眼镜(凸透镜)、近视眼镜(凹透镜),并在此基础上制作了大量光学仪器,如存目镜、万花镜、鸳鸯镜、放大镜、幻容镜、夜明镜、千里镜等各类光学制品。

清人褚三山继承了孙云球的制镜技术,他进一步发展了制造眼镜的技术,为中国眼镜业发展做出了不可磨灭的贡献。至1735年,苏州已经出现了专门生产眼镜的手工作坊,诞生了"褚三山眼镜"品牌。清前期,包括苏州在内的整个江南眼镜不但国内闻名,而且还远销日本。

二、光学器具与制作技术

孙云球著有《镜史》一卷,讨论了各种眼镜的制作。关于眼镜和其他光学器具及制作技术,《镜史》正文甚为简略,只1300余字,共分为昏眼镜、近视镜、童光镜、远镜、火镜、端容镜、焚香镜、摄光镜、夕阳镜、显微镜、万花镜11部分,每一部分言简意赅,并配有相应的制作精美的版画。

孙云球掌握了"磨片对光"的技术,用天然水晶石磨制出镜片。按照人的年龄和不同视力研制出老视、近视、远视等品种以及各种光度的镜片,并编制了一套"随目对镜"的验光方法,标志着我国自主验光配镜的开端。他经过反复多次试验,利用机械原理发明创造了镜片研磨机器——牵陀车。这种牵陀车是用脚踏转动,采用矿石砂、白泥、砖灰等作研磨剂或抛光材料,把镜片磨成凸凹透镜,以适应不同的需要。

民国《吴县志》称孙云球制造了72种镜子。实际上他分别磨制了24种昏眼镜、24种近视镜、24种童光镜,共72种。他在磨制凸透镜和凹透镜的基础上,磨制存目镜、万花镜、鸳鸯镜、放大镜、幻容镜、夜明镜、千里镜（望远镜）等各类光学制品。还有一些特殊用途的镜子，如童光镜，即存目镜，用这种镜来观察物体，可将极细小的东西看得很清楚，这可能是一种简单显微镜，即具有较高放大倍数的凸透镜，而他制作的"察微镜"应该是一种复合显微镜；火镜就是凸透镜，用以代替燧石取火；端容镜即为普通镜子；焚香镜应与火镜相似，只是在其下置香，并将该镜做成一个架子，随日而转，颇为方便；摄光镜，即简易的针孔成像器，或与影戏灯类似；夕阳镜，即墨镜，用茶晶或墨色的水晶做成；万花镜，能视一物化为数十，使一个像变成多个，有些类似于今天的万花筒；半镜，应该是一种半圆盘形的眼镜，即眼镜仅仅有下面半块透镜，一个眼镜两用。

《镜史》"远镜"条所配版画（孙承晟：《明清之际西方光学知识在中国的传播及其影响——孙云球〈镜史〉研究》，《自然科学史研究》2007年第3期）

如此等等，几乎涉及了所有日常生活用镜。

三、价值与影响

苏州是中国眼镜的发源地。我国的眼镜制造有着悠久的历史，据宋人赵希鹄《洞天清禄集》载，老人看书不辨细字，就用一种名为"叆叇"的镜片，"以此掩目自明"。这是我国最早的原始眼镜。我国大量制作眼镜始于明末清初。早在明代，苏州已能用水晶磨制镜片，当时称为"单照"。明代崇祯年间（1628—1644），苏州眼镜史上出现了一位杰出技师孙云球。孙云球吸收西方光学知识并加以创新，利用琢玉工艺，成功地磨制各种凹凸透镜，并在此基础上制作了大量光学仪器。可惜这位光学大师英年早逝，病逝时年仅33岁，留下《镜史》一卷行世，讨论了各种眼镜的制作，"令市坊依法制造，遂盛行于世"，对后世眼镜制造技术具有重要影响。由此，眼镜可为普通百姓使用，苏州也成为全国光学手工业的中心。

清代苏州又出一位眼镜制造技师褚三山，他继承孙云球的制镜技术，以善制眼镜著称。孙云球、褚三山等在制镜技术上所取得的卓越成就，推动苏州眼镜行业的形成和发展。国内光学界公认苏州是中国眼镜的发源地。

早先眼镜是舶来品，属稀罕之物，至清初，这一情形得以改观。眼镜的普及化，与孙云球的贡献密切相关。在孙家眼镜影响下，苏州逐渐成为全国的眼镜制造基地。民国初年，苏州眼镜名扬海内，北京、天津、济南等眼镜铺集中的地方，都以"姑苏眼镜"作为品牌标志。

孙云球眼镜及光学仪器制造，体现了苏州人精益求精的工匠精神。在制作眼镜的过程中，他学习新知识，并结合实践进行创新，体现出包容、开放、接纳、创新的精神，对于我们今天继续吸收世界先进技术，并加以创新发展有着重要启示。

第七节 吴地其他科技成就

吴地科技发展除了上述成就之外，在其他诸多方面亦有重要贡献，尤其是在近代科技发展及西方科学的引入等方面做出了突出成就。这里不妨列举几个方面进行阐述，以便我们更加全面地了解吴地科技面貌。

一、造船技术

吴地造船历史悠久，2000多年前的吴国即以制造战船而闻名。吴国国都姑苏附近设有专门的造船工厂——船宫，能制造多种类型的船只。《越绝书》载："船名大翼、小翼、突冒、楼船、桥船。令船军之教比陵军之法，乃可用之。"所谓大翼之船一艘广1丈6尺，长12丈，可装载90多人，舟船规模相当大。吴国的船军，成为当时列国最强大的水军。各种战船功能各异。徐承曾率领舟船军队远航千里自海道入齐，可称为中国最早的海军。

隋唐宋元时期，苏州逐渐成为全国的经济重心和重要州郡。隋文帝"因吴、越之人，往承敝俗，所在之处，私造大船"，下令曰："其江南诸州，人间有船长三丈以上，悉括入官。"[1] 吴地造船氛围和规模可见一斑。宋代，苏州已成为全国造船中心之一。据《宋会要辑稿》"食货"记载，平江府造船场在1129年曾造八橹战船，即"四百料八战船，每支通长八丈"；还造有四橹海鹘船，"每支通长四丈五尺"，海鹘船"头低尾高，前大后小，如鹘之形。船上左右置浮板，形如鹘翼，翅助其船，虽风涛怒涨而无侧倾覆"。八橹战船、四橹海鹘船是著名的战船，船只制造具有领先的技术。

明代，苏州已经能制造载重几万斛、载人上千的大海船。郑和下西洋所使用的船只中有大型宝船62艘，辅助船有100多艘，这些船只来自南京

---

[1]〔唐〕魏征：《隋书》，中华书局，1973年，第43页。

的龙江船厂及镇江、苏州、松江各处船厂。苏州府造船场设在太仓,据《太仓州志》载,其所造船只可载重几万斤,载人上千,可见船只之大。由此可见,郑和下西洋的壮举与吴地工匠舟师造船及航海技术的长期积累具有一定的关系。

清代时吴县西山的东村、光福的铜坑,都有造船场,雇工多达百人。由于货物运输及战争的需要,苏州航海技术也有相当进步,在全国居于领先地位,有的出海远航到中国的台湾、辽东地区,有的到达高丽、日本等地,唐代鉴真、明代郑和远航写下了吴地航海的辉煌篇章。郑和下西洋是从苏州娄东刘家河扬帆起锚,太仓浏河口由于通番贸易兴盛,外商云集,百货齐备,被称为"六国码头"。

二、天文学成就

春秋时期,吴国天文历法已采用二十八宿体系,并将其与春、夏、秋、冬四季相配合。东汉吴县人陆绩,通晓天文、历算,星历算数无不涉览。他曾作《浑天图》,注《易经》,撰写《太玄经注》。三国时,吴国太史令陈卓把甘氏、石氏和巫咸三家星官并同存异,综合成283官、1464颗星的全天星图之一,这是我国恒星观测的里程碑,这个体系后世以《步天歌》的形式沿用了千年,后来的天文观测与制作星图均以此为标准。南北朝时期,曾在昆山为官的祖冲之,经过实际观测和计算,编纂《大明历》,区分了回归年和恒星年,将岁差引入历法,提出了用圭表测量正午太阳影长以定冬至时刻的方法。

宋代苏州《天文图》,是我国最重要的古星图之一。星图由南宋广元的黄裳绘制,浙江永嘉人王致

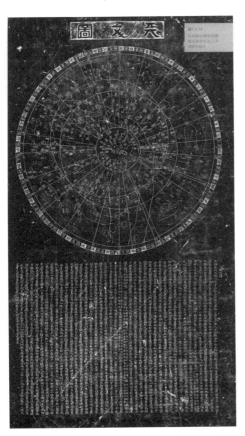

苏州石刻《天文图》(席会东:《中国古代地图文化史》,中国地图出版社,2013年,第15页)

远刻图于石碑，其观测年代在北宋元丰年间（1078—1085），刻制年代在南宋1247年。星图以和极为中心，绘有三个同心圆，分别代表北极常显圈、赤道和南极恒隐圈，内容有太极、天体、地体、地经、赤道、扎极、南极、日、黄道、月、白道、经星、纬星、天汉、十二辰、十二次、十二分野等，图中有28条辐射状线条与三圆交接，分别通过二十八宿的距星，线端界外注有二十八宿的宿度数据，二十八宿与十二辰、十二次和州、国分野相配合。全图共刻恒星1400多颗，并刻有银河带、天赤道、黄道等。《天文图》反映了我国古代的天文学成就和水平，是研究古代天文学史的重要资料。国际天文学界对此图评价很高，被公认为世界现存最古老的天文图。

在天文观测方面，东晋浙江余姚的虞喜发现岁差，提出"天自为天，岁自为岁"，后来祖冲之把岁差引入了《大明历》，提高推算精度。东汉时期吴县的陆绩是著名的天文学家，他主张浑天说，曾作《浑天图》阐述浑天说理论。《三国志·吴书·陆绩传》称他"博学多识，星历算数无不该览……作《浑天图》，注《易》释《玄》，皆传于世"。《宋书·天文志》称他"善天文，始推浑天意"。元代，苏州的王姓漆匠制作了可以折叠的浑天仪。《吴县志》称："尝奉旨造浑天仪，可以折叠，便于收藏，其巧思出人意表。"明代苏州马怀德收藏的"牵星板"，作为海上测量导航工具，为航海事业做出了贡献。

明清时期，苏州科学家在天文学上做出了重要贡献。明末清初吴江王锡阐是著名的天文历算学家，他对中西历法进行了专门讨论，著有《历说》《历策》《晓庵新法》《五星行度解》等。《晓庵新法》是中西合璧之力作，以其创造性、系统性和独特的风格，涉及诸多天文基本计算和天文基本数据。吴县惠士奇著有《交食举隅》《春秋说》，专门研究日月食。其子惠栋为清代汉学中吴派的代表人物。吴县冯桂芬在常州李兆洛编制3083颗星的星图基础上，补充为3240颗星的星图，根据《仪象考成续编》编制《咸丰元年中星表》，把观测的天体增加到100个，这是传统星表的最后一份。苏州李锐对四分历、乾象历等古历做了校注、注释及数理考证，著有《日法朔余强弱考》《召诰日名考》《回回历元考》《司天通志》《历法通考》等，阐发中国古代数学的精粹。松江的徐朝俊撰《高厚蒙求》，取义于"天高地厚"，所谓"蒙求"，意即通俗化世人易读易晓之作。主要内容为谈天、论地、中星表、日晷仪、自鸣钟等，体现了近代早期的天文知识，他在近代前期科技水平提高及近代科学传入中具有重要地位。

晚清时期，苏州王韬在西学的浸润下，辑录、辑撰多本学术著作，形成《西学辑存六种》，为传播西学做出了重要贡献。他在墨海书馆工作期间，先后与伟烈亚力、艾约瑟等传教士合作，翻译出版《华英通商事略》

《重学浅说》《西国天学源流》等书,独立辑撰《西学原始考》《泰西著述考》《西学图说》等书。其中《西学原始考》原名《格致新学提纲》,涉及象纬、历数、格致、机器多个方面,而在天文、历法、数学、物理等方面,对于有最新成果或创见之处,他们便追根溯源,梳理其发展脉络。

三、数学发展

吴地数学的发展与中国数学发展一脉相承。三国时期,吴国的赵爽研究张衡的天文学著作《灵宪》和刘洪的《乾象历》,并在深入研究的基础上详细注释。该书简明扼要地总结出中国古代勾股算术的深奥原理。南北朝时期,祖冲之研究历法和数学,其圆周率计算精确到小数点后第七位,当时在世界遥遥领先,《隋书·卷十六·志第十一·律历上》载:"宋末,南徐州从事史祖冲之,更开密法,以圆径一亿为一丈,圆周盈数三丈一尺四寸一分五厘九毫二秒七忽,朒数三丈一尺四寸一分五厘九毫二秒六忽,正数在盈朒二限之间。密率,圆径一百一十三,圆周三百五十五。约率,圆径七,周二十二。"其与子祖暅合著《缀术》,成为古代十大算经之一。

明代松江的徐光启在科学领域取得了卓越成就,被称为"近代科学的先驱",也是学习和传播西学的第一人。他与利玛窦合译的《几何原本》,将西方严密逻辑推理和科学结构的几何学体系引入中国,丰富了中国注重实用算术的数学传统。他还完成《农政全书》《崇祯历书》等科学著作,在数学、测量、历法、农学、水利、军事等领域都有很深的造诣,尤其是在数学、农学、天文历法方面成就非凡。

明末清初吴江王锡阐在数学方面亦有巨大成就。他受到《几何原本》的影响,对有关数学名词和概念进行定义,在对平面三角学的有关公式及证明以及中西数学的通约等方面做出了重要贡献。清代苏州的李锐整理数学典籍,参与《畴人传》的编写,著有《弧矢算术细草》《勾股算术细草》《方程新术草》等,对于中国古代数学的诸多方面进行了研究。清代阮元称他为"深于天文算术,江以南第一人也"。此外,苏州沈钦裴研究了《海岛算经》,在《四元细草》中注解了《四元玉鉴》,著有《重差图说》。常熟屈曾发著有《九数通考》,梳理研究了中西数学发展的脉络,结合生产生活实际讲解数学问题,戴震称其"好深湛之思,于书靡不披览,尤加意实学,俾足以致用",认为该书"兼中西而会通之,乃举而分隶九章,则又梅氏所志焉未逮也"。清代元和的江衡,为中西汇通及引进西方数学做了大量工作。他与傅兰雅合译《算式集要》,著有《中西算学丛抄》《中西天文算学问答》等书。

清代晚期,吴地数学家充当了引进西方数学的先锋。如冯桂芬著《弧矢算术细草图解》《西学新法直解》等。王季同著《泛倍数衍》《积较补解》，也属于从传统数学向近代数学过渡的著作。无锡华蘅芳，为近代数学发展和西方数学引入做出了重要贡献。他著有《开方别术》《数根术解》《积较术》《学算笔谈》《算草丛存》等书，编写了《开方古义》《算法须知》《数根术解》《西算初阶》等多种数学著作及数学启蒙读物；他与博兰雅等合译了《代数术》《微积溯源》《三角数理》《代数难题解》《决疑数学》等多种数学著作，其中《三角数理》是我国第一部系统的三角学著作。此外，由于苏州工商业的发达，明清时期广泛流行"苏州码子"，在各类小型商业的账目管理中具有重要价值。清末民初绍兴的谢洪赉，曾入苏州博习书院就读，因受院长潘慎文赏识，协助潘翻译自然科学类的书籍，如《代形合参》《八线备旨》《格物质学》等三角、代数、几何及物理类的著作，皆为潘慎文口述、谢洪赉笔录。他还翻译、编写数学、地理学等自然科学类高等教材、中小学教材10余种。

近代吴江郑之蕃、嘉兴钱宝琮等人都为中国数学发展做出了贡献。郑之蕃是清华大学数学系的创办人之一，著有《四元开方释要》《墨经中的数理思想》等，翻译西方数学著作；钱宝琮致力于中国数学史研究数10年，是中国数学史研究领域的开拓者和奠基人之一，他撰有《古算考源》《中国算学史》《中国数学史话》《算经十书》《中国数学史》等专著多种。

四、地理学贡献

吴地地理学著作以数量多、内容丰富著称全国。从唐代陆广微的《吴地记》到宋代范成大的《吴郡志》《揽辔录》《吴船录》，以及明代王鏊《姑苏志》、民国《吴县志》等，都是区域地理方面的力作。而在地图方面贡献尤为突出，在全国地图史上具有重要地位。

苏州具有举世闻名的地图。宋代石刻《地理图》是闻名的全国地图，其由王致远根据黄裳所绘刻。其图绘制了我国海岸线的轮廓，主要山川、河流、湖泊的位置和布局，以及长城和全国各级行政机构路、府、州、军、监的位置，共有22路、34府、32州、44军。所绘江、河、海岸的轮廓大体正确。《地理图》非常重视各路首府的地位，将它们刻成阳文，标注山脉共120多座，黄河、长江等水系60多条，行政区名约410个。苏州《地理图》与西安的《华夷图》和《禹迹图》，是我国现存最古老的3幅全国性地图。

宋代石刻《平江图》是传世最早的苏州城市地图，也是我国现存最早的碑刻古代城市地图。南宋绍定二年（1229）由平江府太守李寿朋主持绘刻，刻碑人为吕梴、张允成、张允迪等工匠。图上刻绘了宋代平江城的平面轮廓和街坊格局，绘制了城墙、护城河、平江府、平江军、吴县衙署和街坊、寺院、亭台楼塔、桥梁等各种建筑物，各种地理要素如水体、地貌、植被、交通、城墙及政府和宗教建筑都一一标明，显示了较高的测绘水平。该图绘刻内外二重城垣及水陆五门和水陆平行、河街相邻、前街后河的双棋盘城市格局，城垣呈不规则长方形，大约按照1∶2000的比例制图，南北长约9里，东西宽约7里，周长约32里。城内刻有大的河道六纵十四横，而以三横四直为核心，总长度约82公里，均为水陆并行、河道相邻、前街后河的水陆双棋盘结构。城内刻有大街20条，巷264条，里弄24条，标出坊表65座，桥梁314座，佛教寺院和道教宫观67座，官府衙署38所，建筑物43座，其中的众多名称一直沿用至今。

除了《平江图》之外，明清期间苏州古城图还有多幅，如《苏州府城内水道图》《姑苏城图》《苏郡城河三横四直图》《苏城地理图》《苏州城图》《苏州城厢图》《苏城全图》《苏州巡警分区全图》等。这些古城图对于研究苏州城市地理具有重要作用。

明代吴县的黄省曾进行西洋地理与中西交通方面的研究，其地理学著作有《西洋朝贡典录》《吴风录》等。《西洋朝贡典录》记录了郑和下西洋所经历的23国，"凡道里远近，风俗美恶，物产器用之殊，言语衣服之异，靡不详载"，对于研究明代海外交通、对外关系及对外贸易提供了重要资料。江阴徐霞客，吴地杰出地理学家，他经历30多年的旅行考察，"达人所之未达，探人所之未知"，足迹遍及今21个省、市、自治区，所到之处，探幽寻秘，仔细观察记录各种人文、地理、动植物等状况，撰写了60多万字的地理学名著《徐霞客游记》，被称为"千古奇人"。

明末清初昆山的顾炎武著述颇多，其地理学代表作有《肇域志》《天下郡国利病书》《历代宅京记》等，在地理学、经济地理学及古都学方面做出了特殊贡献，并由此构成了其地理学研究的完整体系。同时期的无锡顾祖禹是著名地理学家，他出生于地理学世家，毕生专攻史地，以沿革地理和军事地理的研究为精深。他尽一切可能"览城郭，按山川，稽道里，问关律"，实地考核异同，历时30余年，完成鸿篇巨制《读史方舆纪要》，涉及历代行政区划、疆域沿革、山川形势、城市集镇、关塞险隘、津梁道路、川渎异同等内容，并附有各类地图。

郑和下西洋过程中所带人员基本都是吴地人，其中有人留下了重要的地理学著述，涉及了西方地理学的引入。如昆山费信的《星槎胜览》、南京巩珍的《西洋番国志》、绍兴马欢的《瀛涯胜览》和常熟匡愚的《华夷胜览》等，都是记载了各国自然地理和人文地理的重要文献。

第六章 吴地的社会生活

文化精神不是一个抽象的存在，它总是与现实的人及其日常生活联系在一起的，只有回归生活世界，才能认清文化精神的本质。一旦放眼生活世界，就会发现，这不是一个同质的整体，生活世界千千万万，个个充满个性。从特定自然生态和人文环境中成长起来的吴地社会，便充满着独特魅力，尤其在苏州这般具有2000多年文化积淀的地方，她的气质更为独特。综观吴地社会面貌，不难看出，无论是衣食住行、艺文休闲，还是交往游观、心态民俗等侧面，都显示出水性灵动、中和兼容的苏式生活特色。这些特色，在世界经济社会一体化进程中，随着文明互动的日益加强，似乎有些褪色。不过，透过斑驳的历史表象，人们还是能明显感受到这里传统浓郁的人文气息和从容开放的理性精神，并以此区别于其他地域社会。我们应该理解，所有地方生活特色，在文化的意义上，都体现为一种稀缺资源，从而彰显自身的存在价值。吴地社会生活自有一番风情在。

第一节 苏州水乡妇女妆饰

服饰研究专家发现，时装的流行有一个规律：某种样式的衣饰本来是一个时代的家常穿戴，不知不觉间，淡出了人们的视野，等到数十年之后，有人将它重新拾起，便成了时装。如今，在从苏州工业园区开往古城区的公共汽车上，人们偶尔还能见到，一些上了年纪的妇女头上戴着一块三角头巾，脚上穿着一双绣花布鞋，颇为抢眼。不明就里的年轻人以为老太婆也在赶时髦。其实，这不是时装。一直至20世纪50年代，在苏州东乡，劳作女子，不论老少，日常都是这身打扮。这是一种正在急剧消逝的文化传统，它是鱼米之乡物质生活方式的独特见证。

一、吴地的"少数民族"

三角头巾，水乡人称它"包头"，是一块包裹头部的布巾。中青年妇女的包头用两色或三色布料拼接而成。它的主体部分呈长方形,用黑色或青色布做成;两侧部分以白色、浅蓝、翠蓝等不同颜色的布料拼制,呈三角形,故称"三角头巾"。整个一块包头,样式呈 30 度梯形状。在包头的边缘用异色布绲边,或彩线锁边,在下端绣出花朵。梯形上端两角另缝两根布带,有时还挂着两个鲜艳的绒球,走路时,绒球在发髻前的头顶上左右晃悠,煞是俏丽。年龄不同,包头稍有差异。老年妇女的包头,多用单色的深蓝或黑色布料做成,色彩对比不鲜明,也不绣花,显得古朴、简洁。

吴地水乡妇女包头巾(钱元龙:《吴地妇女传统配饰研究》,南京艺术学院 2011 年硕士学位论文,第 13 页)

  包头之俗,古来有之。古代男子束发,以头巾来包束,在某种意义上,起着修饰的作用。或许是为了彰显水乡女子的头饰之美,吴地人将包头溯源到美丽的西施那里。据传说,春秋时,吴王夫差与西施在水乡游湖赏景时,发现采莲女随手摘下一张荷叶,折成三角状,戴在头上遮阳。吴王觉得好看,也让西施摘片荷叶戴上。不想西施一戴,分外俏丽。回宫后,吴王命西施和宫女们以绫绸仿作包头佩戴,遂传至民间,相沿成俗。这个传说,是一种"楚王好细腰"的思路。明明是民间劳作女子的日常想法,却要与靓女宫妆扯上关系。其实,吴地水乡的包头完全是妇女为方便劳作而"发明"的。插秧弯腰垂头,头发容易被风吹起,遮住双眼,沾满泥水的双手又不方便撩开,此时包头可以起到挡风、护发的作用;在烈日下劳作,包头让人免受炙烤之苦;在收割、脱粒时,包头能保护头发和头颈不受草屑和灰尘的污染;冬天,包头实际上起到帽子的作用。包头的这种种功能,自然不是士大夫们所能理解的,它无疑是吴地劳作妇女的智慧结晶。

  见到吴地水乡妇女的包头,很多人会想到,在许多少数民族,特别是西南地区的少数民族,如瑶族、阿昌族、布朗族和普米族等,人们也常以布缠头,称"额帕"。布朗族人的包头被视为尊严的象征,别人不得随意触动。逢年过节男主人去给族长拜年,解下头巾,以示崇敬;在丧家,死者的妻子或儿媳必须解下包头,以示哀悼。云南河口瑶族男女在幼年戴花帽,至十五六岁改戴包头帕,表示成年。在这里,包头在一定程度上成为识别某一族群的重要标识。

第六章 吴地的社会生活

水乡妇女的褶裙,也使她们将自己打扮成了"少数民族"。在苏州北乡的渭塘,村妇们所着腰裙颇为引人注目:腰部左右边有裙裥,裥上以红绿线绣有许多几何图案,裙带上绣有各种图案。女子百褶裙也流行于川滇大、小凉山的彝、傈僳、普米和苗等族,通常以3种不同色彩的布拼接而成,裙面多重折褶,长曳及地。

吴地水乡妇女的这种装束,为一些学者所注意,他们说:"苏州乡间妇女装饰,极似西南少数民族,若包头、若钗环、若褶裙,皆是也。即言体型,亦有颇似者。疑东南、西南,本出一族。城中则已与外来者混杂,无旧俗,无纯种矣。"因此,从服饰上看,苏州东乡女子可谓吴地的"少数民族"。[1] 尽管这种看法不过是"礼失求诸野失"的推论,但从中也隐约可见中华民族文化的整体融通性。

二、日常生活之美

在水乡妇女的上衣中,肚兜最有特色。水乡妇女的肚兜呈正方形,对角使用,凹弧形领窝,再贴上异色布,绣上花卉图案。领部两边钉纽袢,联结绒丝带或银链条,套于颈项;左、右两角系有带子,绾结在背后。肚兜是贴身内衣,是清代才有的名称。东汉刘熙《释名》称之为"抱腹",言上下有带,以抱裹其腹。清太仓人顾张思《土风录》按言:"今谓之肚兜,妇女所戴,亦谓之抹胸。""抹胸"之名起于宋,元代称为"合欢襟"。从这些名称中,隐约可见古人对内衣的心态,似乎包含轻佻、不庄重的意思。事实上,最早的内衣称谓"亵衣",就有这个意思在。据称,人类最初的服饰就是肚兜,主要用来遮掩人体之羞的。但是,在传统时代,穿着肚兜的吴地妇女并没有什么不自然。她们一年四季都有穿肚兜的习惯,尤其在炎炎夏日田间劳作时,穿个肚兜透风、凉爽;晚上纳凉时穿个肚兜,既文明,又美观。这跟舞台上的忸怩作态意义大不相同。包天笑介绍说:"江浙两省的乡村妇女,全数是不缠足的,所以她们和男人一样赤脚下田,视为常事。到了夏天,男人裸上身,女人到底不好裸体的,但年老的妇女,往往只穿一马甲。"这"马甲"即肚兜。日常生活之美就是这样,天然而不雕饰。

水乡女子的鞋,最亮丽的莫过于绣花鞋。一双绣花鞋被赋予了各种美好的生活寓意。在历史时期的吴地水乡,船是主要的交通工具,绣花鞋便做成了船形,鞋尖像船头一样上翘,意为出门"路路通""一帆风顺",走起路来轻巧、舒适。绣花鞋一般是在冬闲季节做成的。姑娘们搬了凳子,端了针黹篮,相聚在某家的壁角头,一边晒着太阳,一边绣花做鞋。针黹

---

[1] 顾颉刚:《苏州史志笔记》,王煦华辑,江苏古籍出版社,1987年,第99页。

篮的书里，夹着一绺绺五彩绢丝，留作给鞋绣花打样。

在藏青色的鞋面上，各种花的图案寄寓了对美好生活的憧憬。少女的绣花鞋的图案由芙蓉、茉莉和梅花等花卉构成，因为"梅"与"妹"谐音，以此祝福小妹妹快快成长。旧时，甪直新娘的花鞋有3套：婚礼上穿"玉堂富贵"鞋，绣有玉兰、海棠、

吴地水乡妇女绣花鞋（钱元龙：《吴地妇女传统配饰研究》，南京艺术学院2011年硕士学位论文，第20页）

芙蓉和桂花等花纹；新婚期间穿"福寿齐眉"鞋，上绣蝙蝠、双桃、荸荠、梅花等图案；另有一套"梅兰竹菊"鞋，交替着穿。3套花鞋都绣有"万年青"纹样，祝福夫妻百年好合、白头偕老。中年女子的鞋多绣有梅花和荷花，因为梅花风姿高雅，而荷花品格高洁，以这样的图案表示中年女子的雅洁、逊让。70岁以上的老年妇女以"年年增福寿""来世称心""寿山福海"等图案的绣花鞋为多。"年年增福寿"图案，由荷花、桃子、蝙蝠、榛子、万年青等组成，桃子寓长寿之意，蝙蝠谐"福"音，榛子谐"增"音，万年青表示"年复一年"，以此祝福老人家长寿。

除了包头、褶裙、肚兜和绣花鞋外，吴地富有水乡特色的妇女妆饰还包括大襟窄袖的上衣，拼接高管的外裤，裹缚小腿的卷膀等构件。所有这些构件，无不彰显着天然之美。

水乡特色浓郁的妆饰千百年来为村妇们所喜爱，代代传承，直到改革开放之后，逐渐被不断加快的城市化进程所淹没。然而，这是吴地劳动人民的创造，它曾经适应了稻作农业的需要，反映了日常审美情趣，它的拼接绣缝技艺，为我们展现了一种独特的视觉艺术，充分体现了人类文化的多样性。因为这种生活艺术以苏州东部水乡的甪直为中心，2006年5月，"苏州甪直水乡妇女服饰"成为首批国家级非物质文化遗产代表作，受到政府和民间各方的重视，被列为传承和保护的对象。

我们珍视水乡妇女的妆饰，是因为其中潜藏着地域文化的基因。

第二节　莼鲈之思，义归人生

羁旅异乡，久而思归，人之常情，然而西晋人张翰的思归之心似乎有些特别。张翰，字季鹰，吴郡吴县（今江苏苏州）人，西晋文学家，在洛阳为官多年后，忽而念起家来。《晋书·张翰传》载：张翰见秋风起，乃思

吴中菰菜、莼羹、鲈鱼脍，曰："人生贵得适志，何能羁宦数千里以要名爵乎？"遂命驾而归。江南风物何止万千，而此三样家常菜肴，竟使张翰去高官而不稍恋，想必一定有其特别之处。

一、莼鲈起兴

先说莼菜。莼菜多生于南方湖泽中，惟吴江庞山湖所产紫背丝细而瘦，与他处白背丝粗而肥者，风味有别。清明前后，莼菜嫩茎生叶，细如女子头钗时，采食最宜。因此，对于张翰在秋风起时才想起莼菜，明诗人韩奕"却笑张翰未知味，秋风起后却思乡"。其实，诗人并非真正嘲笑张翰不解莼菜之味，只是借着"莼鲈之思"的典故，感念江南风物。范烟桥分析，所谓"因秋风起而动念，不过季鹰之托词耳"。吴地濒临太湖诸乡和姑苏城中，仲春清晨，有荷担呼卖莼菜，悠扬相接。与张翰差不多同时代的吴地文学家陆机（261—303），有一次去拜访太原人王武子。王武子指着跟前摆放的数斛羊奶酪，问陆机："你们江南有什么名菜能与此相比呢？"陆机说："有千里莼羹，但未下盐豉耳！"这句话中的"千里""未下"有些费解，令后人争讼不已，但陆机以吴地有美食"莼羹"为自豪，则是非常明确的。"千里莼羹"因而也成了典故。莼羹不同于莼菜，叶圣陶在《藕与莼菜》中说：莼菜本身没有味道，味道全在于好的汤。但是嫩绿的颜色与丰富的诗意，无味之味真是令人心醉。在每条街旁的小河里，石埠头总歇着一两条没篷的船，满舱盛着莼菜，是从太湖里捞来的。取得这样方便，当然能日餐一碗了。

因为莼菜本身无味，莼羹的烹调便有一番讲究。客居台湾的"老苏州"艾雯女士，80多岁了，还记得家乡莼羹的制作方法：烹调时先熬一碗清澈的鸡汁高汤，配上深色的火腿片、雪白的笋片，绿、红、白三色相映，衬得越加鲜明悦目，吃起来鲜嫩软滑，入嘴即化。

次及鲈鱼。鲈鱼又称银鲈，呈银白色，巨口细鳞，长可盈尺，性凶猛，以鱼虾为食。俗传产于吴江的四鳃鲈，味道最鲜美，故吴江号为"鲈乡"。苏州方志称，吴江有四鳃鲈，味美而肉紧，缕切为脍，虽终日而色不变。难怪远在洛阳的张翰对鲈鱼脍念念不忘了。

实际上，在张翰的"莼鲈之思"中，还包括另一种吴地菜蔬：菰菜，即人们熟知的茭白，江南所产的一种水生植物。李时珍《本草纲目》云："江南人称菰为茭，以其根交结也。"人们所食，就是它的根茎，在水的滋润下，出落如白玉，入菜则鲜脆甘香。清代美食家李渔说，蔬食之美，一则在清，一则在洁。茭白兼而有之，自是美不胜收。不过，在四字典故"莼鲈之思"中，它被省略掉了，宋人许景迂对此有些惋惜，作《咏茭》

道:"翠叶森森剑有棱,柔条松甚比轻冰。江湖若借秋风便,好与莼鲈伴季鹰。"当茭白抽出水面,层层翠绿的叶鞘有如剑棱,望之森然;剥开外裹的叶衣,露出其中的茎干,肉白如白玉、似薄冰,鲜嫩水灵,清爽可人。起初,农人把茭白当作粮食充饥,特别是在荒年。后来茭白成为水乡江南的家常菜蔬,乡人常常以它就着圆润如珠的白米饭吃,个中的美味,有谁能解?"稻饭似珠菰似玉,老农此味有谁知",作为田园诗人的江南陆放翁自然是心领神会了。

二、寄情风土

菰菜、莼羹、鲈鱼脍固然鲜美,但是,吴地的珍馐美馔数不胜数,张翰为何单单提这三样呢?或许是因为,它们有一个共同点:都是水生菜肴,能够体现水乡特色,而张翰更偏爱这三样罢了。就水生蔬菜而言,吴地就有"水八仙"之说,包括茭白、莲藕、水芹、芡实、茨菰、荸荠、莼菜、菱角8种。八仙中的任何一仙,都足以勾起游子的思乡之情。王世贞(1526—1590),明代文史学家,太仓人。他在京任刑部尚书时,收到苏州友人送来的芡实,就想起儿时的在乡生活:

> 问余旧游吴水隈,菱芡贴水参差开。吴中女儿娇可爱,采得鸡珠和菱卖。当时解发林间卧,顷刻便啖三千颗……明朝神武挂冠去,知余不为莼丝归。

王世贞说,如果他将来挂印回乡,不是因为莼羹,而是因为菱角和芡实。"秋风乍凉,菱歌四起,髫男雏女,划舟往来,采撷盈筐,提携入市,人喧野岸,论斗称量。"[1] 真令人神往。红菱遭人归思之功,一点儿也不亚于莼鲈。芡实,苏州人俗称"鸡头米",因为芡实在剥开前,外形像鸡头。范烟桥《茶烟歇》介绍说:"鸡头有厚壳,须剥去之,乃有软温之粒,银瓯浮玉,碧浪沉珠,微度清香,雅有甜味,固天堂间绝妙食品也。"如此诱人之品,难怪王世贞顷刻之间,便大啖"三千颗"。一下吃下"三千颗"当然是不可能的,他只是以这样的表达,极言思乡之绪。来自水乡的儿女,一旦吃到这些水生仙品,极易牵惹乡愁。1923年秋天,身在现代都市上海的叶圣陶,偶然被藕与莼菜所牵系,就怀念起故乡来了。为什么会生起这么深浓的情绪呢?他说,因为在故乡有所恋,而所恋又只在故乡有,便萦系着不能割舍了。譬如亲密的家人在那里,知心的朋友在那里,怎能不

---

[1]〔清〕袁景澜:《吴郡岁华纪丽》,甘兰经,吴琴校点,江苏古籍出版社,1998年,第271页。

恋念?

至此,我们明白了一个道理:所有思乡者,表面看是在思恋故乡的某种食物,其实是在以食物寄情,而"莼鲈之思"因之成了思归故里的代名词。吴地的水生菜肴分明寄寓着水乡儿女对自然生态的敬畏之心,对自然馈赠的感恩之情,对自然时序的顺应之道,对辛勤劳作的充分尊重,对精细生活的不懈追求。而所有这一切,就是对吴地风物的寄情。

三、义归人生

日常生息一地,对于当地风物,因为习以为常而熟视无睹,一旦身处异乡,故乡风物便变得清晰起来。尤其是一日三餐,时时提醒着游子,这里是异乡。如果遭遇人生坎坷而心事重重,故乡的风物便幻化为各种美好;如果面对时代的急剧变迁而感到不适,故乡的传统便会带来些许慰藉。总之,包括食物在内的吴地风物,是每一个水乡儿女灵魂深处恬静的精神家园。因此,故乡的风物不过是起兴之托,"兴发于此,而义归于彼"(白居易)。其中之"义",令人最为动容者,莫过于对民众疾苦的关切。

范烟桥描述道:"采莼者多在晨光晞微,春寒料峭,揎臂赤足,颇以为苦。"与莼菜一样,红菱也是一种托物。宋范成大《夏日田园杂兴》:"采菱辛苦废犁锄,血指流丹鬼质枯。无力买田聊种水,近来湖面亦收租!"当时,苏州西郊石湖的农人,因无力买田,只能向水里讨生活,辛苦采菱,以致手指流血,枯瘦如鬼,谁知无主的石湖被强人霸占,在湖上采菱也得交租了。无独有偶,清人袁学澜《采菱词》亦道:"采莲唱罢叶田田,十里菱花叠翠钿。莫道烟波无赋税,近来湖面课租钱。"清人陈匡国在苏州东郊葑门听到采菱歌,感慨系之:"人道苏台乐,不解吴侬苦。倚桨学采菱,低歌落红雨。"只说苏州是天堂,但从天堂飘来的采菱歌里,诗人似乎听到了采菱女的抽泣。20世纪30年代活跃于苏州文坛的进步作家沈圣时,吴县(今江苏苏州)甪直人,秋日故乡的卖菱女深深地印在他的记忆里:

> 日中时分,市河里,摇着一条小船的两个青年女人在船上喊叫着:——要卖嫩鲜菱呵……船,是玲珑的小艇子,船上放着一只大木盆。满盆是青红色嫩鲜菱,摇那些船的,总是些年轻女人,多数是近市稍的种菱做副业的农户人家的大姑娘。

乍看之下,似乎很浪漫,但在最后的镜头里,浪漫的涟漪幻化成一片血色:"萧条的镇市,菱的销路也非常清淡,每天我看着喊卖浜菱的船载着夕阳回去,卖菱姑娘的嗓子也哑涩了。"[1] 在沈圣时诸多"令人失落的"故土记事中,人们很容易感觉到他那革命文艺家难以压抑的要求社会公平的心潮。受马克思主义的影响,作家掀开了社会现象的表层,而及社会的本质。

至此我们意识到,谈及一地风物,以及风物中的食物,其价值不在食物本身,而是"食品中风土性和它的诱惑力,以及食时的情调,由此而引起食者的心理与情绪的配合",总之,是托物起兴,义归人生。所以,文载道读《晋书·张翰传》,特别注意"莼鲈之思"的前垫后铺。前有"(齐王)冏时执权,翰谓同郡顾荣曰:天下纷纷,祸难未已。夫有四海之名者,求退良难。吾本山林间人,无望于时";后有"俄而冏败,人皆谓之见机"。也就是说,张翰的"莼鲈之思",其实是因为"无望于时",找个借口向齐王脱身。是为的论。

第三节　吴人茶馆生涯

茶馆,普遍存在于近代以来的中国社会,而在吴地,茶馆以其独特的社会意义格外引人注目。孵泡茶馆成为吴地人们日常生活的固定模式。

一、吴地茶馆的发达

世界上有许多物象,比如茶馆,难以追溯它的源头,却可以讨论其出现的条件。茶馆,一定与茶相关,这是第一个条件。盛唐之后,茶饮在中国开始普及,尤其是在陆羽(约733—804)《茶经》问世之后,饮茶很快成为一种社会风尚。陆羽及其《茶经》对于吴地具有特殊的意义。他在湖北茶区跟从僧人种茶和制茶,最终在太湖茶乡苕溪找到人生的归宿。《茶经》首云:"茶者,南方之嘉木也。"只有在太湖流域,陆羽的《茶经》才会出现;也只有在这里,以《茶经》为理论的茶道才会慢慢渗入地域社会生活;最终只有在这里,茶道的玄关妙理才能成为民众生活的素常用度。所谓日常茶道,在吴地,除了普通人家"开门七件事(柴米油盐酱醋茶)"之茶事,也包括了孵泡茶馆。

第二个条件,茶馆应该比较早地出现在茶产区。茶树的生长受土壤、气候、地形等诸多要求的限制。吴地多红土,疏松而肥沃;气候温和,雨量丰沛;面南之地,或小山,或坡垄,日照充足,吴地因之成为茶乡。仅

---

[1] 沈圣时:《喊浜菱》,《漫画漫话》1935年创刊号。

仅以上两个条件，还不能判断茶馆一定最早出现在吴地；但一个基本事实是，明中叶以来，吴地茶馆之盛，是其他地域无法比拟的。20世纪20年代无锡茅塘桥，其镇之小，仅有6家商业行店，茶馆却有3家。20世纪30年代的苏州城里、城外，不论何地，都能找得到茶馆，可谓满坑满谷。民国吴江一村落名龙泉，属十九都，近盛泽镇，是桑苗和丝经的集散地，盛时有茶馆十数家。吴地一部分乡民几乎把一半日常生活的时间耗费在茶馆里，由此也可以说，吴地茶馆是地域自然与人文环境结合的产物。

吴地之所以有如此发达的茶馆业，更关键的是第三个条件：吴地历史上发达的商品经济。战国以后，中国社会经济很快演变为地主制经济；地主制经济的特定形态，造成了自然经济必须以商品经济作为构成要素。明清以降，吴地商品经济特别活跃，不断勃兴的各层次市镇构建成基层市场网络。为适应商品交换的需要，作为服务行业的茶馆业亦随之兴盛，成为地域社会最基本的物化人文景观。至近代社会，在国内外现代化大工业产品的冲击下，家庭手工业渐趋衰败，生活水平下降，吴地人家便因地制宜地发展各种特色产业，以减轻生活的压力，同时与市场的联系也更加紧密，茶馆因此获得了新的存在和发展动力。据1994年《真如镇志》介绍，在上海郊区的真如镇，民初以降，茶馆因蔬菜集散而获得特别的发展。菜农上午抵镇，要到下午才开秤，遂泡茶馆，既作小憩，又可打听、交流菜市行情，或者听听评弹。在某种程度上，乡村茶馆成为地域经济和社会荣枯的晴雨表。

二、公众休闲空间

茶馆为社会公众聚集的场所，不妨称之为公众空间。20世纪30年代，在苏州附近的一个渔村里，农夫们在茶馆里饮茶、谈心、看报，这里"是全村村民的俱乐部"。这是20世纪40年代的苏州：

> 喝茶是苏州人社交上第一件要事，每天早上九至十时，下午四至五时是各界人士不用通知的默契的集会时间。试以最大的吴苑来例罢，到那集会时间，前后各厅各棚，楼上楼下，走廊过道，都挤满了茶客，熙熙攘攘，来来往往，热闹非凡。[1]

交流信息是茶馆社交的主要内容之一。民国时期，苏州记者们在茶馆里交流信息称为"开茶会"。每日午后五六时，正是记者茶会的时间，在吴苑茶馆前楼，群贤毕至，高谈阔论，交换新闻。商人坐茶馆很大程度上为

---

[1] 顾仲彝：《喝茶》，《论语》1947年总第135期。

了了解商业信息。茶馆聚合了不同行业的社会角色,所谓"往来三教九流客,进出五湖四海人",商业信息往往在这里汇聚。蚕茧上市、茧行开秤的时节,茧价就是茶馆里的中心议题。20世纪30年代,在盛产梅子的吴县洞庭西山,每到梅子上市季节,桥堍下那爿茶馆里,坐着一屋子人,悠闲地喝着茶,高谈阔论一些山地货行市和乡间新闻。市镇茶馆因此而产生了集聚效益。

悠闲啜茶的乡人最感兴趣的是共同体新闻。在叶圣陶熟悉的家乡茶馆中,有人讲昨天的赌局,打出了一张什么牌,就赢了两底;有人讲自己的食谱,西瓜鸡汤下面,茶腿丁煮粥,还讲怎么做鸡肉虾仁水饺;有人讲本地新闻,哪家女儿同某某有私情,哪家老头儿娶了个15岁的侍妾。据顾雨时介绍,茶馆里的这些新闻被昆山千灯人称为"百鸟声",所谓"听了茶馆百鸟声,百样戏文也呒劲","一日不听百鸟声,拿起铁锹呒精神",茶客们对茶馆新闻产生了精神依赖。这种依赖,并不是对信息本身的依赖,因为他们知道,茶馆里的异闻奇事,可信可不信。真正依赖的,是茶馆中的交流氛围,它可以暂时转移乡人们平日里的辛劳和单调情绪,在精神上倍感轻松愉悦。是为休闲。

清中叶以来,吴地茶馆休闲的主要方式是听评弹。评弹与茶馆相伴而生,一边喝茶,一边听书,再休闲不过了。包天笑说,除戏剧而外,苏州最流行的是说书。书场一般设在茶馆里。在号称"江南第一书码头"的常熟,茶馆大都兼作书场。民国之后,苏州的书场如雨后春笋般涌现。据殷岩星等的介绍,1937年前在吴县浒墅关的南津苑茶馆,每日下午、晚间两场评弹演出,500余听客。吴琛瑜的研究指出,民国时期苏州城区先后存在过的比较大的茶馆书场达170家之多,喝茶听书成为苏城百姓最主要的休闲方式,说书先生也因而受到特别的尊敬。金曾豪在《蓝调江南》中谈到:

> 他们通过卓有成效的历史和道德知识的传播,在不经意间薪传着我们民族的文化传统。这样的口头传播在乡村尤其重要,因为那时候的乡村比城里有着更多的文盲和准文盲,口头传播是他们获得知识的主要途径。通过口口相传,代代相承,不识字的人同样可以通情达理,具有相当高的道德水准。

三、民间社会关系生态

在吴地,几乎所有的社会群体都会与茶馆发生联系,不同的职业群体通过茶馆可以得到自然的区分。沈毅介绍,在上海金山城厢镇,日升楼茶馆的楼下茶客以农民居多,间有跑码头做生意的,是清一色的"短衣帮";

楼上的茶客多为商贾，一般穿长衫，俗称"长衫党"，为他们准备的茶桌、茶具等自然比楼下要好些。民国初年，无锡城里出现了一家名叫"清风茶墅"的茶馆，涉足其间的都是清末遗老、地方士绅和商界领袖等，有10余人，根据孙云年观察，"局外人休想问津"。每日午后，他们陆续而来，高谈阔论，直到一抹斜阳照上花墙，才各自尽兴而归。虽说这些人属于"上层阶级"，但似乎不受人待见。1946年在无锡的剧作家周贻白曾有竹枝词将清风茶墅讥为"虫窠"："闲中岁月尽消磨，感牵肠时议论多。蚱蜢跳踉知了叫，清风茶墅变虫窠。"暗讽他们是一群只会鼓噪的寄生虫。

　　一般地说，江南乡村女性很少涉足茶馆。其原因，表面上是女性缺少空闲时间。"她们以一身而兼数职，要从事耕田的职务，躬操井臼的职务，保育子女的职务……总而言之，她们的生活，太辛苦了。而男子在农闲的时候，就可出外到茶馆酒肆中去寻消遣的方法。妇女却是没有一记得的暇暑的，稍有空闲的时候，还有要纺纱织布，洗衣服等种种职务，都要加到妇女的身上来，这实是太不平等的。"[1] 而对男子来说，似乎任何时候都有空闲，有些男子，在农忙时间还照样上街吃茶。从中可以看出，乡村男女与茶馆的不同关系体现了男女不平等的制度安排。这样的制度安排往往是隐性的。据松江欧粤的研究，习俗上并没有规定妇女不能进茶馆喝茶，也不忌讳妇女到茶馆闲坐，但无论在镇、在乡，茶馆中却很难找到女茶客，茶馆似乎只是男人的休闲地盘。这种状况的缘由，从19世纪80年代松江人郭友松的《论妇女不宜入茶肆》中大体可见一斑：

> 男女之别，古人辨之极严极重，至于一室，至于一家，且有不得相杂者……近自习俗相沿，概示通脱，其尤甚者，则莫如吴中之茶馆……自妇女入肆之风起，而人心风俗不可问矣。夫古之妇女，一家一室，如此其严，今之妇女，或市或肆，如此其杂。至其列座言谈，衔杯道故，闻诸耳而不可掩，见诸事而不可泯者，非我辈所欲道也。第此风一开，则溱洧之行，无事于掩饰，媒饵之说，即决于须臾。

　　也就是说，从思想观念到家庭生计等多个侧面，女性被隔断了与茶馆的关系，实际上也被隔断了与社会的联系，显示乡村世界里夫权的力量。

　　茶馆里有一种头面人物则肩负着特殊使命。陆文夫在《门前的茶馆》中回忆：

> 早在（20世纪）四十年代的初期，我住在苏州的山塘街上，

---

[1] 周廷栋：《江苏太仓农民的现状》，《社会科学杂志》1930年第2卷第1期。

> 对门有一家茶馆……有人吃讲茶时，我都要去听，那俨然是个法庭，双方都请了能说会道的人申述理由，和现在的律师差不多。那位有权势的地方上的头面人物坐在正中的一张茶桌上，像个法官，那些孵茶馆的老茶客就是陪审团。

这便是流行于吴地的"吃讲茶"。民间社会里发生房屋、土地、山林、水利、婚姻等纠纷，常到茶店里评定是非曲直，含有讲开算数，茶以敬客之意。这是处理日常关系冲突的民间方式，在某种程度上补充了司法资源，有益于社会稳定。当然，这种民间习俗意义上的"临时民事公断处"，在许多情况下并不能体现法律的公正，而可能沦为地方劣绅实行地方控制的手段。1927年，胡川如在发给《东方杂志》的乡村调查中，对江阴乡镇的吃讲茶描述道：

> 市镇上有些吃饭无正事管的人，遇到农民有什么争端，要请乡董判断的时候，总从两方游说，教他们这样说，那样行，趁此机会，就在点心店里大吃而特吃，鸦片铺里大吸而特吸……乡董的法庭，都设在茶肆里，泡茶没有几十壶，茶钱倒要三四块钱哩！这茶钱是理屈的人出的，羊毛出在羊身上，结果农民请市镇上一班人喝几口茶，抽几口鸦片，而于实在事情，仍没有什么了结。

在近代吴地乡村的茶馆世界，民间社会的政治就以这样特殊的方式运行着。

晚清以来，随着城乡生活的现代化推进，茶馆的许多功能逐渐被其他方式所取代。社会新闻、商业资讯的传播，邻里纠纷的解决等，已经不再依赖茶馆了；各种休闲场所如咖啡厅、夜总会、酒吧、KTV、卡拉OK厅等，令人目眩。所有这些，都在宣示着现代生活的快节奏和文化的趋同性。不知人们意识到没有：当互联网视频取代了面对面的接触，当酒和咖啡取代了茶叶，当老龄人基本上被排斥在这些场所之外，当封闭的格子间取代了天然的小桥、流水、老虎灶的时候，请问，这还是吴地水乡人的生活吗？还是中国人的生活吗？

因此我们说，选择茶及茶馆，其实就是选择了一种生活方式。

第四节　江南枕河人家

对于苏州的居住格局，介绍得生动、到位的，恐怕没有超过唐代诗人杜荀鹤（约846—906）的《送人游吴》了："君到姑苏见，人家尽枕河。

古宫闲地少，水港小桥多。"1000多年过去了，苏州古城人家依然枕河而居。其实，这样的格局可以上溯至春秋时代。据史书记载，公元前514年，渴望兴霸成王的吴王阖闾委任大臣伍子胥在苏州建造城郭。伍子胥踏勘地形，探测水文，模拟天象，察看风水，所谓"相土尝水，象天法地"，选定了城址，至今少有变动。这在世界城市史上也是极为罕见的，历史学家顾颉刚说："苏州城之古为全国第一，尚是春秋时物……其所以历久而不变者，即以为河道所环故也。"不仅在苏城，在水乡市镇和村落，吴地居民们也都依水傍河而居。

一、桃源世界

从吴地居住格局中，文人墨客抽象出"小桥、流水、人家"几个意象性元素，尽情渲染，向世人呈现了一幅诗画般的审美意境。需要提醒的是，这不是梦中的天地，而是吴地的现实世界。徐迟笔下的吴地便是这般的诗意："千里青绿田畴，都是水稻麻桑。竹林深处人家，到处小桥流水，差不多人人都有头等的技术，家家保持着悠久的传统工艺……大湖小湖，环绕着许多小镇小邑。小邑犹藏千家万室，一幅又一幅巨大的湖色的绸缎，则平铺在这水乡的平原上。"

旧时水乡江南的家族常沿河聚居。20世纪30年代，许幸之来到离苏州城仅12里水路之遥的一处渔村，他发现，全村全部陆地面积共有50亩，其余都是环绕着村庄的河流。308户人家，十数家自然村落隔岸凝视，村民们"隔河可以谈心"，"各人的姓名和家族关系都互相熟识"。这种处于自然状态下的家族组织，在吴地乡村非常普遍，他们通过河流松散地联系在一起，但人际联系却不稍减。在吴淞江北滩和青丘浦西岸的曲尺湾内，有一块几平方公里的青丘地。在马觐伯的记忆中，那里数个自然村落，房屋层层叠叠，均沿河傍水而建，纵横交织的水巷对村里人畅通无碍，而对陌生人来说则宛如迷宫。无锡县南延祥乡的钱氏家族，从居住格局上看，要紧密得多。钱家是个大家族，下领七房。其十八世祖某公，生有七子，沿啸傲泾分建七宅，一宅称一墙门，宅第骈连，东西一线，蔚为大观。泾东千步许有一桥，名七房桥，钱穆称，此即以钱氏家族命名。桥北小村，为七房桥公仆所居，世代传习种种婚丧喜庆仪节；桥北丁家村，为七房桥乐户，袭明代旧制，世习昆曲锣鼓，歌唱吹打。七房中每一家有事，公仆乐户群集。徐茂明的研究指出，与皖南、浙南、福建和广东等地相比，吴地宗族观念始终比较淡薄，血缘性组织不强大，对地方社会也未必有绝对的控制力，但父系血统原则仍然得到严格的遵从，这一血缘性组织在宗族内部周济、公共事业以及居住形态等方面，仍然发挥着很大的作用。这一点从水乡江南的家族聚居及其生活方式上略见一斑。

枕河人家的日常生活自有一番独特风情。陆文夫写道：

> 河两岸都是人家，每家都有临河的长窗和石码头……那些单桨的小船，慢悠悠地放舟中流，让流水随便地把它们带走，那船上装着鱼虾、蔬菜、瓜果。只要临河的窗内有人叫买，那小船便箭也似的射到窗下，交易谈成，楼上便垂下一只篮筐，钱放在篮筐中吊下来，货放在篮筐中吊上去。

这是背河住家的生活。面河的店家自有另一番营造。在水乡市镇上，店堂与市河之间，大约有两三米宽，店家在自家门前，立起木柱，架梁覆瓦，搭建门廊。店连着店，廊挨着廊，门廊连成了长廊，称为"廊棚"。廊棚的形成应该经过了一个自然拓伸的过程。傍河人家出于避雨、遮阳、户外活动或开设店铺等各种原因，各自加宽屋檐，实际上将建筑空间向河面进行了延伸，这样做的人家多了，遂连成过街廊棚。旧时的水乡小镇大多有这样的廊棚。在余杭塘栖镇，家家门前建着凉棚，不怕雨天。所谓"塘栖镇上落雨，淋勿着"，衍成了一句歇后语：凡事轮不着，就说"塘栖镇上落雨"，因为当地"淋"与"轮"谐音。小镇上有的店家在沿市河一侧做个美人靠，中间再建个亭子，放置几张桌椅，好让邻里或顾客驻足谈闲。常熟练塘镇的廊棚则兼作了摊位。练塘是个小镇，店铺不多，豆腐店与剃头店之间建有过街廊棚，豆腐店只有早市，下午，卖豆腐花的骆驼担、卖青团子的"皇后娘娘"、卖酒酿的曾舅妈就在豆腐店前摆摊，俨然成了固定的店铺。[1]李海珉介绍古镇黎里的廊棚道：

> （吴江黎里）上岸与下岸，自东向西一式搭建了廊棚，就连镇西头的横街，也全是廊棚，晴天不打伞，雨天不湿鞋……平日里多数的店铺不开夜市，不过他们总在廊下挂一盏灯，为过路人，也为市河里的行船照明。

枕河人家在贴近水面的岸边搭几块石板，称为"河埠头"。这是一块住家过日子可以派上用场的地方，大多由女人占据着。在苏州城里，夹河而筑的屋宇，都是用石基建在水上；从石基缝中伸出层层的石坡，就是埠头，那是女主人洗浣衣纱的所在。李杭育说，许多水乡小镇，河街两岸人家几乎都辟出了这么一块地方：

> 当她们三个五个，挤在同一个或者邻近的河埠头上洗衣裳时，

---

[1] 金曾豪：《蓝调江南》，古吴轩出版社，2003年，第47-48页。

这辛苦就多少有些让彼此间的说笑、嬉闹给冲淡了……还有每日早中晚做饭之前,差不多的先后,她们也都出现在自家的河埠头上淘米,洗菜。隔着一段岸,甚至隔着河,说笑着,嚷嚷着……

生活安宁、单纯而生动,有如世外桃源一般。

二、另外的生活美学

然而,世外桃源不可能是世界的全部。远远地望过去,如果正对着河埠头的不是住家,而是一家商行,那么,这块地方就不是供女人下河淘洗之用的了,而是变成了挑夫们上下货物的通道,连名称也跟着改了,叫"水码头"。在旧时吴江震泽的大顺米行,每天有数以百计的挑夫从靠岸的木船上走下来,踏上这块码头,然后"(挑夫)慢慢拾级而上,最后踩上这块方方正正的麻石,站稳,调节好肩上米箩的前后重量,深吸一口水码头上湿淋淋的空气,屏在胸腔中,抬头,提脚,在米行伙计们疲惫麻木的目光注视下,大步地迈过门槛,颤悠悠地疾行三五米,哈腰卸担,让米粮过秤入库"。黄蓓佳在上面的文字中,给我们展现了一种生活美学——残酷美学。20世纪80年代,人们还可以见到,停歇在苏州葑门望星桥的船家,舀起红褐色的水淘米洗菜、刷牙洗脸,有人告诉他们河水脏,他们憨厚地笑笑:"倷乡下人,勿碍格!"俞明告诉了我们的事实真相是,有些城里人不肯给他们提供一点干净的自来水。生活的本相就是如此。读到叶圣陶1934年写下的文字,我们便能体会到另一种生活美学:

> 只是(苏州)城里的河道非常脏,有人家倾弃的垃圾,有染坊里放出来的颜色水,淘米、净菜、洗衣服、涮马桶又都在河旁边干,使河水的颜色和气味变得没有适当的字眼可以形容。有时候还浮着肚皮胀得饱饱的死猫或者死狗的尸体。到了夏天,红里子白里子黄里子的西瓜皮更是洋洋大观。

这幅情景,在学术上也有专门名词来定义它,称"丑的美学"。生活的美学毕竟不是生活本身,如果混淆两者,就不免悲剧了。当年,伍子胥"相土尝水,象天法地",奠基了姑苏城。整个苏城总体上西高东低,西来太湖之水由水城门入城,流过城市的边边角角,然后从容东泄出城,流过"三江",流入大海。伍子胥充分发挥"三江五湖之利",将外在于人类的自然之物,转换为"人生的有价值的东西"。这其中最大的价值,不是为我所用,而是人类实现了人与自然的共生,人与他人的共享。既然是共生的,毁灭自然,一开始看起来是在毁灭他人,实际上是在毁灭社会,毁灭自然与社会的共生系统,最终自我毁灭。

三、人与自然的共生

近代工业革命以来,人类与自然之间的关系问题变得越来越重要了。如何在保持古城风貌的基础上进行现代城市建设,使民众能够享受现代文明的成果,成为摆在地方政府面前的一个课题。1927年南京国民政府成立不久即成立苏州市政筹备处,下半年,筹备处便出台了苏州第一个系统的现代意义上的城市规划,对街道、河道、公园、菜场、建筑物的整理提出了详细规划。尽管限于财力,上述规划未能尽付实施,但其所涉及的现代城市格局蓝图与功能发展思路,对于苏州日后城市生活的指导性变迁,颇有启发。比如,规划特别提出:"吾苏古称泽国……无如民利斯土,日久侵占河道变为房屋,是以宽者窄,流者塞,驯至今日,所有城市河道几尽成纳垢藏污之沟渠,不亦良可叹耶……非从速整理不可。"此后,苏州城市水质问题一直受到人们的关注。有人担心:一旦发生传染病流行,加之当地习惯的影响,如通过河道运输病人,在河里洗涤马桶等,使用河水就有可能产生危机。因此,"从防疫上考虑,限制河水饮用,完善给水设施甚为重要"。[1] 事实上,1929年市政府便开始将"筹办自来水"列入年度施政计划中,但不久随着市的建制被撤销,这一计划被束之高阁。此后,虽有官商多次倡议,却一直未见付诸实施。习惯成自然,民国末年的苏州人依然安之若素。牛钊《老苏州竹枝词》道:"家家屋后一条河,上涮马桶下洗锅。与君同饮姑苏水,彼此何须计清浊。"因此,饮水卫生始终是苏州人现代生活需要解决的问题。

为改善饮水卫生,20世纪30年代以后,苏州先后开挖了多口公井,部分解决了居民的饮水卫生问题。政府管理部门还采取诸多措施,加强环境卫生管理。一方面劝告公众不可随地吐痰、便溺,特别是劝诫居民和铺户不可随便倾倒垃圾,要求倒在垃圾箱中并盖上盖子,或按照规定时间倒入收集垃圾的垃圾车中,否则将受到惩罚;另一方面,改良厕所,改善沿街巷之便池,广设垃圾箱,添置垃圾清运设施,增雇垃圾清运人员,以清洁街道。关于垃圾设施,1927年底,苏州市政筹备处在城内主要街巷统一设置水泥垃圾箱67只,以替代原有的零星放置的木制垃圾箱。至1935年,苏州垃圾箱数目增至1089只,并雇佣清道夫130人,配置垃圾车42辆,于每日上午5时至12时、下午1时至6时清扫城区沿街垃圾。关于厕所,1929

---

[1] 陈启东:《一九二七年苏州城建规划与实施》,政协苏州市委员会文史资料委员会:《苏州文史资料选辑》第1、2合辑,1989年,第136页;尤毅平:《对苏州公共水井的一次调查》,政协苏州市委员会文史资料委员会:《苏州文史资料选辑》第2辑,1990年,第124页。

年 8 月苏州成立"整理公厕委员会",对全市 610 处公厕进行了调查,并将其中 240 处污秽不堪的厕所予以"堵塞",其他各处则予以改造。1934 年 6 月,吴县建设局对公共厕所依次改建,并列出预算作为改造费。[1]

吴地物质生活的现代转型,在 20 世纪六七十年代走了弯路。俞明回忆说,当时,苏州一些规划人防工程的"聪明人"突发奇想:如果把河道戽干填实,上面覆土加盖,不就自然地成为电影《地道战》里的坑道了吗?但事实上,后来,人、车根本无法进入坑道,一些人又进行"废物利用",坑道就成了天然垃圾库,蚊子、苍蝇、老鼠在其中"安居乐业"。在百花洲,从干涸的河床中散发出的不是花香,而是臭味,致使枕河人家不敢打开窗户。在这同时,一些失于疏浚、逐渐淤塞的河道在"改善交通"理由下被填没,成为沥青道路。对于荒唐岁月中这些荒唐想法和做法,枕河而居的吴地人自然需要反思,最重要的是要记住恩格斯的提醒:我们统治自然界,决不像征服者统治异民族人一样,决不像站在自然界以外的人一样——相反,我们连同我们的肉、血和头脑都是属于自然界,存在于自然界的。如果将这一番大道理贯彻到日常生活中,其实非常简单:我们都是自然之子,人类必须与自然共生。

第五节　吴地水网乡里船

都说"北人骑马,南人楫舟",而南人中的吴人,更是"不能一日而废舟楫之用"。1960 年在湖州钱山漾遗址发现的木桨表明,新石器时代太湖流域的人们已经开始使用木舟了。这时有可能是独木舟,因为后来在太湖北面和西面等春秋战国时代遗址中所发现的水上交通工具,都是独木舟。以如今仍然孑遗于世界各地的"未开化"族群生活为参考,大体可知,在远古时代,人们用石刀、石斧等工具,把大原木挖空,做成独木舟,是最早的舟船形态。在吴地,春秋末期的吴国造船业已达到相当高的水平。苏州吴中区蠡墅镇仍留有当年吴国造船工场"船宫"的遗迹。此后数千年,吴地到底存在过多少种舟船,恐怕谁也无法说清。

湖州有位有心人,叫费三多,花费了 20 多年时间,搜集湖州水网古今船只 108 种,编成《湖州船谱》,可以说,基本包括了吴地曾经出现过的舟船。可是,面对如蚁丛集的船只,竟有"一部二十四史,不知从何说起"

---

[1] 李忠萍:《近代苏州公共卫生研究（1906—1949）》,苏州大学 2014 年博士学位论文,第 116-117 页。

之慨了。我们的目光聚焦于水网中的乡里船。

一、水网乡里少不了船

人们习惯地称吴地为"鱼米之乡",实际上,渔村和农村的区别并不小,这从船的不同用途上就可明显地看出来。在渔村,渔船是最重要的生产资料。《阳澄渔歌》道:"天接水来水围村,村里人勒水里耕。船是犁耙水是田,鱼腥虾蟹做收成。"画家吴冠中的姑爹住在宜兴滆湖边的一个渔村,村里几乎家家有船:

> 村子很长,一家紧贴着一家沿小河排开,每家的后门临河,每家的船便系在自家后门口的大柳树上。白天,船都下湖了……傍晚,船都回来了,小河里挤得看不见水面,家家七手八脚从船里提鱼上岸,忙成一片。

这里毕竟还是有村落的,不少太湖渔民历来以船为家,是连家渔船,每日傍晚时分,船集中在一个地方,称网船浜。薛利华《席家湖村志》称,东山席家湖的渔民一直到1972年,都以网船浜作为栖身之处,他们因此被人贬称为"网船浪人"。个别经济条件特别好的渔民,也就在自己的鱼池埂上或在太湖滩涂岸边,搭一两间简易茅草房。这是一个漫长的奋斗过程。据1948年资料《莫厘风》介绍,太湖近余家湖一边的渔民,四五代前就漂流到了东山,靠着湖中的鱼虾,刻苦耐劳地生活着,至民国末年才有了几间房屋和几亩田地。

主要以稻蚕为生的吴地农人,将生计用船泛称为"农船"。20世纪70年代前,农船一般是木船;70年代后,有了水泥船。这种船以钢筋和钢丝网扎成,外涂水泥。在吴地水网地带,农事少不了农船。据周昕《中国农具发展史》:"其船短小轻便,易于拨进,故曰'划船',别名秧塌……江南春夏之间,用此箱贮泥粪,及积载秧,以往所佃之地。"费三多在湖州乡村观察道:许多村庄和田地分布在一个个大大小小"岛屿"似的水墩子上,出门就见水,日常劳作也得先行水路,春耕秋收之农作物运送非船不达,可以说,无船寸步难行,致使家家户户无不置备舟楫。

明清以来,在商品经济发达的吴地乡村,小农家庭与基层市场发生了紧密的联系,无论经济作物和手工业品的出卖,还是日常生活用品的购买,都需要船。20世纪30年代的德清县新市镇被誉为"小上海",乡民来船,多停于市镇四栅,谚称"东南西北栅,航船处处轧"。每日上午九十点钟至午后两三点钟,热闹非凡。四乡的土丝、羊皮、羊毛、粮食等,上市量非常大。仅生丝一项,全镇有丝行10余家,全年上市量200余担。

既是生产必需，乡人对农船便像对农具一样，分外爱护。特别是木船，使用起来方便，保养起来却很花心思。保养一般在农闲时节，破损的地方要修补，船身还要涂上一层桐油。平时，农船是停在船棚里的。俞明称，在民国时期的苏州，"每家每户差不多都有一条船，富有人家有好几条船。一个村落，旱地有多少屋，水边就有多少个船棚。船棚中憩息着发散着桐油香气、保养得很好的农家这重要的生产和生活工具"。

二、城镇来了乡里船

吴地城乡关系历来密切。旧时城里人烧水做饭，需要消耗大量的柴草，这些柴草自然是由近城村落提供的。清道光人袁景澜《姑苏竹枝词》"柴米村船晓入城"即指此。有如此大的消费量，柴行应运而生。柴行从乡人那里收购、囤积柴草，然后销往苏城各个角落。苏州葑门横街的柴行货源来自城门外的乡间：

> 每当稻子收割完毕，或柴行派船下乡收购，或农人自己一木船一木船的摇进城来。农人的柴船一路行来一路吆喝，听见河中传来熟悉的声音，柴行如有需要，推窗一呼，柴船即靠埠头，一捆捆稻柴立即送进柴房。如柴房的货源充足，不再收购，农人便将稻柴送进城里，沿街叫卖。[1]

在以柴草为主要燃料的时代，如果没有这些乡里船的输送，吴地城里人的生活简直无法想象。因此，远远望见从乡里驶来的柴草木船，城里人便不免兴奋。但据俞明说，也有几种乡里船不受城里人的欢迎：

> 粪船在夜晚停泊在粪行前，装足了粪，翌日清晨便开船走了。垃圾船在白天捉（装）了满船垃圾，在夜幕下赶回乡里去了。还有一种叫偷丧船……小户人家死了人，没钱置办"出棺材"场面，寻只船，天蒙蒙亮把棺材抬下船，一众披麻戴孝的下了船开到乡下去"落葬"。因为避免人见了"触霉头"，起早摸黑做这件事，叫做"偷丧"。

城里人的这些特殊生活需求，镇里人也是有的，可能因为镇乡之间的物流更方便，市镇上来的乡里船更多。蒋豫生在《塘栖旧事》中写道，传统时代市镇上的马桶便是由村落里来的粪船收走的：

---

[1] 苏州市沧浪区政协文史委：《葑溪横街：光景与流年》，上海文艺出版社，2010年，第149页。

（20世纪）四五十年代乃至更早，老镇上各家的马桶都是一片片包给镇郊乡下那些四五十岁年纪梳发髻的大娘们来倒的，隔天一次，轮着来。她们（有的则由其丈夫）划了粪船来，约在河港边的邋遢河埠处，挨家挨户地收来马桶倒了并洗涤清爽后送回……早年间，被称之为"肥田粉"的化学肥料，还没有人使用或刚开始还少有人使用，种庄稼全靠人粪尿、猪羊粪这些有机肥。

当法国史学家布罗代尔也注意到了航船运送垃圾和粪便这种"臭烘烘"的事情时，他从中看出了与西方不一样的传统中国的城乡关系：

水稻种植不要求向外部或向新的土地发展，而是首先向早已存在的城市求助。城市的垃圾和人粪尿以及街头脏土可以肥田。因此，农民不断去城市收集宝贵的肥料，甚至用"青苗、米醋或现金购买"……乡村同城市的这种相互依存关系比在西方更加紧密，其影响决不是无足轻重的。[1]

看起来，在吴地城乡关系的塑造中，乡里船显然不是可有可无的。这是适应一定时代生产生活的需要。

三、太湖流域的航船制度

在太湖流域，明清以来有这么一种来自乡里的买卖人，每日从固定的村落，摇着航船，按照固定的时间、固定的路线，出现在某个固定的市镇上，人们叫他"航船主"。费孝通认为，航船主在乡村经济中起着重要的作用，他们的活动形成一种制度，"在太湖周围地区非常普遍，促使附近城镇有了特殊的发展"。

吴江盛泽的航船主有专门的名称，称"䉶船主"或"船家长"。䉶船，始于清代，来往于盛泽与其腹地村落之间，最初只是载客，后来演变为载货为主，载客为辅。䉶船主是从丝织机户中分化出来的专职经销人，出则将机户之绸交给领投，由领投引其投卖商行，返则运回机户所需之生丝、蜡线等原料及日常用品。䉶船主从领投、丝行领取佣金回扣，逢年过节还可得到丝行和店铺的馈赠，收入颇丰，四乡因此竞开航船。据20世纪20年代的资料，盛泽拥有的航船之多在吴江首屈一指，每个村落至少一艘，多则两三艘。[2]

---

[1]〔法〕费尔南·布罗代尔：《15至18世纪的物质文明、经济和资本主义 第一卷 日常生活的结构：可能和不可能》，顾良、施康强译，生活·读书·新知三联书店，1992年，第180页。

[2] 盛泽镇地方志办公室：《盛泽镇志》，江苏古籍出版社，1991年，第290页。

马觐伯,苏州东乡胜浦人,20世纪40年代初生人,自懂事起,他就晓得他的外公是"摇航运船"的:

> 从我居住的宋巷村开船出发,到唯亭或甪直等地为终点,当天来回,早出晚归。航船通常人货混装,俗称"便船带便货"……早上开船前,外公用一只大海螺的壳做的螺号(俗称"哱罗"),连吹三通,一二通是催客人上船,第三通后就起锚拔篙开航……村民听到螺号声,就急急地携带农副产品上船。有的捉着鸡,有的拎着蛋,也有的背一捆蒲或是草绳,还有的带着谷子或麦子等粮食,乘航船去集镇上交易。每次乘客多少不一,少时只有五六人,多时将有二十来人……外公的航船,在青丘浦上来回往返,日复一日,年复一年,不知度过了多少个春秋。

在20世纪30年代的吴江开弦弓村,费孝通发现,开往震泽的航船主每天早晨要开船的时候,也会吹两三通螺号,但它不是催客人上船,而是通知村人准备好要买卖的货品,因为在那个村子,航船主的主要事务是代客买卖:

> "摇航船"的嘴里叫着"嘎嘎",两岸的人家拿了油瓶酒罐在沿河等着,"××,替我打200钱油","××,替我带两个皮蛋"……"××,我有只羊替我带上街去","你想卖多少?""五六只洋,你看罢。"于是羊就牵上了船。

航船主是开弦弓村民的购买代理人,但他是免费的,因为镇上的店铺定期会送他一些礼物或招待他。大多数店铺依赖航船得到乡村这个广阔的市场,对于他们来说,失去一条船就意味着很大的损失。航船主仅仅依靠店铺的礼物当然远远不足以维持生活,他们在充任乡村生产者的销售代理人时可以获得更多的报酬。开弦弓的航船主与震泽镇的丝行保持密切联系,了解市场行情,懂得他们的习惯做法和商品包装等要求,可以使村民的蚕丝能卖到好价钱。村民在卖脱生丝后,付给航船主佣金。付出佣金的村民有权把航船当作交通工具使用,也可以委托航船主购买货物。因此,航船主就是村民的买卖代理人。费孝通指出,航船制度对于"太湖流域的区位组织"影响极大,在以震泽为中心的地方社会,几乎第一个村子都有自己的航船直接到震泽做买卖。也就是说,在这里,一个村落往往不能形成一个市场。

这是1936年夏天费孝通在开弦弓亲眼观察到的情形。60年后的1995年,他再访震泽,从历史与现实的贯通中说明了航船制度的价值:

乡村的农户、航船和街上的商家构成了一个适合于水乡交通体系的有效商业网络：农户和商家同时既是买方又是卖方。这种买卖关系是通过航船这个中介建立的……航船是可以看得见的，服务的意识却无法触摸，而正是这种意识才是震泽商业体系的精髓。换言之，这种服务意识和行动把镇与乡连结起来，既保证区域内人们的生活，又使区域内经济得以顺利运行和繁荣发展……我们需要总结航船的基本原理，使之现代化。

今天，对于吴地人的生产生活来说，航船也许没有旧时代那么重要了，然而，密切的城乡关系以及在这种关系中显示的彼此需求、和谐共生、互利共赢的法则，依然是现代生活所不可或缺的。航船，导引着我们走向远方的家。

第六节　吴人借佛游春

吴地人爱出游，自古已然。顾禄《清嘉录》云："吴俗好遨游，当春和景明，莺花烂漫之际，用楼船箫鼓，具酒肴，以游上方、石湖诸处。"这似乎是有闲阶级的游法。至于胼手胝足的百姓，自然没那么浪漫，不过他们也想游玩，他们得找个借口。最充分的借口莫过于礼神。历史学家顾颉刚在《妙峰山的香会》中指出：

> 自从佛教流入，到处塑像立庙。中国人要把旧有的信仰和它对抗，就建设了道教，也是到处塑像立庙。他们把风景好的地方都占据了。游览是人生的乐事，春游更是一种适合人性的要求，这类的情兴结合了宗教的信仰，就成了春天的进香，所以南方有"借佛游春"一句谚语。

由进香而成的集会，可称为"香会"。顾颉刚接着说，带有游乐性质的香会有两种：

> 一种是从庙中舁神出巡的赛会，一种是结合了许多同地同业的人齐到庙中进香的香会。赛会是南方好，因为他们的文化发达，搬得出许多花样，而且会得斗心思，一个地方有了几个赛会，就要争奇赌胜，竭尽他们的浮华的力量。

一、迎神赛会

将神像抬出庙外的巡游香会一般称为迎神赛会。徐铸成回忆，旧时，宜兴的圣王庙会的主要节目就是迎神，"每隔几年，要举行一次，家家都招待四乡亲戚。""圣王"据说是与朱元璋争夺天下的张士诚，每次出会前几天，圣王麾下的13位大将（分别由各个行当扮充）分头在锣鼓敲打下巡视大街小巷。3天之后的大出会，13位大将一齐逐条街巷巡视，算是把全镇的魔鬼、邪恶、千灾百难全驱走了。湖州南浔的东岳会，在一般年月里，士女集广惠宫及极乐庵烧香做会，遇年丰则"额外"增加了游会，"引线灯作绣球、凉伞等形，争新斗艳，为他处所无。击钲鼓随之，游行市上，迎神出观。或为藏头诗句，任人商揣，曰'灯谜'。旬余始罢，远近来观者甚众"[1]。清中叶至民国时代，吴江双杨会由震泽和湖州南浔的丝业共同筹款资助，轰动江浙，堪称盛会。此会源于震泽东北的双杨庙。农历三月初，应邀来双杨参会的诸神会聚一堂，初三启程，巡游数十道大小河港，经过震泽、梅堰、坛丘、盛泽等数十个大小市镇，船队首尾相接，浩浩荡荡，逶迤数里，历经近20天，有敬神，有演戏，有展览，有嬉戏，"东港西洋箫鼓闹"，"魔煞万人巷尽空"[2]。

吴地迎神赛会具有明显的季节性，民间俗谓"春祈秋报"。在春秋两个季节里，田野农夫们簇拥着一尊泥菩萨，前呼后拥，煞是起劲。太湖蚕乡谚云："小满动三车，谷雨两边蚕。"每年谷雨一过，农夫们就要投入到饲养春蚕的劳作中去了。所以，这里的迎神赛会多在清明至谷雨这段时间里举行，春季似乎成为一个闲季。清人袁景澜《山塘观清明赛会》诗云："东风绣陌吹香尘，莺花艳集苏台春。冶游士女空巷出，山塘寒食看迎神。"人们完全是以"迎神"之名，行"冶游"之实。在这里，人们所热衷的与其说是祀神，不如说是踏青。在春明景和之节，香会迎神不过是他们休闲娱乐的借口而已。正如社会学家乔启明所称，在传统中国，民众"多无正当娱乐，迎神赛会可说稍含娱乐性质"。

二、朝山进香

往风物清嘉之区，"到远处的神佛面前进香"，俗称为"朝山进香"。天下名山高僧占多，在中国，势力大的，足以吸引千里之内民众前去朝拜的名山，有浙江的普陀山，山东的泰山，安徽的九华山，山西的五台山，四川的峨眉山，江苏的栖霞山和茅山，广东的罗浮山，北京的妙峰山，等等。实际上，信奉朝山进香的并不只是中国人，在世界文化丛中，它也普遍存在：

---

[1] 汪曰桢：《南浔镇志》，清咸丰八年（1858）刻本。
[2] 沈莹宝：《沈云〈盛湖竹枝词〉新注》，古吴轩出版社，2012年，179页。

中国有句俗谚："朝山进香，借佛游春"，它的意思就是借着春天到宗教圣地进香的机会，而达到旅游的目的。这种朝圣的概念，为世界一切宗教的信徒所共有，因之各种宗教都有它们自己的圣地，以供信徒前往朝拜。[1]

对于吴地民众来说，杭州西湖是朝山进香最合适的去处：

吴郡去杭四百里。天竺灵隐香市，春时最盛。城乡士女，买舟结队，檀香柏烛，置办精虔。富豪之族，则买画舫，两三人为伴，或挈眷偕行，留连弥月。比户小家，则数十人结伴，雇赁楼船，为首醵金之人曰香头。船中杂坐喧嘈，来往只七日，谓之报香。船上多插小黄旗，书"天竺进香"四字，或书"朝山进香"字。二月初旬，途间即络绎不绝，名为进香，实则借游山水。六桥花柳，三竺云烟，得以纵情吟赏。故俗有借佛游春之说。归时，必向松木场买竹篮、灯盏、藕粉、刨花之物，分送亲友，以示远游。至三月中，香船始罢，亦春时一胜景也。[2]

日本学者铃木智夫分析了其中的3个理由：第一，信仰深。吴地民众特别信奉司管晴雨、护佑稻蚕的观音菩萨，而杭州灵隐山南麓的名刹——上天竺寺乃观音道场。第二，路途近。太湖流域水路纵横，中心城镇苏州、嘉兴等更有大运河直通杭州，水运之便自不待言。第三，足心愿。杭州风景如画，寺庙众多，酒楼茶肆、戏园客店、南北货品，应有尽有，能满足香客的各种愿望。在清人范祖述《杭俗遗风》中，有"下乡香市"篇，专门叙述了吴地村民赴杭州的朝山进香活动：

下至苏州一省，以及杭嘉湖三府属，各乡村民男女，坐船而来杭州进香，均泊于松木场，或上岸自寻下处，或歇各寺院房头，或在船中居住。其船有千数之多，早则正月尽，迟则二月初，咸来聚焉，准于看蚕时返棹。延有余月之久……所带银钱，无不丰足。

除了杭州，短程的朝山进香也不少。湖州石冢村是个村市，有庙曰"南堂殿"。四乡男女奔走若狂，"一站吴兴石冢村，愚氓哄动祀淫昏"（沈云《盛湖竹枝词》）。1站，水程1天，约数10里。每年7至9月，烧香船麇集湖滨，日数十艘。这些朝山进香的队伍中，就包括数十里外的吴江盛

---

[1] 宋龙飞：《民俗艺术探源》上册，艺术家出版社，1985年，第226页。
[2] 〔清〕袁景澜：《吴郡岁华纪丽》，甘兰经、吴琴点校，江苏古籍出版社，1998年，第101页。

泽村妇。苏州城西罨山有东岳行宫,三月二十八日庙会,参加者以乡人居多,故名"草鞋香会"。赴会者清楚:从这个时节开始,"田事将兴,农家浸种,布谷催耕,无暇游赏矣",因此是日"村农尽出游遨,看会烧香,摇双橹出跳快船,翱翔市镇,或观戏春台。其有荒村僻堡,民贫无资财,亦复摇小艇,载童冠妇女六七人,赴闹市,赶春场,或探亲朋谋醉饱,熙熙攘攘,以了一年游愿。田家雇工客作之夫,亦俱舍业以嬉"。(袁景澜《吴郡岁华纪丽》)无锡的春天有所谓"香汛","每个乡村角落里的妇女们,年老的,年青的,带着小孩子,穿着了新衣,到娘娘庙里来烧香。一个村庄里合起五六十个妇女,大家每人拿出两升米,一百个铜元,合叫个船,到处烧香,顺便玩两天"。[1] 当凉秋八月,残暑初消,苏州城西的支硎、灵岩、虎丘、穹窿诸山,亦有"秋山香市",惟不及春时香市之盛。旧时,无锡严家桥人喜到十里外的顾山进香。顾山山顶有香山寺,山下有东岳庙。每届清明,顾山周围几十里地的村庄数以百计的拜香会,一路朝拜到香山寺。各种队伍为了争烧头香,隔夜就在准备。严家桥离顾山较远,人们差不多半夜就得起身,举起彩旗,奏着乐曲,向顾山进发。经过香花桥,还要停下来唱上几曲给桥神、土地听听,以示虔诚。[2] 清明朝山进香以后,各村庄的香堂就撤了,村庄上空飘扬了一个月的杏黄旗也降了下来。布谷鸟叫了,农人开始忙了。

三、劳中作乐

民国而还,吴地仍然兴盛的借佛游春之举遭到一部分所谓新进人士的批评。主要针对两个方面:一是,诸如迎神赛会这类活动,踵事增华,不惜巨费,以助观瞻,淫亵浮靡;二是,这是乡人无知、迷信神权的表现,应该取缔。对此,叶圣陶认为:"这是单看了一面的说法;照这个说法,似乎农民只该劳苦又劳苦,一刻不息,直到埋入坟墓为止。要知道迎一回神,演一场戏,可以唤回农民不知多少新鲜的精力,因而使他们再高兴地举起锄头。迷信,果然;但不迷信而有同等功效的可以作为代替的娱乐又在哪里?"也就是说,作为时代的产物,借佛游春无可厚非。叶圣陶是新文化运动的直接参与者,对于传统文化有其独到的认识。就迎神赛会而言,他并不讳言其中所包含的迷信色彩,但不因此而全盘否定,而是充分肯定其在一定历史条件下,作为休闲生活方式的存在价值。实际上,朝山进香的乡

---

[1] 寄洪:《无锡蚕丝业中的劳动妇女》,《妇女生活》1937年第4卷第7期。
[2] 无锡严家桥史话编委会:《小镇春秋——无锡严家桥史话》,方志出版社,2004年,第375-378页。

人,除了表达自己的心愿外,更看重的,就是难得的休闲。20世纪40年代后期,丰子恺寓居西湖的时候看到,每届春秋农闲,成批的农民烧香客,往灵隐寺方向迤逦而去;有时还有"不少乡亲前来投宿"。丰子恺女儿回忆说,"父亲虽然反对迷信,他自己也从来不烧香,但认为乡亲们有这种信仰,农闲时出来逛逛西湖,是借佛游春,也挺有意思"。正是"不是急来抱佛脚,为乘农隙去烧香"。在江南乡村,百姓娱乐和消遣少,于是借神道的名义,合公众的力量,正是村落社会的习尚。由此可见,敬神只是借口,借以表达一种期盼,主要在于休闲,所谓借佛游春!

第七节　吴歌:水乡生活的吟咏

从20世纪20年代开始,中国史学界渐渐响起一种声音:"要打破以圣贤为中心的历史,建设全民众的历史!"但立志关注民众生活的学者马上就发起愁来:"研究圣贤文化时,材料是很丰富的,中国古来的载籍差不多十之八九是属于这一方面的;说到民众文化方面的材料,那真是缺乏极了,我们要研究它,向哪个学术机关去索取材料呢?"[1] 历史学者顾颉刚想起,早在1917年,由北京大学发起的向全国征集的歌谣,是一种很好的材料。只不过,那材料不在学术机关,而在田野里。"歌谣是以前不注意的东西",一旦注意及此,他兴奋不已,因为"中国向来缺乏民众生活的记载;而这些东西却是民众生活的最亲切的写真"。数千年来,吴歌就存活于吴地儿女的日常生活中。

一、吴歌小史

吴歌起源于何时,很难追溯,顾颉刚认为,它"不会比《诗经》更迟"。历史上有文字记载的吴歌,最早见于春秋战国时期。屈原《楚辞·招魂》中就有"吴歈蔡讴,奏'大吕'"之句,说明当时已经在演唱合于"大吕"等乐律的吴歌了,而且有一个专名叫"吴歈"。真正作为一种歌体的吴歌,是从南朝的"吴声歌曲"开始的。郑振铎说,这时的吴歌充满了曼丽宛曲的情调,清辞俊语,连翩不绝,令人"情灵摇荡"。其中《子夜歌》最值得珍视。当时的士人作歌称赞道:"歌谣数百种,子夜最可怜;慷慨吐清音,明转出自然……不知歌谣妙,声势出口心。"这种出自内心、自然妙成的歌谣为何被称为"子夜歌"呢?《唐书》云:"晋有女子名子夜,

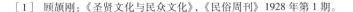

[1]　顾颉刚:《圣贤文化与民众文化》,《民俗周刊》1928年第1期。

造此声,声过哀苦。"不过后人将子夜歌改为四时行乐之词,谓之"子夜四时歌",婉娈轻扬,一点也不哀苦了。郑振铎在《中国俗文学史》中认为:"在山明水秀的江南,产生这样漂亮的情歌并不足惊奇……这里是只有温柔而没有挑拨,只有羞却与怀念而没有过分大胆的沉醉。故她们和后来的许多民歌不同,她们是绮靡而不淫荡的。"

唐宋时代,文人创作霸据诗坛,吴歌一时被遮蔽,至明代再次发出夺目的光辉。明人陈宏绪在《寒夜录》中引友人卓珂月之言称:"我明,诗让唐,词让宋,曲让元,庶几吴歌……为我明一绝耳。"其中,冯梦龙辑录的《山歌》成为时代绝响,一首《月子弯弯》风靡数百年:"月子弯弯照九州,几家欢乐几家愁。几家夫妇同罗帐,几家飘散在他州。"不过,明时昆山人叶盛提醒我们,这不是冯梦龙的创作,而是从吴地生活中辑录而来的。在《水东日记》中,他说:"吴人耕作或舟行之劳,多作讴歌以自遣,名'唱山歌',中亦多可为警劝者。"

20世纪初,以江苏籍学者刘半农和顾颉刚等人为骨干,开始对吴歌进行大规模的搜集和研究,掀起了一场歌谣运动。对此美国学者李欧梵高度评价:

> 正是这些年轻的民间文学家们毅然与"上层文化"和儒学背道而驰,"到民间去"……征集歌谣、传说、故事和谚语,尤其重视研究乡村文化、乡村民众和乡村问题,才提出了那些被后来的中国共产主义革命家们所补充和完善的思想。[1]

很难说这些学者是否启发了"共产主义革命家",但两者对民间文化的重视确实是共同的。吴歌爱好者的努力为史学了解和理解民众生活拓展出一片新的天地。

二、吴地生活的写真

吴歌吟唱于特定的生活共同体,唱者世世代代,自吟自遣,从容生活。旧时在常熟河阳(今属张家港),每个自然村每年都会有2—3次的集体对歌。农闲时节,歌手们隔河而对,你唱我接,有时持续数天赛唱。播种、锄草、收割、打场、建房、造桥……各种劳作场合,只要有一人起唱,马上便有另一人对唱,旷野里山歌一片,真所谓"山歌不断河阳路"。顾颉刚在《苏州的歌谣》中写道:

---

[1] 〔美〕洪长泰:《到民间去——1918—1937年的中国知识分子与民间文学运动》,董晓萍译,上海文艺出版社,1993年,"李欧梵英文版序"第23页。

> 夏秋间的夜里,青年男女在豆棚瓜架下纳凉,往往唱山歌相应答,谓之"对山歌"……会唱歌的人往往问答得很长很长,只因没有人记录,所以保存的极少……这种歌词写在书本上看,固然觉得很单调,但在他们清夜高歌的时候,我们听着实在是非常美丽的。

清末南社田园诗人张郁金,乡居吴江葫芦兜,夏夜酒酣、纳凉、听山歌为其一大乐事:"暑夜乘凉酒半醺,豆棚瓜架话耕耘。田家自有天然乐,两岸吴歌响遏云。"据无锡梅里竹园村的老人回忆,村里有条弯弯绕绕的河浜,因为两岸经常赛歌,竹园浜被叫作了"山歌浜",于是有"竹叶青又青,山歌阵又阵。竹叶圆又圆,歌声转又转。竹河长又长,长出山歌浜"。从以上歌谣的演唱空间可以看出,歌谣是以民众、地方、群体为单位的,不是以个人作单位的,一地歌谣往往体现了一个地方人群的个性。

吴侬软语是吴歌的地域标识。1919年8月,北京大学教授刘半农从家乡船夫的口里听到《江阴船歌》时,激动不已,因为他听到了亲切的乡音:

> 栀子花开十六瓣,洋纱厂里姐儿揸只讨饭篮!
> 情阿哥哥问我"吃格啥个菜?"
> "我末吃格油氽黄豆茶淘饭。"

此前,刘半农就曾得意地致函周作人:"我认为有一种可以深深打动我们,并且优胜于其他类型语言的语言,那就是方言。"而周作人干脆就将歌谣称为"方言的诗歌"。打动了周作人的吴语也深深打动了胡适,在为吴歌作序时,他说,当我们读到吴歌中的儿歌时,仿佛看见苏州小孩子的伶俐、活泼、柔软、俏皮的神气。这就是方言的力量,它让人如临其境。"文学的描写如不要逼真则已,如要逼真,不得不采用方言以求酷肖。"俞平伯说这话时有其特定的语境,但对于吴歌而言,确乎因为地道的吴语,给后人存留了一份包括"声音"在内的民众生活的凭据。

与精英社会中以精致修辞为追求的诗文不同,歌谣来自草根,对于生活的处理显得拙稚而直白,正是这种民间样式掀去了覆盖于生活上的华丽面纱,成为生活的直接写真。以乡村妇女为例,这是棉织妇:"摇细纱,织杜布,一天要织三丈五。"在吴地水乡,除了男子,女子也要踏水车灌溉稻田,《太仓双凤民歌》:"东天日出起红纱,姑娘阿嫂去踏车……浏河凉帽头上遮,五色饭粢钳下巴,毛巾面浪遮,脚脚踏莲花。"蚕忙时节,农家各有分工:"男子园中去采桑,只因女子喂蚕忙。蚕要喂时桑要采,事头分管两相当。"这是渔妇:"网船浪婆娘苦凄凄,一日到夜敲鳑鲏。眼圈红红赶早市,卖脱鳑鲏换点栖。"以花边女红为例,民初三四年间,江南各地花边女

第六章 吴地的社会生活

红风起云涌，乃花边业全盛时代。1937年"八一三"淞沪抗战爆发，花边业出口一时中断。此后情况如何，缺乏资料记载，常熟《花边谣》："中华民国廿七年，村村巷巷做花边……一车车到花边店，老板看见笑颜颜。"[1]

作为民众生活的凭据，吴歌对民众社会的率直写真，让社会史倍加珍视。

三、吴歌中蕴涵的民众观念

客观地说，对民众生活完全写实的吴歌并不多，蕴涵于歌谣中的，更多的是普通民众的思想观念。比如对于小脚，吴歌的态度基本上是否定的。所谓"小脚丁也丁，一世败家精"；又，"黄狼脚小会偷鸡，小姐妮脚小会偷郎"。相对应的，是对天足的赞赏，"大脚劈啪，连架三百；人家越做越发"。这样的欣赏在婚姻观中也得到体现："不厌㑚大脚穿大鞋，跑起路来要比别人家快，脚大手大身胚好，生小囡（孩）板（一定）是双胞胎。"[2] 这就是吴地乡村的小脚文化，与精英思想有着明显的区别。民国学者刘经庵说，乡村妇女"虽不能像近今一般有学识的妇女，作什么女权运动，和妇女参政等有规模的组织；可是她们的情感是未曾死的，还有一副脑筋，一张嘴巴，自己编几句韵语，唱几首歌谣，来申诉自家的痛苦"[3]。比如在吴歌里，媒婆就被看成婚姻自由的一重阻碍："弗是阿妹说大话，自家格事体自当家，啥个媒婆上门来，吾前门追到后门打。"[4] 如此泼辣的表达，反映女子对婚恋自由的追求。明冯梦龙所辑《山歌》里关于再嫁有更大胆的表达："古人说话弗中听，那了一个娇娘只许嫁一个人？若得武则天娘娘改子个大明律，世间啰敢捉奸情。"在日常生活中未必敢直接表达的心声，在吴歌中表达出来了。

这就是歌谣所别具的史学价值。20世纪初，荷兰文化史家赫伊津哈在论述思想形态与日常生活关系时说："一个时代的思想观念的特殊形态……要研究其在实用才智及日常生活中表现出来的面目。我们甚至可以说，某一时代精神的真实面貌在看待和表达琐碎、平常之事的方式中比在哲学和科学的高妙形式中得到更为确切的展示。"[5]

唯物主义经典理论家坚定地认为，人民大众是历史的创造者。为此，

---

[1] 张家港市文联：《中国·河阳山歌集》，华东师范大学出版社，2005年，第13、158页。
[2] 马汉民、高福民：《水乡情歌》，古吴轩出版社，2006年，第24页。
[3] 刘经庵：《歌谣与妇女》，上海书店出版社，1992年，第5页。
[4] 马汉民、高福民《水乡情歌》，古吴轩出版社，2006年，第54页。
[5] 〔荷兰〕约翰·赫伊津哈：《中世纪的衰落》，刘军等译，中国美术学院出版社，1997年，第235页。

文艺人一直在呼吁，创作要深入民间，走进生活；历史学家宣称，要努力写出民众生活史。然而，他们又在抱怨缺乏生活的素材。我们不禁要问：什么是生活呢？20世纪20年代的一天夜里，在吴江盛泽，乡人摇一只船到市河里来对唱山歌，民国南社人士徐蔚南为之陶醉不已：

> 张起你的耳朵来，细细地听去，你就可欣赏这种"乡曲"的音节是何等和谐！词句是何等的率真！布局是何等的自然！再就文艺上来说，诗经中的"风"，不就是乡曲吗？德国的"尼勃龙"、法国的"罗来歌"、英国的 Beowulf，在世界文艺坛上认为宝玉的，不就是戏曲或民间传说吗？[1]

这就是生活，这就是经典，生活的经典。吴歌不但如实记录了普通民众的生活，同时存活于普通民众的日常中，因此，它既是历史遗产，也是现实生活。最重要的是，它在吟咏属于自己的生活，其中所蕴含的历史、风土、语言、世界观及其审美观等，以其独特性，在世界文化百花园中争奇斗艳。尽管现代生活已经发生了巨大变化，但作为地域生活的经典，只要地域精神在，百姓生活在，它将在现代社会中释放出不竭的艺术和人文活力。

第八节　吴地的戏文生活

谈到艺术，一般人不免望而生畏；但说到看戏文，吴地人头头是道，觉得那是再熟悉不过的事情。据王国维的考证：宋末元初，戏文已经用来指称流行于南中国的戏曲。在吴地，它就是戏曲的代名词，一直到民国年间，江浙一带民众的口头所使用着的不是戏曲，而是戏文。吴地人口中的戏文，让我们知道：在中国戏剧成熟的12世纪，南方的戏文与北国的杂剧共同代表了戏曲的完整形态。自此之后，便有元代杂剧的盛世，明清传奇的高峰，从而有整个中国戏曲艺术的百花齐放。

一、昆剧和越剧

在戏曲艺术的百花园中，吴地戏文最为引人注目。这里有作为百戏之祖的昆曲，有作为国剧的京剧，有"最大的地方剧种"的越剧。我们这里可以稍稍区分一下：吴地戏文在江浙两地有不同的戏种偏好。大体上，苏

---

[1]　徐蔚南：《我之赛会观》，《新盛泽》1925年9月1日。

南苏、锡一带,昆剧、京戏演得多一些,而苏州主要就是昆剧。据包天笑回忆,晚清苏州的戏剧,以昆剧为正宗,其余的所谓京班、徽班等,都好像野狐禅、杂牌军一般,"京戏大概是从上海来的,也有从各方来的,他们所谓外江班,到苏州来打野鸡的。昆剧为士大夫所欣赏,从不加以禁止,京戏则有时加以取缔了"。在无锡延祥乡的七房桥,供钱氏家族使唤的乐户"袭明代旧制,世习昆曲锣鼓,歌唱吹打"。钱穆回忆晚清乡村生活时道:"遇喜庆,即在宅前大厅搭台唱昆曲,打锣鼓。或分两台,或只一台。或一日夜,或三日夜不等,先兄及余少时尚饫闻之。"在太湖东面的苏州、松江区,民国时期,昆曲"全福班""鸿福班"等演出仍然活跃。全福班走码头有句口诀:"菜花黄,唱戏像霸王。"意思是说,从新年一直唱到田地里盛开了油菜花,菜花黄的时候达到高潮,大有楚霸王的气概。戏班每到一个码头,聚集在桥头岸边的人群欢呼:"全福班来了,唱一台戏吧!"他们总是高兴地停下来,满足乡人的愿望,一个码头接着一个码头地演下去。[1]他们在吴江的甪直最受欢迎。吴江的傀儡戏唱的都是昆曲,甪直的"堂名"从来只唱昆曲,不演别的戏。

事实上,昆曲本来就来源于江湖,重新回归江湖的昆曲灵动一时也不足为奇。"最后的闺秀"张允和曾经问"全福班"的徐惠如先生:"昆曲的唱词,像《琵琶记》那样文绉绉的,乡村人不一定听得懂。是不是《荆钗记》靠做工,乡村里比较欢迎吧?"徐惠如大不以为然:"不是这么回事,还是《琵琶记》最受乡村欢迎。我在全福班吹得最多的就是《琵琶记》,它连台一唱好几天……别瞧乡村人不懂昆曲,他们才会挑毛病呢!"

浙江嘉湖一带,虽说也唱京剧,但那里是"越剧的天下"。民国时期,桐乡塘栖小镇人将越剧称为"绍兴戏",看绍兴戏"是老镇人的主要娱乐形式",蒋豫生自豪地称,当时上海的名角徐玉兰、王文娟等人都曾来过这里唱戏文:

> 老镇历来是个商业繁华之地,开店的老板老板娘们多,加上四乡八村的富户,闲了无事就是去看戏文;外埠来的客商空下来也要寻了去消遣;屋里来了城里的乡下的客人,主人家也常要……陪着去看本戏文作为招待的。因此戏馆里常是一副班子出,一副班子进,日场夜场,排得满满当当。戏馆门楼前天天挂着戏班子里头牌二牌角色们上了彩的大剧照,招徕看客……五十年代镇上有了露天电影,大家也很喜欢,但戏迷们总归觉得银幕上的

---

[1] 张允和:《最后的闺秀》,生活·读书·新知三联书店,1999年,第150页。

东西太虚幻，比不上看戏文真切实在。

塘栖是商业繁华的老镇，戏文在戏馆里演，村里的戏文则就地搭台，名曰"草台"。顾禄《清嘉录》记苏州乡下：农闲二三月间，正值农闲，里人搭台旷野，醵钱演剧，男妇聚观，谓之"春台戏"。在苏州远郊，唯亭镇人将阴历之"三二八"当作乡镇上含有重大意义之节日来过，"各地均有香会演剧等举"，而以附近之龙墩山为最热闹：山中一庙，三月二十八、二十九两日演戏，"四围百里内各村妪金赴会集，都十万众，舰舟千数百艘，河面为蔽。"其所以能臻如此之盛，因村有俗例："凡新嫁娘，于兹新三二八，均须偕新郎归宁，赴母家宴，以陪桌愈多为愈有面子，同时新夫妇由亲友辈伴乘快船，开赴龙墩山观剧。若新礼中之度蜜月然，视为紧要之礼节。"因此龙山之集，有会必盛，"不必罗致名戏班相号召。"[1] 此地歌谣云："正月白相无情趣，二月三月赶看戏。"

吴地乡间，戏文演出前，先敲一阵锣鼓，叫作"闹场"。闹场曲只是简单几句腔调的重复，但丰子恺说，它"有一种奇妙的诱惑力，能吸引远近各处的人心"。俚语所谓"锣鼓响，脚底痒"即指此：远处的锣鼓声，让人脚底发痒；只要跟了大众跑，就会爽快。跑到近处，身心就会同化在鼓乐的节奏中，跟了它兴奋起来。看丰子恺漫画《锣鼓响》——一个小孩拉了老太太要去看热闹，我们就能体会到鼓乐喧天的奇妙诱惑力。

二、以酬神的名义

吴地民间戏文的演出有很多理由的，最通常的理由是酬神。乡间祠庙多有酬神之举，而观戏之风若狂。甚至有乡人说，从没有过一次唱戏不是为了"谢神"的：

> 这算是"过年""庆寿""喜事"等以外的最盛兴奋的一件事了：乡镇的人们，为了感谢"神"一年中在雨水上，风汛上的赐助，所以一到了累累的稻麦由场上储进谷仓的时期，少不得要来一个唱戏谢神的举动，并且很容易筹集款子和进行上的顺利。这都是看在"神"的面上。[2]

既是酬神，一般是在庙台演出。庙台戏是土地堂、城隍庙等的开光、赛会以及财神殿、关岳祠等的定期演戏。在苏州西乡，西华镇所辖市桥，有大王庙一所，每届春间，当地农民，例有集资演戏酬待大王之举，旧历

---

[1] 怀冰：《三二八之龙墩山》，《申报》1931年5月25日。
[2] 童颜：《乡间的"谢神戏"》，《时代》1939年第3期。

初二、三两日，预订江湖名班来乡，在大王庙前广场，高搭戏台，演戏款神，附近如东城、西洋、郁舍，千万市岸一带，红男绿女，扶老携幼而至看戏者，往来如织，远如光福、香山、金墅、东渚各乡，亦有片舟一叶，到华看戏者。由此可见该处乡民对于酬神看戏之狂热。在苏州东乡所辖周庄镇，农历十月朔日之"十月朝"，向有节汛，每年循例在镇庙演剧酬神，1923年特预定江湖名班"歌舞台"，增演夜戏，一时南湖滩边，电灯、汽油灯照耀如同白昼，人山人海，热闹异常。附近各乡镇之特来观剧者，船只往来如梭，不乏其人，镇人酬应，顿现忙碌，茶坊酒肆及临时做小生意者，莫不利市十倍。[1]

为募集修葺神庙的钱款而演戏，亦可视为酬神。苏州的演戏筹款司空见惯。吴江平望人为闻名江浙的刘王庙多次演戏筹款：1923年秋初，刘王庙因失慎于火，剧台被焚，延及正门，地方人士于前月曾演剧筹款，不意亏损数十元，故又拟于来年正月十六日起，演剧数天，以所得之资，悉充建筑之需。[2] 吴地戏文之盛如此。

对于吴地各处风起云涌的酬神演戏，时人指出，说起来酬神，实际上是娱人。乡村民众娱乐机会少，所以遇到这样的机会，莫不尽情享受。

三、戏文与教化

戏文的搬演是民间社会的盛大集会，它在一个相对集中的时段把一定地域内的人们联结到一起，产生群体间的互动。民众教化就这样开始了：

> 忠、孝、节、义的葛藤，也是传统思想极牢固的农民们最关心的题材。怪力乱神以及迷信的故事，又是无知的农民所爱谈的话儿。他们不看旧小说，也不看戏考，但他们都懂得戏情。他们的戏剧知识都是由老者讲给少者听，历代传授下来的，夏日，冬夜，岁时伏腊的时节，农家闲话的题材，大部分是戏情。虽三尺童子，也会知道《天水关》是诸葛亮收姜维，《文昭关》是伍子胥过昭关。[3]

戏文从身份来说，是雅致文化，曲本绝大部分用精练的韵文写成，自然无法为乡民所接受，但"后代之戏剧，必合言语、动作、歌唱，以演一故事"（王国维），成熟了的戏文附饰以听觉和视觉，将高雅的知识和思想

---

[1]《西华节场之热闹》，《苏州明报》1926年2月18日；《十月朝之盛况》，《新周庄》1923年12月1日。
[2] 希湛：《平望：刘王庙又将演剧筹款》，《吴江》1923年第36期。
[3] 丰子恺：《深入民间的艺术》，《新中华》1936年3月26日。

敷演为民间话语，深入至底层共同体。乡民们大多不识字，看不懂书，却能够看得懂戏。周作人在批评旧戏时也道出了这样一个事实：民间思想的传布方式，本来有"下等小说"及各种说书；民间有不识字、不曾听过说书的人，却没有不曾听过戏的人。丰子恺说，吴地乡间极顽固的老人、极勤俭的好人，也不反对戏文。

但是，旧戏文既有民族精神的精华，又有迷信专制的糟粕，因此从清末以来，引起整个社会舆论的高度重视。时人认为，"演剧则当取其足资观感，而淫邪儇薄之戏曲，最宜切戒"。原因很简单，"戏曲之良否"与社会教化的"关系不浅"，必须进行导向："赛神则当求其有功德于民，曾为人民御灾捍患者，隆以祀飨，以伸报功崇德之思。若其地方历史，无合于此选者，莫若奉一国民崇拜之人物，而淫祠秽祀，与夫怪诞不经之神类，皆从废黜，若夫缘演剧赛会而举行各种之嬉戏，则务以不至诱惑青年，堕落品性为标准，此亟当注意也。"[1] 常熟虹桥等处，每年二、三月间例有庙会戏文，1919年在陈介坝开演，乡人趋之若鹜。《常熟日报》记者按言："各乡借名祀神开演戏剧者，现身设法，感化愚人，可补教育之不逮，其意甚佳，但今日各乡所演者往往反乎此理，辄以淫亵之剧，以博人观笑，殊非所宜，主持者宜禁阻之，令官厅取缔也。"戏剧史家徐慕云认为：中国戏剧含有"千锤百炼的民族精神结晶，确有不可泯灭的价值。所以改良剧本，对于发扬一切的忠、孝、节、义一切美德的戏剧，确实应当保留而提倡。"

1917年春，叶圣陶来到吴县甪直第五高等小学任教。他深知，现代新文化的传播自非一日之功，需要做踏踏实实的工作。在那里，他指导学生将都德的《最后一课》和莫泊桑的《两渔夫》等小说改编成话剧排演，又指导学生将《荆轲刺秦》等历史故事改编成戏剧演出。每逢学校里演戏，镇上男男女女都赶来看，那情景，比看草台戏还要热闹。1937年6月成立的"苏州实验剧团"肩负着改造社会和启迪民众之使命，提倡左翼戏剧。在民族生死危亡关头，他们在苏州玄妙观中山堂演出《放下你的鞭子》《扬子江暴风雨》等剧，剧团的"流动演剧队"还分赴吴地许多乡镇演出，进行抗日宣传。

这就是吴地戏文：以文化的日常样态，与中国戏曲同行，残存着远古神韵，共享着近世辉煌，承受着民族的患难与新生，与时俱进，走进新的时代。唯一不变的是，"戏文"一词仍然活在吴地民众的口耳相传之中，斑驳的表达中透漏出久远的讯息。

---

[1] 高劳：《农村之娱乐》，《东方杂志》1917年第14卷第3号。

第九节　太湖蚕农的小康愿景

儒家经典《礼记·礼运第九》说，先秦时代曾有过一段小康之世。这个世道先后由夏禹、商汤、文王、武王、成王和周公等六位君子治理，"此六君子者，未有不谨于礼者也"：他们以礼义彰显信实，效法仁爱，讲究谦让，秩序井然，谓之"小康"。小康之世成为千百年来中国士大夫的憧憬，在他们的笔下有许多相似的表述，比如，不饥不寒、耕读传家、王道天地、治平之世等。一部分士大夫坚信，即使在后来的地主制社会中，这样的小康生活仍然是可以达到的，就如在吴地蚕乡。

一、蚕乡

吴地的气候特别适于蚕的养殖。世界蚕的养殖集中于亚洲东部的季候风地域是有理由的：蚕的生长要求适宜的温度和湿度，亚洲东部夏季的季候风带来了和暖的温度，又有不间断的小雨，保持了适当的湿度。中国具备了蚕的生长条件，但并不是遍地宜蚕，只有那么四五个地域，而以靠着太湖附近各县最多，蔡云《吴歈》有"蚕家多半太湖滨"之说。因为这里的黏性土壤特别适宜于植桑，密布的水网又为桑树的生长提供了充足而肥沃的河泥。江南湖桑由其他桑种嫁接而成，叶大而圆，汁多而甘，为各地桑种之冠。蚕儿以此肥润之叶，茁壮成长。近世以来，据《乾隆吴县志·物产》记载"近太湖诸地，家户畜（蚕）取绵丝"。如吴县光福一带不习棉业，蚕事尤勤于他处。正是这一方水土，滋养了一方小康社会：

> 江浙太湖流域原是"上有天堂，下有苏杭"的好地方，其所以富庶的原因之一就是农村里的丝绸业十分发达。有些农村，农业只够供给农民一些日用的粮食，其他生活费用全是从养蚕、制丝、织绸以及有关的手工业中得来。这地方出产的生丝闻名海外。海关报告上有一项叫辑里丝，就是这地方的产品，在对外贸易中一直占着重要地位。[1]

很明显，吴地蚕乡小康社会的存在，最关键的因素是蚕桑这一经济作物的出产以及相关的乡土工业。明末清初，嘉兴桐乡人张履祥算过一笔账：

---

[1] 费孝通：《费孝通全集》第八卷（1957—1980），内蒙古人民出版社，2009年，第106页。

在太湖流域，一亩田用于栽桑养蚕，比用于插秧种麦获得的收益，一般要高出四五倍。吴县东山有"春蚕半年粮"的谚语，意思是说，一季春蚕的收益，可当半年之口粮。因此，太湖人家对蚕丝业分外重视。

与棉纺织业等其他手工业不同，蚕丝织业的经营完全是商品性的。蚕农治丝织帛，并非为自身日常消费，而是提供给富裕阶层的，具有奢侈品的性质。对此，历史文人愤然命笔："遍身罗绮者，不是养蚕人""如何织纨素，自著蓝缕衣？"当然，富裕阶层不专指中国人，也包括外国人。据载，从公元前五六世纪起，中国的丝织品就开始传到西方。渐渐地，西方贵族阶层以穿着中国丝绸为高贵和时尚。直到近代，生丝仍是出口贸易中的大宗物品，拥有最大的国外市场、最负盛名者是吴地蚕农缫制的辑里丝。蚕丝织业的外向型特征，使其获得了广阔的国外市场，也稳定维持着蚕乡的小康生活水平。这是一条通向小康世界的"丝绸之路"。

然而，进入20世纪，情况发生了变化。一方面，土丝质量已经不能适应国际市场的需求；另一方面，人造丝在丝织业中不断羼用，中国蚕丝业的危机渐渐严重起来，曾经畅销欧美的吴地辑里丝到20世纪30年代初急剧衰落。在世界经济不景气的影响下，吴地蚕丝业的获利已非常微薄了。小康生活的维持已不可能。

二、蚕娘

吴地育蚕女子被称为"蚕娘"。这在一定意义上是家庭分工的结果。无锡歌谣唱道："四月里来暖洋洋，大小农户养蚕忙，嫂嫂家里来付叶，小姑田里去采桑；公公街上买小菜，婆婆下厨烧饭香；乖乖小孙你莫要与妈妈嚷，养蚕发财替你做新衣裳。"表明儿媳妇是育蚕主要的劳动力。在旧时海宁，在女儿的嫁妆中，必定有一对小桑树，连根带泥，一到夫家就当场种下去。在吴江开弦弓村，蚕丝业在家庭经济中占有的地位如此重要，以至育蚕技术成为考察儿媳妇技能的一项重要内容。结婚后的第一个春天，娘家会送她一张经过特殊挑选的好蚕种，她要完全靠自己的能力养好这批蚕，如果养得好，就能赢得婆婆的好感，这被认为是女孩子一生中的重要时刻，据此可以确定她在丈夫家中的地位。而这样的日常地位，会深刻地影响她在乡村共同体中的生活。

不过，对于蚕娘来说，会养蚕只不过是她的一项技能而已，或者说，蚕娘只不过是她的身份之一。在嘉兴平湖：

> 除了农产的收获外，还有育蚕也是一种主要的副业。不过，

担任这工作的，应该是妇女们，每年的春秋两季，就是伊们最忙的时候。妇女们除了育蚕，平时的唯一职业，便是织袜子了。你们只要有机会走到平湖去，那末在十家之中，至少会给你发现七八家，有几部织袜机的，而在每一个村庄里，都能够听到一片摇袜的机声。[1]

平湖农家的收入构成主要有三部分：农产收获、育蚕和织袜所得。之所以如此，因为众多劳作的任何一种都无法单方面满足居家生活的全部需要，对于整个家庭经济结构来说，各种劳作彼此需要。在蚕丝区的吴地，育蚕成为其中的关键要素之一。

蚕月里的蚕娘特别忙碌而辛苦。谷雨前数日，蚕娘将蚕种贴身焐着"窝种"，三四天后，看到浓黑的、毛茸茸的东西在种纸上蠕动时，蚕蚁便孵出了。整个蚕月，蚕娘吃饭和睡眠没有了规律。1934 年 10 月 4 日《申报》有弹词开篇《蚕娘叹》道：

春蚕养罢秋蚕忙，有许多少年村妇采青桑，农家只为谋温饱，农妇是昼夜辛勤眠食忘。灯火终宵忙不息……采来湿叶须揩拭，春寒更把米盆装。倘然一旦春雷响，吓得那蚕妇担忧哭上苍。故而是养蚕结茧非容易，劳力劳心苦饱尝。

看来，丰子恺的漫画《三眠》中所画的情形是十分写实的：三眠时节，蚕宝宝食量大增，深夜里必须掌灯喂叶，村妇们无法睡上一个完整的觉。不过，她们心中也藏着一个希望：从"沙沙"的蚕食声中，她们似乎窥见次年春游的服装。这种喜悦是别人所无法体会的：

自从捉了大眠以后，差不多一晚没有四小时好睡。然而看着那些花皮的白皮的活泼泼地蚕儿，委实是可爱：听他们吃起叶来，那哗啦哗啦的声音真仿佛下大雨，一股触鼻的清香也只在蚕房里所特有的……现在客堂里，厢房里，全变了一簇一簇雪白可爱的茧山，她真是快乐极了。虽然是一个多月心血精神换来的，但有了这许多雪白的茧子，总算也足以安慰她了。[2]

三、祈蚕

育蚕费力且费神。茅盾在《春蚕》中写道，从"窝种"开始，稻场上和小溪边顿时少了那些女人们的踪迹。一个"戒严令"也在无形中颁布了。

---

[1] 罗正：《平湖妇女的生活》，《申报》1937 年 5 月 1 日。
[2] 吴飞：《蚕娘》，《申报》1935 年 5 月 10 日。

乡农们即使平日是最要好的，也不往来了。外人来，冲了蚕神不是闹着玩的！他们至多在稻场上低声交谈一两句就走开。这是个神圣而神秘的季节，地方志里称为"蚕月"：家家闭户，即邻居戚族，亦不相往来，谓之"蚕关门"。直至作茧之后，方可开放。若质诸村女，则曰："蚕性颇怪，切忌撞破，苟任生客猝入蚕室，往往停不食叶，或成僵毙。"言之凿凿。[1] 遇有不速之客冒昧上门，吴县西部人家，主人会取一束稻草扔到门外，以示丢了晦气；在吴冠中的故乡宜兴，蚕月里家里要焚香，不让戴孝的或有病的不吉利之人来串门，说是蚕有蚕神，须小心翼翼地侍候。关门养蚕，一方面使乡农可以专心致志，另一方面减少人际往来，客观上也防止了蚕病的传染蔓延，是一种养蚕的老经验。

在蚕月里，乡人讲话时的禁忌特别多，生怕得罪了冥冥中的神灵，造成损失。如，见到死蚕，悄悄拣出扔掉，不能说"死"字；生姜的"姜"因为与僵尸的"僵"谐音，不能说；"完了"有完蛋的意思，所以吃好饭只能说"吃好了"，不能说"吃完了"；酱油呈赤褐色，是蚕生病时的病态，不能说，改称"赤辣子"。清代桐乡濮院人陈梓《养蚕词》说，"掘笋不叫笋，叫笋蚕要损；吃姜勿唤姜，唤姜蚕要僵"，都是这个意思。

蚕禁的态度有些消极，更为积极的态度是占卜和祈求。上元之夜，宋人杨万里在形如茧丝的粉米饭中藏置吉语，以占一岁之祸福，谓之"茧卜"："儿女炊玉作茧丝，中藏吉语默有祈。小儿祝身取官早，小女只求蚕事好……心知茧卜未必然，醉中得卜喜欲癫。"既称茧卜，主要是占验蚕事。与此相类似的集体性表达还有"照田蚕"，这是清末《点石斋画报》实录的吴中场景："某村落则于除夜高燃火炬，缚长竿之杪，遍照田土，一望灿然，如万点明星掩映于鱼塍鸠陇间……此本故事相传，能祈年谷丰稔。"此俗又称"烧田财"。除夕之夜，农人在竹竿之末，绑缚火炬，烛照于田塍阡陌之间，希望来年的年成丰稔。由此我们可以体会得出来：照亮乡人心头的不仅有五谷，更重要的是蚕丝。

专门祈求蚕事丰稔称为"祈蚕"。太湖诸山村民，多以蚕桑为业。四月蚕忙中，"比户壶醪豆肉，争向神祠叠鼓祈蚕。巫觋杂进，杯珓占年，小姑拈香默祝，童子舞柘跳踉，笑语喧哗，日斜人散"。[2] 在传统时代，对于这样的祈祷，蚕农是认真的，特别是老年妇女。1937年在无锡春天香汛中，老妪会在提前一天的晚上，赶到娘娘庙"坐夜"。有人问她们："坐一夜，

---

[1] 鸡冠：《蚕娘新语》，《申报》1931年4月30日。
[2] 〔清〕袁景澜：《吴郡岁华纪丽》，甘兰经、吴琴校点，江苏古籍出版社，1998年，第142页。

不疲乏吗？"她们"似乎听不懂"这种问话，"睁着两眼呆望着"。无锡当地人解释道："她们是整夜念佛的，这样才能表示她们的虔诚，娘娘菩萨才会特别好待她，保佑她的蚕宝宝好。"[1]

即使如此小心翼翼，还是不能确保好年成。据费孝通20世纪30年代的考察，在吴江开弦弓村，因为用传统方法养蚕，在最坏的年景里，只有30%的蚕能成活到最后阶段并结茧，蚕的吐丝量也少。这种情况是由于对蚕的病毒传播没有预防措施。蚕农们知识有限，民国以降，来自村外的一种因素开始影响村民，这就是1912年在苏州城郊浒墅关成立的"江苏省立女子蚕业学校"。蚕业先辈郑辟疆、费达生等人，努力向太湖流域村民推广科学养蚕方法。1926年，"浒关大有蚕种场"诞生，蚕校和蚕种场成为吴地科学养蚕的基地，太湖流域的蚕茧质量因此得到极大的提高。在吴地重要的育蚕区常州，过去乡民多用旧法养蚕，致蚕茧质地不一，而烘蚕时又耗费大量人力。1934年成立蚕桑改良机关，专门指导养蚕事业，培养育蚕人才，奔牛、横林、戚墅堰、东岱、东唐、下弋桥、蠡河桥等镇都设有蚕桑指导所，每所有指导员2—3人，大都由蚕桑专门学校学生或已毕业的学员担任，一共有40多人，专司烘蚕及指导饲蚕工作。据说指导所刚开办时，乡人多半对科学育养蚕方法表示怀疑，"害得一班指导员说得舌敝唇焦，而还不能使他们相信，因此到指导所来购种的人也就寥寥无几"。经过一年努力，事实终于"使一般愚顽无知的蚕户叹服了"。1936年，蚕户向指导所购种异常踊跃。[2] 这些努力，让国人大受鼓舞，吴地茶馆书场里到处听到开篇《蚕娘叹》：

> 但愿得政府发明科学器，挽救蚕丝要改良。要知道羊去补牢犹未晚，振作精神丝业商。更劝那全国养蚕指导所，感化农场竭力要帮忙，制造厂别选须努力，竞争丝茧可兴邦，方能够使大中华实业永无疆。

中国是世界上最早植桑、养蚕、缫丝、织绸的国家，蚕丝文化为人类文明做出了特殊贡献。2009年9月，"中国蚕桑丝织技艺"入选人类非物质文化遗产代表作名录，明确了中国蚕桑丝织工艺在世界上的原创地位。但就太湖流域而言，这不过是当地人所选择的物质生活方式而已，而这样的生活方式寄托了芸芸百姓的小康愿景。

---

[1] 寄洪：《无锡蚕丝业中的劳动妇女》，《妇女生活》1937年第4卷第7期。
[2] 克凡：《常州的蚕桑事业》，《申报》1936年5月3日。

第十节　苏州家训：齐家与范世

家训，家庭行为准则，其中多为前辈、长辈对后辈、晚辈的教诫，包含着训示的意思。中国历史上陆续出现的著名家训，如东汉班昭的《女诫》、北齐颜之推的《颜氏家训》、北宋司马光的《家范》等，无不充满训诫之意。只是这些家族非王即贵，所谓训诫，离普通百姓似乎远了点。宋元之后，在理学家"敬宗收族"的倡导下，随着家谱的不断修撰，属于普通宗族的家训大量涌现，明末清初朱柏庐所作的家训脱颖而出。

一、朱柏庐及其《朱子家训》

朱柏庐（1627—1698），名用纯，字致一，明末清初著名理学家、教育家，苏州昆山人。他出生在教育世家，祖父以教书为业，父亲朱集璜教授学生数百名，全家生活无虞。但在他19岁时，遭遇国破家亡的重大变故，受到很大的刺激。清顺治二年（1645）清军攻陷南京，南明王朝覆灭。江南人民自发组织起来，反对臭名昭著的"剃发令"。在江苏昆山，朱集璜于昆山城被攻破时，投河殉明；投河前在衣带写有《绝命词》："可质祖宗，可对天地，生无自欺，死复何愧？"朱柏庐的岳丈陶琰亦在家中自缢而亡，衣襟上写着"生为大明人，死为大明鬼"。

朱柏庐像（顾沅辑：《吴郡名贤图传赞》卷16，道光刻本）

待局势稍定，朱柏庐返回故里，在父亲墓旁搭建草棚而居，是为"庐墓"。朱柏庐此举乃效法三国时魏人王裒。王裒博学多才，德行高尚，其父王仪被晋文帝司马昭杀死，后来朝廷给他父亲平反，请他出来做官，但王裒坚辞不就，表明自己不肯做晋朝的臣子。朱柏庐庐墓，表示他不忘乃父之志，不愿做清朝的臣子。据说，他常扶着墓旁的柏树悲鸣，咸咸的眼泪落到树上，渐渐地，那棵柏树竟然枯萎了，所谓"庐墓攀柏"，表明了朱柏庐决意不仕二姓的气节。

朱柏庐放弃了一般士大夫孜孜以求的功名，终其一生，深居乡里，潜心治学，教授学生。他著述颇多，有《愧讷集》《勿欺录》《春秋五传讲义》和《四书讲义》等多种著作行世，然而，影响最大的还是《朱子家训》。它只有短短的54句、500余字，一经问世便不胫而走、家喻户晓。清到民国年间，一度成为童蒙必读课本之一，三百多年来传诵于海内外。人们将其中的一些句子奉为至理名言，对当时及后世产生了极大的影响。事实上，《朱子家训》是近世以来中国家训的典范之作，集中体现了吴地家族和家庭的日常伦理。综观而言，众多因时而生的苏州家训都堪称范世文本。

二、诗礼传家

正如《朱子家训》所标明的，家训主要涉及持家治家之道。说到治家，一般人多理解为柴米油盐、七姑八姨的日常琐事。是的，在苏州家训中，关锁门户、洒扫清洁、勤俭节约、睦邻敦亲……基本上都在讲琐事，但人们不觉得这些事无关紧要，而认为这都是事关天下的大事。正如儒家经典《大学》所言："身修而后家齐，家齐而后国治，国治而后天下平。"也就是说，齐家具有范世的意义。苏州家训正是在这样的意义上，显示了非凡的普遍价值。诗礼传家为其一。

诗、礼，当然不局限于《诗经》《礼记》，泛指读书。苏州家训对读书的强调可谓不厌其烦。明代吴江周氏恭肃公训教弟子的第一件事便是"以读书为本"，而读书的意义在于"读而明理，于为人出仕，俱大有益"。这里涉及了读书多方面的意义，为人处世、明白事理都是，实际上，对周氏这样的世家大族来说，读书的主要目的还在于科举入仕。吴江"恭肃公家规"言："子弟稍有知觉，便教以孝悌忠信礼义廉耻等事……为士者，笃志苦学，必期经明行修，以图仕进。"读书的过程，便是践行诗礼的过程："亲戚乡里有可与共学者，择之为子弟伴，须代其供给馈送，或令谦谨让礼，毋可有骄之色。"周氏代代相袭，衍为一股诗礼家风：周家自恭肃公以来，"诗礼相传，世守清白"。

这就是《朱子家训》所强调的诗礼传家的根本："读书志在圣贤，非徒科第"。在传统社会，读书—科举—仕途几乎是所有士人的生活模式。朱柏庐不以为然，他在《试后示诸生》中说："诚能植品制行，便到处有事业成就。"为反抗清朝的民族歧视政策，作为前代秀才的朱柏庐坚持不仕新朝，保持自己的节操。

康熙十七年（1678），为笼络汉族知识分子，清廷特开博学鸿儒科，招罗人才。面对诱惑，多数文人屈服了，而朱柏庐认为，"见富贵而生谄容者，最可耻"，他拒绝了。因此，《朱子家训》一方面可以说是圣贤人格的总结，另一方面也是朱柏庐自身行为的准则。他声称："说得百句，不如行得一句!"在知与行之间,他更看重后者:"仆意只将圣贤书义时一提举,而所重在乎平日躬行实践。盖以圣贤书义范我躬行实践,而以躬行实践证昔圣贤书义,正所谓知行交进之功也。"[1]

与儒学高头讲章不同,志在齐家的家训以日常生活为对象,通俗条理了道德准则,使之成为生活信条,时时叮嘱,代代传递,成为家族的传统。而在经济重心南移之后的苏州,家训更将读书明理驯致为地方社会的一种信念,从而推动了苏州崇文重教风气的形成。

三、常业持家

在传统家训中,与"诗礼传家"并称的经典观念还有"耕读传家",前者指涉儒家经典及其道德规范,后者侧重日常谋生。它意味着,普通百姓首先必须学会营生。而所谓营生,不过是指勤事稼穑,五谷丰登,养家糊口。读书做官当然是一种营生,但不可能所有人,或者说绝大多数人都能走上仕途,即使在世家大族也是如此。因此,根据子弟的资质和兴趣规划职业,成为一般家庭的选择。武进西盖赵氏《云卿公遗训二十则》"训子孙"条云:"为父兄者,于子孙之秉性聪明者,教之习诗书、明礼义;其有资质不能者,亦须教之习农业、知正务,收检身心,勿纳于邪。"一般家训涉及营生时,本着重本轻末的传统,强调农业的重要性,所谓耕读之"耕",就表明了这一点。近世吴地家训时时提醒族人"农罢其耕、女弛其织"可能带来的恶果,充斥着"耕织""耕凿""耕耘"的规约。

明清以降,随着苏州商品经济的发达,工商各业得到迅速发展,家庭营生大大突破了农耕的局限,其他非农职业也被纳入"常业"的范围。这样的社会现实,逐渐获得吴地人们的承认,并在明清以后的吴地家训中被部分认可。苏州武山吴氏家训云:"人生会当有业……农桑本务,商贾末业,书算医伎皆可食力资身。人有常艺,则富不暇为非,贫不至失节。男子贤愚不齐,士农工商,各安其业,无忝祖先已矣!"这里虽仍持农本商末之说,但它从社会行业结构的角度,肯定了其他非农技艺的合理性,并将这些行业视为"常艺"。这种观念明显开阔了"耕读传家"的传统眼界,为新职业观的形成奠定了理念基础,其先进性不言而喻。

尽管如此,工商营生及其观念在传统吴地家训中毕竟不占主流。《朱子家训》关于生计方面的内容不多,主要的几句也未涉及工商业:"一粥一饭,当思来处不易;半丝半缕,恒念物力维艰。宜未雨而绸缪,毋临渴而

---

[1] 朱柏庐:《辞诸子听讲》,李国钧:《清代前期教育论著选》(上册),人民教育出版社,1990年,第256页。

掘井。自奉必须俭约，宴客切勿流连。器具质而洁，瓦缶胜金玉；饮食约而精，园蔬愈珍馐。勿营华屋，勿谋良田。"其间所显示的还是农业社会的理念，反映了程朱理学的思想统治地位。

四、善德宜家

家训既称为"训"，训诫是少不了的，可以说，否定性的训诫字眼，如"不""勿""忌""毋""莫""非""戒""无"等，充斥着家训。与其他地区相比，吴地家训中的"禁约"更多，如苏州洞庭东山沈氏《迓言家训》，差不多一半的篇幅为"戒类"和"禁类"，尤其强调摒除赌博、健讼和酒色等恶习。《朱子家训》则谆谆告诫世人："嫁女择佳婿，勿索重聘；娶媳求淑女，勿计厚奁"；"重赀财，薄父母，不成人子"；等等。这些被否定的方面，既暴露了人性的弱点，也体现了当时世风的特征。这种情况显然与吴地商品经济的发达密切相关。正是商品经济的发展，引起了社会风气的转向，功利浮躁，物欲横流，人们的品行易受腐蚀堕落，故而家族多以家训、家规、家法的形式严格约束子弟。

事实上，当时吴地社会的一些状况令朱柏庐忧心忡忡。康熙六年（1667），他在《勿欺录》中说："今举世之人，汲汲津津，所事者惟功利，所尚者惟富贵。"面对卑污的世道人心，身为教育家的朱柏庐并没有丧失信心，因为他认为，天理可以遏制人欲，这就是当时盛行于世的程朱理学。在朱柏庐看来，只要提倡理学的"修身为本"，依照圣贤经传的要求，积善积德，家庭就能和顺，世风才能淳良。"子孙虽愚，经书不可不读。"这些圣贤经书当然是程朱理学所推崇的"四书""五经"等儒家经典。圣贤教导在吴地家训中便化成"行善""积德""修阴鸷"等生活化的表达。在此，朱柏庐特别强调，广积善德并不是富贵之家的慈善，而应理解为整个社会应该践行的道德观念：

> 积德之事，人皆谓惟富贵后其力可为。抑知富贵者，积德之报，必待富贵而后积德，则富贵何日可得？积德之事，何日可为？惟于不富不贵之时，能力行善，此其事为尤难，其功为尤倍也。[1]

朱柏庐以为，这就是救世良方。乾隆时官员德保称此书是"物理人情之良鉴，昏衢黑夜之青灯"，足堪范世。

苏州家训是反映地方社会的一面镜子，从中清晰可见商品经济发达之

---

[1] 王卫平、李学如：《苏州家训选编》，苏州大学出版社，2016年，第139页。

相和人文鼎盛之景，与此同时，苏州家训的规范意义和教育影响又反过来助推了苏州经济和人文的繁荣，从而实现了家训从齐家到范世的升华。苏州家训可以帮助人们了解和理解吴地优良的家风家教，并在此基础上汲取古人通过家教改良世风的经验。在当下社会背景下，我们有必要从历经岁月洗礼的传统文化精华——优良的家风中汲取力量，也理应将目光投注到其重要载体——家训之上。由此可见，关注苏州家训具有十分重要的现实意义。

后　记

近年来，苏州大学吴文化史教学团队在吴文化史课程群建设方面进行了长期探索。2013年，由王卫平牵头，朱小田、黄鸿山参与，建设视频课程"吴文化史专题"。在课程建设过程中，团队成员注重构建科学合理的课程体系，总体把握吴文化发生、发展、演变的基本脉络，并分析其特点，揭示吴文化的地位与价值；建设既全面系统，又突出重点的教学内容；采用新的教学方法和技术手段，着力建设特色鲜明的吴文化课程。"吴文化史专题"课程建成后，一方面依托苏州大学校内网络教学平台，采用混合式教学模式面向全校本科生开课；另一方面还利用"爱课程""网易公开课"等网站，面向社会开放。后该课程于2015年获评教育部"精品视频公开课"称号。

在"吴文化史专题"课程建设的基础上，教学团队不断总结经验，从课程内容、教学方法、团队建设等方面加以改进，在完善原有课程的同时，努力建设新课程。2015年起，王卫平牵头，组织黄鸿山、朱小田、王玉贵、朱琳、范莉莉5位教师，组成课程团队，精选和丰富教学内容，建设"吴文化史"慕课课程。课程采取"线上+线下"的混合式教学模式，视频授课、面授、经典阅读和实地考察相结合，收到良好效果。2016年入选江苏省高等学校在线开放课程建设项目，2017年入选苏州高校精品在线开放课程，2018年秋季起"吴文化史"课程列入苏州大学通识课教学模式改革试点课程，2018年入选国家精品在线开放课程。

在苏州大学教务部的鼓励、支持下，2019年，吴文化史教学团队由原来的6人，增加了杨旭辉、胡火金、张程娟3位老师，建设在线课程"吴文化的精神传承"、核心通识课程"吴文化史经典导读"。至此，吴文化史课程已形成由国家精品视频公开课"吴文化史专题"、国家精品在线开放课程"吴文化史"、核心通识课程"吴文化史经典选读"和在线课程"吴文化的精神传承"4门课程组成的课程群，初步构建起比较科学合理的课程群体系。

为丰富教学资源，更好地满足学生深入学习吴文化史的需要，教学团队以过去积累的授课素材为基础，组织编写配套的《吴文化的精神传承》教材。教材兼顾课程群各门课程的需要，内容分为吴地经济发展历程、吴地的文学艺术、吴地的工艺成就、吴地的教育事业、吴地的科技文明、吴地的社会生活六个方面，重在挖掘文化底蕴，纵论当代发展，分析提炼吴文化的特点、价值与精神内核。2019年，本教材编写计划获"十三五"江苏省高等学校重点教材立项建设。

本教材的编写，吸收了以往学界关于吴文化史研究与教学的众多优秀成果，但与其他吴文化史论著和教材相比，着重体现如下三方面特色：

一是突出传承优秀传统文化。本教材的内容并不力求全面系统，而是在梳理基本线索的同时，重点讲授吴地（特别是苏州地区）具有重大影响的人物、事件和现象，注重把握和挖掘吴文化的深厚底蕴，突出反映"关心国事，勇于担当；开放意识强，敢为天下先；崇尚文教；诚信慈善；践行工匠精神"等吴文化的精神内核。这些内容与社会主义核心价值观相契合，独具时代性和现实意义，值得我们去继承与弘扬。换言之，本教材强调贯通古今，古为今用，突出文化传承的重要功能。

二是强调课程思政。作为文化素质类的课程教材，《吴文化的精神传承》地域特色明显，教学资源丰富，易于激发受众兴趣，在塑造学生家国情怀和文化自信方面，理应发挥重要作用。本教材以"立德树人"的根本任务为指引，贯彻课程思政的教育理念，努力培养学生的家国情怀，坚定学生的文化自信，用吴文化的优秀基因丰富中华民族的精神命脉，使之成为培养学生社会主义核心价值观的重要源泉。

三是贯彻教学、研究相长原则。苏州大学是吴文化教学和研究的重镇，设有江苏省人文社科重点研究基地"吴文化研究基地"。本教学团队成员都是"吴文化研究基地"的研究人员，王卫平为教育部"长江学者奖励计划"特聘教授，兼任基地主任。团队成员在吴文化研究方面积累深厚，出版过多部专著，在《中国社会科学》《历史研究》《中国史研究》《社会学研究》《近代史研究》等权威刊物发表过多篇相关论文，并屡被《新华文摘》《中国社会科学文摘》和人大报刊复印资料等转载，承担国家、省部级社科基金项目10多项，多次获得省、市各类科研奖。这为教材编写提供了丰富的教学资源和雄厚的学术支撑。结合多年来吴文化史课程建设的经验，团队成员进一步加深对吴文化的认识，努力提高教材编写质量。

本教材由团队成员分工编写，各人负责部分如下：王卫平，引言、第一章第一至第四节；张程娟，第一章第五、六节；王玉贵，第一章第七至第九节，第四章第七、九、十节；杨旭辉，第二章；朱琳，第三章；黄鸿山，第四章第一至第六节、第八节；胡火金，第五章；朱小田，第六章。

后记

王卫平、黄鸿山对全书文字进行了统稿和润色。

　　最后需要特别说明的是，本教材是为配合吴文化史课程群建设而编写，是在课程讲义的基础上完成，由于各位任课教师讲授、书写风格不一，各有特点，书稿体例、表述方式存在不尽一致的情况；加上时间仓促、书出众手，教材中难免还会存在各种问题，希望能在再版时加以修订完善。

编　者

2020 年 7 月 31 日